Energy and Environment Financial Market

能源与环境金融市场：
历史、机制与制度

History, Mechanism and Institution

黄 明 ◎ 著

复旦大学出版社

目录

第一章　导论 ··· 1
　　第一节　为什么会产生能源金融 ··· 2
　　第二节　能源金融的概念、特征与功能 ······································· 5
　　第三节　能源金融的分析框架与研究内容 ···································· 15
　　第四节　本书的结构与篇章分布 ·· 17
　　参考文献 ·· 19

第二章　能源金融市场的构成与制度体系 ·· 21
　　第一节　能源金融市场概述 ·· 22
　　第二节　能源金融市场的构成 ·· 24
　　第三节　能源金融衍生品市场与制度体系 ···································· 29
　　参考文献 ·· 49

第三章　能源金融货币市场 ·· 51
　　第一节　货币与能源计价结算货币的概念 ···································· 52
　　第二节　世界主要能源计价结算货币的演变历史 ······························ 56
　　第三节　能源计价结算货币的获得机理 ······································ 67
　　第四节　能源计价结算货币与人民币国际化 ·································· 73

参考文献 ·· 77

第四章　石油金融市场 ··· 79
第一节　国际石油现货市场 ··· 80
第二节　国际石油金融衍生品市场 ··· 88
第三节　中国石油金融市场 ··· 102
参考文献 ·· 116

第五章　煤炭金融市场 ··· 117
第一节　国际煤炭现货市场 ··· 119
第二节　国际煤炭金融衍生品市场 ··· 133
第三节　中国煤炭现货市场 ··· 142
第四节　中国煤炭金融衍生品市场 ··· 153
参考文献 ·· 161

第六章　电力金融市场 ··· 163
第一节　电力现货市场 ··· 164
第二节　电力金融衍生品市场 ·· 171
第三节　全球典型电力金融市场 ··· 180
第四节　中国电力现货市场 ··· 193
第五节　中国电力金融衍生品市场 ··· 209
参考文献 ·· 216

第七章　天然气金融市场 ·· 219
第一节　国际天然气现货市场 ·· 220
第二节　国际天然气金融衍生品市场 ·· 236

第三节　中国天然气金融市场·················· 245
　　参考文献····································· 270

第八章　能源产业融资市场·························· 273
　　第一节　能源产业融资的概念与特征············ 274
　　第二节　能源产业融资市场的发展················ 282
　　第三节　能源产业融资方式选择的影响机制······ 299
　　第四节　不同能源产业的融资方式选择分析······ 309
　　第五节　能源产业融资的制度分析················ 318
　　参考文献····································· 335

第九章　环境金融理论与市场运行机制················ 337
　　第一节　环境金融概述·························· 338
　　第二节　节能减排驱动的环境金融················ 349
　　第三节　能源产业发展驱动的环境金融············ 370
　　参考文献····································· 391

第十章　碳金融市场······························· 395
　　第一节　碳金融与碳金融市场概述················ 396
　　第二节　国际碳金融市场························ 400
　　第三节　中国碳金融市场························ 417
　　参考文献····································· 433

第十一章　能源效率金融市场························ 435
　　第一节　能效管理体系·························· 437
　　第二节　节能服务市场·························· 442

第三节　能效市场 …………………………………………… 462
第四节　用能权交易市场 …………………………………… 469
参考文献 ……………………………………………………… 477

第十二章　可再生能源配额交易市场 …………………………… 479
第一节　可再生能源配额交易市场概述 …………………… 480
第二节　全球典型可再生能源配额交易市场 ……………… 484
第三节　中国可再生能源配额交易市场 …………………… 498
参考文献 ……………………………………………………… 506

第一章
导论

人类在地球上的生存繁衍史也是一部能源的利用史。从刀耕火种到农耕文明，从蒸汽时代到电气时代，从信息技术社会到人工智能社会，人类利用的能源种类在不断变化。每一次能源利用范围的扩大，都伴随着生产技术的重大变革，甚至引起整个社会生产方式的革命。在能源的广泛使用过程中，催生了能源产业的投融资需求，产生了能源跨时跨地交易需求，繁荣了能源市场，也带来了各类能源金融产品与业态。本章就在全面揭示能源金融的起源与发展基础上，深入分析能源金融的概念与特征，系统揭示能源金融的功能，尝试搭建能源金融的分析框架，最后阐述能源金融的研究内容与本书的内容结构。

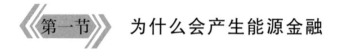

第一节　为什么会产生能源金融

作为一个古老的范畴，金融是商品货币关系发展的必然产物，是伴随着商品货币关系的发展而发展的。金融活动的起源远在货币产生之前，最早应当追溯到第一批城市的兴起。美索不达米亚文明诞生的第一批城市、第一种书面语言、第一部法律、第一份合同和最早的高等数学就蕴含了金融的雏形。古代西亚文明中的经济需要生产基本的粮食产品并分配给当地集中的城市人口，同时也需要从远处获得商品。跨地区与跨期的生产与分配需求便催生了金融的基本零件——计数、会计和契约工具。从国内来看，最早的信用出现在西周以前的农贷政策[①]。由此可见，金融源于经济价值跨期配置的需求[②]。一方面，从金融演进的历史来看，金融发端于现实的经济活动，它萌芽于城市文明的兴起，在社会经济的发展与演化中不断更替，从货币的产生到银行的出现，从财政的建立到企业的诞生，金融的形式不断丰富并渗透至各个部门。在该意义上，金融必须服务于其产生的基础即实体经济。另一方面，金融危机史也表明金融本身是中性的，但是脱离实体经济发展的金融必

---

① 叶世昌，潘连贵.中国古代金融史［M］.上海：复旦大学出版社，2000.
② 威廉·N.戈兹曼，张亚光，熊金武，译.千年金融史［M］.北京：中信出版社，2017.

将自我颠覆。金融只有在为实体经济服务的过程中，围绕着实体经济来运转，才能成为现代经济的核心。金融最重要的功能应是通过跨时期的经济价值配置来助推实体经济的发展。

与金融活动一样，能源金融的起源与发展与能源商品货币关系的发展也息息相关。能源金融并非新的现象，她也有着漫长的发展历史。自从世界进入工业时代，能源的开采与使用就是人类经济生活的主题，为能源产业融资也成为金融部门的主要业务之一。在人类所依赖的各种能源中，煤炭是最为重要的一种。早在800年前，煤炭就被作为一种燃料使用。13世纪80年代，马可·波罗来到中国，看到中国人用煤作燃料，遂将此事在他的著作《东方见闻录》中详细记述。然而，人类虽然很早就使用了煤，却主要是为了提供热量和照明。煤炭的国际贸易始于14世纪，但直到19世纪才在世界范围内进行广泛而大量的交易，形成世界性的煤炭市场。1765年，英国人瓦特发明了蒸汽机，煤炭遂逐渐成为人类生产生活的主要能源，并由此拉开了浩浩荡荡的第一次工业革命。因此，第一次工业革命与煤炭的广泛使用是密不可分的。实际上，第一次工业革命是人类从简单地利用能源，过渡到通过复杂的机械将能源转化为机械能，并且代替人类手工操作的过程，而煤炭在这个过程中起到了至关重要且不可替代的作用。从这个意义上看，工业革命的实质就是能源革命。

第一次工业革命带来了煤炭需求和消费的急剧增加[1]，而煤炭的生产与交易产生了融资、风险规避等金融需求，孕育了能源金融的胚胎。查尔斯（2007）就在其著作中谈到"煤矿开得越深，所需资本越多，仅用水泵排水一项就得花费不少"[2]。当前，学术界普遍认为能源金融最早实践是1886年的威尔士的加的夫煤炭交易所[3][4]。加的夫（Cardiff）是威尔士的首府和第

---

[1] 林义相，余德辉.世界煤炭市场和我国的能源出口战略 [J].经济研究，1987（11）：64-72.
[2] 斯·金德尔伯格，徐子健，何建雄，朱忠，译.西欧金融史 [M].北京：中国金融出版社，2007.
[3] 黄志强，宗良，钟红，等.全球能源格局下我国的能源金融化策略 [J].国际金融研究，2012（4）：32-41.
[4] 贺永强，马超群，佘升翔.能源金融的发展趋势 [J].金融经济，2007（24）：15-16.

一大城市。18世纪末，随着南威尔士煤矿的优质原煤从这里源源不断地运往世界各地，加的夫从一个默默无闻的小镇一跃成为世界上最大的煤炭输出港。加的夫煤炭交易所运用远期合约等金融工具对煤炭交易进行风险管理和市场运作，形成了煤炭金融的雏形。

20世纪30年代后，随着石油工业迅速发展，石油逐渐取代煤炭成为船舶等运输工具的主要燃料，煤炭工业进入艰难时期，石油开始占据更重要的地位①。煤炭作为一种"笨重货物"（bulky cargo），从产地至消费市场的综合物流支出（含运费、税赋支出等）较大，在很大程度上制约了煤炭市场的国际化。与煤炭市场不同，石油市场的金融化具有更为显著的国际化特点。从石油工业的发展历史来看，世界石油工业诞生于150多年前。20世纪60年代以前，国际石油市场和石油价格的控制权掌握在英美等国家手里。但是，经历几次石油危机后，石油现货市场日益活跃，交易量大，市场参与者增多，竞争性加强，石油现货市场的市场化程度不断提升②，世界石油市场进入了以市场供需为基础的多元定价阶段。这也同时意味着国际石油价格的波动加剧，市场产生了规避价格风险的强烈需求，国际石油期货市场应运而生③，石油金融化拉开了序幕。

与此类似，天然气金融市场的产生与发展也与实体经济息息相关，随着美国在1978年颁布《天然气政策法》，逐步取消对"新天然气"的价格控制，美国天然气市场化程度大幅提高，天然气现货市场快速发展。在此基础上，为了给市场参与者提供一种规避现货价格风险的工具，纽约商业交易所（NYMEX）在1990年推出了天然气期货交易，天然气衍生品金融市场由此诞生。

总之，深入分析世界能源金融化的产生与演化历史，不难发现，能源金融发端于解决能源生产、流通、交易与利用等经济行为中的各种问题，如融

---

① 林义相，余德辉.世界煤炭市场和我国的能源出口战略［J］.经济研究，1987（11）：64-72.
② 黄志强，宗良，钟红，等.全球能源格局下我国的能源金融化策略［J］.国际金融研究，2012（4）：32-41.
③ 姜英梅.中东能源金融化与中国能源金融战略构想［J］.阿拉伯世界研究，2014（6）：43-54.

资、风险对冲等。在应对气候变化的大背景下，能源开发利用过程中产生的环境问题日益受到社会关注。为了解决能源开发利用引致的环境问题，产生了能效金融、碳排放权交易、绿色证书等多种金融创新产品。叠加区块链、互联网＋等新技术，能源金融的创新也呈现出更加多样化的态势，如能源资产的证券化、各种碳数字货币等。因此，能源工业的发展不仅是能源金融化的起点，也指引着能源金融的发展方向。

第二节　能源金融的概念、特征与功能

概念反映了客观事物的一般的、本质的特征。为了深入剖析能源金融，本节从金融的概念出发，对能源金融的概念进行分析。然后系统阐述能源金融的特征与功能，试图形成对能源金融的立体、全面认识。

一、金融的概念

何谓"金融"？人们对"金融"一词的认识经历了一个由简单到复杂的发展过程。在不同历史时期，"金融"一词有着不同的内涵[1]。从字面来看，金融就是"资金融通"[2]。在《辞源》中的释文是：今谓金钱之融通状态曰金融。世界银行较为系统地阐述了金融的概念，从"一般层面"看，金融主要涉及商品、服务贸易向未来收益的资金转移；从"更高层面"看，金融的职能主要包括动员储蓄、配置资本、监督经理人员和转移风险等，且其内涵日益丰富。现代金融的典型特征更是涵盖了风险规避、经济调节、信息传递、公司治理、引导消费、区域协调和财富再分配等内容[3]。

在学术界，学者们也对"金融"一词给出了自己的界定。黄达（2001）从"金融"词源的角度探讨了金融的含义，宽口径的金融包括一切与货币有

---

[1] 丁浩.关于金融本质及其演进和发展的思考［J］.经济研究导刊，2009（3）：69-70.
[2] 融通即融合通达，融会通达而了无滞碍的意思。
[3] 同[1]。

关的活动；中口径的金融指货币流通、信用供给、投资决策及金融机构；窄口径的金融则指金融市场的运行机制及资本资产的价格确定①。戈兹曼（2010）从时间维度出发，认为金融本质上是价值在时间上的转移。提供贷款，在未来拿回本金和利息，其实就是一个时间维度上价值的交换②。从学科的角度，博迪和莫顿（2000）提出，金融学是研究人们在不确定的环境中如何进行资源的时间配置的学科③。综合学术界对金融的界定，可以发现，价值在时间上往前或往后进行时间的转移就形成了今天的金融。金融能在时间上重新配置经济价值，重新配置风险、资本并且扩展了资源重新配置的渠道和复杂程度。虽然金融的形式在不断发生变化，但其本质思想却在于跨时空地配置经济价值。在货币产生以前，这种经济价值的配置往往以实物形式存在，在货币产生以后，经济价值的配置则主要体现为资金的融通。

二、能源金融的概念

国内外学者对于能源金融（energy finance）的界定有所不同。国外研究中，能源金融即能源（项目）融资，主要关注能源（项目）融资的融资方式、贷款偿还、风险管理、抵押担保等问题，而能源价格机制、能源金融衍生品（主要是石油金融衍生品）则有相对独立和完善的研究框架。现有文献从项目受益者或项目管理风险等视角界定了能源（项目）融资的内涵：一是从项目商业投资者的视角来定义，Harries（1989）认为项目融资即贷款项目，投资者希望资金使用者用特定的自偿性项目（self-liquidating project）产生的现金流来偿还贷款，贷款的抵押品仅是项目的资产和税④。二是从项目风险管理者的视角来界定，Pollio（1998）认为项目融资是公司风险管理的一个要素，项目风险由放贷银行、其他投资者、合约商和项目成果的潜在

---

① 黄达.金融、金融学及其学科建设（金融覆盖范围、金融学科体系设计、金融专业办学方向）[J].当代经济科学，2001（4）：5-15.
② 威廉·N.戈兹曼.金融学的起源——东西方金融创新的早期历史 [J].中国市场，2010（33）：41-43.
③ 兹维·博迪，罗伯特·莫顿.金融学 [M].北京：中国人民大学出版社，2000.
④ Harries H. The contract law of project financing [J]. The Law of International Trade Finance，1989（6）：52-70.

购买者共同承担①。三是从项目开发者的视角来定义，即从风险管理角度来定义项目融资。Buckley（1996）将项目融资定义为因一个特殊的任务而建立的高杠杆融资工具，其信誉和经济合理性是基于该任务所期待的现金流和资产担保②。

2004年前后，国内理论界和实践界引入了"能源金融"的相关概念，并相继开展了一些研究。相对而言，国内对于能源金融的理解更为宏观，涵盖的内容更为宽广。尽管学者们对于能源金融的内涵、外延、学科归属等认识尚不统一，但是学者们普遍认为，能源金融是产业金融③的一种具体形态④，是能源与金融的结合与一体化。代表性观点包括：林伯强和黄光晓（2014）提出，能源金融是将能源与金融相互融合起来形成的一种新的金融形态。能源金融的内涵包括利用金融市场来完善能源市场价格信号的形成与传递，管理和规避能源市场风险，解决能源开发利用的融资问题，优化能源产业的结构，促进节能减排和新能源开发利用等方面，其核心是能源的市场化定价机制。何凌云（2016）提出，能源金融是传统金融体系与能源系统相互渗透与融合形成的新的金融系统，可以从狭义和广义两方面来界定。狭义上看，能源金融即能源投融资；广义上看，能源金融是指能源信息与金融信息的关联机制，以及相关产业主体通过关联机制实现能源资源与金融资源的整合，促成能源与金融产业共生，并在此过程中有效防范风险的一系列产业活动及其结果。

但是，对于能源如何与金融相结合、如何一体化，具体的结合机制和一体化机制是什么，学术界存在较大的分歧。总的来看，存在以下观点

一是从产业关联的角度来分析。代表性学者有林伯强和黄光晓（2014）、

---

① Pollio G. Project finance and international energy development [J]. Energy Policy, 1998, 26 (9): 687-697.
② Buckley A. International capital budgeting, real operating options and FDI [J]. Managerial Finance, 1996.
③ 产业金融是在现代金融体系趋向综合化的过程中出现的依托并能够有效促进特定产业发展的金融活动总称，其基本原理就是通过资源的资本化、资产的资本化、知识产权的资本化、未来价值的资本化实现产业与金融的融合，促进其互动发展，从而实现价值的增值（钱志新，2010）。
④ 其他形态还有科技金融、交通金融、物流金融、房地产金融等。

何凌云（2016）等。比如何凌云（2016）认为，能源金融包括能源与金融之间的产业关联，以及通过这种关联促成产业共生的一系列产业活动及其结果。林伯强和黄光晓（2014）提出，能源与金融产业的融合可分为三类，即产业渗透、产业交叉和产业重组。① 产业渗透是发生于两大产业边界处的融合。一方面，能源企业的产业资本通过参股、控股金融机构等方式直接向金融产业渗透；另一方面，投资银行、对冲基金等金融机构直接介入能源市场，成为能源市场的主要参与者。② 产业交叉是两大产业的互补延伸。通过产业间的互补和延伸来实现产业间的融合，金融机构为能源企业提供急需的风险管理、风险投资以及相关的金融、法律等服务，使得两者间逐渐融合形成新型产业体系。③ 产业重组则是指金融机构作为中介机构介入能源产业的并购重组。这一观点是以产业为主导的产融结合思想，这也是当前国内学术界对产融结合的主要观点，即产融结合是产业与金融业在经济运行中为了共同的发展目标和整体效益，通过参股、持股、控股和人事参与等方式而进行的内在融合。国内较为典型的产融结合案例可参见表1-1。不可否认，能源产业通过参股、持股、控股和人事参与等方式确实实现了金融进入，解决了能源产业发展中的部分金融问题。但是，能源金融的发展已经从以支持能源产业发展为出发点和核心，转变为以能源持续发展、能源利用中的新问题为核心的阶段。能源金融的国际性、安全性、环保性、衍生性、创新性已经成为能源金融的新核心。因此，这一观点局限了我们对能源金融的认知，也不符合当前国际能源金融发展的趋势，必将制约我国能源金融的发展视野。

表1-1 国内典型的产融结合案例

企业	实业	银行	证券	基金	期货	保险	信托	财务公司	租赁等
中石油	石油化工	珠海银行、克拉玛依市商业银行	—	—	—	中意人寿	昆仑信托	—	昆仑金融租赁
国家电网	电力	广东发展银行	英大证券	英大泰和、长安保险	英大期货	英大长安保险	英大信托	中国电力财务有限公司	—

（续表）

企业	实业	银行	证券	基金	期货	保险	信托	财务公司	租赁等
泛海建设	地产	民生银行、北部湾银行	民生证券	民生投资	—	—	民生信托	民生典当	—
万向	汽车零配件	浙商银行	—	浙商基金	通联期货	民生保险	万向信托	—	万向租赁、万向通联创投
海尔	家电制造	青岛银行	长江证券	产业投资公司	—	海尔纽约人寿	鞍山信托	海尔财务公司	—

二是从金融业务的角度来分析。能源金融具体的业务类型可分为基本金融业务和金融衍生业务两大类。前者体现了能源的商品属性，后者体现了能源的金融属性。一般来说，商品有两种常见属性：一是商品属性。商品属性体现了商品的使用价值。如原油的商品属性是原油可用来炼制为成品油或其他化工产品。二是金融属性。商品的金融属性体现了商品的资产性，是不同商品作为一项资产形式时所具备的共性和差异性特征的具体体现。尽管所有的商品都可以看作一项资产，为持有人提供保值、增值和资金融通等功能，但由于不同商品在稀缺性、流动性和可储存性等方面存在差异，使得一些商品的金融属性较强，另一些商品的金融属性较弱。例如：能源、贵金属的金融属性就比较强，而农产品的金融属性比较弱。金融属性受到金融市场大环境的直接影响。

佘升翔等（2007）认为，能源金融可以分为能源虚拟金融和能源实体金融两个层面，前者是指能源市场主体在能源商品期货、期权市场、国际货币市场以及能源相关的资本市场进行能源实务、期货、期权、债券、汇率、利率、股票以及相关衍生品等金融资产的套期保值、组合投资或投机交易；后者是指能源产权主体、效率市场和传统金融市场通过有机联络，利用金融市场的融资、监督、价格、退出机制，培育、发展和壮大能源产业。何志成（2012）也表达了类似的观点，他指出能源与金融的结合包括与实体金融的结合和与虚拟金融的结合两种方式，前者是显性化的结合，即能源产业承接金融贷款、向金融机构存款、接受银行业的结算服务等；后者则包括能源实务、期货、债券、汇率、利率、股票以及相关衍生品等金融资产的套期保值、组合投资、对冲交易，还包括可控的投机交易。

本书认为，能源金融是为能源开采与加工、能源交易与流通、能源利用与消费等价值环节提供资金融通、价格发现、风险规避等功能的一系列金融活动。能源金融的实质是通过各种金融工具跨时空配置能源的经济价值。从金融类型来看，能源金融是一种产业金融，但又不局限于产业金融。能源与金融的一体化对于能源资源的获取与开发、能源价格信号的产生与传递、能源市场的风险规避与管理都有着重要意义，远期、期货、期权、互换等金融衍生产品的发展也为能源领域的投资提供了有效的工具。在能源资源与金融资源的整合过程中，可以实现能源产业资本与金融资本不断优化聚合，从而促进能源产业与金融产业良性互动、协调发展。

三、能源金融的特征

本书认为，能源金融具有以下重要的特征。

1. 能源金融市场规模大、风险高

一方面，能源产业是资本密集型的产业。与其他产业相比，能源产业具有投资金额大、周期长、风险高的特征。另一方面，能源作为一种基础性的大宗商品，具有交易量大、交易金额高，并且市场规模稳定的特征。这些特征决定了能源金融的市场规模大，且能持续稳定。就资源性产品而言，能源价格主要受供求关系的影响。就金融产品而言，期货价格、投机因素等都会引起价格波动。这凸显了能源价格问题的复杂性，同时也说明了价格风险是能源金融市场中的核心风险。

2. 能源金融层次性明显、业态丰富

能源金融的层次性明显。目前，全球能源金融市场已经发展成为一个成熟、完善的多层次市场体系。早期的能源金融主要是为了解决各个能源产业发展中面临的投融资问题以及现货交易问题。由于能源资源在空间分布和时间获得方面存在明显的非对称性特征，出于价格发现和风险规避等目的，使得能源产业对能源金融衍生产品具有天然需求。随着世界资本市场的发展，能源的金融属性日益凸显，各种能源金融衍生品市场迅速发展。目前，世能源金融衍生品交易额已经远远超过了能源现货交易额。

能源金融的业态非常丰富。早期的能源金融业态主要集中在石油、煤炭、天然气等能源领域，产生了能源产业融资与并购重组、能源产业投资、能源交易等金融业态。后来随着与能源领域相关的诸如全球气候变化等环境问题的日益凸显，旨在应对各种环境风险的能源金融衍生品也应运而生，能源金融的范围拓展至环境金融、能效金融、新能源投融资、能源区块链等新领域，出现了碳排放期货期权、能效贷款、碳基金、能源资产证券化、碳数字货币等新产品、新模式、新业态。

3. 能源金融具有很强的货币属性

石油等核心能源在金融货币调整及经济金融化过程中起到重要作用。1973年第一次"石油危机"时，大批亟待再次投资的石油美元快速推进了第二次金融化的发展。其结果是，货币问题再也无法脱离能源问题而单独存在了。历史上，英镑、美元先后作为世界能源计价结算货币，与煤炭金融、石油金融等市场深度融合，深刻影响了能源金融市场的运行。人民币的国际化，以及以人民币计价的上海原油期货的推出，都是中国试图增强人民币对世界能源金融市场影响力，进而获得在原油等大宗能源商品上的议价权，保障国家能源安全和经济安全的举措。因此，能源金融具有很强的货币属性。

4. 能源金融的国际化程度高

能源是国际上通用的大宗商品。由于各国的能源禀赋差异较大，国与国之间的能源贸易额较大。在全球能源生产、交换、利用与消费过程中，能源定价与价格波动、能源投资、能源融资、能效提高与节能减排等问题相继浮出水面，从而推动了全球能源金融市场的诞生与蓬勃发展。作为一种新的金融形态，能源金融不仅是国际能源市场和国际金融市场不断相互渗透与融合的产物，更是西方发达国家能源战略体系不断演变发展的产物。

四、能源金融的功能

正如前文指出的，能源金融的发展已经从以支持能源产业发展为出发点和核心，转变为以能源持续发展、能源利用和消费中的新问题为核心的阶段。能源金融的国际性、安全性、环保性、衍生性、创新性已经成为能源金融的新核心。能源金融的功能也相应转变为：通过金融创新解决能源利用中的环境问题，推动能源技术创新等；通过发展能源金融市场来保证能源安全。本书认为，对于国家经济体而言，能源金融至少具有保障能源安全、维护经济安全、推动能源产业发展、实现生态安全以及提升国际关系博弈能力五大功能。

1. 能源金融与能源安全

1973年和1979年，全球连续遭遇两次石油危机，西方国家开始重视能源供给对经济发展、社会稳定和国家安全的影响。1974年2月，国际能源署（IEA）在巴黎成立，标志着国际能源安全多边合作机制的形成。IEA最先提出了以稳定原油供应和价格为核心的"能源安全"概念，并制定了相应的策略。

能源金融是能源战略的一个重要手段和工具。传统能源战略侧重于政治经济学的视角，包括：能源安全与全球争夺、国家权力、地缘政治、能源外交等。现代能源战略新增加了节能减排、能源替代、国际能源合作等含义。为了保障能源安全，各国制定了相应的能源金融政策，如：以争取原油市场定价权为目标的原油金融政策；以提高能源利用效率和减少污染排放为目标的碳交易政策，等等。总之，能源金融的发展有助于能源安全的实现，利用能源金融市场来完善能源市场价格信号的形成与传递，管理和规避能源市场风险，解决能源开发利用的融资问题，促进节能减排和新能源开发利用等，从而保证一国的能源安全目标实现。

2. 能源金融与经济安全

能源金融是经济发展中的核心问题[①]。能源金融的发展关系到一个国家的经济安全。随着全球经济的发展，化石能源的枯竭、能源利用带来的污染与气候变化等问题赋予了能源安全新的内涵。新的能源安全概念已经由传统的保障能源供给、维持合理价格转向能源经济系统的可持续发展。

首先，能源金融市场受到国际金融市场的影响。由于能源商品的金融属性大大增强，吸引了大量的资金投入能源金融领域，在为能源金融市场提供流动性的同时，也加剧了能源金融衍生产品的价格波动，而能源金融衍生产品的价格波动又通过能源金融市场参与者的套期保值、套利或投机行为传导

---

① 陈柳钦. "钦点"能源（二）[M]. 北京：知识产权出版社，2017.

至国际能源市场，进而加剧了能源商品的价格波动，对一个国家内部的商品价格和宏观调控政策带来深远影响。一国的能源金融市场如果缺乏自主性，发展水平低下，国内的能源市场、能源政策和经济政策将受制于国际金融市场，严重影响该国的经济安全。其次，能源金融市场是国际能源市场的风险管理平台。随着国际能源市场一体化程度的加深，全球能源价格波动的传导速度日益加快，影响程度的传递更为彻底。通过发展能源金融市场，可以有效规避能源价格波动的风险，及其给能源产业投融资带来的影响，从而保障国家能源产业的安全和经济体系的安全。再次，能源金融市场的发展影响到一国节能减排和清洁能源的发展政策，关系到经济的持续发展。能源金融创新是实现节能减排的市场化运作和向低碳经济发展模式转变的重要手段。发达国家通过碳交易等金融创新来实现经济的低碳化转型和持续发展。中国是世界最大的碳排放国家，但是在国际碳交易市场中，中国仍处于价值链的低端，只能通过清洁发展机制（clean development mechanism，简称 CDM）为发达国家提供廉价的碳排放额度，在国际碳交易市场上缺少话语权。因此，加快发展碳金融等能源金融市场，对于国家的经济安全也具有重要的战略意义。最后，能源金融市场的发展受到国际货币市场的影响。通过将本币作为国际能源贸易的主要计价和结算货币，不仅可以参与全球能源产业链的利益分配，还能转嫁经济危机，割世界各国的"羊毛"。例如：美国可以根据国内经济情况以及美国对外政策的考虑，通过调整国内的利率政策和汇率政策来影响甚至操纵国际油价，进而获得巨额收益。相反，由于亚太地区还没有权威的原油基准价格，"亚洲升水"导致我国每年要为进口原油多支出约 20 亿美元。近二十年来，因为中国等亚洲国家无定价权，在不考虑运费差别的情况下，亚洲主要的石油消费国对中东石油生产国支付的价格，比从同地区进口原油的欧美国家的价格要高出 1～1.5 美元/每桶。总之，能源金融的发展水平将直接关系到一国的经济安全。

3. 能源金融与能源产业发展

能源金融发端于能源产业，以金融系统为工具，最终服务于能源产业。一方面，从全球能源产业的发展轨迹看，金融支持和金融市场是解决能源产业发展资金、拓展发展空间的重要方式，也是培育、发展和壮大新能源产业的重要力量。例如：通过发行证券、债券等直接融资，通过开发性政策贷款和银行信贷等间接融资，可以推动能源产业的发展；通过并购等资本市场，能够拓展能源产业的发展空间。另一方面，随着能源和金融的相互渗透和融合，能源市场实质上已成为金融市场的一部分，能源市场主体在能源商品期货、期权市场、国际货币市场以及与能源相关的资本市场上进行能源现货交易，开展期货、期权、债券等金融衍生品的套期保值、投机、套利，规避经营风险，保障了能源产业的持续稳定发展。

4. 能源金融与生态安全

生态安全本来指人类在生产、生活和健康等方面不受生态破坏与环境污染等影响的保障程度，包括饮用水安全与食品安全，以及空气质量与绿色环境等基本要素对人类生存与发展的安全保障程度。对于一个国家来说，生态安全是指一个国家具有能持续满足经济社会发展需要和保障人民生态权益、经济社会发展不受或少受来自资源和生态环境的制约与威胁的稳定健康的生态系统，具有应对和解决生态矛盾和生态危机的能力。随着全球气候变暖带来的生态环境危机，如何减少化石能源使用中排放的二氧化碳成为全球关注的焦点。能源金融创新成为解决全球气候问题的重要手段。一国能源金融市场的发展水平越高、发展规模越大，越有利于引导资金、人才等生产要素流向节能环保领域，从而更好地应对气候变化，改善区域乃至全球环境问题，促进生态安全的实现。

5. 能源金融与国际关系博弈

工业革命以来，能源就一直是国际关系博弈的核心问题，是各种战争、恐怖事件爆发的深层次原因，也是世界大国之间博弈的重要平台。随着时代的变化、技术的进步，能源的品种在发生变化，但对能源的获取、对能源定价权的争夺始终是国际关系中争吵、冲突甚至爆发战争的根源之一。为了确保石油、天然气等能源的稳定供应、获得能源定价权、取得应对气候变化问题的主动权，各国一边通过武力、外交斡旋等显性方式博弈，另一边则通过操控能源金融市场等隐蔽方式博弈。能源金融市场成为一种国际关系博弈的工具。发达的能源金融市场，在国际关系博弈中将作为一种有力的工具或武器。由于能源金融市场发展滞后，多年以来，我国作为世界最大的石油和煤炭进口国,在相关的国际能源市场上却缺少定价权。因此,建设一个多层次、多业态、具有国际影响力的能源金融市场,将丰富我国在国际关系博弈中的工具,提升我国的国际关系博弈能力。

第三节 能源金融的分析框架与研究内容

因循前文对能源金融的概念界定,本节在此基础上,进一步搭建能源金融的分析框架,然后提出笔者对能源金融研究内容的看法,为后文全面展开对能源金融的分析奠定基调和方向。

一、能源金融的分析框架

本书尝试通过图1-1来描绘能源金融的分析框架,即在开放的制度、经济、技术与组织环境下,通过各种能源金融市场,解决能源开采与加工、能

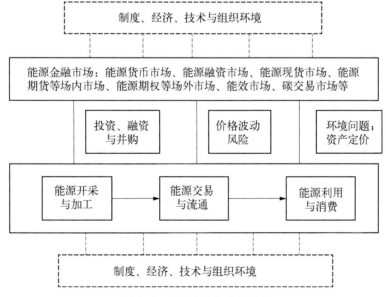

图 1-1 能源金融的分析框架

源交易与流通、能源利用与消费等价值环节的资金融通、价格发现、风险规避等问题。由于制度、经济、技术与组织环境处于不断的发展过程中，能源金融市场的表现形式会发生变化，但其对能源产业发展的功能表现会保持相对稳定。

二、能源金融的研究内容

林伯强和黄光晓（2014）认为，能源金融的核心是能源的市场化定价机制。能源金融的研究内容主要包括四大部分：利用金融市场来完善能源市场价格信号的形成与传递；管理和规避能源市场风险，解决能源开发利用的融资问题；优化能源产业结构；促进节能减排和新能源开发利用。何凌云和刘传哲（2009）提出，"能源金融"的系统性研究应涵盖四个方面的内容。一是研究金融支持能源以及能源产业作为金融产业利润来源而构成的机制中，金融信息通过能源产业向实体经济的传导，以及能源产业信息对金融产业的影响机理；二是基于两大产业的正向关联性，研究金融支持能源的路径；三是基于两大产业的负向关联性，研究能源金融安全，包括能源金融的产业风险传染性及风险的预警和控制体系；四是研究促进两大产业共生的金融生态和能源战略以及其他能源金融政策。何凌云（2014）等学者曾提出，能源金融研究主要包含三大模块。模块一：从国家层面研究能源金融宏观体系的建立。从资源配置的角度讲，市场和政府是资源配置的两大主体，因而该模块主要关注于"能源价格"及"能源金融政策"。模块二：从产业层面研究产业发展问题。该模块主要分析能源金融发展，即两大产业一体化问题。模块三：从产品层面研究能源金融产品问题。该模块包括：① 金融机构根据市场需求提供各种金融产品以及由此产生的能源产品和金融产品的匹配问题；② 能源金融衍生产品定价、交易机制及风险控制等一系列问题。

根据本书提出的能源金融分析框架，我们认为，能源金融的研究内容至少应该包括以下四个部分：第一，能源作为实体产业，金融支持能源产业的问题研究。强调"金融参与性"，即金融资本如何直接进入能源产业发展过程中，强调两个产业关联行为本身。其中的一个重要内容，就是能源产业发展过程中的融资与再融资等问题。第二，能源与金融的融合，通过金融创新，推出更符合能源产业发展的金融产品或市场，解决能源生产与利用过程的效率问题、环境问题、气候等问题的研究。如在传统能源金融市场以及碳排放权交易与碳金融、能效金融、可再生能源配额交易等新兴能源金融领域进行创新，不断优化金融产品，完善市场结构，提高市场运行效率和效果。

第三，能源金融市场的结构、行为与绩效研究。包括能源货币市场，各种主要能源（煤炭、石油、天然气、电力等）的金融市场以及创新型能源金融市场（环境金融、碳排放权交易与碳金融、能效金融、可再生能源配额交易等）。研究这些能源金融市场的结构、行为主体、市场行为及其绩效等内容。需要特别指出的是，环境金融作为能源金融的一个内容，其重要性正日益凸显。20世纪90年代末至21世纪初，工业革命在促进现代文明与进步的同时也造成了许多严重的环境问题，日益恶化的生态系统以及环境问题引起世界各国的高度重视，利用金融创新解决环境问题成为治理环境污染、修复生态系统的重要途径，金融创新在与环境相关的领域十分活跃。因此，本书将环境金融市场与能源金融市场并列强调，并展开研究。第四，能源金融发展的制度研究。能源金融在国家经济安全、生态安全、产业安全以及国际关系等方面发挥着关键作用，使得能源金融的发展在一定程度上已经具有非市场性。对于发展中国家而言，如何建立推动能源市场化改革的体制机制，如何建立健全推动能源金融发展的制度体系，是值得理论界和实务界人士深入思考的一个问题。

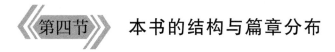

第四节　本书的结构与篇章分布

本书以《能源与环境金融市场：历史、机制与制度》为题，试图把握时代的脉搏，紧扣能源金融的分析框架，以能源金融市场为重要研究对象，着重分析能源金融市场的发展历史、市场运行机制以及影响能源金融市场发展的体制机制，为吸收全球能源金融市场的发展经验，发展和繁荣我国能源金融市场提供理论指引和实践启发。

全书分为三个部分，共十二章。第一部分是能源金融市场总论，从整体上研究了国内外能源金融市场、运行以及相关制度。这一部分由三章构成。第一章是导论。导论章在全面揭示能源金融产生的原因基础上，深入分析了能源金融的概念、特征与功能，系统阐述了能源金融的分析框架与研究内容，最后介绍了本书的结构与篇章分布。第二章是能源金融市场的构成与制度。该章首先介绍了能源金融市场的概念、特点与功能；然后搭建了能源金融市场的体系框架，介绍了能源金融市场的构成内容；最后全面分析了能源金融衍生品市场的功能、架构，揭示了全球能源金融衍生品市场的发展历史，阐明了能源金融衍生品市场发展中的制度作用。第三章是能源金融的货币市场。该章首先阐述了货币与能源计价结算货币的概念；然后梳理了世界主要能源计价结算货币的演变历史；接着揭示了能源计价结算货币的获得机理；最后分析了能源计价结算货币与人民币国际化的关系。

第二部分系统研究了重要能源金融市场的发展历史、市场结构与制度。第二部分由五章构成。第四章是石油金融市场。该章首先阐述了全球石油现货市场的发展历史和现状；然后研究了全球石油金融衍生品市场的发展历史、市场类型以及相关制度；最后系统分析了中国石油金融市场的历史、市场结构与制度。第五章是煤炭金融市场。该章首先分析了全球煤炭现货市场的形成历史、区域分布与发展现状，研究了国际煤炭现货市场的价格及其形成机制；然后分析了国际煤炭金融衍生品市场的构成、发展及其关键制度；接着梳理了中国煤炭现货市场的发展历史、现状，并从制度视角提出推动中国煤炭现货市场发展的建议；最后整理了中国煤炭金融衍生品市场的发展历史与现状，并从制度视角提出了推动中国煤炭金融衍生品市场发展的建议。第六章是电力金融市场。该章首先分析了电力现货市场的构成、电力现货的价格结构及其形成机制；然后分析了电力金融衍生品市场的架构、组织及其产品；接着分析了北欧、英国和美国等世界典型电力金融市场的发展历史，总结其发展经验；随后梳理了中国电力现货市场的发展历史，总结了八个现货市场的试点情况，并进行了制度思考；最后分析了中国电力金融衍生品市场的发展历史、现状，提出了未来发展的制度建议。第七章是天然气金融市场。该章首先阐述了全球天然气现货市场的形成与发展历史、发展现状、区域分布以及价格形成机制；然后分析了全球天然气金融衍生品市场的结构、制度；最后系统梳理了中国天然气市场的发展历史、现状，揭示了中国天然气现货市场的价格体系演化过程，总结了中国建设天然气金融衍生品市场的探索，提出了推动中国天然气金融市场发展的制度建议。第八章是能源产业融资市场。该章首先阐述了能源产业融资的概念与特征；然后分析了能源产业的总体融资现状，研究了传统能源和新能源产业的融资现状，揭示了能源产业的融资市场及其类型；接着搭建了能源产业融资方式选择的分析框架，揭示了能源产业融资方式选择的影响因素及其影响机理；随后分析了不同能源产业的融资方式选择；最后对比分析了国外能源产业融资的制度支持，提出了完善我国能源产业融资支持制度的建议。

第三部分重点研究环境金融市场。这部分由四章构成。第九章是环境金融理论与市场运行机制。该章试图在系统梳理环境金融理论的基础上，搭建环境金融的分析框架；然后对节能减排驱动的环境金融市场和能源产业支持驱动的环境金融市场进行了重点分析，为后三章的分析确定理论起点、研究范围和分析范式。第十章是碳排放权交易与碳金融市场。该章首先研究了温室气体减排的市场机制；然后阐述了国际碳排放权交易市场的起源、发展历史、基本类型以及国际上主要的碳交易体系；接着研究了中国碳排放权交易市场的发展；在此基础上，分析了全球碳排放权金融体系的发展、重要品种与制度；最后分析了中国碳金融市场的发展现状、问题，并为推动我国碳金融市场的发展提出制度建议。第十一章是能源效率金融市场。该章首先在分析能效管理体系的基础上，重点阐述了国内外节能服务市场的发展，分析了影响节能服务市场发展的制度；然后分析了白色证书能效市场的发展；最后分析了用能权交易市场的发展，提出了推动用能权交易市场发展的制度建议。第十二章是可再生能源配额交易市场。该章首先概述了可再生能源配额交易市场的概念、构成；然后分析了美国等典型国家可再生能源配额制的市场运行与制度；最后分析了中国可再生能源配额制市场的发展，提出了推动中国可再生能源配额制市场发展的制度建议。

参考文献

[1] Buckley A. International capital budgeting, real operating options and FDI [J].

Managerial Finance, 1996 (1): 19-40.

[2] Harries H. The contract law of project financing [J]. The Law of International Trade Finance, 1989 (6): 52-70.

[3] Johnson B, Sogomonian A. Electricity futures. The US power market [J]. Electricity Futures, 1997: 83-98.

[4] Pollio G. Project finance and international energy development [J]. Energy Policy, 1998, 26 (9): 687-697.

[5] Sadeghi M, Shavvalpour S. Energy risk management and value at risk modeling [J]. Energy Policy, 2006, 34 (18): 3367-3373.

[6] 陈柳钦."钦点"能源(二)[M].知识产权出版社,2017.

[7] 丁浩.关于金融本质及其演进和发展的思考[J].经济研究导刊,2009 (3): 69-70.

[8] 何凌云,刘传哲.能源金融:研究进展及分析框架[J].广东金融学院学报,2009 (5): 88-98.

[9] 何凌云.能源金融若干理论与实践问题研究[M].北京:科学出版社出版,2014.

[10] 贺永强,马超群,佘升翔.能源金融的发展趋势[J].金融经济,2007 (24): 15-16.

[11] 黄达.金融、金融学及其学科建设(金融覆盖范围、金融学科体系设计、金融专业办学方向)[J].当代经济科学,2001 (4): 5-15.

[12] 黄志强,宗良,钟红,等.全球能源格局下我国的能源金融化策略[J].国际金融研究,2012 (4): 32-41.

[13] 姜英梅.中东能源金融化与中国能源金融战略构想[J].阿拉伯世界研究,2014 (6): 43-54.

[14] 林伯强,黄光晓.能源金融[M].北京:清华大学出版社,2011.

[15] 林义相,余德辉.世界煤炭市场和我国的能源出口战略[J].经济研究,1987 (11): 64-72.

[16] 佘升翔,马超群,陈彦玲,等.中国原油定价机制改革的实证检验与思考——基于大庆原油的分析[J].未来与发展,2007 (4): 30-34, 44.

[17] 斯·金德尔伯格,徐子健,何建雄,朱忠,译.西欧金融史[M].北京:中国金融出版社,2007.

[18] 威廉·N.戈兹曼.金融学的起源——东西方金融创新的早期历史[J].中国市场,2010 (33): 41-43.

[19] 威廉·N.戈兹曼.张亚光,熊金武,译.千年金融史[M].北京:中信出版社,2017.

[20] 叶世昌,潘连贵.中国古代金融史[M].上海:复旦大学出版社,2000.

[21] 兹维·博迪,罗伯特·莫顿.金融学[M].北京:中国人民大学出版社,2000.

第二章

能源金融市场的构成与制度体系

能源的全球贸易推动了全球能源市场的兴起，使得全球能源市场成为全球商品交易中最为活跃的市场，并深远地影响着全球经济发展和地缘关系稳定。在全球能源生产、交换与消费过程中，能源定价与价格波动、能源投资、能源融资、能效提高与节能减排等问题日益受到关注。为了有效解决这些问题，期货交易所、场外市场等金融机构逐步建立和完善，期货期权、远期等金融工具日益丰富，线上线下交易形式多样化，全球能源金融市场由此得以诞生与蓬勃发展。可以认为，能源金融市场是能源金融功能发挥的载体和空间场所。本章在介绍能源金融市场的概念、特点与功能的基础上，构建了能源金融市场的体系框架，介绍能源金融市场的构成内容，最后全面阐述了能源金融衍生品市场的功能、架构，梳理了国际能源金融衍生品市场的发展历史，揭示了能源金融衍生品市场发展中的制度作用。

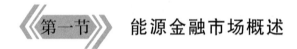

第一节　能源金融市场概述

能源金融市场是能源金融功能实现的载体。在初级能源金融市场，能源金融主要研究如何为能源产业的发展提供资金支持。主要的研究内容包括能源产业的融资等，其核心是能源产业的价值评估。在能源金融衍生品市场，能源金融主要研究如何通过能源金融的产品创新、业务创新，来解决能源生产、消费过程中的环境问题，以及能源资产的定价与风险规避等。

一、能源金融市场的概念

在金融学中，金融市场通常指以金融资产为交易对象而形成的供求关系及其机制的总和。能源金融市场是以能源金融资产为交易对象而形成的供求关系及其机制的总和。"能源金融市场"一词包括三层含义：一是交易能源金融资产的空间场所（包括有形或无形的）。二是反映能源金融资产的供应者与需求者之间的供求关系，揭示资金的集中与传递过程。三是包含能源金融资产交易过程中的各种机制，如价格机制等。

能源金融市场的本质是通过一系列金融机制与工具建立和完善能源市场体系，为能源产业融通资金，促进能源合理定价，降低能源价格波动风险，提高能源效率，保障能源安全，实现能源产业与经济社会的和谐发展。

二、能源金融市场的功能

与要素市场不同，能源金融市场的交易对象是能源商品及其衍生的各种金融工具。在能源金融市场，金融机构不仅是交易的参加者，还是金融工具的创造者和融资中介。本书认为，能源金融市场具有以下经济功能。

一是资金融通功能。为能源产业发展融通资金是能源金融市场最主要、最基本的功能。能源金融市场一方面为能源产业发展提供了筹集资金的机会，另一方面也为社会资金的富余方提供了投资机会，搭建了资金需求方和供给方间的桥梁。

二是价格发现功能。能源金融市场的价格发现功能是指能源金融市场通过公开、公正、高效、竞争的交易运行机制形成具有真实性、预期性、连续性和权威性的价格。能源金融市场的逐利行为与无风险套利将促使能源金融产品价格保持在合理水平。在20世纪，现货贸易和长期合同机制是国际能源金融市场的定价基础。后来随着能源期货市场等能源金融衍生品市场的蓬勃发展，期货价格成为国际能源市场的定价基础。目前，纽约商业交易所和伦敦洲际交易所的原油期货合约已成为原油现货价格的基准，而亚洲市场尚未形成一个具有世界影响力的原油期货市场。我国作为原油进口大国，在油价方面却不得不承受原油的"亚洲升水"。

三是风险规避功能。规避现货价格风险是期货等金融市场产生的根本目的，也是投资者参与金融市场的初始动机之一。在能源金融市场，投资者可以通过买卖能源金融资产转移或者接受风险，利用组合投资分散那些投资于单一能源金融资产所面临的非系统性风险。

四是优化资源配置功能。优化资源配置功能是指通过能源金融资产价格引导资本流动，从而实现资本合理配置的功能。资本总是流向最有发展潜力、能为投资者带来最大利益的地区、产业和企业，而能源金融资产的价格变动则反映了能源经济运行的态势和能源企业、行业的发展前景，是引导货币资金流动和配置的理想工具。

第二节 能源金融市场的构成

能源金融市场是在国际金融市场的基础上，由能源货币市场、能源资本市场、能源现货市场、期货市场、能源创新金融市场、能源期权等场外交易市场相互联动、融合、渗透而构成的复合金融体系。本节主要通过分析能源金融市场体系的构成，初步阐明主要能源金融市场的特征，为后文展开深入分析奠定基础。

一、能源金融市场的体系

目前，全球能源金融市场已经发展成为一个初步成熟、不断完善的多层次市场体系。除了传统的石油、天然气、煤炭等大宗能源商品的衍生品交易外，天气指数、航运指数、碳排放权等指标与能源、环境、气候等人为创设的概念也成为新的交易对象。

能源金融市场有多种分类方法：(1) 按交易标的物划分，可分为原油金融市场、煤炭金融市场、天然气金融市场、电力金融市场等；(2) 根据能源金融资产交易对象的交割期限划分，可分为现货市场、期货市场和期权市场，后两者我们统称为能源金融衍生品市场；(3) 以金融资产的期限为标准，能源金融市场可以分为能源货币市场和能源资本市场；(4) 按地域划分，可分为国内能源金融市场和国际能源金融市场；(5) 根据交易组织形式划分，可分为场内交易（指由证券交易所组织的集中交易市场）和场外交易（OTC，在交易所之外的自由买卖交易市场）；(6) 按能源金融的功能层次，可以分为初级金融市场和金融衍生品市场。

考虑到不同能源的金融市场发育程度、价格机制都有所差异。本书综合交易标的物和交割方式来对能源金融市场进行分类（见表 2-1）。

表 2-1　能源金融市场的架构

		现货市场		期货市场	期权市场
		即期	远期	期货	期权
基础能源	原油	原油现货	原油远期	原油期货	原油期权
	煤炭	煤炭现货	煤炭远期	煤炭期货	煤炭期权
	天然气	天然气现货	天然气远期	天然气期货	天然气期权
	电力	电力现货	电力远期	电力期货	电力期权
能源创新产品	碳排放权	碳排放权现货	碳排放权远期	碳排放权期货	碳排放权期权
	节能	白色证书、绿色证书	—	—	—
能源产业发展要素	货币、资本	货币市场、资本市场			

二、能源金融现货市场、期货市场与期权市场

从标的物交割时间来划分，能源金融市场可分为能源现货市场、能源期货市场和能源期权市场。

能源现货市场（spot markets）是指能源市场上的买卖双方成交后须在若干个交易日内办理交割的金融市场。现货交易可以分为即期现货交易和远期现货交易，两者均以买入卖出实物商品或金融产品为目的。即期现货交易在成交后立即交割，是表现为"一手交钱，一手交货"的一种交易方式。远期现货交易是即期现货交易在时间上的延伸，买卖双方签约后在未来某一时间进行实物商品或金融产品的交收。现货交易包括现金交易和固定方式交易。现金交易是指成交日和结算日在同一天发生的证券买卖；固定方式交易则是指成交日和结算日之间相隔几个交易日，一般在七天以内。现货市场上的大部分交易均为固定方式交易[1]。

能源期货市场是交易双方达成协议或成交后，不立即交割，而是在未来一定时间内进行能源金融产品交割的场所。能源期货市场的交易标的是能源期货合约。期货合约是指由期货交易所统一制定的、规定在将来某一特定的

---

[1] 王重润. 金融市场学 [M]. 北京：高等教育出版社，2014.

时间和地点交割一定数量标的物的标准化合约。这个标的物，又叫基础资产。与期货合约所对应的现货，可以是某种商品，如铜或原油（商品期货），也可以是某个金融工具，如外汇、债券（利率期货），还可以是某个金融指标，如沪深300股票指数（金融期货——股指期货）。

能源现货市场和能源期货市场主要存在五个方面的区别。

一是买卖的直接对象不同。能源现货交易买卖的直接对象是能源商品本身，有样品、有实物、看货定价。能源期货交易买卖的直接对象是能源期货合约，是买进或卖出多少手或多少张能源期货合约。

二是交易的目的不同。能源现货交易是一手钱、一手货的交易，马上或一定时期内获得或出让能源商品的所有权，是满足买卖双方需求的直接手段。能源期货交易的目的一般不是到期获得实物，套期保值者的目的是通过能源期货交易转移能源现货市场的价格风险，投资者的目的是从能源期货市场的价格波动中获得风险利润。

三是交易方式不同。能源现货交易一般是一对一谈判签订合同，具体内容由双方商定，签订合同之后如果不能兑现，就要诉诸法律。能源期货交易则是以公开、公平竞争的方式进行交易，一对一谈判交易（或称私下对冲）被视为违法。

四是交易场所不同。能源现货交易一般不受交易时间、地点、对象的限制，交易灵活方便，随机性强，可以在任何场所与对手交易。能源期货交易则必须在交易所内依照法规进行公开、集中交易，不能进行场外交易。

五是结算方式不同。能源现货交易是货到款清，无论时间多长，都是一次或数次结清。能源期货交易则实行每日无负债结算制度，必须每日结算盈亏，结算价格是按照成交价加权平均来计算的。

期权（option）是指在未来一定时期可以买卖的权利，是买方向卖方支付一定数量的金额（指权利金）后拥有的在未来一段时间内（指美式期权）或未来某一特定日期（指欧式期权）以事先规定好的价格（指履约价格）向卖方购买或出售一定数量的特定标的物的权利，但不负有必须买进或卖出的义务。能源期权则是标的物为能源产品的期权。能源期权市场（option market）是进行能源期权合约交易的市场。

三、能源货币市场与能源资本市场

（一）能源货币市场

货币市场是融通短期（一年以内）资金的市场，资本市场是融通长期（一年以上）资金的市场。货币市场和资本市场又可以进一步分为若干不同的子市场。货币市场包括金融同业拆借市场、回购协议市场、商业票据市场、银行承兑汇票市场、短期政府债券市场、大面额可转让存单市场等。

对于能源产业而言，能源货币市场除了为能源产业提供短期资金融资外，还涉及一个非常重要的问题，即能源国际贸易及相关金融衍生产品的计价及结算货币确定。能源计价与结算货币的确定涉及围绕国际能源贸易及相关金融衍生产品计价及结算的一系列国际规则与制度安排，这就是所谓的能源货币体系。目前的能源货币体系是以美元主导的多元货币计价结算体系。

（二）能源资本市场

能源资本市场是能源产业融通长期（一年以上）资金的市场。能源产业属于资金密集型行业，投资回收期长，面临运营的资金短缺风险和国际能源市场的波动风险。借助国内国际资本市场，通过在各金融市场筹资实现持续经营，再通过并购和重组来实现能源产业链的整合与优化。

1. 能源股票市场

能源股票市场是能源企业筹集资金的重要市场，能源企业通过上市发行股票从而筹集规模巨大的资金。截至2019年底，我国传统能源上市企业已经达到152家，其中煤炭和电力企业较多，分别为25家和53家，分别占上市企业数量的16.45%和34.87%。新能源上市企业已经达到37家，其中水力发电和风力发电企业较多，分别为21家和6家，分别占上市企业数量的56.76%和16.22%，能源股票市场日益成为能源企业筹集资金的重要场所。

2. 能源债券市场

能源债券市场也是能源企业筹集资金的重要市场，其与能源股票市场互为补充。能源企业可以根据自身情况在能源债券市场上筹集不同规模、不同期限的债务资金。能源债券市场有利于相关资质的企业以较低的成本筹集较长期限的资金。仅 2019 年，能源上市企业发行相关债券 390 只，发行总额共计 23 906 亿元。

3. 能源投资基金市场

能源基金是能源金融系统下的一个子系统。能源基金即能源系统、基金体系及其互动关系的总和，因此能源基金主要涉及基金如何为能源产业发展提供服务以及能源产业如何促进基金的发展壮大。能源基金主要包括能源证券投资基金与能源产业投资基金。在当前阶段，能源投资基金市场主要表现为能源产业投资基金并且主要是政府主导型的产业投资基金，例如澳大利亚政府设立的清洁能源基金，我国设立的丝路基金、中非发展基金等。能源基金主要是实物资产投资与不动产经营管理，是实业的经营，在这一点上，与创业投资基金相同。证券投资基金通过投资组合分散风险，而能源基金与创业投资基金类似，无法实施投资组合，而是专注于能源产业的投资，通过专业化和投资不同阶段的项目来分散投资风险。

四、能源创新金融市场

金融创新是指金融内部通过各种要素的重新组合和创造性变革所创造或引进的新事物。按照第一章搭建的能源金融分析框架，随着制度、经济、技术与组织环境的不断发展变化，能源金融市场也涌现出各种金融创新，以求解决能源开采与加工、能源交易与流通、能源利用与消费等价值环节的资金融通、价格发现、风险规避等问题。能源创新金融市场即涵盖这些创新金融产品、模式、业态的市场。能源创新金融市场的发展通过引入新技术（如区块链技术、互联网+技术）和新机制（包括市场机制、税收机制、价格机制、投资机制）等既能实现投资者的利益要求，也有助于达到节约不可再生能源，降低能源投入成本，提高能源利用效率，保护生态环境，实现经济可持续发展目标。

由于当前能源利用过程的环境问题备受关注，目前能源创新金融市场主要包括碳排放权交易市场、能效金融市场、可再生能源配额交易市场等环境金融相关市场。

第三节 能源金融衍生品市场与制度体系

能源金融衍生品市场是以现货市场为基础发展而来的，是能源商品内在矛盾不断变化并不断得到解决的产物。以石油为核心产品的能源金融衍生品市场在 20 世纪中后期兴起后，对各国的能源和金融安全产生了日益深远的影响。Fleming 和 Ostdiek（1999）发现原油期货的持仓量和即期的市场波动性之间存在联系，原油金融衍生品会增加市场波动性[1]。Haushalter（2000）通过研究石油和天然气生产者的对冲操作，发现对冲工具的使用范围与融资的成本相关，也与对冲工具的成本有关[2]。Deng 和 Oren（2006）认为电力金融衍生品可以减少市场风险，为发电厂、负载服务企业和电力市场的风险管理构建对冲策略，也可以增加市场的广度，有助于降低企业运营成本[3]。鉴于能源金融衍生品市场的重要性，本节重点对能源金融衍生品市场进行一个总体分析，主要阐述能源金融衍生品的概念、类型，并系统研究能源金融衍生品市场的发展、功能与架构。

一、能源金融衍生品的概念与类型

（一）能源金融衍生品的概念

能源金融衍生品是一种金融工具。金融工具是指在金融市场中可交易的金融资产，人们可以用它们在市场中尤其是在不同的金融市场中发挥各种"工具"作用，以期实现不同的目的，其最基本的要素为支付的金额与支付条件。如企业可以通过发行股票、债券达到融资的目的；股票、债券就是企

---

[1] Fleming J, Ostdiek B. The impact of energy derivatives on the crude oil market [J]. Energy Economics, 1999, 21 (2): 135-167.

[2] Haushalter G D. Financing policy, basis risk, and corporate hedging: Evidence from oil and gas producers [J]. The Journal of Finance, 2000, 55 (1): 107-152.

[3] Deng S J, Oren S S. Electricity derivatives and risk management [J]. Energy, 2006, 31 (6-7): 940-953.

业的融资工具等。金融工具具有偿还性、流动性、风险性、收益性四方面的基本特征。(1) 偿还性。一般金融工都具有规定的偿还期限。偿还期限是指债务人从举借债务到全部归还本金与利息所经历的时间。金融工具的偿还期还有零期限和无限期两种极端情况。(2) 流动性。流动性是指金融工具在必要时迅速转变为现金而不致遭受损失的能力，金融工具的流动性与偿还期成反比，金融工具的盈利率高低以及发行人的资信程度也是决定流动性大小的重要因素。(3) 风险性。风险性是指购买金融工具的本金和预定收益遭受损失可能性的大小。风险可能来自信用风险和市场风险等方面。(4) 收益性。收益性是指金融工具能够带来价值增值的特性。对收益率大小的比较要将银行存款利率、通货膨胀率以及其他金融工具的收益率等因素综合起来进行分析，还必须对风险进行考察。

金融工具可分为基础金融工具和金融衍生工具。基础金融工具包括企业持有的现金、存放于金融机构的款项、普通股，以及代表在未来期间收取或支付金融资产的合同权利或义务等，如应收款项、应付账款、其他应收款、其他应付款、存出保证金、存入保证金、客户贷款、客户存款、债券投资、应付债券等。金融衍生工具（资产、产品）是以货币、债券、股票等基本金融工具为基础而创新出来的金融工具，它以另一些金融工具的存在为前提，以这些金融工具为买卖对象，价格也由这些金融工具决定。目前，金融市场上主要的金融衍生产品包括远期合约、期货合约、期权合约、金融互换等品种。

按照基础商品或资产的不同，金融衍生品可以分为商品类衍生品和金融类衍生品，商品类衍生品主要包括以农产品、有色金属、贵金属、能源、软产品、畜产品等为基础商品的衍生品。能源金融衍生品就是以能源类商品为基础商品的衍生产品[①]。能源金融衍生品是20世纪中后期兴起的新事物。以石油为基本核心产品的能源金融衍生品市场的发展对于各国的能源安全、金融安全和政治安全具有重要意义。

---

① 姚兴涛.金融衍生品市场论 [M].上海：立信会计出版社，1999.

(二）能源金融衍生品的类型

以能源的类型来划分，能源金融衍生品可分为石油金融衍生品（包括原油、成品油和燃料油金融衍生品），煤炭金融衍生品，电力金融衍生品，天然气金融衍生品等。就交易规模来看，石油金融衍生品（尤其是原油期货）的交易规模远远大于其他能源金融衍生品。从金融衍生品的交易原理来划分，能源金融衍生品主要有能源远期、能源期货、能源期权和能源互换等品种。

1. 能源远期

远期（forwards）或远期合约是 20 世纪 80 年代初兴起的一种保值工具，它是一种交易双方约定在未来的某一确定时间，以确定的价格买卖一定数量的某种金融资产的合约。合约中要规定交易的标的物、有效期和交割时的执行价格等项内容。能源远期是远期的一种。比如：今天是 2021 年 5 月 8 日，A 公司预计在 2021 年 10 月 23 日需要原油 1 000 桶。A 公司和 B 公司今天约定在 2020 年 10 月 23 日，A 公司以 53 美元/桶的价格购买 B 公司的原油 1 000 桶。这就是一个能源远期合约。

2. 能源期货

期货交易是一种古老而又年轻的交易方式。期货交易的起源可以追溯到公元前 2000 年。有组织的期货交易则仅有一百多年的发展历史。1848 年，芝加哥贸易商会为了减少难以预料的商品混乱，开始了处理远期谷物交易的期货贸易。自此以后，期货贸易广泛运用于农产品、金属矿产品、金融商品等商品交易，成为一种有效的贸易手段。

期货（futures）或期货合约是期货交易的买卖对象或标的物，是由期货交易所统一制定的，规定了某一特定的时间和地点交割一定数量和质量商品的标准化合约。按现货标的物之种类，期货可分为商品期货与金融期货两大类。能源期货是商品期货中的重要一类。能源期货（energy futures）包括原油及其附属产品的燃油、汽油、柴油、取暖油等期货，天然气期货、煤炭期货、电力期货、丙烷期货等[①]。我国能源期货发展较晚，目前上海期货交

---

① Valdez S. An Introduction to Global Financial Markets [M]. Basingstoke, Hampshire: Macmillan Press, 2015.

易所、大连商品交易所、郑州商品交易所、上海国际能源交易中心主要上市交易上海原油期货、燃料油期货、动力煤期货等品种（见图2-1）。

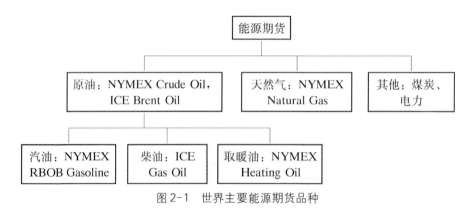

图2-1 世界主要能源期货品种

原油是全球使用率最高的能源。原油期货是所有能源期货中交易量最大的期货品种。目前国际上有13家交易所推出了原油期货，其中，美国芝加哥商品交易所集团旗下的纽约商业交易所（NYMEX）是全世界最大的能源期货交易所。纽约商业交易所（NYMEX）和洲际交易所（ICE）为影响力最大的世界两大原油期货交易中心，其上市交易的WTI、布伦特两种原油期货也分别扮演着美国和欧洲基准原油合约的角色。另外，迪拜商品交易所（DME）上市的阿曼（Oman）原油期货也是重要的原油期货基准合约。上海国际能源交易中心于2018年3月26日上市交易的以人民币计价的上海原油期货在国际原油市场上正发挥越来越大的影响力。

能源期货与能源远期都是在交易时约定在将来某一时间按约定的条件买卖一定数量的某种能源的合约。但是，能源期货与能源远期存在一些根本的区别：(1) 能源期货合约在交易所内交易，具有公开性，而能源远期合约在场外进行交易；(2) 能源期货合约是标准化合约，除了价格以外，合约的品种、规格、质量、交货地点、结算方式等内容都有统一规定；而远期合约的条款是由买卖双方来约定的；(3) 能源期货合约的结算通过专门的结算公司进行，这是独立于买卖双方的第三方，投资者无须对对方负责，不存在信用风险，而只有价格变动的风险。能源远期合约的结算则主要由交易双方来负责，可能存在因交易双方的信用、能力等带来的不履约风险。

3. 能源期权

能源期权就是标的物为能源产品的期权。能源期权可以分两种类型：能源看跌期权（put option）和能源看涨期权（call option）。① 能源看跌期权：能源看跌期权的购买者可以支付一定的费用（期权费，或者叫 premium）来获得以预定价格（称为执行价）、指定时间出售能源的权利，但没有义务。这样，相当于为标的资产提供了一个价格的底线（floor line）。② 能源看涨期权：与能源看跌期权相反，能源看涨期权的购买者可以获得以预定价格购买的权利。这相当于给标的资产一个价格上限（ceiling）。比如：交易者 A 和 B 分别为原油看涨期权的买方和卖方，他们就某月原油期货达成看涨期权交易。期权的有效期为 3 个月，协议价格为每手 50 美元，合约规定成交数量为 100 手，期权费为每手 3 元。

能源期权在标的物、投资者权利与义务的对称性、履约保证、现金流转、盈亏等方面与能源期货存在显著的不同，表 2-2 列示了能源期货与能源期权的主要区别。

表 2-2 能源期货与能源期权的区别

	能 源 期 货	能 源 期 权
标的物不同	交易标的物是商品或期货合约	交易标的物则是一种商品或期货合约选择权的买卖权利
投资者权利与义务的对称性不同	双向合约，交易双方都要承担期货合约到期交割的义务，如果不愿实际交割，则必须在有效期内对冲	单向合约，期权的买方在支付保金后即取得履行或不履行买卖期权合约的权利，而不必承担义务
履约保证不同	买卖双方都要交纳一定数额的履约保证金	买方不需交纳履约保证金，只要求卖方交纳履约保证金，以表明他具有相应的履行期权合约的财力
现金流转不同	买卖双方都要交纳期货合约面值一定比例的初始保证金，在交易期间还要根据价格变动向亏损方收取追加保证金；盈利方则可提取多余保证金	买方要向卖方支付保险费，这是期权的价格，大约为交易商品或期货合约价格的 5%～10%，具体根据交易商品或期货合约市场价格的变化而变化
盈亏的特点不同	期货的交易双方都面临着无限的盈利和无止境的亏损	买方的收益随市场价格的变化而波动，是不固定的，其亏损只限于购买期权的保险费；卖方的收益只是出售期权的保险费，其亏损不固定

4. 能源互换

互换（swap，也称掉期）是指两个对等主体之间对他们各自持有金融工具利益的一种交换。较为常见的互换类型是外汇互换和利率互换。互换通常被用作避险和投机的目的。互换通常会在期限内的一系列时点进行交易，如月度，季度，半年度或者年度。

普通的能源互换协议和金融互换协议类似，一般是合同双方在一段时间交换支付固定和浮动价格。另外，互换协议一般不涉及实际能源的交换，只做金融结算。图2-2展示了电力互换的一个实例流程。

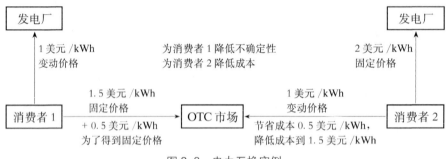

图 2-2　电力互换实例

假设有两家电力用户1、2，分别向各自的电力供应商购电。其中用户1需要支付1美元/kWh的变动价格，而电力用户2需要支付2美元/kWh的固定价格。在这种情况下，两个用户就可以签订一个互换协议。用户1支付1.5美元/kWh，虽然多支付了0.5美元/kWh，但是规避了价格风险；用户2向用户1支付1美元/kWh的变动价格。这样，用户2通过承担价格风险，减少了0.5美元的支付。这种互换协议的达成，合同双方根据自身各自的风险偏好和风险承担能力，各取所需，实现了共赢。

二、能源金融衍生品市场的功能与架构

（一）能源金融衍生品市场的功能

物质资料市场的功能是配置实物资源，金融市场的功能是配置金融资源。从该角度出发，能源金融衍生品市场的功能则是配置能源市场的风险资源，以增强整个能源金融体系运行的稳定性。能源金融衍生品的发展迎合了

能源金融体系发展的内在需求，这主要体现在能源金融衍生品市场的功能发挥上。具体来看，能源金融衍生品市场主要有以下五个典型功能：规避风险、增加市场流动性、价格发现、降低融资成本、促进节能减排。

一是规避风险功能。能源金融市场的风险是客观存在的。不同的投资者，其风险偏好及风险承受能力也不一样，这就产生了转移风险的需求。通过能源金融衍生产品市场，风险厌恶的投资者能够把风险转移给那些有能力并且愿意承担风险的投资者。投资者可以通过采取与基本金融产品反向操作的行为来锁定价格，以规避价格波动所带来的风险。以原油期货为例，航空公司和石油化工企业可以利用原油期货市场和现货市场价格走势相同的原理，同时在两个市场上交易，开展套期保值，用一个市场上产生的收益弥补另一市场的亏损，从而锁定原油成本或产生利润。这样，通过原油期货交易，套期保值者可以把现货市场上的价格波动风险转移给寻求风险利润的投机者。学者们的研究也证实了能源金融衍生品的规避风险功能。Sadeghi 和 Shavvalpour（2006）强调了能源市场中石油价格风险管理的重要性，并建议引入风险价值模型（value at risk，VaR）来量化石油价格风险[1]。Johnson 和 Sogomonian（1997）强调了电力衍生品对降低电力市场风险的作用，并构建了发电机的对冲策略[2]。

二是增加市场流动性功能。能源金融衍生品市场的规避风险作用，可以使投资者安全地参与基本金融产品的交易，从而增强了能源金融市场的流动性。此外，能源金融市场的套利、投机等投资者的存在也能增强市场流动性。套利投资者可以在相关的能源金融市场间开展套利，同时买进和卖出两张不同种类的期货合约，增加了市场的流动性。投机者的交易也增强了市场的流动性。

三是价格发现功能。能源金融衍生品交易是由众多投资者在交易所进行公开竞价，形成的价格反映了对于该种能源价格有影响的所有可获得的

---

[1] Sadeghi M, Shavvalpour S. Energy risk management and value at risk modeling [J]. Energy policy, 2006, 34 (18): 3367-3373.

[2] Johnson B, Sogomonian A. The US power market [M]. London: Risk Publication, 1997: 83-98.

信息和不同买主与卖主的预期，这就在相当程度上体现出了未来价格的走势，有利于能源价格的发现。以能源期货市场为例，能源期货市场采用"公开、公平、公正"的集中竞价交易，产生能反映未来市场供求状况的期货价格。在原油、天然气等成熟的能源期货市场作用下，现货企业往往采用期货价格作为现货交易的报价。此外，投资者可以在相关的能源金融市场间开展套利。交易者买进自认为是"便宜的"合约，同时卖出那些"高价的"合约，从而间接推动扭曲的市场价格恢复到正常水平，推动能源价格的发现。

四是降低融资成本功能。与传统的融资方式相比，能源金融衍生品可以充分利用不同市场的有利因素，设计金融产品，形成最佳的融资条件，从而降低融资成本。例如互换的最大作用就是能降低筹资成本。

五是促进节能减排功能。这是发展能源金融衍生品市场的最根本目的之一。能源金融衍生品市场的发展，降低了节能减排的成本，能引导资金流动到节能减排领域，实现对环境风险的有效管理以及环境资源和社会资源的优化配置。

（二）能源金融衍生品市场的架构

能源金融衍生产品除了期货、远期、互换、期权外，还有较为特殊的上（下）限期权、裂解价差、跨期价差期权等产品。根据交易组织形式的不同，能源金融衍生品市场主要可以分为场内市场和场外市场。场内市场交易的产品主要是期货和期货期权（option on futures）合约，也是场外交易市场的议价基础。场外市场交易的产品则非常丰富，包括远期、期权、互换（掉期）及价差合约等众多产品，交易方式也更为灵活，可满足个性化风险管理需求，是对场内交易市场的重要补充。

1. 场内交易市场

期货市场是场内市场中最为重要的一类。期货市场是市场经济发展到高级阶段的产物，也是现代市场体系中一个重要的组成部分。期货市场的起源可以追溯至中世纪欧洲的商品交易。从 10 世纪开始，随着生产力的发展，各国的产品如粮食、酒等产量提高，交易规模扩大。在交易过程中，一些商人为保证商品的购买,出现了提前支付在途货物的做法:只要交一笔保证金,而不必支付全部货款,等货物运到时才交收全部金额。后来,一些商人为了转嫁风险或为投机获利,在货物运抵前就将买卖合同卖出,买者可能再次将合同转卖,卖者又会购买新的合同,以获取收益。在买卖合同的行为变得频繁时,荷兰、法国、意大利等国的商人还成立工会,对合同的买卖进行担保,这就是现代期货交易的雏形。有记载的期货交易最早产生于17世纪的日本。当时在日本大阪建立了一家大米交易所,许多封建诸侯纷纷建仓存米,然后卖给商人。为方便交易,交易所发行了一种称为"藏米票据"的单证,相当于现在的存货证明书,可以转让。这样,交易商可以用它随时套取现金或保值。真正意义上的商品交易所始于19世纪美国中西部的芝加哥。在1752年美国的商品交易市场已初具规模,其主要交易品种为农产品、纺织品、皮革、金属和木材。后来,由于芝加哥得天独厚的地理位置,迅速发展为闻名于世的谷物集散地,该地区商业的发展使得美国第一家农产品期货交易所顺理成章地建于该市。1848年由82位商人发起并成功组建的芝加哥期货交易所是现代意义上的期货交易所。

2. 场外交易市场

对能源行业而言,虽然期货市场非常重要,但是它们也同样依赖场外交易市场。这是因为场外衍生品是客户化交易,然而场内交易的期货合约是标准化合约。与场内市场相比,场外市场合约风险的度量和控制可能更为困难,这是因为场外市场价格和流动性缺乏透明度。此外,场外衍生品有时会有附加的法律风险、信用风险和操作风险。然而,场外市场仍然是一个受欢迎的价格风险管理方案。许多公司发现可以从场外衍生品的灵活性中受益,因为衍生品可以按照正在生产或消费的能源参考价格定价,可以提供更多个性化产品与服务[1]。

三、能源金融衍生品市场的演化历史

纵览能源金融衍生品市场的发展历史,其基本遵循了从远期到期货、期

---

[1] 汤姆·詹姆斯. 能源价格风险 [M]. 北京:经济管理出版社,2011.

权,再到其他金融衍生品;从原油到天然气,再到电力和煤炭等其他能源金融衍生品的发展轨迹。

(一)能源金融衍生品市场的萌芽阶段

能源金融衍生品市场最早出现于 19 世纪末,当时一个"汽油交易所"曾在纽约繁荣一时。在 20 世纪 30 年代初,当市场原有秩序被俄克拉荷马和得克萨斯石油生产出现的爆炸性增长所打乱,油价大幅下跌,为此在加利福尼亚曾建立起一个石油期货市场。不过该石油期货的萌芽很快就消失了,因为大型跨国石油公司和美国政府很快重建了稳定的垄断市场结构,确保了此后近 40 年中石油价格的相对稳定,从而使得石油期货市场失去了产生的先决条件。1973 年,石油危机造成油价大幅上涨,纽约棉花交易所率先推出了一个在鹿特丹交割的原油合约,但这一努力并未成功,因为美国政府继续进行价格控制。

天然气金融衍生品市场的萌芽要略微落后于石油金融衍生品市场。20 世纪 80 年代,美国天然气市场才逐步解除管制。生产商、管线公司、经纪公司、分销公司和大用户在区域性市场进行天然气交易,为了消除天然气价格的波动风险。20 世纪 80 年代末期,美国几家金融机构开始提供一些比较简单的天然气金融合约,开始了美国天然气金融市场的探索。

(二)石油金融衍生品市场的纵深发展阶段

石油金融衍生品市场的发展历史经历了从期货市场发展开始,逐步到期权,再到其他金融衍生品的过程。石油的金融属性在这一过程中逐步得到体现,石油衍生品的类型也日趋丰富,石油金融衍生品市场体系逐步构建,为石油衍生品的交易创造了市场制度基础。此外,大型炼油商、大型石油公司、国际投资者和金融机构逐步参与到石油金融衍生品交易中,繁荣了石油金融衍生品市场,推动交易量上升至满足资本流动性要求的程度。

1. 石油期货市场发展

20 世纪 60、70 年代以前,世界石油价格低且平稳;然而 20 世纪 70 年代的两次石油危机期间,石油价格上涨了近 10 倍。与此同时,由于政府管制的放松,石油现货市场十分活跃,交易量大,市场参与者增多,竞争性加强,石油现货市场的市场化程度不断提升。由于石油现货市场的价格波动相对加大,生产商、炼油商和消费者具有利用石油金融期货对冲现货交易中价格波动风险的强烈需求。石油期货市场产生、石油金融化起步的时机日趋成熟[①]。

1978年11月,纽约商业交易所(NYMEX)推出世界上首个成功上市交易的能源期货合约——取暖油(heating oil)期货合约[②]。这标志着国际石油期货市场的开端。随后,以成品油、原油、燃料油为基础的期货合约相继推出。1981年,纽约商业交易所进一步推出了汽油期货合同交易。同年,纽约商业交易所下属的国际石油交易所开始交易粗柴油期货合同。1983年,纽约商业交易所推出了世界上第一份原油期货合约——轻质低硫原油期货合约,由于此份合约是以美国著名的西得克萨斯中质原油为主要交易标的,因此也被广泛称为西得克萨斯中质原油(WTI)期货合约。它和英国布伦特(BRENT)原油、中东原油并称为全球三大基准原油。WTI的价格已成为全球原油现货贸易的重要定价依据,纽约商业交易所的WTI期货也成为全球交易规模最大的商品期货品种。而在2001年时,其交易量还只是位列世界各个期货品种交易量第11位。到2003年,NYMEX能源期货和期权交易量超过1亿手,占到三大能源交易所总量的60%以上,其上市交易的WTI成为全球交易量最大的商品期货。WTI原油期货的成功,不仅仅是石油期货市场发展史上具有开创性意义的事件,它还使得此后20年石油定价的主导权重新回到美国,并支撑了20世纪80年代后美国经济的持续稳定发展。更为重要的是,WTI原油期货的成功设立为各国能源金融衍生品市场的发展带来了经验启发,为各国提供了一个有效规避和分散石油价格风险的有效平台。

在美国的石油期货取得快速发展的同时,欧洲也开始了在石油期货市场的探索,并取得了重大进展。1981年,伦敦国际石油交易所(The

---

① 中国银行国际金融研究所课题组. 全球能源格局下我国的能源金融化策略[J]. 国际金融研究,2012(4):32-41.

② 取暖油,也就是2号燃料油,其收率为25%,是继汽油之后的第二大成品油。取暖油期货合约交易单位为每手42 000加仑(1 000桶),交割地是美国的金融中心——纽约港。同时NYMEX还推出了期权差价交易、炼油毛利期权交易以及平均价格期权交易,为市场参与者管理价格风险提供了更大的弹性空间。

International Petroleum Exchange，IPE）① 推出了重柴油（heavy diesel fuel）期货合约，重柴油在质量标准上与美国取暖油接近，该合约是欧洲第一个能源期货合约，上市后比较成功，交易量一直保持稳步上升的趋势。伦敦国际石油交易所交易的布伦特原油（BRENT）也是全球最重要的定价基准之一，全球石油贸易的50%是参照BRENT价格体系定价的。虽然布伦特原油的平均产量大约为50万桶，只占世界总产量的0.4%，但以它命名的石油期货交易却决定着全球60%石油的价格。布伦特原油供应的稳定性、安全性和市场的完善性使得这一价格成为全球重要的原油定价基准之一。2001年时，布伦特原油期货交易量曾达到全球能源期货品种的第二位。2004年5月14日，布伦特原油期货创造了日交易高达3.75亿桶的历史记录，是全球石油日产量的5倍。伦敦国际石油交易所的布伦特原油期货和纽约商业交易所的WTI期货密切的联动性造就了大批的跨市套利者，套利交易的规模也从以前的约占原油贸易总额的15%扩大到30%左右。布伦特原油期货和WTI期货取得的巨大成功在全球产生了巨大的号召力。1989年，鹿特丹能源期货交易所挂牌成立。2006年，伦敦国际石油交易所也推出WTI原油期货合约。

亚太地区的第一份石油期货合约——高硫燃料期货——诞生于1989年的新加坡国际金融交易所，之后又推出了布伦特原油期货交易。但这两者都遭受折戟之运。改制后的新加坡交易所推出中东石油期货合约，希望和日本之间形成联动，推动亚洲石油期货的活跃。日本作为石油的消费大国，95%以上的石油需要进口，其中80%的进口原油来自中东。1999年东京工业品交易所推出第一张石油期货合约，2001年推出中东石油期货合约。石油期货的快速发展使得TOCOM的成交量迅速增长，也促使日本能源现货市场分割、垄断的局面得以冰融。

虽然石油期货市场取得了巨大的成功。但是，石油期货市场建立之初，发展极为缓慢，也没有被国际石油工业广泛认可。直到1986年油价暴跌、石油市场波动频繁、风险增大后，才迅速发展起来，期货交易量急剧上升。

---

① 2001年，IPE被美国洲际交易所（ICE）收购，成为其全资子公司。

石油期货市场的交易范围从最初的燃料油交易扩大到原油、汽油及丙烷的期货贸易。

2. 石油期权市场发展

1982年10月1日，美国长期国债期货期权合约在芝加哥期货交易所上市。这是20世纪80年代出现的最重要的金融创新之一。期权交易的独特性使之能与其他投资工具相互组合实行灵活交易策略，从而吸引了大量投资者。目前，国际期货市场上的许多期货交易所都引进了期权交易方式。

1987年，纽约商业交易所（NYMEX）推出取暖油期权合约，1994年推出裂解价差合同（crack spread contracts）以及裂解价差期权（crack spread option）合约。1987年，伦敦国际石油交易所（IPE）在1981年推出的重柴油期货合约基础上，推出了重柴油期权合约。

1989年，伦敦国际石油交易所又推出了布伦特原油期权合约。2004年，随着商品基金和对冲基金投资范围全球化的影响，纽约商业交易所也开始交易布伦特原油期货，并在这个基础上推出了WTI和布伦特原油的互换（WTI‐Brent bullet swap）和价差期权（WTI‐Brent crude oil spread options）；2007年，纽约商业交易所还推出了WTI原油和布伦特原油日历价差期权（calendar spread option）合约，这一系列新的衍生产品，简化了跨市场套利流程，为国际原油价格一体化创造了更为便利的条件。

（三）多种能源金融衍生品市场全面发展

在美国和欧洲的石油期货期权市场取得大发展之后，天然气、电力、煤炭等其他能源的金融衍生品市场也逐渐发展起来。

1. 能源期货的全面发展

20世纪90年代，在解除管制十余年后，美国天然气市场完全开放而且极具竞争性。生产商、管线公司、经纪公司、分销公司和大用户在很多区域性市场进行天然气交易。由于天然气现货价格偶尔会表现出高度不稳定性，美国天然气现货市场的参与者都要承受非常大的价格波动风险，他们迫切需要在金融市场寻求一种方法来规避这些风险。1990年8月，纽约商业交易所（NYMEX）推出了第一个标准化金融天然气合约，该合约形式为天然气期货合约，交货地点在美国路易斯安那州的亨利集输中心（Henry Hub）。这标志着美国天然气期货交易的开始。纽约商业交易所的天然气期货合约一经推出，就在天然气市场参与者中广受欢迎，交易量迅速增加。1991年，美国Henry Hub天然气期货合约的日均交易量为1 654手，年交易天然气0.42万亿立方英尺，占美国全国当年天然气实际消费量的23%。1997年1月，伦敦国际石油交易所（IPE）也开始推出天然气期货合约交易。目前，世界上主要的天然气期货和期权交易的场所集中在美国和英国。

电力期货市场方面。自世界第一份电力期货合约于1995年在北欧电力交易所（Nord Pool）推出以来，全球电力衍生品年交易规模已达8 000多万手，成为继石油、天然气之后第三大能源类品种，并形成了以纽约商业交易所（NYMEX）、美国洲际交易所（ICE）、纳斯达克期货交易所（NFX）等为代表的电力期货市场，为保证北美和欧洲各国的电力生产和电价平稳发挥了重要作用。2000年，纽约商业交易所推出了目前交易最活跃的PJM（美国东部宾州—新泽西—马里兰地区）电力期货合约。截至目前，纽约商业交易所已上市了300多种电力合约（单位5 MW，交割方式为现金结算）。在亚洲，新加坡的电力市场化改革一直走在其他国家前面。2002年，新加坡开始了新一轮电力市场改革，新加坡的主要改革任务集中在建立完善的电力衍生品市场尤其是建立电力期货和期权市场上面。

国际煤炭市场开展期货交易的时间晚于石油、天然气和电力。直到2001年7月，纽约商业交易所才率先推出以产于阿巴拉契亚中心山脉12 000英热单位/磅（约相当于6 672千卡/千克）动力煤为基准品的动力煤期货合约。2006年7月，洲际交易所（ICE）引入针对欧洲市场的两种煤炭期货合约，与之前煤炭期货不同的是，这两个合约以现金结算了结到期日未平仓的期货合约，主要定价基准为煤炭咨询公司汇总报告的月度煤炭价格指数。2008年，洲际交易所和环球煤炭电子交易平台（GLOBAL COAL）合作开发了亚太区域煤炭期货合约。2009年，澳大利亚证券交易所（ASX）也上市煤炭期货合约。2011年，ICE又集中上市四个以现金结算的煤炭期货合约。总之，历史上，曾有三家交易所上市过15个煤炭期货合约。其中，实物交割的期货合约有两个，分别为芝加哥商品交易所（CME）的阿巴拉契亚中心山脉期货合约以及澳大利亚证券交易所（ASX）纽卡斯尔离岸价期货合约。但由于上市以后交易持续低迷，澳大利亚证券交易所于2012年8月18日对外宣布对纽卡斯尔离岸价期货合约停盘。

由于煤炭本身是大宗散货，具有不易储存、质量易发生变化的特点，为实物交割带来了困难。因此，现金结算的煤炭期货合约比实物交割的煤炭期货合约更受欢迎。世界两大期货交易所CME和ICE推出了多个煤炭指数期货合约。以现金结算的煤炭期货合约共有13个，其中11个为动力煤期货，另外2个为次烟煤期货。大部分指数期货共用一个煤炭价格指数，如CME的API2 CIF ARA期货合约与ICE鹿特丹煤炭期货合约，基准指数同为McCloskey与ARGUS联合推出的6 000千卡/千克动力煤在阿姆斯特丹、鹿特丹及安特卫普港到岸价指数。

2. 能源期权等新兴金融品种的全面发展

目前，纽约商业交易所（NYMEX）是全球能源期权最大的交易市场。1992年10月，其上市了Henry Hub天然气期货期权合约。2003年，又推出了Henry Hub天然气的日历价差期权合约（calendar spread options）。1996年4月，纽约商业交易所推出了电力期权合约。

2010年，芝加哥商品交易所（CME）推出4种煤炭互换期货和期权合约，作为对冲国际煤炭市场风险的工具。2010年，纽约商业交易所原油期权、期货交易总值达25万亿美元，为1999年市场交易总值的34倍。总的来看，在原油期货等产品上市交易后，掉期交易、远期交易和场外期权交易等非标准化的金融合约在场外交易所交易蓬勃发展，其市场规模比场内交易还要大，进一步丰富了能源金融衍生品品种，繁荣了全球能源金融衍生品市场。

四、能源金融衍生品市场发展的制度分析

与其他金融衍生品的发展一样，能源金融衍生品市场的发展有着深厚的技术、经济、组织等宏微观背景。学者们往往关注其技术背景和经济背景。信息技术进步为金融工程和衍生产品发展提供了物质条件，是金融衍生产品发展的条件。信息技术的发展使得金融衍生产品的发展成为可能，它不仅解

决了金融衍生品定价中涉及的技术问题,而且也解决了金融衍生品设计中的技术问题。在全球金融衍生品市场的发展历史中,美国农产品期货发展最早,这离不开美国同期经济水平和技术的大发展①。

作为一种行为规范的规则,制度往往通过影响经济人开展经济活动的收益和成本来规范其行为。换言之,作为经济人的主体要得到激励与约束,只需要调整其经济活动的收益与成本。因此,只要能抑制机会主义(监管制度)、提供有效信息、降低交易频率的制度就能降低交易费用,从而激励经济主体的行为,或者通过正外部性内部化提高其经济收益。国际能源金融衍生品市场就是在以上制度思想的推动下发展而来的,经过多年的发展,国际能源金融衍生品市场已经形成了较为成熟的市场体系,其建设过程的制度经验值得我国学习和借鉴。本书认为,能源金融衍生品的发展离不开宏观经济制度、交易组织的制度、市场微观交易与监管制度、全球经济一体化与自由化的制度、金融文化认知制度、金融市场风险控制制度等各种制度的发展与完善,下面我们就从这六个制度出发揭示推动能源金融衍生品市场发展的制度体系。

---

① 美国的近代期货交易于19世纪初期首次出现在美国中西部边疆地区,它与芝加哥的商业发展和中西部地区的小麦交易密不可分。19世纪初期,美国中西部地区发生了一系列重要的经济和技术变化,孕育了早期的期货市场。1825年,伊利诺运河开通;1848年,伊利诺伊州修建了密西根—伊利诺运河;同年,开通了第一条直达芝加哥的约16公里的铁路。1848年以前,粮食主要依靠马车运输,到了1855年,粮食的66%通过铁路、29%通过运河,只剩下不到5%通过马车运输。运河和铁路的开通极大节省了运输成本,缩短了流通时间,扩大了流通领域,为贸易大发展创造了有利条件。在19世纪40年代之前,仓储技术、货物提升设备很落后,粮食只能依靠人力装袋库存,相应的质量检查很麻烦,防热也很困难。1785年,发明了"循环挂斗提升系统",库存方法有所改进,但由于使用畜力,效率依然不高。1843年,蒸汽机的发明和应用带来了仓储技术的革新。蒸汽引擎代替畜力发动循环提升系统,大大提高了效率。1848年,芝加哥建立了第一个使用新技术的仓库,随后很快被普及。技术改进极大地扩张了粮食市场,芝加哥周围地区的粮食产量开始急剧增长。同期的粮食出口也大幅增长,谷物现货贸易急剧增长,价格风险也急剧增加。由于当时交通不便,仓库稀缺,农产品供求矛盾尖锐,致使市场秩序混乱不堪。收获季节,供大于求,农场主即便把价格压至最低水平,还是有大量粮食倾倒在街上。而当年景不好时,由于供货奇缺,物价飞涨,城镇居民食不果腹,加工商因缺乏维持正常经营所需要的原材料而濒临倒闭。在农村,拥有足够粮食的农场主却因交通不便、运费昂贵,不能或不愿意将粮食运至城市销售;即使粮食运到城市中,买主也将面临仓储设施不足的问题。为了改善芝加哥地区的贸易状况,1848年,由82位商人自发起组建了美国第一家中心交易场所——芝加哥期货交易所,又称芝加哥谷物交易所。交易所成立之初采用远期合约交易方式,合约中没有对商品的质量和交货期进行标准化的规定。

(一) 宏观经济制度

为换取某种商品价格稳定性而进行的衍生品交易由来已久，但是 20 世纪 80 年代以来衍生品市场的发展出现了质的飞跃。这与 20 世纪的金融市场制度演化有着密不可分的关系。20 世纪 70 年代，西方国家开始不断放弃凯恩斯主义政策，允许利率、汇率等市场价格有更大的浮动空间，最终导致布雷顿森林体系彻底瓦解。随着各国实施新自由主义经济政策以及经济全球化新浪潮的到来，国际贸易、跨国投融资出现快速增长，国际投资者需要面对商品市场、利率市场、汇率市场上更多的不确定性。因此，在一个利率、汇率、商品价格自由浮动和国际政治政策风险时时存在的世界里，投资者有必要通过金融衍生品交易寻求必要的确定性。在避免和转移风险以适应变幻莫测的经济形势下，金融期货市场、期权市场、互换市场应运而生，能源金融衍生品也相继登上舞台[①]。

从基础资产看，西方国家能源金融衍生品主要以原油（低硫原油、中间馏分油和汽油），天然气及各种气液，煤炭，电力及能源排放物等为基础商品；从交易方式看，西方国家能源金融衍生品包括远期、期货、期权、互换等。我国由于市场经济体制发展较晚，市场行为主体培育不够充分，使得能源金融衍生品市场发育一直落后于西方国家。从基础资产看，目前我国的能源衍生品主要包括煤炭、原油和天然气，交易品种远远落后于西方发达国家；从交易方式看我国能源金融衍生品交易主要是远期和期货交易，交易量与西方发达国家也存在较大差距。

（二）交易组织的制度

交易组织的相关制度，例如能源期货交易所的设立、会员制的实施、结算机构的发展等都对能源金融衍生品市场的发展具有重要的推动作用[②]。

从能源期货交易所的组织功能来看。（1）能源期货交易所的产生有利于

---

① 徐进前. 金融创新［M］. 北京：中国法制出版社，1998.
② 芝加哥期货交易所的建立，标志着世界期货交易所的时代即将来临。1851 年，芝加哥期货交易所引进了远期合同。1865 年，芝加哥期货交易所推出了标准化合约和保证金制度。1882 年，芝加哥期货交易所允许以对冲的方式免除履约责任。1883 年，芝加哥期货交易所成立了结算协会。

期货市场价格发现功能的发挥。能源期货交易所通过提供能源期货交易的场所、设施和服务，快速产生期货价格信息并及时公布，有利于吸引投资者参与交易，同时对于能源场外交易也具有重要的指导和参考意义。（2）能源期货交易所通过设计标准化期货合约有利于提高能源期货市场的流动性，减少交易者之间因期货合约本身而引起的纠纷。（3）能源期货交易所通过承担最终履约责任有效降低了期货交易中的信用风险，促进了能源期货、期权等能源金融衍生品的发展。

从能源金融交易方式的发展来看。能源交易所成立之初，交易主要采取公开喊价的交易方式，不仅效率较低，而且交易成本较高。后来会员制的实施有利于节省交易成本，为期货市场提供了必要的流动性，与此同时，会员保证金制度的实施也有利于降低交易风险。

从结算机构的角度来看。结算机构的发展也推动了能源金融衍生品市场的发展。期货结算机构是作为期货合约违约的调解人出现的，结算机构通过充当中央对手方具有控制结算风险、降低结算成本、提高结算效率的优势，因而推动了能源期货的发展[①]。

（三）市场微观交易与监管制度

市场对于能源商品套期保值、价格发现等功能的需求是推动能源金融衍生品发展的根本动力。以石油衍生品为例，20 世纪 70 年代，十年的石油冲突以及石油生产国与主要石油公司之间的长期"权益"石油合同的废除，扰乱了传统的石油市场交易方式，并促进了石油现货市场的发展，进而产生了对能源衍生品合约的需求，以便于风险管理和价格发现。1974 年纽约商业交易所引进了原油期货合约，CBOT 和 NYMEX 于 1983 年推出了原油期货合约。

微观交易制度的合理性与监管制度的有效性是促进能源金融衍生品市场发展的另一重要因素。能源金融衍生品市场的交易主要包括场内交易与场外

---

① 李团团，常清.美国期货结算机构的演变过程及启示［J］.证券市场导报，2012（12）：10-15.

交易，以能源期货为例，能源期货交易的本质是一种远期合约交易，但是这种交易有两个明显的不同之处：一是具有标准化的交易标的物，即能源期货合约。期货合约唯一的变量是价格。二是具有固定的交易场所，即期货交易所；期货合约是在期货交易所组织下成交的；期货合约的履行由交易所担保。期货合约的标准化极大地简化了交易过程，使得交易双方不需要就交易的具体条款进行协商，有利于节约交易时间，减少交易纠纷。并使得期货合约可通过对冲平仓的方式了结履约责任，非常便利。期货交易实行当日无负债结算制度，即"逐日盯市"。具体是指每日交易结束之后，交易所按当日结算价结算所有合约的盈亏、交易保证金及手续费等费用，对应收应付的款项同时划转，相应增加或减少会员的结算准备金。

目前能源金融衍生品市场已经建立了较为合理完善的微观交易制度和较为有效的监管制度。其中，合理完善的微观交易制度主要包括合理有效的风险控制制度和多样化的交割结算制度。例如 CME 的能源衍生品交易的风险控制制度包括会员保证金制度、结算担保金制度、强制平仓制度、无负债结算制度、涨跌停板制度等，保证了交易的执行；在交割结算制度上，CME 包括实物结算和现金结算制度，多样化的交割结算制度为不同市场参与者提供了多样化的选择。在监管制度方面，目前能源金融衍生品场内市场大多按照"三级监管体制"，即政府监管、行业协会内部管理和交易所自律进行监管，有效降低了场内市场的交易风险。此外，虽然场外市场的监管相对宽松，但各国能源衍生品场外市场也基本涵盖了政府监管、自律管理以及市场参与者的内部控制三个层次[①]。

（四）全球经济一体化与自由化的制度

全球经济一体化与自由化浪潮的席卷下，国际贸易、跨国投资和融资快速增长，国际投资者在各领域拥有了更多的选择，但也面临了比以往更多、更复杂的风险。风险的存在是多维度的，风险既体现在不同生产要素的价格

---

① 中国人民银行武汉分行货币信贷处课题组，易寿生，涂德君. 场外金融衍生品市场监管的国际实践与启示 [J]. 中国货币市场，2008（10）：43-48.

在未来不同时间、不同地点上的不确定性，也体现在不同投资者对这些不确定性的需求和判断。因为在经济一体化与自由化的环境下，投资者有必要通过金融衍生产品交易寻求必要的确定性，由于投资者风险偏好和敞口在不断变化，金融衍生品交易也呈现出连续不断的特征，且交易规模快速增长，经过几十年的发展，金融衍生品一跃成为当代资本市场的核心组成部分。

全球经济一体化与自由化发展带来的能源金融衍生品市场的国际化趋势主要是通过以下三个方面实现的：（1）全球经济自由化浪潮推动下金融管制的放松导致跨境交易的上升，进而推动能源金融衍生品市场的国际化；（2）全球经济一体化下能源金融衍生品市场竞争的加剧导致国际合作增加，进而推动能源金融衍生品市场的国际化；（3）能源衍生品交易的电子化趋势，进而推动全球经济一体化背景下能源金融衍生品市场的国际化[①]。

（五）金融文化认知制度

衍生品市场的出现起源于人类对于风险规避或管理的动机，其发展依赖于风险计量技术的进步，但其能够存在并壮大的根本原因，还在于市场存在着大量对于风险具有不同认识的交易者，风险规避者努力降低风险寻求平均收益，风险偏好者则勇于承担风险寻求超额收益。但如果风险偏好者远远超过了风险规避者的比例则往往容易发生过度投机。我国曾在20世纪90年代建立煤炭期货交易所（原上海煤炭交易所），并推出了煤炭期货，但是，由于投资者对于金融文化认知不完全，投机盛行，结果被关闭，这正是金融文化认知不充分导致的过度投机的典型例子。

金融市场是孕育投资文化的土壤，以英国、美国为代表的欧美成熟金融市场发源于18世纪中后期，以日本、香港地区为代表的亚洲成熟金融市场发源于19世纪中后期。现代工业文明孕育了以契约和法治为基础的理性文化，成熟金融市场的文化更多体现为保障投资者利益的制度文化，因而衍生品市场的发展能够避免过度投机而造成的市场波动。只有充分认知金融的本质、培育金融文化和理性投资文化才能促进能源金融衍生品市场的发展壮大。

---

① 粟勤.金融衍生市场国际化的发展趋势[J].浙江金融，1999（1）：3-5.

(六) 金融市场风险控制制度

能源金融衍生品的高杠杆、高风险性在一定条件下可能使市场变得极其脆弱,产生诸多风险,主要包括合约履行风险、价格风险和交割风险。为了控制能源金融衍生品市场的风险,国外主要从立法控制与交易管制制度两个方面设计风险控制制度。在法律制度设计上,美国期货的法律管制,主要依据《商品期货交易委员会法》《2000年商品期货交易现代化法案》以及《联邦条例法典》。英国则通过制定《天然气法》《石油天然气(企业)法》《公用事业法》等来确保衍生品市场的稳定。在交易管制制度方面,美国期货市场的法律监管采取集中统一监管模式。所谓集中统一监管,是指由政府设置专门的机构,根据法律赋予的职责,履行监督管理期货市场的职能。集中统一监管有两个特征:一是设置全国统一期货管理监督机构,赋予其比较广泛的行政权力,由其主导对期货市场主体及期货市场行为的全面监督管理;二是系统而完整的期货监管法律体系,作为监督管理期货市场的依据和期货市场参与者的行为准则。美国金融改革法案增设期货操纵原则性规定与虚假信息型操纵、保留期货价格操纵规定,针对期货市场中的操纵行为构建了惩罚性法律规范体系,加之原有的持仓量限制、准入条件限制、交易所紧急介入等预防性法律规范体系,形成了惩防兼备的反期货操纵法律监管框架。英国期货市场的管制一般以期货业自律组织的自我管理为主,即采用了自律主导的管制模式。政府在其中扮演着指导性的角色。自律主导管制模式的主要特征有期货市场的运行主要靠期货业的自律组织及期货参与者的自我约束,不设立全国性的统一期货业管制机构,不制定直接统一的期货市场管制法规,而是通过间接的法律规定以及自律组织的规章制度进行管制。

参考文献

[1] Deng S J, Oren S S. Electricity derivatives and risk management [J]. Energy, 2006, 31 (6-7): 940-953.

[2] Fleming J, Ostdiek B. The impact of energy derivatives on the crude oil market [J]. Energy Economics, 1999, 21 (2): 135-167.

[3] Haushalter G D. Financing policy, basis risk, and corporate hedging: Evidence from oil

and gas producers [J]. The Journal of Finance, 2000, 55 (1): 107-152.

[4] Sadeghi M, Shavvalpour S. Energy risk management and value at risk modeling [J]. Energy Policy, 2006, 34 (18): 3367-3373.

[5] Valdez S, Molyneux P. An Introduction to Global Financial Markets [M]. Basingstoke, Hampshire: Macmillan Press, 2015.

[6] 李团团, 常清. 美国期货结算机构的演变过程及启示 [J]. 证券市场导报, 2012 (12): 10-15.

[7] 林伯强, 黄光晓. 能源金融 [M]. 北京: 清华大学出版社, 2011.

[8] 刘玄. 金融衍生品功能的理论分析 [J]. 中国金融, 2016 (4): 65-66.

[9] 毛严正. 论我国天然气期货交易管制制度的构建 [D]. 华东政法大学, 2016.

[10] 粟勤. 金融衍生市场国际化的发展趋势 [J]. 浙江金融, 1999 (1): 3-5.

[11] 王重润. 金融市场学 [M]. 北京: 高等教育出版社, 2014.

[12] 徐进前. 金融创新 [M]. 北京: 中国法制出版社, 1998.

[13] 姚兴涛. 金融衍生品市场论 [M]. 上海: 立信会计出版社, 1999.

[14] 汤姆·詹姆斯. 能源价格风险 [M]. 北京: 经济管理出版社, 2011.

[15] 中国人民银行武汉分行货币信贷处课题组, 易寿生, 涂德君. 场外金融衍生品市场监管的国际实践与启示 [J]. 中国货币市场, 2008 (10): 43-48.

[16] 中国银行国际金融研究所课题组. 全球能源格局下我国的能源金融化策略 [J]. 国际金融研究, 2012 (4): 32-41.

第三章
能源金融货币市场

随着世界能源市场的形成和能源国际贸易的发展，形成了能源货币市场。能源计价结算货币即是对能源产品进行计价和结算的货币类型。能源计价结算货币不仅能够推动一国货币的国际化进而获取相关收益，而且有助于推动能源金融的发展与能源金融战略的实施，因而对于世界各国具有重要的战略意义。正是由于巨大的利益推动，能源计价结算货币一直是各国关注与争夺的焦点。

本章从货币的职能出发，在梳理计价货币与结算货币概念的基础上，界定能源计价结算货币的概念，分析了世界主要能源计价结算货币的演变过程，并揭示能源计价结算货币的获得机理，最后从能源计价结算货币角度探讨人民币国际化的路径。

 第一节　货币与能源计价结算货币的概念

一、货币的概念和职能

货币（currency，CCY）是度量价格的工具、购买货物的媒介、保存财富的手段，是财产的所有者与市场关于交换权的契约，本质上是财产所有者之间的约定。货币职能是指货币本质的具体体现。一般认为，在发达的商品经济条件下，货币具有价值尺度、流通手段、支付手段、贮藏手段和世界货币五种基本职能。

一是价值尺度职能，即货币表现商品价值和衡量商品价值量大小的职能。货币执行价值尺度职能，是把一切商品的价值都表现为一定的货币量。这是因为货币本身也是商品，具有价值。各种商品都是社会劳动的凝结，具有相同的质，所以劳动时间是商品内在的价值尺度。这种内在的价值可以比较，但自身却无法表现出来。在商品交换过程中，当货币执行价值尺度职能去衡量其他商品的价值，使各种商品价值都表现为一定量的货币时，货币就成为商品价值的外在表现。货币对内、对外价值的稳定是影响该职能的主要因素，其中对内价值一般指国内的物价水平，对外价值则一般指实际有效汇率水平。

二是交易媒介职能，即在商品流通中，货币充当商品交换媒介的职能。货币的流通手段职能，是在商品交换中发展而来的。在货币出现以前，商品交换采取物物直接交换的形式。货币产生以后，变成以货币为媒介的商品流通，它使直接商品交换变成两个过程，任何一个商品生产者都要先卖出商品换回货币，然后再用货币去买回需要的商品。由这两个过程组成的商品交换中，货币充当交换活动的媒介物。影响货币交易媒介职能的主要因素是交易的规模，包括实物贸易规模和金融交易规模。

三是支付手段职能，即货币作为价值独立形态单方面转移时行使的职能。货币执行支付手段职能是随着商品赊账买卖的产生而出现的。由于不同商品的生产周期长短不一，产地距销售地远近各异，为保证再生产过程的连续进行，部分商品生产者产生赊销商品的需要。到约定日期清偿债务时，货币便具有了支付手段的职能。以后随着商品交换和信用经济的发展，货币执行支付手段职能日益普遍，不仅超出商品流通领域，而且进入了人们日常生活之中，如用于支付地租、利息、税款、工资等。

四是价值贮藏职能，即货币退出流通领域作为独立的价值形态和社会财富的一般代表被保存的职能。货币的价值贮藏职能，是在实践中逐渐完善的。最初表现为朴素的货币贮藏，生产者把多余的产品换成货币，目的是用货币保存自己的剩余产品。随着商品生产的发展，商品生产者为便于能随时购买维持生产和生活的商品，货币贮藏主要表现为取得交换价值的贮藏。当商品流通扩展到一切领域，谁占有了货币，谁就可以购得一切所需的物品，这时的货币贮藏就表现为社会权力的货币贮藏。但任何目的的货币贮藏，都必须是具有价值实体的足值的货币。货币价值的稳定性和收益性是影响价值储藏职能的主要因素。

五是世界货币职能。世界货币的职能是货币国内职能在国外的扩展和延伸。人们（包括私人和官方）出于各种目的将一种货币的使用扩展到该货币发行国以外时，这种货币就发展到世界货币（或国际货币）层次[1]。国际货

---

[1] Cohen B J. The future of sterling as an international currency [M]. Macmillan: London, 1971.

币一般是指在金融资产、商品和服务贸易的国际交易中用于计价和结算的货币，而且被私人经济部门和货币当局持有作为国际流动性资产和储备资产（姜波克、张青龙，2005）[①]。一国货币国际化能为该国带来诸多利益，主要包括国际铸币税收益、政治利益、赤字融资等运用境外储备投资的金融业收益及其他经济性与非经济性收益等[②]。更为重要的是，货币的国际地位使货币发行国享有影响别国货币政策的主动权，并得以主导国际上货币和大宗商品的定价权，从而长期影响别国的经济发展[③]。

二、计价货币与结算货币的概念和形式

计价货币（invoicing currency）是货币的价值尺度职能在贸易，尤其是国际贸易活动中的体现。不少学者在国际贸易情境下来界定计价货币，如何凌云（2014）认为，计价货币是合同中规定的用来计算价格的货币，可以是出口国、进口国或第三方货币，主要强调币值的稳定性[④]。周先平（2010）认为国际贸易计价货币或记账货币是指签订国际贸易合同、开立商业发票、签发汇票等单据时所使用的货币[⑤]。本书认为，虽然在国际贸易中充当主要计价货币是一种货币拥有强大国际地位的一个重要特征，也是衡量一国货币国际化程度的重要标志[⑥]。但是，货币的价值尺度职能本身并没有明确其衡量价值的地理边界。由此，笔者认为，计价货币是指交易双方当事人在合同中规定用来计算和清偿彼此债权债务的货币。

在实践中，计价货币具有不同的形式。具体而言，计价货币可以分为交易货币和非交易货币两种类型。交易货币计价（vehicle currency pricing，

[①] 姜波克，张青龙.国际货币的两难及人民币国际化的思考［J］.学习与探索，2005（4）：17-24.
[②] 陈雨露，王芳，杨明.作为国家竞争战略的货币国际化：美元的经验证据——兼论人民币的国际化问题［J］.经济研究，2005（2）：35-44.
[③] 张宇燕，张静春.货币的性质与人民币的未来选择——兼论亚洲货币合作［J］.当代亚太，2008（2）：9-43.
[④] 何凌云.能源金融若干理论与实践问题研究［M］.北京：科学出版社，2014.
[⑤] 周先平.国际贸易计价货币研究述评——兼论跨境贸易人民币计价结算［J］.国外社会科学，2010（4）：129-135.
[⑥] Bourguinat（1985）甚至提出，国际货币的交易媒介职能比价值贮藏、记账单位的职能更为重要。

VCP）是采用第三国货币计价，这种货币在国际贸易中被进出口方和银行广泛用作国际交易媒介[①]。非交易货币指在贸易中使用进口商国家货币（local currency pricing，LCP）或者出口商国家货币（producer currency pricing，PCP）计价。货币成为计价货币虽然能获得货币国际化的重大收益，但货币能否成为计价货币取决于多个方面的因素。

如前文所述，交易媒介也是货币的重要职能之一。货币在执行国际交易媒介职能时就成为了结算货币。结算货币通常是世界上认可度较高的货币，如美元、欧元、英镑等。因此，结算货币实际上就是指货币在国际贸易和投资中执行交易媒介的职能，是货币国际化的重要体现。

在国际货币体系下，计价货币与结算货币存在着含义与功能上的差异。首先，两者在定义上的区别主要在于货币职能发挥上的差异。其次，两者在货币国际化路径中扮演着不同的角色。徐奇渊和李婧（2008）指出国际货币职能的三个层次是有顺序的，即：货币国际化过程，一般发端于日益频繁的国际交易支付使用，即货币作为结算货币；之后非居民的官方和私人部门开始采用该货币作为计价货币；由于交易和支付中的大量使用，出于应对交易的预防性需求等其他目的持有该种货币作为贮藏货币[②]。由此可知，结算货币和计价货币是货币国际化在不同阶段的表现。虽然计价货币与结算货币存在着含义与功能上的差异，但在具体交易过程中，计价货币与结算货币往往相伴随出现。一般而言，若交易中仅规定了计价货币未规定结算货币，则计价货币即为结算货币[③]。交易双方也可以规定计价货币是一种货币，结算货币为另一种货币，甚至另外的货币。此时，交易双方要在合同中明确不同货币的比值。因此，买卖双方在选择使用何种货币时，既要考虑货币汇率的风险，又要结合自己的经营意图、市场供需和价格水平等情况进行综合性分析。

---

① 周先平.国际贸易计价货币研究述评——兼论跨境贸易人民币计价结算[J].国外社会科学，2010（4）：129-135.
② 徐奇渊，李婧.国际分工体系视角的货币国际化：美元和日元的典型事实[J].世界经济，2008（2）：31-40.
③ 何凌云.能源金融若干理论与实践问题研究[M].北京：科学出版社，2014.

三、能源计价结算货币的概念

结合前文对计价和结算货币的分析,本书认为,能源计价结算货币即是对能源产品进行计价和结算的货币类型。对能源计价结算货币问题进行研究具有重要的理论与现实意义:首先,虽然结算货币——计价货币——储备货币的转变体现了货币国际化程度的不断提高,但该转变过程并未明确指出货币国际化的路径。从历史经验来看,与国际大宗商品特别是能源的计价和结算绑定权往往是货币崛起的起点①②③。因此,货币与能源的绑定对于货币崛起乃至货币国际化具有重要的积极意义。其次,能源与金融是当代国家之间争夺战略利益的两大前沿阵地,能源计价结算货币则成为了决定国家之间竞争成败的关键,同时也体现了能源金融的深化发展④。最后,获得能源计价结算货币地位有利于规避汇率风险,避免能源价格大幅波动。

 第二节　世界主要能源计价结算货币的演变历史

从能源计价结算货币的演变历史来看,世界能源计价结算货币主要经历了煤炭英镑、石油美元及美元主导的多元货币计价结算体系三个主要阶段。我们对能源货币计价结算体系的研究发现:在信用货币出现后,货币的多元性、能源的多样性及贸易的多边性决定了能源货币计价结算体系并不是由单一货币构成的,而是由某种货币主导的多层次计价结算体系。从交易成本的角度来看,能源计价结算货币主要是为了降低交易成本而做出的选择,在最理想的情况下,国际货币体系是只存在一种货币,例如在信用货币产生前,

---

① 王颖,管清友.碳交易计价结算货币:理论、现实与选择[J].当代亚太,2009(1):109-128.
② 张茉楠.能源计价开辟人民币国际化新路径[J].中国金融家,2012(6):146-147.
③ 王炜瀚,杨良敏,徐铮.人民币国际化视野下中国石油进口的人民币结算探讨[J].财贸经济,2011(1):108-115.
④ 何凌云.能源金融若干理论与实践问题研究[M].北京:科学出版社,2014.

可以由黄金充当国际货币并作为能源计价结算的唯一货币①,但在信用货币产生后即出现了以各国主权信用为本位的货币后,国际货币的"一元性"就发生了动摇。在此背景下,能源货币计价结算体系就成为了某种货币主导下的多层次计价结算体系。因此,无论是煤炭英镑体系、石油美元体系抑或是当前美元主导的多元化计价结算货币体系,都不是完全由某种单一货币来执行国际计价结算货币职能。考虑到能源计价结算货币体系主要涉及能源体系、货币体系及其互动作用,下文对各能源货币计价结算体系的阐述也主要从能源体系、货币体系及其互动作用展开。

一、煤炭——英镑计价结算体系

煤炭——英镑计价结算体系就是以英镑为主要计价结算货币的能源计价结算体系。该体系的建立可以追溯至国际金本位时期,也即19世纪60年代左右②。在19世纪60年代,世界的能源结构以煤炭为主。随着欧洲国家先后完成工业革命,重工业迅速发展,对煤炭的需求猛增,煤炭成为近代工业的食粮③。伴随资本主义"产业革命"的进展,蒸汽机的发明和推广使用,现代煤炭工业应运而生④。18世纪资本主义产业革命后,蒸汽机普遍使用煤,使得煤在能源结构中的占比从19世纪70年代的24%,上升到20世纪初的60%。因此这段时期被称为世界能源中的煤炭时期,是人类社会能源结构的第一次大转变⑤。随着大规模开采和远距离运输条件的成熟,18世纪末煤炭就已经确立了世界主体能源的地位⑥。由此可见,19世纪中叶,煤炭已成为世界能源体系中最为重要的部分。

对1800年以来世界一次能源消费结构的分析发现,19世纪末煤炭已经成为世界一次能源消费中最为主要的部分,对该时期的世界经济起到了十分重要

---

① 王华庆.国际货币、国际货币体系和人民币国际化[J].复旦学报(社会科学版),2010(1):22-29.
② 煤炭——英镑计价结算体系的时间界定上存在一定的难度与模糊性,但与英镑获得国际货币地位的时间大致相当。
③ 林伯强,黄光晓.能源金融[M].北京:清华大学出版社,2011.
④ 王国清.煤炭在未来能源结构中的地位[J].地理科学进展,1984,3(2):23-27.
⑤ 钱今昔.世界能源发展动向及其对我国的影响[J].世界科学,1985(4):59-60.
⑥ 陈德胜,邓艳,李洪侠,等.能源金融[M].北京:中国石化出版社,2015.

的促进作用。与此同时,英国在世界煤炭生产与市场中占据了重要的地位。英国于1840年率先完成工业革命,1846年,英国煤炭年产量已经达到4 400万吨,成为欧洲乃至世界第一大产煤国和最大的煤炭出口国①。19世纪中叶,英国的煤炭产量占世界总产量的2/3,成为欧洲煤炭市场的主要来源,并左右了欧洲煤炭市场②。在19世纪,英国的煤炭产量一直居世界第一位。19世纪60年代末期,英国的煤炭产量比美国及德国大三到四倍③(见图3-1)。

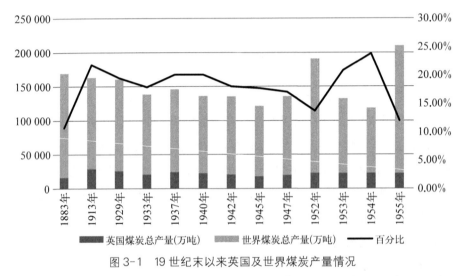

图3-1　19世纪末以来英国及世界煤炭产量情况

资料来源:本图根据张剑波(1957)相关资料整理而成④,其中1883年、1937年、1940年、1942年、1947年、1954年、1955年的世界煤炭产量有缺失,缺失数据通过线性预测予以补充。

从图3-1不难发现,19世纪末20世纪初时,英国煤炭产量仍然在世界上占据一定的比重,大致在20%。直到1900年美国发现阿帕拉契亚煤田以后,英国煤炭产量才开始落后于美国。英国在该时期煤炭"霸主"的地位主要得益于生产技术的进步、交通运输的发展和大资本的投入。蒸汽泵的发明使得矿井深度得以增加,马车路轨道的改进、瓦特式蒸汽机的发明以及河流

---

① 熊焰.低碳之路:重新定义世界和我们的生活[M].北京:中国经济出版社,2010.
② 林伯强,黄光晓.能源金融[M].北京:清华大学出版社,2011.
③ 张剑波.英国煤炭工业经济状况[J].经济研究,1957(4):77-93.
④ 同上。

的拓宽与加深提升了运煤的经济效益,大资本投入煤炭开采以及煤炭企业建立对于煤炭市场的繁荣发展都起到了一定的推动作用[1]。因此,在煤炭英镑计价结算体系下,英国在煤炭能源市场中的地位无出其右。

至于该阶段的国际货币体系状况,煤炭英镑计价结算体系建立时期的国际货币体系主要是国际金本位货币体系。1816 年,英国通过《金本位制度法案》,在法律上允许将黄金作为本位货币来发行纸币,在法律形式上确定了金本位制度。1819 年,英国通过《恢复兑换条例》,规定恢复货币兑换金块、金条,并取消对金币、金条的出口限制。1821 年,英镑成为英国的标准货币单位,每英镑含 7.322 38 克纯金。英格兰银行发行的银行券可以兑换金条,英国开始正式实施金本位货币制度,英镑也成了英国货币的标准单位。19 世纪下半叶,国际金本位制度的确立更是决定性地将英镑推上了世界舞台的中心[2]。该阶段英镑成为首要的国际货币主要由以下因素推动[3]。

首先,英国经济实力的增强推动了英镑在国际贸易中的使用。安格斯·麦迪森在《世界经济千年史》中指出:1700—1820 年的一个多世纪里,英国迅速上升为世界商业霸主。1700 年英国的国内生产总值约占世界的 2.9%,到 1820 年则上升为 5.2%,1870 年进一步上升至 9.1%。英国强大的生产能力转化为世界各地的商品倾销,在此期间英国出口平均每年增长 2%。作为当时世界上最大的贸易国,1860 年英国的进口量占世界其他国家出口总量的 30%。外国贸易商发现,进口英国工业品时必须接受英镑为计价结算货币,而向英国出口原材料和农产品时以英镑计价更容易打开英国市场。在 1860—1914 年,大约 60%的世界贸易以英镑作为计价结算货币。

其次,英国的资本输出推动了英镑在国际投融资中的使用。1706 年英国以 8%的利率向神圣罗马帝国皇帝约瑟夫一世提供了 50 万英镑的贷款,在 1759 年拿破仑战争时期向奥地利提供了 620 万英镑贷款。19 世纪,英国向法国、普鲁士、俄国、拉丁美洲、希腊和美国等提供了各种形式的贷款。在 1913 年前,英国的对外投资超过世界其他国家的总和(见表 3-1)。

---

[1] 王松涛.英国煤炭市场研究[D].陕西师范大学,2011.
[2] 杨玲.英镑国际化的历程与历史经验[J].南京政治学院学报,2017(2):76-82.
[3] 姚大庆.国际货币——地位分析和体系改革[M].上海:上海社会科学院出版社,2013.

表 3-1　主要国家对外投资情况：1825—1913 年　（单位：百万美元）

年份 国家	1825	1840	1855	1870	1885	1900	1913
英国	500	750	2 300	4 900	7 800	12 100	19 500
法国	100	300	1 000	2 500	3 300	5 200	8 600
德国	N	N	N	N	1 900	4 800	6 700
荷兰	300	200	300	500	1 000	1 100	1 250
美国	N	N	N	N	N	500	2 500

资料来源：金德尔伯格（2007），"N"表示数据缺失。

再次，英镑与黄金挂钩带来的高度稳定性也是英镑能在 19 世纪成为主要国际货币的一个重要原因。英镑币值的稳定有利于其在国际交易和储备中的使用。1816 年英国议会通过《金本位制度法案》，规定以黄金作为发行英镑的价值基础。英国在国际贸易中积累了大量的黄金，很多贸易伙伴都在英格兰银行开立银行账户，大宗商品进出口的期货交易在伦敦进行，这些都为英镑价值的稳定提供了保障。事实上，英镑的黄金价格从 1717—1931 年一直都是固定的，其中只在 1797—1819 年和 1914—1925 年出现过波动[①]。外国投资者对英镑币值稳定的信心促使他们持有英镑。据统计，1899 年在可以识别的外汇储备货币分布中，英镑的比重为 49.6%，处于主导地位。

工业革命之所以从英国发端并蓬勃发展，是因为其丰富的煤炭储藏量。由此所带来的能源控制力，对于推动巩固英镑的关键货币地位起到了不可或缺的作用。当时金本位制下的英镑地位显赫，以至于国际贸易中大多数商品以英镑计价，国际结算中 90% 使用英镑，许多国家的中央银行国际储备是英镑而不是黄金，煤炭英镑计价结算体系得以形成。

二、石油——美元计价结算体系

石油——美元计价结算体系就是以美元为主要计价结算货币的能源计价体系。19 世纪后半期，内燃机的出现掀起工业革命的新高潮，也引起了能源结构的重大转变，石油开始登上历史舞台，成为工业的血液。20 世纪 20

---

① 斯·金德尔伯格，徐子健，何建雄，朱忠，译. 西欧金融史 [M]. 北京：中国金融出版社，2007.

年代，内燃机开始普及，对石油需求迅速增加，欧洲开始从中东地区大量进口原油。20世纪30年代末，石油国际贸易也迅速扩大，开始形成国际石油市场。英国控制了中东地区产油国，从而控制了国际石油市场。1965年，石油在一次能源消费结构中的比例首次超过煤炭，成为主要能源。这一历史演变过程我们可以用图3-2进行清晰的刻画。

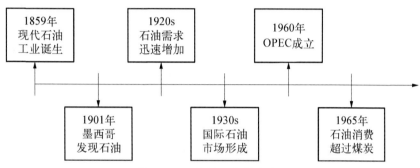

图3-2　石油能源发展大事记

资料来源：本图根据林伯强（2014）① 相关内容整理而成。

随着石油在能源体系中地位不断提高，石油——美元计价结算货币体系得以形成和发展。美国通过搭建布雷顿森林体系，使美元取代英镑成为主要的国际货币，美国也确立了世界霸主的地位，开始操纵国际石油市场②。布雷顿森林体系是指第二次世界大战后以美元为中心的国际货币体系协定。布雷顿森林体系是该协定对各国对货币的兑换、国际收支的调节、国际储备资产的构成等问题共同作出的安排所确定的规则、采取的措施及相应的组织机构形式的总和。布雷顿森林体系构建于1944年。随着二战的爆发，英美两国实力发生根本逆转，以布雷顿森林体系为标志，美元压倒英镑，初步取得世界货币金融体系霸主地位。布雷顿森林体系是一个黄金和美元并重的国际储备体系，它以黄金为货币价值的基础，以美元为最主要的国际储备货币。

布雷顿森林体系时期，美元的货币权力增强了。首先，美元的自治力大于金本位时期英镑的自治力。布雷顿森林体系中黄金主要用于储备，并不直

---

① 林伯强，黄光晓.能源金融（第二版）[M].北京：清华大学出版社，2014.
② 同上。

接在国际交易中使用。其次，美元的影响力大大高于金本位时期英镑的影响力。虽然美元获得了霸权地位，但是布雷顿森林体系下的美元霸权受到限制，即美国政府将外国央行持有的美元以固定比价兑换为黄金的承诺。该承诺的可信性导致了"特里芬难题"，最终使得布雷顿森林体系于1973年崩溃。布雷顿森林体系崩溃后，世界货币体系逐渐演进为牙买加货币体系，其特点主要包括黄金非货币化、储备货币多元化、汇率制度多样化等。在牙买加体系中，美元的货币权力不仅没有降低，反而大大提高[1]。这是因为在布雷顿森林体系下，美元还会受到兑换黄金的约束，但在牙买加体系下，该约束已经不复存在了，所以美元扩张的内在冲动比以前更强，美元流动性泛滥带来的风险全部由美元储备的国家自己承担和消化[2]。

考察世界石油市场的发展历史可知，石油一开始并不是以美元来计价结算的。在石油贸易的历史上，英镑和德国马克等主要西方国家的货币都曾作为石油的计价和结算货币[3]。20世纪30年代以前，石油主要是以英镑作为主要的计价结算货币。20世纪30年代到"二战"前，美、英、法争夺国际货币主导权，国际石油贸易计价结算以"英镑—美元"双重主导。二战后，在布雷顿森林体系建立后，美元成为国际石油贸易的主要计价及结算货币。1973年，布雷顿森林体系崩溃。1976年，国际货币基金组织（IMF）成立，确立了固定汇率制和浮动汇率制并存的牙买加体系。美元、马克、日元等货币都成为国际石油贸易中的计价和结算货币。1974年，美国与沙特签订协议，沙特承诺以美元作为国际石油贸易的唯一计价及结算货币，而美国则为沙特提供安全保障。之后，OPEC相继跟进，形成了以"石油美元"[4]为核心的石油货币体系。1986年后，美国发挥其发达金融市场的优势，石油美元开始朝

---

[1] 姚大庆.国际货币——地位分析和体系改革［M］.上海：上海社会科学院出版社，2013.
[2] 陆前进.美元霸权和国际货币体系改革——兼论人民币国际化问题［J］.上海财经大学学报：哲学社会科学版，2010，12（1）：61-69.
[3] 陈宇.石油美元体系脆弱性研究［D］.吉林大学，2018.
[4] 石油美元一词，通常是指1973年底石油价格大幅调整后在第三世界石油输出国家国际经常收支中所产生的巨额盈余，即这些国家的出口收入总额减去用于为发展民族经济等目的而支付的进口费用（包括为进口劳务而支付的费用）后的剩余部分。由于这些国家的石油出口多占其国家出口总额的90%以上，他们国际经常收支的盈余几乎全部来自石油出口，所以人们把这巨额盈余称为"石油美元"。

市场化和金融化的方向发展，石油的金融属性开始显现，石油美元体系开始进入快速发展阶段。进入 21 世纪后，虽然该时期石油美元遭受了美元贬值和其他货币的挑战，但受益于油价飙升，石油美元仍然表现出强劲势头，石油美元体系进入平稳发展阶段。

三、美元主导的多元货币计价结算体系

总的来看，现行国际货币体系实质上仍然是美元本位制度，其最根本的属性在于无约束的纯信用本位货币特质。信用货币的发行脱离了贵金属或实物资产的硬性约束，美元基本不受任何发行纪律约束、无需负责维持币值稳定，更无需承担经济后果，美国通过随意扩张货币而获得铸币税以及稳定的通货收益，但其他国家却因此更多地承担了通货膨胀和金融危机的成本[1]。但是，近年来，国际石油市场及其发展环境产生了巨大变化，石油——美元计价结算体系也面临着多元化的挑战，欧盟、俄罗斯、中国开始挑战美元作为国际石油贸易计价货币的主导地位[2]。2008 年 4 月，伊朗石油部官员声称伊朗已经在对外石油交易中完全停止使用美元结算[3]。2015 年 10 月，伊朗央行宣布在与外国进行交易时停止使用美元结算，使用包括人民币、欧元、卢布等货币签订外贸合同[4]。此外，中国从 OPEC 成员国进口的石油出现大幅下降，然而 2014 年从俄罗斯进口的石油规模激增 36%。同时，从沙特和委内瑞拉进口的石油分别下降了 8% 和 11%[5]。西方国家对俄罗斯实行经济制裁进一步促成了人民币在两国贸易中的使用[6]。国际能源市场进入了以美元为主导的多元货币计价结算体系时期。

以美元为主导的多元货币计价结算体系可以视为石油美元体系发展到新阶

---

[1] 何凌云.能源金融若干理论与实践问题研究 [M].北京：科学出版社，2014.
[2] 陈宇.石油美元体系脆弱性研究 [D].吉林大学，2018.
[3] 伊朗宣布放弃美元贸易结算 改用人民币 [EB/OL]. http：//finance.sina.com.cn/money/forex/20150126/082021395776.shtml，2015-1-26.
[4] 同上.
[5] "石油美元"走向衰竭，"石油人民币"诞生，中国带动全球经济 [EB/OL]. http://www.sohu.com/a/61739238_119601，2016-3-3.
[6] 郑承宇：中美针锋相对，石油美元或卫冕失败 [EB/OL]. http：//www.sohu.com/a/56730650_360426，2016-1-27.

段的产物,它没有脱离石油美元计价结算货币体系的内容,因为美元仍然是能源计价结算的主要货币,但是该体系也孕育出了一些新特征,主要表现如下。

(1)能源计价结算货币呈现出多元化的趋势,欧元和卢布开始对石油美元的霸权地位提出挑战,人民币在能源计价结算中也发挥越来越重要的作用[①]。2008年全球金融危机的爆发更是凸显了石油美元的脆弱性,多数石油进出口国呼吁改革石油贸易美元结算体系,能源计价结算货币的多元化趋势也日益显著。近年来,中国、印度等国家的经济快速发展,带来了大量石油需求。虽然目前全球经济增长乏力,但从长远看,新兴国家较美国、欧洲、日本等发达国家的发展潜力更大,对石油的需求量也更大。这使得新兴国家以本国货币作为计价及结算货币的要求更为迫切。"石油人民币""石油卢布"等新体系的出现就反映了新兴国家对石油计价方式多元化的需求,从而削弱了石油美元的垄断地位。比如:全球石油储量第三、天然气储量第一的伊朗已经明确表态,将全面废除美元结算方式,转而采用人民币和欧元结算。自伊朗和新加坡的期货交易所建议以人民币作为结算方式以来,全球以人民币结算石油的交易总量增长迅速,人民币结算石油的市场份额从0%增长到6%[②]。此外,在国际碳交易市场上,欧元也占据了主导地位。表3-2和表3-3展示了国际能源计价货币的相关情况。

表3-2 Rogers国际初级商品指数构成及权重

商 品	交易所	标价货币	权 重
原油	NYMEX	USD	21
原油	ICE Brent Future	USD	14
取暖油	NYMEX	USD	1.8
RBOB汽油	NYMEX	USD	3
天然气	NYMEX	USD	3

数据来源:http://www.rogersrawmaterials.com/page1.html。

---

① 北京师范大学金融研究中心课题组.解读石油美元:规模、流向及其趋势[J].国际经济评论,2007(2):26-30.
② 美元霸权将终结,人民币石油结算迅速增长,全球份额位居世界第三[EB/OL].https://baijiahao.baidu.com/s?id=1634741338756974029&wfr=spider&for=pc,2019-5-28.

表3-3 俄罗斯石油结算的主要方式①

石油结算国家	石油结算方式
西 欧	对冲债务（44%）、欧元（48%）、英镑（7%）、卢布（1%）
美 国	美元（89%）、经常项目对冲（8%）、债务（3%）
日 本	日元（14%）、美元（78%）、卢布（8%）
中 国	美元（77%）、人民币（8%）、卢布（13%）、其他（2%）

数据来源：http：//www.bp.com/statisticalreview。

从表3-2和表3-3可以发现美元在当前的能源计价结算体系中仍然占据主导地位，但也有一些新的货币在冲击着原有的石油美元体系，美元主导的多元化能源计价结算体系初步形成。

（2）石油产出国在能源计价结算货币的选择上不再坚守美元。从石油产出国发展来看，一方面，石油以美元作为唯一计价及结算货币的后果之一是承担美元的贬值风险。当美元持续贬值时，石油产出国的石油美元将严重缩水，石油作为其国内支柱性产业，国内的政治经济稳定难以维持。这时，欧元、英镑、人民币等强势货币给石油产出国提供了其他选择，采用更多的计价结算货币币种，可以有效规避美元贬值的风险，这为石油产出国摆脱石油美元的束缚提供了巨大动力。石油计价方式的多元化将是诱发石油美元体系崩溃的重要因素。另一方面，沙特等产油大国与美国的战略关系转变为石油美元体系的衰落埋下了隐患。沙特在经济上启动了旨在摆脱对石油依赖的名为"2030愿景"的经济和社会改革计划，以及对国营巨头阿美石油公司私有化的进程。沙特正经历着世界与中东的格局大变，以及内外社会思潮的交互涌动。其不可能持久而单一地靠地租经济和"石油美元"支撑发展并维持内部安全稳定，以及确保地区大国地位和一定层面的世界影响力，政治经济体制改革必然是最终出路。因此，沙特的国家战略选择，会左右中东地缘政治格局变化，并将成为石油美元体系由脆弱性诱发崩溃的决定因素。

（3）气候与环境变化使得新能源的地位日渐提高，出现了一些超主权形

---

① 北京师范大学金融研究中心课题组.解读石油美元：规模、流向及其趋势[J].国际经济评论，2007（2）：26-30.

式的货币构想，对美元的主导地位也产生一定的冲击。石油作为不可再生资源一直处于能源消耗量的首位，石油和以石油为主的化石能源消耗导致的气候变化和环境问题不容忽视。为实现清洁发展目标，降低石油消耗，减少石油需求是首要选择。新能源开发及应用推动着能源格局的变化。目前虽然新能源在消费格局中比例低于传统能源，但从发展潜力来看，大幅领先于传统能源。以核能、可再生能源以及水电能源为代表的新型清洁能源代表着未来能源的发展方向，这种趋势与上述应对气候和环境变化的诉求也不谋而合。新能源对石油造成的冲击将作用于石油美元体系，如果可预见石油的需求将持续下降，那么美元必将如布雷顿森林体系瓦解时一样，寻求另一种锚定物来维持美元的稳定，形成新的体系，而新能源也许是其挑选的一个方向。由此可见，未来能源格局的变化将成为石油美元体系由脆弱性诱发崩溃的关键因素。

随着低碳能源与清洁能源的兴起，超主权货币的设想也对美元传统主导地位形成一定的冲击。货币是固定充当一般等价物的特殊商品，与其他商品相比，货币商品应具备价值量高且被广泛接受、质地统一能够标准化、易于分割和携带、长久保存而不变质等特性。王颖与管清友（2009）认为碳排放权具有商品性：碳排放权由能源市场延伸而来，并与能源商品高度相关，能源的商品性决定了碳排放权的商品性；碳排放权的商品性直接体现在把二氧化碳等温室气体的排放管作为可交易单位转让或出售；碳排放权的价格涨落可以反映出其供求关系。碳排放量指标具有稀缺性、普遍接受性、可计量性三大属性，碳排放权作为国际货币具有可能性与合理性。虽然碳本位货币体系的构建也存在着诸多挑战，但这种设想作为对现有国际货币体系改革的尝试仍然具有积极意义，对石油美元体系产生了一定的冲击。

（4）"去全球化"浪潮也在一定程度上加剧了石油美元的衰退。在石油美元体系发展的40多年中，全球化发展与其相辅相成，推动了石油美元体系的发展。在金融领域，由于美元的强势地位，形成了全球货币盯紧美元的金融货币体系，而石油美元体系以美元为中心的机制，使金融体系以美元为纽带渗透至石油美元体系中。在贸易领域，国际石油贸易是各国最重要的战略贸易活动之一，石油美元体系以石油为桥梁，间接影响着国际石油贸易活动。因此,全球化为石油美元体系提供保障。2008年金融危机爆发,全球化遇到阻碍,发展停滞,而"去全球化"的呼声不绝于耳。2016年,英国脱欧事件以及美国退出跨太平洋伙伴关系(TPP)两个大事件更是将"去全球化"推到了世界面前。国际贸易增速放缓,资本流动性持续偏低,贸易保护主义抬头,投资资金回流等现象无不说明了"去全球化"潮流的来临。这让依托于全球化发展的石油美元体系受到严重挑战。许多国家已经开始尝试进行双边贸易,以期脱离以美国为核心的全球经济体系。如果双边贸易被广泛应用于石油贸易中,那么石油美元体系将很难再发挥重要的作用。总之,"去全球化"必然加剧石油美元体系的脆弱性①。

 能源计价结算货币的获得机理

前文梳理了煤炭——英镑计价结算体系、石油——美元计价结算体系、美元主导的多元货币计价结算体系的演变历史,为我们提供了世界主要能源计价结算货币的演变经验,本节进一步从计价结算货币选择理论的角度深入分析影响一国货币成为能源计价结算货币的因素及其相关机理。

一、计价结算货币选择的相关理论

早期关于跨境贸易货币计价选择的理论研究主要着眼于货币的交易成本、贸易对象的差异和产品特性对计价货币选择的影响,代表性的理论主要包括 Swoboda 假说、Grassman 法则和 McKinnon 假说。(1) Swoboda 假说。Swoboda 假说认为在外汇市场流动性高的货币其交易成本较低,具有较低交易成本的货币则有可能成为国际贸易的交换媒介。(2) Grassman 法则。Grassma 法则侧重于从贸易对象国的角度研究跨境贸易计价货币选择,该法

---

① 陈宇,陈志恒. 全球石油贸易结算体系的脆弱性及中国对策 [J]. 国际贸易,2017 (8):44-46.

则认为工业国之间的制造品贸易，贸易合约的大部分是以出口国货币进行计价结算的，次优选择是采用进口国家货币进行结算，而以第三国货币进行计价的情况则相对较少。（3）McKinnon 假说。McKinnon 假说则从不同贸易商品特质的角度研究跨境贸易计价货币选择。McKinnon 将贸易商品分成两类：一类是出口商议价能力强、具有价格支配能力的异质化商品，称为Ⅰ类贸易商品；另一类为单个厂商不具有价格支配能力的同质化商品，称为Ⅱ类贸易商品。工业制成品等Ⅰ类贸易商品贸易时，主要以生产国货币计价；而能源原材料等同质化商品（Ⅱ类贸易商品）贸易时，主要以美元等其他国际货币计价[1]。除了以上早期的经典假说外，还有众多因素影响着计价货币的选择，主要包括通货膨胀、汇率波动、金融市场发展、地缘政治、交易习惯、风险回避等宏观及微观层面的因素[2]。基于此，影响结算货币的因素与前述影响计价货币的因素基本一致，常见的结算货币选择理论也包括 Swoboda 假说、Grassman 法则和 McKinnon 假说等。

二、能源计价结算货币的获得机理

从上文对世界能源计价结算体系的分析中发现，货币获得能源计价结算的地位对于主权国家而言具有非常重要的意义。那么，一种货币如何才能发展为能源计价结算货币呢？

1. 能源计价结算货币获得的分析框架

我们认为，能源计价结算货币地位的获得可以从交易媒介和计价标准功能实现两个维度来探讨。第一，作为交易媒介时，主要考虑货币的工具性，货币本身就是为了满足商品交换的需要而产生的，其基本功能就是降低交易成本，提高交易效率。而在能源计价结算货币体系中面临的问题则是在众多货币中选择最为便捷、交易成本最低的货币作为媒介货币。因此，效率是影响结算货币的关键因素，尤其表现为交易成本决定结算货币的选择。第二，作为计价标准时，主要考虑的是货币的财富性，货币作为一种特殊的财富形

---

[1] 罗忠洲. 跨境贸易计价货币选择理论：文献综述 [J]. 国际经贸探索，2012（6）：76-88.
[2] 王佐罡，谭海鸣，何志强. 国际贸易计价货币选择 [J]. 中国金融，2013（23）：53-54.

式，容易受到多种因素的影响，而"稳定"的货币能够保障持有人的利益，防止财富缩水。因此，公平是影响计价货币的关键因素，尤其表现为稳定性决定计价货币的选择。能源计价结算货币地位获得的分析框架可参见图3-3。

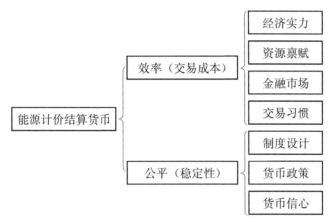

图3-3 能源计价结算货币获得的分析框架

按照新制度经济学家威廉姆森（Williamson）的观点，交易成本分为两个部分：一是事先的交易成本，即签订契约时规定交易双方的权利、责任等所花费的成本；二是签订契约后，为解决契约本身所存在的问题、从改变条款到退出契约所花费的成本。由于未来是不确定的，鉴于人们的"有限理性"，不可能在签约前完全预期到未来发生的一切，因此为了防止对方的"机会主义"行为，尤其是在签约后利用"资产专用性"对己方进行敲诈的可能性，缔约的双方需要在签约前详细考察对方、仔细界定各自的权责利。显然，在此过程中会付出很大的成本，这就是所谓的"事前交易成本"。尽管交易各方可能在签约前做很多努力，以防止签约后的不便，但由于"有限理性"的存在，交易各方在契约里不可能把各方面的可能情况都包括进去，这就给签约后各方可能的矛盾埋下了伏笔。在签约后，缔约各方需要用各种方式维护契约，当然也可能会出于种种原因要求变更契约、解除契约。在这些过程中发生的成本就是"事后交易成本"[①]。

---

① 陈永伟.威廉姆森和他的交易成本理论［J］.管理学家：实践版，2009（11）：16-21.

2. 能源结算货币地位的获得机理

能源结算货币是交易双方在交易成本最小化原则下做出的选择。从煤炭英镑和石油美元等能源结算货币体系的历史经验，结合货币理论、交易成本等理论，可以归纳出一种货币获得结算货币地位的影响因素。

首先，历史实践表明，强大的经济实力是一种货币获得主导权的必要条件，无论是英镑还是美元，其国际结算货币地位的获取与其强大的经济实力是分不开的[①]。虽然可能存在一定的滞后性，但世界头号强国的货币最终会上升到世界首要货币的地位，自然就能成为能源结算的主要货币，其背后的原因在于经济实力强的国家其货币的交易规模大，流动性高，则货币的交易成本低，因此选择经济发达国家货币作为结算货币是一种有利于降低事后交易成本的制度安排。

其次，能源资源禀赋也是影响货币地位的重要因素。从煤炭英镑和石油美元计价结算的历史经验中可以看到，一国能源资源禀赋对于提升该国货币在能源结算中的地位有一定的促进作用。货币搜寻理论认为贸易者会搜寻交易成本最小的货币进行结算，而交易成本最小的货币往往是交易规模最大的货币，能源资源禀赋相对丰富的国家其能源对外贸易的规模更大，更容易直接成为贸易方的首选结算货币，Grassman 经验法则就在一定程度上体现了这点。因此，能源资源禀赋有利于降低事前的交易成本，使贸易者在货币池中选择最为便捷的货币，降低了事前搜寻的成本。

再次，金融市场的发达程度也是影响货币成为结算媒介的重要因素。具体来看，货币兑换成本是交易成本中的重要组成部分，而货币兑换成本与金融市场的规模成反比。以金融市场发达国家的货币作为结算货币，贸易双方在交易中可能遭受的损失将更小。国际贸易厂商更愿意选择外汇市场上那些兑换成本最低且能被其他国家贸易商普遍接受的货币[②]。这就要求该货币的发行国必须有发达的货币市场、资本市场和外汇市场，有完善的货币市场工具，并且这种货币在外汇市场上交易额也要足够大，以保证能将其平均交易

---

① 何凌云.能源金融若干理论与实践问题研究 [M].北京：科学出版社，2014.
② 刘旗.国际贸易结算货币选择理论对人民币跨境结算的启示 [J].经济论坛，2010（1）：11-14.

成本维持在较低水平上。如果一种货币还没有成为可自由兑换的货币，而且还无法通过银行等金融系统为国际贸易、国际投资等经济活动方便地结算与支付，那么对于境外居民来说，持有的风险与成本就比较高，这种货币在与其他可自由兑换的货币的计价竞争当中，就会处于劣势地位。在外汇市场流动性高的货币其交易成本较低，具有较低交易成本的货币则有可能成为国际贸易的交换媒介，如果一个国家在资本项目存在货币兑换的管制，一般就很难在国际贸易结算中作为结算货币。同时，货币兑换价格的内生性也是影响货币结算地位的重要因素，当被兑换的货币因为成交量的增加而导致价格大幅波动时，那么这种货币的兑换价格是内生的，从而不适合充当能源贸易的结算货币，因此选择金融市场发达国家的货币作为结算货币也是一种有利于降低事后交易成本的制度安排。

最后，交易习惯也是影响货币地位的因素之一，在国际货币竞争过程中，国际货币的发展往往存在路径依赖，由于交易习惯等原因，市场参与者不会频繁改变用于记账、交易和价值储藏的货币。某种国际货币的使用者越多，则该种国际货币的交易成本就会越低，其金融市场的流动性就会越强，这反过来又会吸引更多的使用者，由此形成良性循环，是降低事前交易成本的重要因素。

3. 能源计价货币地位的获得机理

当货币执行计价标准功能时，公平度是关键影响因素。公平度在能源计价结算体系中主要表现为币值的稳定性。作为计价结算货币，不但应当满足便利性，还应当满足币值的稳定性，计价货币越稳定，则对交易双方而言则更公平，否则必然有一方处于不利地位。具体来看，币值的稳定性主要受到下列因素的影响。

首先，货币制度设计是保障币值稳定性从而影响货币计价功能发挥的重要基础。科学的货币制度设计能够为货币计价提供稳定良好的交易环境。以英镑为例，其成为主导货币表面上是在英国经济实力支撑下的自发选择，但英国政府曾推出一系列货币金融制度安排，对英镑的崛起发挥了重要推动作用。英国最早建立金本位制度就体现了其货币作为合约的有效性，币值的稳定对于其能源计价结算地位具有重要的意义。美元的崛起也与美联储的建立及"布雷顿森林体系"的实施息息相关，20世纪70年代与沙特阿拉伯达成的"不可动摇协议"更是体现出了政策支持的重要性。此外，美元在媒介货币中的主导地位，不仅要归功于美国在世界贸易中的影响力，还与不少国家实行钉住美元的汇率制度有关，发展中国家用本国货币钉住的货币进行结算等同于用本币进行结算。如果有几个国家同时钉住某种货币，那么本国的出口商品就能同这些国家的同类商品保持相对价格的稳定，从而避免了汇率波动带来的需求波动，实现了交易的稳定性与公平性。因此，科学的货币制度安排与政策支持有利于货币的崛起与货币国际化的推进。

其次，货币政策的稳定性也是推动货币计价的重要驱动因素。稳定的货币政策能够增强货币持有者的信心，从而人们会更多地选择用该货币进行计价和结算。本国的货币政策例如货币供给，还与黏性工资和菜单成本等环节密不可分。一国相对他国有着更加稳定的货币供给，便能在一定程度上抵消汇率的价格转移效应对物价和工资的冲击，出口商也就更愿意用该国货币进行计价和结算。在实践中也能观察到低通货膨胀率国家货币充当计价货币的比例较高，高通货膨胀率国家货币充当计价货币的比例较低[①]。

最后，市场对货币的信念也是影响币值稳定性的重要因素。这是因为，一种货币只有获得各国对其货币地位的认可后，才能进一步推动其国际货币计价功能的发挥。从货币合约论的角度来看，只要货币合约有效，币值稳定，货币的功能就发挥到极致了。市场对于合约有效性的信念会极大地影响到计价结算货币的选择。比如，为什么在国际金本位下英镑成为国际货币而不是美元或者马克？因为在国际金本位时期，英国拥有最多的黄金储备，英镑对黄金兑付的信念要比其他货币更为坚定，因而英镑合约更为有效。而在布雷顿森林体系时期，由于只有美元与黄金挂钩，因而美元的合约有效性更高。在布雷顿森林体系崩溃后，由于国际货币的使用具有一定的惯性，因此使得市场对美元的国际主导货币地位仍然能保持较高程度的认同。类似于黄金这种财富作为"抵押"和惯性因素都会增强市场对某种货币的认同与信任。而随着美国对货币霸权地位的滥用，也导致了市场对于美元一定程度上

---

① 王佐罡，谭海鸣，何志强. 国际贸易计价货币选择[J]. 中国金融，2013（23）：53-54.

"信心"的丧失，进而影响其货币计价的稳定性，从观念上削弱了美元作为计价标准的公平性认知。因此，营造良好的货币环境，提升货币的认同感能促进货币计价功能的发挥与可持续性。

 能源计价结算货币与人民币国际化

由于能源计价结算货币在国际货币体系中扮演了十分重要的角色，因而能源计价结算货币与国际货币体系的联系十分紧密。人民币要成为世界范围的能源计价结算货币，在国际化过程中必须与能源的国际化挂钩，结合国家能源合作、中国能源金融建设，共同推进。

一、人民币国际化现状

中国从2009年7月开始试点跨境贸易人民币结算，虽然初期增长速度很快，但人民币结算在世界贸易总量中的比例仍然很小。根据中国人民银行发布的数据显示，2010年人民币贸易结算金融折合美元738.6亿美元，当年世界贸易总量为15.254万亿美元，人民币贸易结算约占世界贸易总额的0.48%。2011年人民币贸易结算金额折合美元为3 218.3亿美元，人民币贸易结算约占世界贸易的1.77%。2012年人民币贸易结算量0.45万亿美元，占世界贸易总量的2%以内。图3-4展示了2012—2019年跨境人民币业务结算金额情况，可以发现2016年以后跨境贸易人民币业务结算金额有所下降。

图3-5则展示了2010—2019年中国银行人民币跨境指数，从图中可以看到中国银行人民币跨境指数总体呈现上涨趋势，这表明人民币国际化取得了一定的进展。具体表现在以下多个方面：第一，我国已经与欧洲、韩国等二十多个国家和地区签订了货币互换协议，总额约2.37万亿人民币，具体包括欧盟、日本、菲律宾、朝鲜、越南、泰国、柬埔寨、俄罗斯、新加坡、印度尼西亚、韩国、阿根廷、缅甸、老挝等。第二，到目前为止，已经有

图 3-4 2012—2019 年跨境贸易人民币业务结算金额

数据来源：Wind 数据库。

图 3-5 2010—2019 年中国银行人民币跨境指数

数据来源：Wind 数据库。

德国、法国等几十个国家承诺在自己国家储备中使用人民币作为储备货币，增加人民币在储备货币中的份额。第三，中国的资本项目正处于更加开放的过程中。一方面，中国已经放宽外资进入中国的门槛。同时，我国 A 股市场 QFII、RQFII 等门槛都在放开，以利于海外投资者投资中国 A 股。另一方面，中国原油期货市场已经建立，原油期货的交易是用人民币作为计价单位。未来中国还将开放黄金、猪肉等国际性的期货市交易市场，会吸引大量外资进入中国，提升人民币的国际地位。第四，目前全球一些最大的能源出口国，包括俄罗斯、伊朗、阿联酋，已经同意接受人民币结算。在中东、俄罗斯等重要的能源供应地区，均建立了人民币清算中心，中国央行已经与卡塔尔、阿联酋央行签署双边本币互换协议，并给予一定的 RQFII 额度。一方面，中东国家可通过出口石油、液化天然气等产品获取人民币；另一方面，更多的"石油——人民币"通过 QFII、RQFII 投资管道以及主权基金对中国的 FDI 投资回流内地，在这些国家推动人民币计价、结算大宗商品的金融基建和结算条件已初步具备。

尽管如此，人民币目前仍然只能算是一种区域性货币。一方面，跨境能源贸易人民币结算的比例仍然偏低。能够直接使用人民币计价或结算的国家，主要是中国周边国家（如蒙古国、老挝、俄罗斯、朝鲜等），非洲国家（如赞比亚、肯尼亚等），去美元化的国家（如伊朗、委内瑞拉）。另一方面，人民币的外汇储备资产仍偏低。根据国际货币基金组织（IMF）发布的数据显示，截至 2019 年第三季度，人民币外汇储备资产达 2 196.19 亿美元，约占参与官方参与外汇储备货币构成的 2.01%，居第 5 位，而同期美元外汇储备在世界的占比达到 61.55%，欧元的外汇储备占比 20.07%，日元的外汇储备占比也达到了 5.62%。所以，人民币距离成为国际货币还有很长一段路要走。

二、以能源计价结算货币为目标的人民币国际化路径

能源计价结算货币的获得机理为人民币国际化带来了启示。首先，经济实力是人民币国际化的基础，推进人民币国际化首先要保持我国经济的持续稳健发展，应当通过国内产业调整和产业结构升级以及技术创新保障我国经济发展速度和发展质量上的领先。高度发达的经济水平，加上合理健康的经

济环境,将有力助推人民币国际化的进程①。其次,由于制度设计与政策努力也是推动人民币成为能源计价结算货币的重要条件,因此需要在政府主导下分步骤有计划地推进,大力发展金融市场,发展人民币金融衍生品,建设国内金融市场和离岸市场及回流机制,为人民币国际化营造良好环境②。再次,能源资源禀赋也是影响能源计价结算货币的主要因素,尽管美元是全球主要大宗商品的计价货币,但我国每年稀土的出口量占世界总供应量的90%,是全世界最大的稀土出口国,目前稀土的计价权和定价权还没被美元垄断。根据 Grassman 法则,我国可以先推动人民币成为稀土计价结算货币。与此同时,我国可与非洲、中东等地区的资源出口国进行协商,在能源、矿产、粮食等大宗商品的交易中部分以人民币计价,同时与我国的对外承包工程、劳务输出和国际援助相结合,提升谈判能力,推动人民币国际化③。最后,突发事件往往成为货币体系变革的催化剂。碳排放权交易市场的兴起与"一带一路"的建设为人民币国际化提供了契机,我国庞大的碳排放资源为人民币成为碳排放权交易计价结算货币奠定了坚实的市场基础,人民币跨境结算的优惠政策则为人民币成为碳排放权交易计价结算货币提供了难得的历史机遇,因此我国应当积极参与国际减排计划制定,增强人民币在碳排放权交易计价结算中的话语权④。除了抓住碳排放权交易市场的机遇外,"一带一路"也是人民币崛起的重要契机。利用"一带一路"的平台推进能源的人民币计价成为人民币国际化的新的突破路径。具体的措施包括重视文化软实力,树立人民币的良好形象;加速推进石油和天然气市场的形成;拓宽以能源为载体的人民币循环途径,加强循环通道的基础设施建设等配套措施⑤。

---

① 李海楠,贝淑华."一带一路"背景下人民币国际化分析 [J].中国林业经济,2019(6):122-125.
② 于永臻,李明慧.美元、日元、欧元和英镑国际化历程及对人民币国际化的启示 [J].经济研究参考,2013(54):5-10.
③ 宋玮.大宗商品是人民币计价的突破点 [J].中国金融,2013(23):55-56.
④ 阴宝荣.碳交易计价结算货币选择与人民币国际化展望 [J].华北金融,2013(10):29-31.
⑤ 陈彭勇."一带一路"背景下能源人民币计价战略分析 [J].农村经济与科技,2019(3):135-136.

总之，人民币国际化问题的复杂性和难度决定了人民币国际化的路程依然很长，即便经济实力提升到新台阶，货币体系的革新也不是马上就能实现的。目前，我国应当抓住人民币国际化的各种有利条件，推动人民币早日成为世界能源计价结算货币。

参考文献

［1］ Cohen B J. The Future of Sterling as an International Currency［M］. Macmillan：London，1971.

［2］ 北京师范大学金融研究中心课题组.解读石油美元：规模、流向及其趋势［J］.国际经济评论，2007（2）：26-30.

［3］ 陈德胜，邓艳，李洪侠，等.能源金融［M］.北京：中国石化出版社，2015.

［4］ 陈彭勇."一带一路"背景下能源人民币计价战略分析［J］.农村经济与科技，2019（03）：135-136.

［5］ 陈宇.石油美元体系脆弱性研究［D］.吉林大学，2018.

［6］ 陈雨露，王芳，杨明.作为国家竞争战略的货币国际化：美元的经验证据——兼论人民币的国际化问题［J］.经济研究，2005（2）：35-44.

［7］ 何凌云.能源金融若干理论与实践问题研究［M］.北京：科学出版社，2014.

［8］ 侯维锜."石油美元"的动向及其对西方国家经济的影响［J］.经济科学，2015，2（4）：45-50.

［9］ 姜波克，张青龙.国际货币的两难及人民币国际化的思考［J］.学习与探索，2005（4）：17-24.

［10］ 李海楠，贝淑华."一带一路"背景下人民币国际化分析［J］.中国林业经济，2019（06）：122-125.

［11］ 李青，张栋.碳交易计价结算货币现状及对人民币国际化进程的启示［J］.金融发展评论，2010（3）：90-96.

［12］ 林伯强，黄光晓.能源金融［M］.北京：清华大学出版社，2011.

［13］ 陆前进.美元霸权和国际货币体系改革——兼论人民币国际化问题［J］.上海财经大学学报：哲学社会科学版，2010，12（1）：61-69.

［14］ 罗忠洲.跨境贸易计价货币选择理论：文献综述［J］.国际经贸探索，2012（6）：76-88.

［15］ 钱今昔.世界能源发展动向及其对我国的影响［J］.世界科学，1985（4）：59-60.

［16］ 斯·金德尔伯格，徐子健，何建雄，朱忠，译.西欧金融史［M］.北京：中国金融出版社，2007.

[17] 宋玮.大宗商品是人民币计价的突破点［J］.中国金融，2013（23）：55-56.

[18] 王国清.煤炭在未来能源结构中的地位［J］.地理科学进展，1984，3（2）：23-27.

[19] 王华庆.国际货币、国际货币体系和人民币国际化［J］.复旦学报（社会科学版），2010（1）：22-29.

[20] 王松涛.英国煤炭市场研究［D］.陕西师范大学，2011.

[21] 王炜瀚，杨良敏，徐铮.人民币国际化视野下中国石油进口的人民币结算探讨［J］.财贸经济，2011（1）：108-115.

[22] 王颖，管清友.碳交易计价结算货币：理论、现实与选择［J］.当代亚太，2009（1）：109-128.

[23] 王佐罡，谭海鸣，何志强.国际贸易计价货币选择［J］.中国金融，2013（23）：53-54.

[24] 熊焰.低碳之路：重新定义世界和我们的生活［M］.北京：中国经济出版社，2010.

[25] 徐奇渊，李婧.国际分工体系视角的货币国际化：美元和日元的典型事实［J］.世界经济，2008（2）：31-40.

[26] 杨玲.英镑国际化的历程与历史经验［J］.南京政治学院学报，2017（2）：76-82.

[27] 姚大庆.国际货币——地位分析和体系改革［M］.上海：上海社会科学院出版社，2013.

[28] 阴宝荣.碳交易计价结算货币选择与人民币国际化展望［J］.华北金融，2013（10）：29-31.

[29] 于永臻，李明慧.美元、日元、欧元和英镑国际化历程及对人民币国际化的启示［J］.经济研究参考，2013（54）：5-10.

[30] 张剑波.英国煤炭工业经济状况［J］.经济研究，1957（4）：77-93.

[31] 张茉楠.能源计价开辟人民币国际化新路径［J］.中国金融家，2012（6）：146-147.

[32] 张五常.货币战略论——从价格理论看中国经济［M］.北京：中信出版社，2010.

[33] 张宇燕，张静春.货币的性质与人民币的未来选择——兼论亚洲货币合作［J］.当代亚太，2008（2）：9-43.

[34] 赵文兴.人民币国际化推广路径研究——基于国际货币职能的视角［J］.金融发展研究，2017（12）：60-66.

[35] 周先平.国际贸易计价货币研究述评——兼论跨境贸易人民币计价结算［J］.国外社会科学，2010（4）：129-135.

第四章
石油金融市场

石油是全球能源的核心，是大宗商品的基石，是现代工业的血液。石油市场的波动不仅关系到微观企业的生产运营和个人家庭的衣食住行，同时也影响到世界经济贸易的增长和国际政治格局的变迁。对于"石油金融"（petroleum finance），目前尚未形成统一的定义，但其核心主要是借助国际金融市场来完善国际石油市场的价格变动发现功能和实现风险规避功能。根据金融资产交割的期限划分，石油金融市场可分为石油现货市场、石油期货市场和石油期权市场（后两者我们统称为石油金融衍生品市场）。在国际石油期货市场上，目前的交易状况依然是原油、成品油和燃料油三足鼎立的局面。按地域划分，石油金融市场可分为国内石油金融市场和国际石油金融市场。本章首先阐述了全球石油现货市场的发展历史、发展现状；然后研究了全球石油金融衍生品市场的发展历史、市场类型以及相关制度；最后系统分析了中国石油金融市场的历史、市场结构与制度。

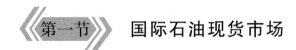 国际石油现货市场

一、国际石油现货市场的形成与发展历史

总体来看，国际石油现货市场的形成与发展主要经历了四个阶段：欧美跨国公司垄断时期、欧佩克官方定价体系时期、以市场供求为基础的多元化国际石油市场时期以及新兴市场国家与全球石油市场新格局的形成时期[①]。

1. 欧美跨国公司垄断时期（1928—1972年）

该阶段国际石油市场主要经历了英国主导、英美合谋到美国主导的过程。二战前，英国作为世界霸主控制了世界主要石油市场。1918年第一次世界大战结束后，英国控制了奥斯曼土耳其帝国在中东的领土，从而控制了世界上最重要的产油区。1929年，英国控制了100%的中东和90%的远东石油生产，1939年，虽然上述两个主要的主要产油区，英国所占份额下滑到

---

① 林伯强，黄光晓. 能源金融［M］. 北京：清华大学出版社，2011.

79%和73%,但仍然居于控制地位。

美国作为世界主要的产油国,不仅石油产量大,并且最早形成了完整的石油工业体系。20世纪20年代末,美国的石油公司进入中东地区并获得了勘探和开采石油的权利,同时美国国内发现了大油田。这使得英美两国达成妥协,共同控制国际石油市场。

第二次世界大战使得世界格局发生了根本的变化,石油市场随之发生了根本性变革。海湾原油定价体制在1947年和1949年分别两次修改,英国主导的《红线协定》也在1948年被废弃。英国在美国和苏联以外的地区所控制的石油产量从1938年的53%下降到1953年的33%,而同期美国控制的份额则从33%上升到53%。美国开始取代英国主导国际石油市场。

2. 欧佩克官方定价体系(1973—1986年)

1960年,伊朗、伊拉克、科威特、沙特和委内瑞拉五国宣告成立石油输出国组织(OPEC),协调和统一各成员国的石油政策来维护共同利益。1970年,以利比亚为首的产油国与跨国石油公司进行提价谈判。1973年10月,OPEC单方宣布决定石油价格。中东和非洲产油国开始不断挑战旧的石油市场秩序。《德黑兰协定》《的黎波里协定》和《日内瓦协定》等一系列协定的签订是世界石油价格体系的转折点,意味着石油定价的主动权从此转移到产油国手中。两次石油危机后,OPEC逐渐成为国际石油市场的支配性力量,但OPEC采取的高油价政策也促使了其他国家新油田的开发。此外,产油国内部之间的利益分配导致高油价政策不可持续,国际原油价格暴跌,OPEC官方定价机制由此丧失了对国际石油市场的控制权。

3. 以市场供求为基础的多元化全球石油市场(1987—2000年)

该阶段全球原油价格的特点是形成了OPEC官方定价、国际期货市场、现货市场三者共同作用的多元化国际石油市场体系,而欧美石油公司通过一系列的兼并重组,形成6个超级跨国石油公司,进一步加强了对全球石油产业的控制。1986年,OPEC成员国达成了减产协议,但仍然无法消除国际原油市场价格不稳定性。产油国为了稳定油价,转而采取长期合同价格与现货市场价格挂钩的定价办法。20世纪80年代,国际石油市场商品远期合约和期货合约开始出现,随着国际石油期货市场参与者的增加,流动性的增强与价格发现功能的发挥,交易各方开始逐渐接受以国际期货价格作为国际原油市场的参照基准价,再通过适当的升贴水来确定长期合同价格。

4. 新兴市场国家与全球石油市场新格局的形成(2001年至今)

进入21世纪后,以中国、印度、俄罗斯、巴西等金砖国家为代表的新兴市场开始迈入工业化、城市化快速发展阶段,对石油的需求急剧增长。这一新趋势的出现,不仅推高了国际油价、加剧了油价波动,而且也对国际石油市场的格局产生了深远的影响。一方面,石油市场的需求日益多元化,以金砖四国为代表的新兴市场原油消费在很大程度上弥补了欧美原油需求的下降。另一方面,全球石油供给也在发生变化,非洲的原油产量开始上升,中东主导的OPEC力量正在下降。此外,国际石油勘探开发行业竞争格局也发生了根本性变化。当前世界石油勘探开发市场已基本形成以国际大石油公司、国际石油公司为主、独立石油公司参与的竞争局面。

二、国际石油现货市场的发展现状

(一)总体发展特点

1. 石油消费国的进口渠道多元化趋势越来越明显

石油消费国的进口渠道多元化趋势越来越明显。由于全球60%的石油贸易是通过海上运输,并且世界石油运输对少数几个航运通道的依赖越来越大,如果航道运输受阻,势必会造成全球石油市场的巨幅波动。因此,各个石油消费国纷纷采取措施,拓宽原油进口渠道,保证能源供应安全。在这一趋势下,俄罗斯等独联体国家和委内瑞拉等拉美国家的石油生产和出口大幅提升,在国际市场上的地位日渐增强。

2. 石油生产国的出口渠道也呈现多元化的趋势

石油生产国的出口渠道呈现多元化趋势。2003年以来,全球石油需求的新一轮增长主要来自中国、印度等新兴经济体,这些国家和地区对石油消费的需求增长速度较快,相比经济成熟且大量采用替代能源的欧美国家,市场的潜力更大。因此,各个产油国都加紧同这些新兴经济体开展石油贸易。比如独联体国家通向亚太地区的多条石油管道已经陆续建成:中哈(中国-哈萨克斯坦)线已经建成并投入使用;俄罗斯泰纳线(伊尔库茨克州的泰舍特-远东滨海边疆区的纳霍德卡港）一期已于2009年完工，主要供应东亚的中国、日本、韩国市场；俄库页岛外输管道于2013年10月正式开始运转。中缅石油管线也于2013年5月30日全线贯通。

3. 国际石油贸易方式日益多样化、体系化，石油的金融属性日益凸显

国际石油贸易方式也在不断向多样化、体系化方向演变，石油的金融属性日益凸显。主要表现在：交易中心规模化、功能化日益突出，形成了现货合同、远期合同、中长期合同等在内的体系化交易方式。尽管现货市场仍是形成国际石油贸易基准油价的基础，但是随着期货转现货、现货转掉期和差价合约等新兴衍生工具的出现，石油期货在整个石油市场交易体系中的作用越来越大，风险也在增强。

4. 国际石油贸易产品结构朝多样化方向发展

随着中东、非洲等产油国纷纷开建炼油项目，更多的原油留在本地加工后出口，因而更多的出口油品已获得较高的产品增加值，原油贸易在全球石油贸易中所占比例不断下降，成品油的贸易比例不断上升，诸如液化石油气等石油产品贸易日渐活跃。

（二）国际石油现货市场的区域分布

目前，国际石油现货市场形成了西北欧、地中海、加勒比海、亚太地区和美国五大现货市场。

1. 欧洲石油现货市场

欧洲的石油现货市场主要分布在以ARA（阿姆斯特丹-鹿特丹-安特卫普）地区为中心的西北欧市场、伦敦市场和地中海市场。西北欧主要为德国、英国、荷兰和法国服务，地中海市场供应源是意大利炼油厂。伦敦现货主要品种是北海布伦特混合原油，主要为远期合约的实物交割服务。

2. 美国石油现货市场

美国是世界上第二大原油生产国，现货市场主要在墨西哥湾沿岸和纽约，以及南加州等地，有着和欧洲相似的、活跃的现货市场。当然，美国的石油现货市场也有自身的特点。在美国，由于存在输油管道系统，在全国范

围内运输原油,其货物批量的大小比欧洲用船运进行贸易更为灵活。此外,与欧洲市场相比,美国的石油价格相对更低。一个最为重要的原因是美国的石油储量丰富,国内石油更便宜。另外,虽然世界上只有沙特石油产量比美国多,但除了一些特殊领域外,美国政府禁止石油出口导致美国未能成为国际石油市场的主要生产者。由于国内的低价油不能参与国际市场竞争,而滞留于国内市场,造成了市场价格偏低。

3. 亚太石油现货市场

20世纪80年代以来,亚太地区,特别是东亚的石油市场伴随着经济的持续发展而迅速扩大,中国等国的石油消费持续增加。20世纪90年代,世界石油需求的年均增长速度为1.3%,而亚太地区的年均增长速度为3.6%。21世纪初,亚太地区的原油需求增长速度高于世界原油需求的平均增长速度。在亚洲市场中,新加坡市场是一个发展迅速的现货市场,它在主要现货市场中最为年轻,但现已成为南亚和东南亚石油交易的中心。这一地区的石油供应者主要由当地炼油商和阿拉伯海湾国家的炼油商组成。

三、国际石油现货市场的价格及其形成机制

石油现货市场的交易机制比较简单,现货交易通常是在现货市场上由买方和卖方直接进行,双方通过协商决定交易的时间、地点、方式和交易的条件。因此,现货交易往往无法充分反映供求因素。在现货交易中,买卖双方虽然是公开竞价,但由于市场规模和交易人数都不算太大,所以竞争不充分,交易市场又一般存在局部分割,所以交易成本较高,交易效率也相对低下。在原油现货交易中,买卖双方仅仅根据当时的商品供求状况来做出单一的报价,这一报价并没有包含相关信用条款,因此并不能很好地反映未来供求的预期。而且现货市场作为有形市场,必然会受到人为分割交易、信息不对称性等因素的限制,导致不同市场存在较大的价差,无法形成国际性的统一价格。

(一)石油现货价格的特点

(1)石油现货价格的预期性较差。在石油现货交易中,现货价格的确定是由当时交易的市场供求状况决定的,现货价格能够反映的只有本生产周期

中的供需情况，并不能很好地反映远期潜在的供求情况。即便远期现货交易的交割和货款收付是在未来某个时间进行，使得远期现货合约包含了一定的预期因素，但现货远期合约中，买卖双方对石油的数量、品质和价格等交易条件都事先协商确定，所以石油的远期现货价格不能随时反映供求关系的变化。

（2）石油现货价格由于不同市场存在较大差异，通常无法对真实的供求关系进行充分的反映。石油现货交易是在相互分割的市场上，通过数量有限的买者和卖者当面议价进行交易，由于买卖双方有可能私下达成交易，而市场对信息的反映不充分，因此石油现货价格在不同的原油现货市场间往往存在很大的差别，无法充分体现真实的供求关系。

（3）石油现货价格具有非连续性和不透明性。石油现货交易受买卖双方议价协商的限制，交易往往具有非连续性；而且，石油现货市场的透明程度较低，对同一品质的石油商品的不同交易，最终达成的现货价格往往有较大的差别[1]。

（二）原油现货价格定价基准

1. 欧洲市场的定价基准

在欧洲交易或向欧洲出口的原油定价都是参照布伦特原油市场体系进行的。布伦特原油价格体系包括：现货交易、远期交易[2]、期货交易和场外掉期交易。（1）现货交易。布伦特原油现货交易起步于 20 世纪 70 年代初，现货交易价格是在指定时间范围指定船货的价格。一般来说，现货交易都是现金交易，在交割期前 15 天设定好装货日期，货物有三天装货时间。（2）远期交易。随着布伦特原油现货市场的发展，投资银行也开始进入现货市场，与一些大型石油公司和投资者一起，共同推动了布伦特原油远期市场的形成。1981 年，英国出现 15 天布伦特原油远期合约交易市场。合约价格是指定交易月份但具体交货时间未确定的船货价格，其具体时间由卖方提前 15

---

[1] 张庆豪. 商品金融化背景下对原油价格波动的影响因素研究［D］. 广东财经大学，2016.
[2] 布伦特原油期货交易在后文进行详细介绍。

天通知买方。在 2000 年 10 月，该合约演变为 21 天远期合约。(3) 掉期，也称互换。原油掉期是把所有同一种原油或原油价格指数相关的收益和另一种原油或原油价格进行收益互换的协议。原油掉期交易本是用来转换原油实物、远期、期货之间的价差，对不同原油产品之间的价差风险进行管理。但是，由于原油掉期是以保证金形式进行，具有杠杆效应，因而成为原油金融市场的重要投机工具。

2. 北美原油定价基准

北美地区原油交易主要参考 WTI 原油的市场价格体系进行定价。其主要交易方式为 NYMEX 交易所交易，价格每时每刻都在变化，成交非常活跃。此外，还有场外市场。NYMEX 的轻质低硫原油期货是目前世界上商品期货中成交量最大的一种。由于该合约良好的流动性及很高的价格透明度，NYMEX 的轻质低硫原油期货价格被视为世界石油市场上的基准价之一。该期货交割地位于俄克拉何马州的库欣，也是美国石油现货市场的交割地。

3. 亚洲原油的定价基准

目前，亚洲市场尚缺乏一个区域性的基准原油。亚太地区的原油贸易长期合同价格主要是参照评估机构根据现货市场每日交易情况而评估出来的一个价格指数制定的。当前，中东销往亚太地区石油存在"亚洲溢价"，而"东西伯利亚——太平洋（ESPO）"混合原油有望成为亚洲地区基准原油，这就有可能改写世界能源格局与秩序，改变原油计价方式。中国正在争取自己的原油期货成为亚太地区的原油定价基准之一，并形成全球性原油期货市场。

4. 中东原油定价基准

中东地区的基准原油是迪拜原油。这是中东地区唯一可以自由交易的原油品种，也是该地区向亚太地区出口原油的参考基准。以高硫原油为主，品质差异大，价差不稳定，同时缺乏一个市场交易形成的基础价格，很难和轻质低硫原油争夺国际原油市场定价权。

(三) 石油现货价格形成机制

目前全球石油贸易采用基于各种基准价格进行调整的公式计价法定价。

根据石油采购期限的不同，分为长期合同定价模式和现货市场定价模式。根据石油品类的不同，可以分为原油定价模式和成品油定价模式。

1. 原油长期合同价格机制

由于原油产地、集散地不同，品质也存在较大差异，国际原油市场长期贸易合同价格通常采用公式计算法，即选用一种或几种国际基准原油的价格，以此为基础，根据不同油品之间标准差异加上适当的升贴水来获得。其计算公式为

$$P = A + D$$

其中，P 为原油结算价格，A 为参照基准价，D 为升贴水。

目前全球各地区选择的基准油有所不同，出口到欧洲或从欧洲出口的原油，基本上选择布伦特原油；出口到北美的选择 WTI 原油；出口到亚太地区的基本上选择阿曼或迪拜原油。具体来看，第三方评级机构的原油报价是全球原油基准价格的重要来源。例如洲际交易所 ICE 的 BWAVE 指数是欧洲市场的原油定价基础；普氏（Platts）以收市价估价对阿曼/迪拜原油进行定价，这是中东地区出口到亚太原油的重要定价基准；阿格斯（Argus）公布的高硫原油价格指数 ASCI（Argus Sour Crude Index）则是沙特、科威特、伊拉克原油出口美国的定价基准。当然，这些指数的评估也离不开 WTI 原油期货或者 Brent 原油期货。

升贴水主要由产油国或第三方评级机构来制定，根据原油的品质、运输费用、出口对象、买方的订单量等诸多因素进行计算。升贴水的设置主要用于修复不同原油和地域对基准原油价格的价差，从而实现各地原油价格在一个相对合理的价格范围内运行。

2. 成品油现货价格形成机制

相对而言，国际成品油市场的发展历史较原油市场短，定价方式的国际化程度相对较低。目前国际上主要有三大区域成品油市场：欧洲的荷兰鹿特丹、美国纽约、亚太的新加坡市场。各地区的成品油国际贸易都主要以该地区的市场价格为基准价。由于成品油是原油的下游产品，成品油生产成本的 80% 来自原油，因此成品油的价格走势与原油具有很强的相关性，成品油价

格的最大影响因素是原油的价格。除此之外，季节性需求（夏季汽油，冬季取暖油）、成品油炼化产能也是影响成品油价格的重要因素。总的来看，国际成品油市场定价方式的国际化程度相对较低：大多数发展中国家采用政府定价方法，而美国等西方发达国家大多采用市场定价。

自 2003 年以来，西方发达国家的石油公司对成品油从自由定价转向市场定价，然后，利用期货交易的自由市场定价模型，石油期货价格形成了比较完整的现货市场和期货作为定价基准。市场体系的定价体系也越来越成熟。以美国为例，美国有两种主要的成品油现货市场：一个是墨西哥湾和得克萨斯地区；另一个是东海岸的石油消费区。这两个市场的石油价格根据供需关系确立，同时根据国际市场油价的起伏而起伏。

第二节　国际石油金融衍生品市场

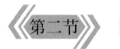

在 20 世纪 70 年代，石油产业的市场结构和价格机制发生了重大转变，市场参与者增多，竞争性加强。国际石油价格的变动更为频繁和激烈，市场参与者借助金融工具规避石油价格风险的需求越来越强烈。在这样的背景下，市场参与者对石油期货的需求与日俱增，国际石油金融衍生品市场得到了迅速发展。本节在阐述全球石油衍生品金融市场的发展历史基础上，分析全球石油衍生品金融市场的类型，最后总结国际石油金融衍生品市场发展的制度经验。

一、国际石油金融衍生品市场概述

20 世纪 70 年代，国际石油市场参与者纷纷借助金融衍生工具来规避石油价格波动的风险。在这样的背景下，市场参与者对石油期货的需求与日俱增，国际石油金融衍生品市场得到了迅速发展，并形成了以纽约商业交易所（NYMEX）和伦敦国际石油交易所（IPE）为中心的国际石油金融衍生产品交易市场。大量石油金融衍生产品的出现吸引了大量国际金融资本加入并参与到国际石油市场中,石油的"金融属性"日益明显,国际石油价格再也不仅仅由现货市场的供求关系来决定,更多地要受到石油期货等石油金融衍生品市场的影响。

石油期货不仅可以满足石油行业对风险管理的需要,同时也为对石油感兴趣的投资者提供一个市场投机的途径。1978年,纽约商业交易所(NYMEX)推出了第一个成功的石油期货合约——纽约取暖油期货合约。刚推出的时候,取暖油合约吸引了小型的独立市场参与者以及一些将纽约商业交易所作为替代供给的炼油商。由于初期参与的小型公司目的往往是在充斥着大公司的市场中找一个替代供给源,实物交割量开始非常高。不过,很快现货石油交易所和来自其他金融和商品市场的一些投机者也进入了石油期货市场。在市场鼓励下,NYMEX又推出了含铅汽油合约,国际石油交易所(IPE)也成功推出了它的第一个柴油期货合约①。在大西洋东岸,英国于1981年建立了伦敦国际石油交易所,现在拥有布伦特原油期货合约,它是世界性的原油期货市场定价的基准,大约70%的世界原油某种程度上以布伦特原油合约为基准定价。

在远东,新加坡国际金融交易所(SIMEX,现已被SGX合并)的燃料油期货合约交易活跃,在20世纪90年代早期,场外衍生品市场交易量超过SIMEX。然而,东京商品交易所(TOCOM)的中东原油合约已经受到关注,交易量在迅速攀升,特别是亚洲石油炼化高度依赖中东原油进口,中东原油合约可能成为中东原油进行套期保值的一个有用的场内期货合约②。

二、国际石油金融衍生品市场的构成

(一)场内交易市场

场内交易市场是由金融交易所组织的集中交易场所,有固定的交易场所和活动时间。场内衍生品多数属标准化合约,产品结构简单,估值公允且流

---

① 林伯强. 现代能源经济学[M]. 北京:中国财政出版社,2007.
② 汤姆·詹姆斯. 能源价格风险[M]. 北京:经济管理出版社,2011.

动性好。目前国际上有 12 家交易所推出了原油期货。主要的石油场内交易市场包括纽约商业交易所、伦敦国际石油交易所、迪拜商品交易所、东京商品交易所、上海国际能源交易中心。芝加哥商品交易所集团旗下的纽约商业交易所（NYMEX）和美国洲际交易所（ICE）为影响力最大的世界两大原油期货交易中心，其对应的 WTI、布伦特两种原油期货也分别扮演着美国和欧洲基准原油合约的角色。迪拜商品交易所（DME）上市的阿曼（Oman）原油期货也是重要的原油期货基准合约。日本的东京商品交易所（TOCOM）的中东原油、上海国际能源交易中心上市交易的中质含硫原油期货合约是亚洲市场重要的原油期货合约。

其他上市的原油合约还有：印度大宗商品交易所（MCX）上市的 WTI、布伦特原油；印度国家商品及衍生品交易所上市的布伦特原油；莫斯科交易所（MOE）上市的布伦特原油；圣彼得堡国际商品交易所（SPIMEX）上市的乌拉尔（Urals）原油；新加坡商品期货交易所（SMX）上市的 WTI 原油；泰国期货交易所（TFEX）上市的布伦特原油；阿根廷的罗萨里奥期货交易所（ROFX）上市的 WTI 原油；南非的约翰内斯堡证券交易所（JSE）上市的原油期货等。

1. 纽约商业交易所

纽约商业交易所（NYMEX）是目前世界上最大的商品期货交易所，能源期货和期权交易量全球最大，占到了 60%。纽约商业交易所上市交易的西得克萨斯轻质低硫原油（WTI）期货合约是全球交易量最大的商品期货合约，也是全球最重要的定价基准之一。全球能源的现货和期货价格主要以 NYMEX 的期货合约价格为参照，所以纽约商业交易所在世界能源市场中占据着举足轻重的地位，在世界能源市场上发挥了价格发现和风险规避的重要作用。

纽约商业交易所的前身可以追溯至 1872 年的纽约黄油及奶酪交易所。在工业革命时期，纽约曼哈顿地区的牛奶商看到当时混乱的市场状况，认为有必要建立清晰的交易及定价机制。于是在 1872 年，62 个黄油及奶酪商联合起草了组织章程，成立了纽约黄油及奶酪交易所。20 世纪中叶，纽约商业交易所以交易土豆和铂闻名。1978 年，交易所引进了取暖油期货合约，该合约是世界上第一个成功上市交易的能源期货合约。该合约上市两年后交易量迅速上升，取得了巨大成功。取暖油期货合约还可以作为柴油和喷气燃油的套期保值工具，交割方式为现金交割，即在纽约商业交易所的取暖油期货价格加上升贴水交割。通过纽约商业交易所的 ClearPort 清算系统，还可以完成基于炼油毛利、地区价差以及纽约港取暖油与喷气燃油和柴油价差的取暖油互换期货交易，这些交易都是场外交易。

1981 年，纽约商业交易所推出汽油期货合约，于 1983 年推出轻质低硫原油期货合约，于 1984 年推出无铅汽油期货合约，于 1986 年推出 WTI 原油期货期限合约，于 1987 年推出丙烷期货合约和取暖油期权合约，于 1990 年推出天然气期货合约，于 1994 年推出裂解价差合同（crack spread contracts）以及裂解价差期权（crack spread option）合约，于 1996 年推出电力期货合约。目前的纽约商业交易所是 1994 年由当时的 NYMEX 和 COMEX 两个交易所合并而成。COMEX 的历史最早可以追溯到 1883 年成立的纽约金属交易所，COMEX 于 1933 年大萧条时期由当时的四个商品交易所合并而成：国家金属交易所、纽约橡胶交易所、国家丝绸原料交易所和纽约皮革原料交易所。1994 年，两个交易所合并后调整了交易品种的分布，具体而言：NYMEX 挂牌交易的品种包括轻质低硫原油、布伦特原油、取暖油、无铅汽油、天然气和铂的期货及期权合约，丙烷、钯、煤以及电力的期货合约，并与 1994 年 10 月引进了取暖油及原油间的炼油毛利期权合约及以汽油和原油间的炼油毛利期权合约，2001 年引进了基于布伦特原油和西得克萨斯中质原油间差价的期权合约。COMEX 挂牌交易黄金、银、铜和铝的期货及期权合约，COMEX 被认为是世界上黄金和银的主要交易市场，也是北美地区铜的主要交易市场。合约通过芝加哥商品交易所（CME）的 GLOBEX 电子贸易系统进行交易，通过 NYMEX 的票据交易所清算。在交易场所关闭的 18 个小时里，合约交易仍可以通过互联网上的 NYMEX ACCESS 电子交易系统来进行，实现全球化交易。

近年来，纽约商业交易所还积极尝试在其欧洲分部上市俄罗斯乌拉尔原油（Urals）期货。同时，与迪拜商品交易所（DME）合作上市中东原油期货，与东京商品交易所（TOCOM）合作推出日元计价的中东原油期货，与新加坡交易所（SGX）合作上市原料油期货，加快扩展其在亚太地区的业务。

2. 伦敦国际石油交易所

伦敦国际石油交易所（IPE）是欧洲唯一的石油期货交易所，同时也是最重要的能源衍生品交易场所。IPE成立于1980年，目前其规模与交易额只有NYMEX的1/3。2001年，IPE被美国洲际交易所（ICE）收购，成为其全资子公司。1988年，IPE推出布伦特原油期货合约，布伦特原油期货合约特别设计用以满足石油工业对于国际原油期货合约的需求，是一个高度灵活的规避风险及进行交易的工具，IPE的布伦特原油期货合约上市后取得了巨大成功，迅速超过重柴油期货成为该交易所最活跃的合约，从而成为国际原油期货交易中心之一，而北海布伦特原油期货价格也成为国际油价的基准之一；1989年，推出布伦特原油期权合约；2006年，推出WTI原油期货合约；2007年5月，又推出了中东原油期货合约。这一系列新的期货合约的上市，使得IPE期货合约品种更加丰富，在国际石油市场中的影响力进一步提高。

3. 迪拜商品交易所

位于阿联酋的迪拜商品交易所（DME）是中东地区最大的国际性能源商品期货交易所。迪拜商品交易所是迪拜控股、芝商所和阿曼投资基金的合资产业。迪拜商品交易所的交易品种包括阿曼原油期货合约及两个非实物交割的期货合约：布伦特-阿曼价差合约及WTI-阿曼价差合约。其中，阿曼原油期货合约是全球最大的实物交割原油期货合约，与WTI和布伦特合约相比，它是亚洲石油交易最重要的参考合约。阿曼原油产量大，阿曼原油期货合约的交割量是布伦特原油交割量的4倍多，因此阿曼原油期货合约更适合作为亚洲的基准合约。数据显示，迪拜商品交易所的原油交易中，40%的阿曼原油输往了中国市场。

4. 东京商品交易所

东京商品交易所（TOCOM）成立于1984年11月1日，由东京纤维商品交易所、东京橡胶交易所和东京黄金交易所合并而来，是目前世界上最大的铂、汽油、煤油和橡胶期货交易市场，同时还是黄金和汽油的第二大期货交易市场。1999 年底，TOCOM 推出了汽油和煤油期货交易；2001 年，TOCOM 推出日元计价的原油期货合约，该合约以中东地区阿曼原油和迪拜原油为标的物，以新加坡普氏（Platts）公开市场同种原油报价的月度平均值作为结算价格，期货合约到期后并不采用实物交割，而是采用现金进行结算。2002 年 11 月，TOCOM 与新加坡交易所（SGX）合作推出中东原油期货合约。2004 年，TOCOM 向石油市场引进 EFP 及 EFS 交易。2017 年 5 月，TOCOM 推出石油掉期交易。

5. 上海国际能源交易中心

上海国际能源交易中心（INE）是经中国证监会批准，由上海期货交易所出资设立的面向全球投资者的国际性交易场所。2013 年 11 月 6 日，上海国际能源交易中心在中国（上海）自由贸易试验区注册，其经营范围包括组织安排原油、天然气、石化产品等能源类衍生品上市交易、结算和交割，制定业务管理规则，实施自律管理，发布市场信息，提供技术、场所和设施服务。上海国际能源交易中心以建设完善的国际能源衍生品交易平台为中心，目标是客观反映能源供需状况，为能源生产、流通、消费企业及投资者提供价格发现和风险管理的工具以及投资管理的功能，积极促进能源类商品的资源优化配置，促进经济发展[①]。

2018 年 3 月 26 日，上海原油期货在上海国际能源交易中心正式挂牌交易。上海国际能源交易中心交易的原油期货以人民币计价，境外特殊非经纪参与者、境外客户可以使用外汇资金作为保证金。

（二）场外交易市场

与场内市场不同，场外市场交易的是非标准化的互换合约和场外市场期权，它们通常由能源市场上的两家公司（委托人以及参与者）直接交易。场外石油金融衍生产品除了远期、互换、期权外，还有一些较为特殊的产品。远期（forward）是最早出现的场外交易的衍生产品。特殊产品则包括价差互换、分享互换、障碍期权、裂解价差期权、日历价差期权等。

---

① 上海国际能源交易中心官网。

互换是20世纪70年代中期兴起的金融衍生工具之一，经过多年的演变与发展，现已流行于各大资本市场，备受投资者、筹资者的青睐。互换是两个交易者之间私下达成的协议，以按照事先约定的方法在将来交换现金流。根据交换标的不同可以划分为商品互换、利率与货币互换及股票指数互换等。原油互换属于商品互换的一种，是随着对石油价格风险管理的不断加强发展起来的，已成为场内期货和期权交易的补充。具体地说，石油互换是一种场外远期合约，交易双方为规避风险，同意交换与石油价格有关的现金流。石油互换的基本类型可以分为两种：一种是固定价格换浮动价格的价格互换，另一种是价格与利息的互换。大多数交易属于第一种类型。固定价格与浮动价格的商品价格互换是指最终用户根据需要，在约定时间内选择其要交易的商品价格。以石油互换为例，不管市场上的现货价格如何变动，炼油厂希望在一定时间按预先约定的固定价格购买，而石油生产者也愿意在一定时期内按市场平均价格出售，这样，炼油厂可以锁定成本，产油者可锁定收益，都能回避风险。商品互换使生产商和消费商都消除了各自暴露于石油价格波动的风险，双方都接受稳定的价格。作为中介的银行将互换双方的时间和数量进行配对，并利用互换固定价格之间的差价盈利。如果银行想回避风险，可以在期货市场上分别对每笔互换进行套期保值。在互换交易中，互换的定价通常偏离普氏估价的月平均值，并且每月有一笔财务支付，支付额等于交易的固定价格与计算的平均浮动价格之差乘以每月的合约数量。由于只支付差额，并且没有实物能源的交易，因此不存在交割风险[1]。

绝大多数石油实物交易和场外互换的定价都是以普拉茨公司能源信息出版物为依据的。根据普拉茨的标准，该机构每天出版发行对任何地方的任何原油或石油产品价格做出的评估报告，同时也会出版对远期曲线的评估。这些每日价格评估以全球不同地理趋于特定时间内（通常是每个主要时区内每个交易日收盘价格）的众多经纪商和交易商的总体买卖报价为基础。

与场内交易不同，场外石油交易并不在规定的有固定场所的金融交易所，如纽约商业交易所（NYMEX）、伦敦国际石油交易所（IPE）、东京商

---

① 汤姆·詹姆斯.能源价格风险［M］.北京：经济管理出版社，2011.

品交易所（TOCOM）或新加坡交易所（SGX）进行交易，场外市场是一个受到监控但并不被政府机构监管的市场。然而，随着场外市场和期货市场日益增加的趋同水平，场外核心能源衍生品正与期货交易越来越不可分辨。

（三）其他相关金融衍生品市场

由于国际石油贸易仍然依靠远洋航运，因此，国际航运市场的运费价格波动也会影响国际石油价格。石油贸易商、跨国石油公司和油轮船东为了规避运费价格波动风险，必须依靠和航运相关的金融衍生产品来对冲。

1. 航运价格指数

波罗的海航运价格指数（BDI）是衡量国际航运运费的风向标。2001年，波罗的海航运交易所（BFX）推出波罗的海原油航运指数（BDTI）和波罗的海成品油航运指数（BCTI）。远洋运输一般分为集装箱运输、干散货运输（Dry Bulk Shipping）、油轮运输三种形式。干散货运输主要适用于铁矿石、煤炭、粮食、水泥等上游初级产品的运输。由于干散货航运主要体现的是全球初级产品的需求，因此是经济的领先指标，具有毛利高、价格波动大的特点。波罗的海航运价格指数（BDI）是一个综合性指数，由全球传统的12条主要干散货船航线的运价按照各自在航运市场上的重要程度和所占比重构成。它是随着波罗的海国际运价期货交易所的设立而出现的。该指数是目前世界上衡量国际海运情况的权威指数，是反映国际贸易情况的、具有领先优势的指数。

波罗的海航运价格指数（BDI）的作用主要体现在以下几个方面：第一，BDI指数是全球经济的缩影。全球经济过热期间，初级商品市场的需求增加，BDI指数也相应上涨。第二，BDI指数相对客观。BDI指数不存在短线资金炒作的问题，如果短线资金进入大宗商品市场炒作，但同期BDI指数不涨的话，则大宗商品市场高企的价格就值得警惕。第三，BDI指数与初级商品市场的价格正相关。也就是说，如果煤炭、有色金属、铁矿石等价格上涨，BDI指数一般也会上涨。第四，BDI指数与美元指数正相关。美元走强一般反映了美国经济向好，由于美国经济在全球经济总量中占比较大，BDI指数与其正相关。

2. 航运金融衍生产品

伦敦是传统的国际航运中心和国际金融中心，世界上第一个运费的指数期货市场——波罗的海运费期货交易所在此诞生。20世纪80年代初，伦敦国际金融期货期权交易所（IIFFE）首先推出期货交易的新概念。当一种商品在合同到期日不适宜实物交付时，替代的办法就是届时交付商品的现金价值。将这种理论和期货的套期保值原理运用于运价这种抽象的概念时就产生了运价指数期货。1985年5月1日，运价期货指数在波罗的海国际运费期货交易所正式开始交易。

20世纪90年代初期，伦敦航运市场出现了远期运费合同的买卖这一新的规避风险的交易形式。远期运价协议（freight forward agreement，FFA）是指交易双方就未来的运费价格达成协议，从而实现锁定远期价格的目的。在约定的到期日来临时，合约双方根据协议价格和当时的运费现货（价格指数）进行轧差结算。其合约标的航线可以是单一航线或者一揽子航线，对于干散货海运来讲，是波罗的海运费指数；对于油轮来讲，还有普氏油轮运费指数。OTC（over the counter）市场是FFA进行交易的主要场所（也有场内交易），而结算条款常以被多家结算所采用的FFA经纪人协会标准合约为基础敲定[1]。为了对远期运费合同进行有效的管理以及提高标准化程度和通用性，1997年，由波罗的海交易所的会员组织成立了远期运费合同经纪人协会（简称为FFABA），并制定了相应的协会规则。FFABA会员不对合同的履行承担责任，但是他们能确保所有的合同都是建立在FFABA的标准合同范本的基础上，经过买卖双方协商后修订完成的。FFA的优点在于以下几个方面：（1）以特定航线为基础，针对性强，运价变动的相关程度大；（2）以交割月份最后5日运价指数的平均价格结算；（3）当事人对当事人的交易方式，可以灵活磋商；（4）无须缴纳保证金。虽然FFAs存在寻找交易对象较困难，有对方不履约的风险等，但FFAs仍不失为另一种较为理想的规避风险的交易方式，得到较多船东、租家采用[2]。

---

[1] 杨璠. 航运金融衍生品的产品设计比较研究 [J]. 时代金融, 2014 (2): 84-88.
[2] 倪荣. 波罗的海运费期货市场 [J]. 世界经济情况, 2001 (14): 27-29.

除了远期运价协议，航运运价期权合约也是另一类重要的金融衍生产品。期权合同是指期权的买方有权在约定的时间或时期内，按照约定的价格买进或卖出一定数量的相关资产，也可以根据需要放弃行使这一权利。为了取得这一权利，期权合约的买方须向卖方支付一定数额的费用，即期权费。期权分看涨期权和看跌期权两个基本类型。看涨期权的买方有权在某一确定的时间以确定的价格购买相关的资产；看跌期权的买方则有权在某一确定的时间以确定的价格出售相关资产。例如租船人担心运费率上涨，可以购买看涨期权；相反，船公司为防运费下跌可以购买看跌期权。运价期权交易的对象是特定航线上的运价而不是运价指数。航运运价期权合约最早出现于1991年，以波罗的海国际航运期货交易（BIFFEX）为基础，采用了欧式期权的形式，在伦敦国际金融期货和期权交易所（LIFFE）开创了第一单交易。航运运价期权的交易与FFA有密切联系。在进行运价期权交易时，作为期权标的FFA以及到期日应当最先确定，然后由交易双方谈判决定期权费用。目前，国际海事交易所（IMAREX）的航运运价期权交易额最大，在市场上占据领导地位。针对干散货海运市场和油轮运输市场的运价期权是国际海事交易所推出产品的主要方向，并未涉及其他类型的运价期权。

三、国际石油金融衍生品市场发展的制度思考

经过多年的发展，国外石油金融衍生品市场已经形成了较为成熟的市场体系。以期货市场为例，作为现代金融市场的有机组成部分，期货市场具有明显的虚拟经济特征。

期货交易诞生以来，交易规模和市场容量不断扩大，这应当归功于期货交易独特的制度设计。下面我们就对国际石油金融衍生品市场发展的制度经验进行总结梳理。

（一）能源经济格局的演化影响了石油金融衍生品市场的发展轨迹

为了满足世界经济发展对价格合理、稳定供给能源的需求，国际能源经济格局始终在不断演化，由此也决定了国际石油金融衍生品市场的发展轨迹。西方国家在经济发展到工业时代后，高度发达的工业经济对石油、天然

气等能源的依赖性也达到了无以复加的地步。为了规避能源价格波动带来的经济风险，能源期货应时而生，这表明规避经济风险是期货市场发展的内在动力。1973 年以前，国际石油市场长期处于平稳状态，20 世纪 70 年代的两次石油危机，打破了当时原油市场上脆弱的供求平衡关系，石油等能源产品价格波动剧烈，促成了石油期货等能源期货的产生。1974 年，纽约商业交易所（NYMEX）尝试推出了交割地为鹿特丹的燃油期货，1978 年推出了以纽约港为基准的 2 号取暖油期货，目前纽约商业交易所已是世界上最具影响力的能源产品交易所。从能源金融衍生品的上市节奏来看，美国最先上市的是石油期货，这与美国当时以石油为主的能源消费结构密不可分。此外，为什么纽约商业交易所会先推出燃料油期货，后推出取暖油期货。我们分析认为，由于燃料油被广泛用作船舶锅炉、大型低速柴油机、发电站锅炉、玻璃、陶瓷、金属热处理、冶炼等工业的加热过程用的燃料，与工业发展的关系较取暖油更为密切，由此，纽约商业交易所先推出了燃料油期货合约。总之，能源经济格局的演化影响了石油金融衍生品市场的发展轨迹。

（二）石油行业的体制改革决定了石油金融衍生品市场的发展速度

结合美国能源行业体制改革历史，不难发现政府相关政策的推出与纽约商业交易所石油金融衍生品市场相应品种的上市有着密切的关联。同时，衍生品市场的价格发现与套期保值功能也反过来促进了美国石油市场化改革进程。为防范石油危机、削弱石油输出国组织对全球石油价格的控制，美国政府于 1981 年发布了第三个国家能源政策计划，由此确立的石油政策明确了一些重要的内容，主要有：美国的石油资源归联邦政府所有，私人石油公司通过参加政府公开招标租售程序获得石油资源的开发和生产权利，政府不直接干预私人企业的石油生产和经营，油品的价格主要由市场供求关系来决定，放开了对国内原油价格的管制。1982 年，NYMEX 就上市交易了 WTI 原油期货。由此可见，石油行业的体制改革决定了石油金融衍生品市场的发展速度。

(三)独立的交易机构影响了石油金融衍生品市场的结构

在能源金融衍生品市场发展过程中,期货交易所的转制与上市也是一个突出的特点。在过去的150年内,世界上绝大多数交易所都采取了非营利性的方式,但到了20世纪90年代,形势发生了转变。传统的期货交易所正在由会员制向公司制转变,全球掀起了一股交易所"合并上市"的浪潮。这种转变有利于改善交易所内部治理结构,提高交易效率,设计的一整套交易规则,在一定程度上推动了金融衍生品市场的发展。比如:在2008年NYMEX被收购以后,CME通过在合约种类和层次上的扩展,使能源产品种类快速增长至超过1 000种。同时2012年以来,CME集团也将部分场外合约引入电子交易平台,提高了其场外市场的透明度和价格有效性。

(四)完善的交易制度决定石油金融衍生品市场发展的绩效

国际石油金融衍生品市场在发展过程中,形成了一系列交易制度,本书主要阐述对国际石油金融衍生品市场发展起重要推动作用的对冲履约制度和交割制度。

一是对冲履约制度。对冲履约制度极大地方便了持有不同头寸的交易者。美国期货交易所诞生之初,无论是非标准化的远期合约,还是标准化的期货合约,其特点都是实买实卖,待合同期满,双方进行实货交割,以商品货币交换了却交易。1882年,交易所开始允许交易者以对冲方式免除履约责任,此举大大方便了交易者,一些非谷物商看到转手谷物合同能够赚钱,便也开始进入交易所,按照"贱买贵卖"的商业活动原则买卖谷物合同,赚取差价部分,这部分人就是投机商。此外,为了消除交易双方由于不按时履约而产生的诸多矛盾,履约保证金制度在期货市场开始实施,这一制度因其固有的杠杆效应也极大地刺激了投机交易需求。

二是交割制度。交割制度的设计深刻影响着石油期货市场的效率与公平。不同的交割制度具有不同的特点,也具有不同的适用条件。首先,实物交割制度是期货市场价格发现机制中不可缺少的重要保证制度[1]。实物交割

---

[1] 王健.国际期货市场讲座(三)[J].国际商务(对外经济贸易大学学报),1995(1):71-76.

制度可以保证期货市场价格的走势能够充分反映现货市场的基本供求状况，使期货市场价格与现货市场价格的走势基本保持一致和趋合。其次，实物交割也是期货市场套期保值功能发挥的前提条件。实物交割制度是期货价格与现货价格在进入交割期时会逐渐趋于一致的根本保证，并能够保证期货合约的买方通过交割最终获得实物，以转移合约买方持有现货的风险和成本。由此，期货市场才能帮助生产者或贸易商实现风险转移和套期保值。再次，实物交割制度使期货市场套利交易成为可能。期货套利行为得以实现的前提，就是期货的实物交割制度，即在交割日，期货价格与现货价格实现一致，否则，期现价格的偏离只会无限扩大[①]。与实物交割制度不同，现金交割是指到期未平仓期货合约进行交割时，用结算价格来计算未平仓合约的盈亏，以现金支付的方式最终了结期货合约的交割方式。现金交割的制度设计便利了投机，提高了期货市场的流动性。当然，现金交割的成功必须以完善的现货市场作为基础，现金交割优势的发挥依赖于一套可靠且高效的现金交割结算价格指数的编制[②]。目前，石油衍生品市场的交割制度主要分为实物交割与现金交割，但以实物交割为主。纽约商业交易所的 WTI 原油期货合约采取的是实物交割制度，NYMEX 交割以罐装、管道、权利凭证转移或设施间转移的方式进行。除规定的交割方式外，纽约商业交易所的轻质低硫原油期货合约交割方式还包括备用交割程序（ADI）、期货转现货（EFP）、期货转掉期（EFS），交割方式较为丰富。布伦特原油期货采用的都是复合交割制度：既可以通过期转现实物交割，又可以通过现金结算交割，而 ICE 的 WTI 原油期货采用现金结算方式。TOCOM 则采用的是现金交割制度。这些交割制度影响了石油期货市场的效率与公平，推动了石油金融衍生品市场的繁荣。

（五）完善的风险控制制度决定石油金融衍生品市场的生命力

虽然石油金融衍生品市场具有套期保值、价格发现、投机套利、构造组

---

① 原油期货的实物交割 [EB/OL]. https://www.sohu.com/a/249202240_100009804，2018-8-21.

② 高全胜，姚仲诚. 商品期货现金交割问题研究 [J]. 武汉工业学院学报，2008，27（1）：79-82.

合等功能，但也存在市场结构不合理、过度投机、风险控制缺失等问题。原油金融衍生品的高杠杆、高风险性在一定条件下可能使市场变得异常不稳定，产生诸多风险。针对不同的风险，建立相应的风险控制制度对于石油金融衍生品市场的可持续发展具有重要意义。

一是信用风险及其控制。信用风险是交易一方不履行合约带来的风险。信用风险在场外市场中发生的概率更高。信用风险一般只是影响合约的交易方，不会危及整个市场的运作，但仍需要建立完善的金融衍生品市场监管制度，加以严格管理。当前，全球大多数国家发展衍生品时都充分借鉴了美国的"三级监管体制"，即政府监管、行业协会内部管理和交易所自律。英国的监管体制基本承袭了三级监管体制，但在制度结构的侧重点方面有所不同，表现为更加注重行业自律组织、交易所和清算所及市场参与者的自我监管，以及期货市场立法和期货市场国家监管机关的弱化上①。以美国为代表的三级监管体系对于降低场内市场的信用风险具有显著的作用。就交易所交易衍生品来说，交易所的自律是效率最高、最重要的监管。

二是主体风险及其控制。主体风险往往发生在机构参与者中。由于操作者各自的风险偏好差异，可能带来一定的主体风险。这种风险可能是由于交易者的收益——风险约束机制产生了严重的不对称性，也可能是由于风险已经超过了操作者所能承担的极限。主体风险对特定机构的影响较大，对整个市场的影响较小。应对这种风险的控制制度主要是加强机构内部的风险管理措施与内控体系，包括建立组织结构、风险控制制度和风险管理技术。除了加强内部风险防范外，国外还通过会计制度改革来降低信息不对称程度从而减低主体风险。大多数金融衍生产品为表外业务，无法在财务报表中加以确认和计量；同时，由于金融衍生产品存在的巨大风险，又需要在报表中对其进行确认、计量和披露。因此，对金融衍生产品相关信息进行充分披露，充分反映金融衍生品的风险。

三是流动性风险及其控制。石油金融衍生品市场还可能存在由参与者结

---

① 上证联合研究计划课题报告：发展交易所衍生品市场的环境与路径分析［EB/OL］. https：//finance.sina.com.cn/roll/20050601/141680689t.shtml，2005-6-1.

构变动造成的流动性风险。一个市场具有很强的流动性前提是市场需要有众多的参与者。任何市场上的参与者均处在不断变化之中。当参与者不看好整个市场前景时，且形成较为广泛的预期时，整个市场就会存在巨大的流动性风险。一些交易者退出市场，余下的可能难以找到交易对手，整个市场交易量就会迅速萎缩。应对流动性风险的主要风险控制手段包括扩大市场容量，培养多层次的市场参与者。国际成熟石油期货市场机构投资者持仓占比普遍在 60% 以上。1882 年，在扩大市场容量与培育多层次的市场参与者层面，美国期货交易所开始允许交易者以对冲方式免除履约责任，此举便利了投机者，提高了市场流动性。

第三节　中国石油金融市场

中国石油金融市场的发展历史最早要追溯到 20 世纪 90 年代初，当时曾出现过多家石油期货交易所，第一家是 1993 年 3 月 6 日成立的南京石油交易所。随后，原上海石油交易所、原华南商品期货交易所、原北京石油交易所、原北京商品交易所等相继推出石油期货合约。但从 1994 年 4 月起开始，国家对石油流通体制进行了改革，加上早期期货业发展不规范，使得我国尚处于起步发展阶段的石油期货在 1994 年就过早地画上了句号。

中国石油金融市场的真正发展是从燃料油期货开始的。燃料油期货是我国第一个持续交易至今的能源类期货品种，承载着"先从燃料油期货起步，积累经验，创造条件，逐步推出多品种的石油期货"的重任。

一、中国燃料油期货市场的发展历史

燃料油是原油炼制出的成品油中的一种。我国燃料油消费主要用作烧油，主要集中在发电、交通运输、冶金、化工、轻工等行业。其中，全球船用燃料油年消费量近 3 亿吨，主要集中在亚洲、欧洲、中东及北美地区的主要港口，其中亚太市场增长较快，市场份额占比超 45%，已成为全球最大

的船用油消费市场。我国虽然是世界第一大燃料油进口国,但同原油市场一样,在油价上依然缺乏话语权。目前我国国内燃料油贸易企业与国外油商进行交易时采用三种计价方式,即活价、固定价、活价与固定价结合,且通常以普氏公布的新加坡燃料油现货市场平均价格为计价基础。由于我国没有权威的燃料油基准价格,我国燃料油期货价格依然由国外主要燃料油市场主导,影响国内燃料油期货价格的主要市场包括:新加坡的燃料油现货市场、国际燃料油期货市场、黄埔燃料油现货市场以及迪拜原油现货市场。当前,国内厂商主要利用新加坡价格来指导企业的经营。新加坡市场价格主要反映新加坡当地的市场供求关系,不能真实反映我国国内燃料油市场的供求关系,但却决定着中国企业进口燃料油的全部成本。总的来看,我国燃料油期货市场的发展历史可以分为三个阶段:上期所 180 燃料油期货阶段、上期所保税 380 燃料油期货阶段和上海国际能源交易中心上市交易的低硫燃料油期货阶段。

(一) 上期所 180 燃料油期货阶段

2004 年 8 月 25 日,我国在上海期货交易所推出燃料油期货合约,为我国构建多层次的燃料油交易市场、规避价格风险提供了平台。上市时对应的燃料油标的为电厂用 180CST。2008 年,燃料油期货迎来鼎盛时期,日成交突破百万手。至 2009 年 8 月 25 日,五年间燃料油期货成交 21 亿吨,累计交易金额 6.8 万亿元。然而,2009 年,由于燃料油的消费税单位税额由每升 0.1 元提高到每升 0.8 元。受加征消费税影响,燃料油现货市场消费结构发生巨大变化。工业燃料燃烧设备(加热炉和冶金炉等)和电厂发电等传统行业需求大幅减弱,期货合约成交低迷。2010 年,燃料油期货交易规模大幅降低,全年累计成交合约 2 136.44 万手,同比降低 76.65%,占全国期货市场总成交量的 0.68%。2011 年,上期所将燃料油期货合约的交割标准由发电用燃料油调整为 180CST 内贸船用燃料油,同时,期货合约标准由每手 10 吨调整为每手 50 吨,以此来提高燃料油的市场成交量。然而,事与愿违,2012 年燃料油期货首现零成交,此后成交持仓持续低迷。2014 年 6 月以来,燃料油期货经常出现零成交。究其主要原因:内贸船商为节约成本,直接调和能使用的低品质燃料油,对期货市场参与度不高。

由于 180CST 燃料油期货合约流动性较差,我国从事燃料油现货贸易的企业仅仅在现货市场进行单一买入或卖出,抵抗系统性和非系统性风险的能力较弱。因此,有必要建立并完善燃料油期货市场,为国内燃料油生产商、贸易商乃至终端用户提供一种公开、公平、公正、透明、合理的定价机制和避险工具。

2017 年 8 月 15 日,上期所发布通知,自 9 月 1 日起收盘结算时,燃料油期货合约的交易保证金水平由 20% 调整为 40%,交易手续费由成交金额的万分之零点二调整为成交金额的千分之二。上期所将零成交的燃料油期货保证金水平提高 1 倍,交易手续费提高了 100 倍,旨在保障合约和规则修改期间的市场平稳运行。自此,上期所 180 燃料油期货名存实亡。

(二)上期所保税 380 燃料油期货阶段

中国的船用燃料油市场目前分为内贸市场和保税市场两大部分,这两大市场受税收及经营政策因素影响,为两个完全割裂的市场空间和操作模式。其中,内贸市场的船燃产品提供者主要是调油商,交易品种主要为内贸 180CST 燃料油;而保税船燃市场产品主要依靠进口,品种主要是 380CST 燃料油,同时必须由获得资质的保税企业来经营。从近几年这两个市场的份额来看,保税燃料油销量占中国内贸和保税船燃市场总销量的 55%~60%,而保税 380CST 燃料油又占到保税船燃总销量的 80% 以上,是船燃市场的主要消耗品种。

目前参与我国保税燃料油市场交易的实体企业包括三个部分:上游中石油、中石化、中船燃为代表的从事石油进口、调和、贸易、仓储的企业;中游是船加油企业;下游是以中远海运为代表的从事远洋船舶运输的企业。中燃、中石化中海、中长燃、中石化舟山、光汇石油均在上海、宁波、舟山以及长江流域展开竞争,对国际船舶加油有较强的吸引力,这些企业燃料油贸易体量大,面临油价波动的风险也大。然而,国内缺乏相关的金融衍生品工具进行风险控制,剧烈的市场价格波动带来的敞口风险无法规避,迫切需要通过期货市场开展套期保值业务,管理价格波动风险,通过期货锁定采购成本和销售利润，实现稳健经营。2010年—2020年4月，新加坡380CST高硫燃料油最高价至743美元/吨，最低价至101美元/吨，年度波动幅度最大至156%。

由此，2018年6月26日，上海期货交易所发布的《关于180燃料油期货合约终止交易以及保税380燃料油期货合约挂牌有关事项的通知》明确，自6月27日起，180燃料油期货合约终止交易，新的380燃料油期货合约将于7月16日挂牌交易。本次交割品种调整为保税380CST燃料油，是中国燃料油市场交易流通最活跃的产品，同时将因国内税收引起的市场波动因素排除在外。保税380燃料油期货合约客观上可以形成反映中国燃料油市场供需状况的"价格"，最终有望成为企业在贸易中的基准价，有助于建立市场普遍认可的燃料油期货的"中国标准"。

上期所公布了《上海期货交易所燃料油期货合约》以及相关实施细则修订案，保税380CST在之前180CST的基础之上，从合约设计到交割细则考虑到市场参与者的实际诉求，对交易单位、报价单位、合约月份、交割品级、交易时间、最后交易日、交割单位这7项内容进行了明显修订，为实体企业提供了可靠的规避风险的工具。

（三）上海国际能源交易中心上市交易的低硫燃料油期货阶段

自上期所保税380燃料油期货合约挂牌交易以来，市场整体运行平稳，市场规模不断扩大，功能发挥良好。保税380燃料油期货采用"净价交易、保税交割"的模式，为低硫燃料油期货的上市提供了经验与基础。

2018年以来，国际海事组织（IMO）规定，自2020年1月1日起，船用燃料的含硫量将从3.5%降至0.5%。全球限硫令，给全球船用油市场带来了巨大的变革，促使低硫燃料油现货市场规模进一步扩大。高硫燃料油需求断崖式下跌，低硫燃料油、船用柴油需求崛起，燃料油市场的不确定性增大，实体企业更加需要套保工具来规避价格变动的风险。2020年1月1日起执行的国内低硫燃料油出口退税政策，成功开启了国内保税低硫船用燃料油自主供应的新局面。

2020年6月22日，低硫燃料油期货在上海国际能源交易中心正式挂牌交易。低硫燃料油期货将作为境内特定品种，采用"国际平台、净价交易、保税交割、人民币计价"的模式，全面引入境外交易者参与。为了增强市场的流动性，促进合约形成稳定连续交易格局，在低硫燃料油新品种上市之初引入了期货做市交易。期货做市交易有利于实体产业积极利用低硫燃料油期货合约进行套期保值，提升品种价格发现功能，更好地满足燃料油产业链企业的风险管理需求，促进清洁低碳、安全高效的能源体系的构建。

上海国际能源交易中心的国际化低硫燃料油期货上市，是继上海原油期货之后又一个采用"净价交易、保税交割"模式的国际化能源期货合约。国际化低硫燃料油期货价格可以更直接地反映全球现货市场的供需情况，有利于促进低硫燃料油行业形成合理的定价机制，增强我国保税船用油行业的议价能力和国际竞争力。此外，低硫燃料油期货上市，将大幅提升我国在全球船用燃料油市场的影响力，为中国船用燃料油市场的国际定价权打好坚实的基础，有利于上海逐渐形成具有影响力的国际低硫燃料油定价中心。同时，低硫燃料油期货的上市，意味着中国能源期货品种在逐步完善。

二、中国原油期货市场的发展历史与现状分析

（一）中国原油期货推出的背景

中国作为全球第六大原油生产国，第二大消费国与第一大进口国，对参与全球石油市场价格形成有现实基础和迫切需求，但长期以来碍于国内金融市场和原油市场开放程度不够，一直没有取得实质性突破。推出中国原油期货具有以下重要意义。

一是形成反映中国和亚太地区石油市场供需关系的价格体系，发挥价格在资源配置中的基础作用，并提高中国在国际石油市场定价的话语权。由于亚太地区还没有权威的原油基准价格，"亚洲升水"使我国进口原油更加"昂贵"。亚太范围来看，近年各国对亚太原油定价中心的争夺日益激烈，亚洲最大的两个能源期货市场是日本原油期货市场和新加坡原油期货市场。中国作为亚洲地区最大的原油消费国和进口国却没有影响市场的原油衍生品市场，这在世界上也是罕见的。中国推出原油期货，不仅有利于形成反映中国和亚太地区石油市场供需关系的价格体系，发挥价格在资源配置中的基础作

用，而且有利于提高中国在国际石油市场定价的话语权。近年来，我国从"一带一路"沿线国家进口的原油数量不断创历史新高，其中，俄罗斯、沙特阿拉伯等国都位列我国原油进口前十大来源国，不仅保障了我国能源安全，而且也促进了这些国家石油资源的开发利用，实现了互利双赢。同时，面对国内炼油能力过剩加剧、市场竞争激烈等严峻挑战，成品油出口将定位为一般贸易，拓展出口市场已成一些炼油企业的必然选择。在推进"一带一路"倡议的大背景下，推出国际性的原油期货，将为我国企业深度参与乃至重塑全球油气贸易市场体系、提升大宗商品市场话语权提供战略性机遇①。

二是为原油石化及相关企业提供套期保值工具，规避价格波动风险。我国原油对外依存度超过55%，进口原油价格的风险管理需求显得十分强烈。根据我国入世协议，外国企业获得与国内原油企业同等的国民待遇，外国企业带着价格制定优先权和原油套期保值的双重优势进入国内原油市场。如国内企业无法通过原油期货交易进行避险，就会处于更加被动和不利的境地。其他的原油石化企业，比如一些民营企业，在产业链中没有定价权，急需在原油期货市场进行套期保值，锁定生产经营成本或预期利润，增强抵御市场价格风险的能力。

三是通过实物库存与期货储备相结合丰富石油战略储备体系，维护国家原油安全。原油战略储备是国家能源安全体系中最重要的一个环节。如果不储存足够的原油，一旦原油通道或者原油供应发生问题，大量的原油供应就会被切断。一方面，推出原油期货交易，有助于建立起稳定的远期供销关系，在一定程度上弥补现货原油储备的不足；另一方面，通过"保税交割"上市原油期货，国际原油贸易商会在中国建立交割仓库以储存原油，大量原油将被运输和储存在中国，形成资源的社会储备，从而利用国际资金帮助我国储备原油。

2013年以来，中国原油期货市场迎来了新的发展机遇。

第一，我国在区域乃至全球能源市场的影响力和话语权不断提升。截至目前，我国已经形成包含西北、东北、西南等陆上油气战略管道以及海上通

---

① 王震.原油期货要"取势"更要"取实"[N].中国能源报，2018-02-26（1）.

道在内的多油源多气源格局。与此同时，我国主要石油公司积极实施国际化经营战略，打造国际油气贸易中心，在区域乃至全球能源市场的影响力和话语权不断提升。其中中石油、中石化等企业已在亚太、欧洲、美洲、中东、中亚等地区构建区域性国际油气贸易中心，专业化的全球资源配置与贸易运作能力得到显著提升。当前，我国已成为国际石油贸易行业的重要参与者与建设者，更成为亚太和中东等区域市场最主要的引领者，极大提升了中国在区域能源市场的影响力和主导权。

第二，2013 年上海自贸区获批和 2015 年以来的原油进口权及进口原油使用权逐步放开，为我国加快国际能源金融市场的建设和发展原油期货迎来了难得的历史机遇。2013 年 8 月，国家决定建设中国（上海）自由贸易试验区，率先推进金融创新先行先试改革。作为最重要的国际金融产品，证监会批准在自贸区筹建国际原油期货平台。2015 年 2 月，国家发改委发布了《关于进口原油使用管理有关问题的通知》（以下简称《通知》），将允许符合条件的地方炼油厂在淘汰一定规模落后产能或建设一定规模储气设施的前提下使用进口原油。原油进口权及进口原油使用权逐步放开，更多的民营炼化企业进入原油市场，原油期货市场也有了更多的交易主体，为原油期货市场的建设奠定了良好的基础。

第三，石油产品的现货交易量稳步增加，为期货市场提供了充足的可交割供给盘，能有效支撑期货市场的交易。期货市场是现货市场的延伸，现货市场是期货市场的基础。现货市场发展是否完善将影响到期货市场定价的效率。以原油为例，我国原油消费需求快速增长，原油年消费量从 2001 年的 2.29 亿吨增长到 2017 年的超过 6 亿吨，年化增速达到 6.27%。庞大的原油现货交易量足以支撑原油期货市场的兴起。

（二）中国原油期货的推出

2014 年 12 月 12 日，中国证监会批准上海期货交易所在其国际能源交易中心开展原油期货交易。2018 年 3 月 26 日，上海国际能源交易中心正式启动上海原油期货交易。自上市以来，我国原油期货交易一直保持平稳运行，成交量和持仓量持续增长。上市 3 个月，其日均成交量仅次于美国 WTI 原油期货与英国布伦特原油期货，已经超过迪拜商品交易所阿曼原油期货，跻身全球交易量前三，并成为亚洲交易量最大的原油期货合约。原油期货作为我国第一个国际化的期货品种，将引入境外投资者参与，探索期货市场国际化的市场运作和监管经验。

境外交易者参与原油期货交易有四种模式：一是可以通过境内期货公司代理参与交易；二是可以通过境外中介机构；三是可以通过境外特殊经纪参与者代理参与交易；四是可以申请作为境外特殊非经纪参与者直接参与交易。原油期货采用"人民币计价"，美元等外汇资金作为保证金使用。采用人民币计价方式，提高了人民币的国际地位；在以人民币计价的同时可以采用美元作为保证金交易，从而兼顾了国内外投资者的需求，丰富投资者类型，为国际投资者提供了一个在国际市场休市期间或国际汇率大幅波动时，在亚太时段交易的工具，从而规避汇率风险[①]。

根据结算细则有关规定，境外特殊非经纪参与者、境外客户可以将外汇资金作为保证金使用。外汇保证金市值核定的基准价为中国外汇交易中心公布的当日人民币汇率中间价。目前币种类别为美元。境外交易者参与原油期货交易，可以进行日常交易结购汇。每个交易日日终结算时，由期货公司会员端系统根据每个境外交易者、境外经纪机构从事原油期货交易的实际结果，自动生成当日结购汇申请数据。期货公司会员应于规定的时限之前，通过指定存管银行完成办理。境外交易者、境外经纪机构结购汇相关的资金收付，在期货公司会员的人民币保证金专用账户和外汇保证金专用账户之间进行划转。

（三）中国原油期货市场的发展现状

自 2018 年上市交易以来，上海原油期货经受国内外各种地缘政治风险和极端事件考验，运行更加平稳；交易量、持仓量稳步上升，近期合约全面活跃，企业开展套保更加容易；实体企业、境外机构、金融机构参与日益加

---

① 吴永钢，李晓艳. 走出原油定价基准缺失的"泥潭"：关于上海原油期货的思考[J]. 国际金融，2019（9）：71-75.

深,市场参与结构持续优化;交割平稳有序,与实体经济和现货贸易的联系更加紧密①。

第一,价格总体与国际油价保持高度联动,局部反映中国供需。2019年,在中美贸易摩擦、地缘政治事件频发的背景下,国际原油价格震荡上行。上海原油期货主力合约期初开盘376元/桶,年末收盘488.1元/桶,较2018年底收盘价379.1元/桶上涨27.5%。期间,最高价格为531.7元/桶,最低价格为366元/桶。与CME的WTI原油期货、ICE的Brent原油期货、DME的Oman原油期货价格保持高度联动,相关性分别为0.862、0.926、0.941。

期现价差方面,2019年,上海原油期货较理论现货价(Oman原油现货离岸价加运费、保险费等)期现价差最高12.61元/桶,最低-40.68元/桶,全年平均-6.45元/桶。期现价差变化客观反映了中国与其他地区供需关系的相对变化,有效引导了资源配置方向,保障了国家能源安全。

第二,上海原油期货交易量、持仓量均稳步上升,成为亚洲交易时段的风向标。在美国期货业协会(FIA)公布的全球能源商品期货期权交易量排名中,上海原油期货居14位,在原油期货品种中的市场规模仅次于WTI和Brent原油期货。成交方面,全市场累计成交3 464.44万手(单边,下同),累计成交金额15.48万亿元,日均成交14.2万手,日均成交金额634亿元,日均交易量同比增长1.2%。亚洲交易时段,前三行合约的交易量在多个交易日超过了Brent原油。持仓方面,2019年日均持仓量2.88万手,同比增长45.4%。

第三,价格发现功能更加灵敏,风险管理功能日益凸显。价格发现方面,对市场基本面及突发事件的反映更加灵敏有效。在2019年10月中东至中国油轮运费大幅波动的情况下,上海原油期货及时有效反映了相关价格波动,为市场在对冲油价的同时,也对冲了运费波动风险。在2019年10月伊朗油轮爆炸等亚洲时段事件中,上海原油期货率先启动行情,引领价格变化,价格发现快速高效。风险管理方面,市场规模和结构更加有利于现货企业风险管理。2020年以来,新冠肺炎疫情在全球蔓延,OPEC+减产协议谈

---

① 上海国际能源交易中心.上海原油期货市场发展报告[R],2020.

判失败，全球原油需求疲软而供应过剩，原油价格大幅下行且剧烈波动，现货企业面临巨大的经营压力。产业上下游企业积极利用上海原油期货进行套期保值，并通过参与交割拓宽贸易渠道，有效平抑了价格大幅波动对企业生产经营带来的风险。在此期间，上海原油期货持仓规模快速放大、屡创新高，最高持仓近12万手，较春节前最后一个交易日持仓2.7万手上升近3倍。市场普遍反映，随着上海原油期货市场发展进一步成熟，越来越多投资者逐步接受国内原油期货价格。

第四，境外交易者、机构投资者参与度大幅增加，交易者结构持续优化。截至2019年底，共有已备案境外中介56家，较2018年新增11家，参与通道更加通畅。境外客户分布在五大洲19个国家和地区。境外客户日均交易量、日均持仓量同比分别增长106.5%和122.1%，占比分别达到15%和22%，反映境外交易者对上海原油期货的参与度不断提高。产业上中下游，生产、贸易、加工企业均有参与。全市场一般法人日均交易量、日均持仓量同比分别增长62.3%和54.4%，占比分别达到25%和30%，反映实体企业越来越多地利用原油期货管理价格风险。特殊法人日均交易量、日均持仓量同比分别增长29.7%和151.4%，占比分别达到10%和33%，反映金融机构更加重视原油期货在资产配置中的重要作用。

第五，交割平稳有序，有效连接现货贸易市场。截至2019年底，上海原油期货交割仓库6家合计9个存放点，其中上海市1个，广东省1个，浙江省3个，山东省2个，辽宁省1个，海南省1个。2019年，上海原油期货交割总量17 618手，折合1 761.8万桶或241.34万吨，同比增加518.39%，交割金额合计78.56亿元。其中，6月交割量最高，共交割2 812手，折合281.2万桶或38.52万吨。主力交割油种为巴士拉、阿曼，交割量占比分别为72.34%和13.44%。炼厂开始尝试参与交割，以调剂现货油种余缺，优化油种组合，提升炼油效益。

三、推动中国原油金融市场发展的制度思考

（一）完善石油储备体系建设，防止期现脱节

中国是一个富煤少油的国家，随着目前中国石油炼制加工能力不断提

升,中国石油对外依存度日益增高。与发达国家完善的战略石油储备体系相比,我国战略石油储备建设步伐虽快,但仍然处在起步阶段。如果不储存足够的原油,一旦原油通道或者石油供应发生问题,比如在霍尔木兹海峡发生战争,大量的原油供应就会被切断。然而,建立这个庞大的石油储备体系耗资巨大,必须依靠市场的力量。截至2019年年底,中国石油储备能力为8500万吨,相当于90天的石油净进口量,刚刚达到国际能源署(IEA)规定的战略石油储备能力"达标线"。从近几年的数据可以看到,虽然中国近些年的石油储量不断上升,但是"缺油"的事实仍摆在眼前,原油对外依存度不断提高。因此,未来必须完善石油储备体系,提高真实的石油拥有量(储存量)为载体,防止期现脱节,夯实中国原油期货的发展根基。

(二)顺应金融市场开放步伐,提高石油金融市场的国际化程度

在所有商品期货中,石油期货的国际化程度最高。因此,我国发展原油期货还需金融市场发展的配合,特别是汇率的市场化。根据蒙代尔的三元悖论,一国的经济目标有三种:各国货币政策的独立性;汇率的稳定性;资本的完全流动性。这三者,一国只能三选其二,三者不能兼得。然而,当前我国资本项目下人民币不能自由兑换,加之汇率尚未完全市场化,我国还没有形成成熟的人民币汇率衍生品市场。而货币的自由流动是一个世界金融中心的最核心要求。境外资本对于进入中国开展金融、实物等经济交易尚存在不少疑虑。因此,对于上海国际能源交易中心而言,想要增强其国际市场中原油价格的定价影响力,显然会受资本管制的制约。在资本管制短期难以完全放松的情况下,应该从以下方面着手发展我国石油金融市场。

1. 充分利用自贸区、自由贸易港等政策,发展壮大上海原油期货市场

纵观国际上纽约和伦敦这两大原油定价基准市场,尽管发达的原油现货市场和港口设施都很必要,但开放的金融中心地位无疑是最为重要的。当前,上海自贸区将在推进国际贸易结算中心、融资租赁、期货保税交割功能、扩大保税船舶登记试点规模、研究建立具有离岸特点的国际账户等十项功能上先行先试。这些功能的引入及人民币可自由兑换等,为发展"离岸交

易""保税区交割"的原油期货市场扫清了障碍。因此,我们应充分利用上海自贸区的金融创新机制,完善石油市场体系,加快原油期货市场建设。① 借助自贸区和境外机构发展人民币离岸市场机遇,进一步推动能源期货产品在境外互挂。② 加大石油金融市场的对外资开放力度,吸引境外投资者(尤其是跨国石油公司)进入中国石油金融市场,鼓励它们进行原油的实物交割;鼓励与我国企业有密切合作的国际能源公司、贸易商和金融机构积极参与中国原油金融市场。③ 在交易风险可控的前提下,逐步扩大国外投资基金参与石油金融衍生品品种与工具的范围。

2. 利用"一带一路"倡议,扩大石油金融产品的国际影响力

借助我国在全球能源消费量、进口规模和产量上的影响力,支持能源期货交易所在沿线国家设立交割仓库和办事处,在"一带一路"沿线地区逐步建立一个立足区域、辐射全球、开放多元、有重要影响力的能源定价中心,不但可以提高这一区域在全球能源市场的话语权,而且还能够全面提升我国能源经济的安全性,并以此为基础和起点,布局全球市场,在世界范围内为重要资源和金融交易定价[①]。

(三) 加快石化企业混合所有制改革,培育多元石油金融市场投资主体

培育多层次的市场参与者是活跃我国石油金融市场的重要举措。作为一种国际化的合约,中国原油期货市场的目标参与主体既包括国内的合格投资者,也包括国际石油商和海外金融机构。但是,在我国目前金融开放程度有限和资本项目管制的情况下,难以在短期内吸引大批国际投资主体参与原油期货交易。因此,短期内还是要立足国内石油生产企业、炼油商、贸易公司、金融机构以及与石油业务相关的企业。

1. 加快石化企业混合所有制改革,形成竞争中性的市场文化

纵观国际原油市场的发展,石油期货市场能否成功,参与期货市场的主

---

① 孙玉奎,谢亚. 我国场内衍生品市场发展现状的国际比较[J]. 中国证券期货,2018,217(3):43-48.

体的所有制结构非常重要。以 WTI、布伦特原油为代表的市场体系吸引足够多的非国有性质市场主体参与，不仅活跃了市场，而且体现了竞争的公平性，保障了期货市场的价格发现和套期保值功能发挥。在中东石油国家的市场所有制结构中也可以发现，迪拜原油生产商是几家国际公司的财团，而在其他中东国家，原油产量主要由国家石油公司控制，这是迪拜原油价格在世界上得到广泛认可的重要因素。相反，俄罗斯乌拉尔原油的现货价格，因为只有一个主要贸易商，由于市场担心俄罗斯政府的干预，使得其价格在国际上的认可度较低。

目前我国的石油供给方为中石油、中石化、中海油等大型国有企业，市场缺乏竞争，处境与俄罗斯乌拉尔原油类似，容易被境外投资者认为我国原油市场的定价容易受国家意志支配，不利于吸引境外投资者参与，也不利于我国原油期货的国际影响力提升。目前，中石油和中石化在国际石油市场上有一定的影响力，但这种影响主要体现在溢价上，对价格基准影响较小。因此，应加快石化企业混合所有制改革，降低对原油期货市场运行的行政干预，推动中国原油期货市场形成竞争中性的文化。

2. 打破石油产业链上游垄断，加快石油市场的市场化改革

我国原油市场的相对垄断格局也是阻碍我国原油期货市场发展的重要原因。20 世纪，我国石油工业重组后，形成了中石油、中石化、中海油及其子公司的寡头垄断局面，在勘探开采、管道建设、油气运输和销售环节方面虽几经变革，但相对垄断局面仍未发生根本改变。中石油、中石化和中海油是石油行业的三大巨头，基本建立了各自独立的原油生产、炼制和进出口体系，而其他原油企业都不同程度地依赖于这几家公司，因此我国原油现货市场主体的数量和多元化程度仍有待提高。依据国际经验，没有多元化的参与主体，市场将难以做大，更难以形成全球影响力。因此，必须打破垄断，使其他石油企业进入石油金融市场，形成三大石油集团、石油消费企业、各级经销商、石油贸易企业、金融机构、投资者之间相互竞争的局面。打破石油市场垄断局面、加大竞争力度，不仅有利于增加市场现货和期货市场的交易量，也有利于石油现货市场的稳定发展，为石油期货市场的形成提供现货基础，促进形成合理的市场价格。

3. 加快投资者教育,培育多元石油金融市场投资主体

加强机构投资者队伍建设,优化市场结构,提高机构投资者比例。① 增强产业客户参与度,合理引导国有企业参与原油衍生品市场进行风险管理。上海国际能源交易中心、各期货公司应加强投资者教育,让原油产业链上下游企业充分认识原油期货市场,鼓励石油产业链企业通过各种方式积极参与原油期货交易、交割、仓储和物流等各个环节[①]。② 推动制定银行、保险、企业年金、社保基金等机构参与衍生品交易的政策,为各类机构投资者入市交易提供更多便利。③ 加快原油期货投资基金建设。2019 年之前,我国的原油基金都是 QDII 基金,主要投资海外的原油期货,资产以美元计价。如易方达原油基金、嘉实原油基金等。在我国原油期货上市后,应加快以投资我国原油期货为标的的 ETF 基金、期货基金的发展步伐。

(四) 进一步健全石油金融监管体制

在监管体制方面,虽然我国在原油金融市场已经基本建立了三级监管的框架,但是自上而下的建设思路,使得制度的基础还不牢固,必须进一步完善监管制度体制。首先,要健全衍生品市场法规体系,进行金融衍生品发展规划,既包括直接针对衍生品市场的法律和规章,与衍生品市场参与者相关的法律规定,也包括在政府的法律授权下,各交易所制定的交易所交易规则、实施细则。具体来看,我国现有会计制度与衍生品交易存在冲突。具体表现在信息披露不充分、会计计量不合理、会计确认和会计核算制度也比较落后等方面,有必要根据国内金融衍生品市场的实际,结合国际通用的金融衍生产品会计确认、会计计量、信息披露和列报方法,对国内金融企业会计准则及制度进行统一的调整和改革[②]。除此以外,我国现有金融衍生工具税收尚未明确。目前对金融衍生工具的征税规定还仅限于在期货和股票期权方面,对其他金融衍生工具是否征税还没有规定,税收政策缺位给规范化管理带来了不便之处。而且,关于期货的规定也很不规范,仅有增值税、营业

---

① 王震. 原油期货要"取势"更要"取实"[N]. 中国能源报,2018-02-26(001).
② 上证联合研究计划课题报告:发展交易所衍生品市场的环境与路径分析[EB/OL]. https://finance.sina.com.cn/roll/20050601/141680689t.shtml,2005-6-1.

税、所得税方面的一些规定，有待加强。其次，区分好各主体的监管边界，对自律组织和交易所放权；加强交易机构的内控体系建设，建立发展交易所衍生品的多层次制度体系。

参考文献

［1］ 2019 年我国原油对外依存度 70.8%［EB/OL］.http：//news.cnpc.com.cn/system/2020/03/31/001769303.shtml，2020-3-31.

［2］ 高全胜，姚仲诚.商品期货现金交割问题研究［J］.武汉工业学院学报，2008，027（1）：79-82.

［3］ 林伯强，黄光晓.能源金融［M］.北京：清华大学出版社，2011.

［4］ 林伯强.现代能源经济学［M］.北京：中国财政出版社，2007.

［5］ 倪荣.波罗的海运费期货市场［J］.世界经济情况，2001（14）：27-29.

［6］ 上海国际能源交易中心.上海原油期货市场发展报告［R］，2020.

［7］ 孙玉奎，谢亚.我国场内衍生品市场发展现状的国际比较［J］.中国证券期货，2018，217（3）：43-48.

［8］ 汤姆·詹姆斯.能源价格风险［M］.北京：经济管理出版社，2011.

［9］ 王健.国际期货市场讲座（三）［J］.国际商务（对外经济贸易大学学报），1995（1）：71-76.

［10］ 王震.原油期货要"取势"更要"取实"［N］.中国能源报，2018-02-26（1）.

［11］ 吴永钢，李晓艳.走出原油定价基准缺失的"泥潭"：关于上海原油期货的思考［J］.国际金融，2019（9）：71-75.

［12］ 杨璠.航运金融衍生品的产品设计比较研究［J］.时代金融，2014（2）：84-88.

［13］ 张庆豪.商品金融化背景下对原油价格波动的影响因素研究［D］.广东财经大学，2016.

第五章
煤炭金融市场

煤炭作为传统的化石能源，在全球能源消费结构中一直占据着重要地位。作为价格低廉、体积庞大的大宗能源商品，煤炭的运输成本较高，使得国际煤炭市场具有非常强的地域性特点。目前，国际煤炭市场已经形成了以长协合同为主，现货交易和期货交易为辅的多层次场内和场外交易市场格局，但是由于受现货贸易的地域局限性等因素制约，全球尚未形成权威的定价体系。根据目前的全球煤炭生产消费格局，可以将国际煤炭市场分为北美、欧洲和亚太三个主要区域市场。传统上国际煤炭市场交易多以长期协议为主，但是由于近年来国际原油价格持续上涨，现货贸易开始出现，而且随着网络电子交易平台的发展和普及而逐渐成为市场的主流交易方式。为了规避煤炭市场价格波动的风险，煤炭期货合约和场外交易的互换合约等金融衍生品逐步出现。但是，由于煤炭市场存在的固有问题，比如品质标准不统一、远洋运输的运费差异较大等，煤炭期货合约价格并没有成为国际煤炭市场定价的最主要参考基准，反而是各类煤炭价格指数为煤炭交易提供了定价参考基准。

煤炭是中国储量最为丰富的能源品种。目前，国内已经形成了广州、秦皇岛、太原等三个区域煤炭交易中心，除了电煤以外的其他煤炭交易都采取市场化定价机制，但是电煤作为煤炭市场最主要的组成部分，其定价机制的市场化道路仍很漫长。国内煤炭市场改革的目标是建立包括长期合同、现货交易、期货交易和场外交易的多层次、全方位的市场体系。本章首先分析了全球煤炭现货市场的形成历史、区域分布与发展现状，研究了国际煤炭现货市场的价格及其形成机制。然后分析了国际煤炭金融衍生品市场的构成，揭示了国际煤炭金融衍生品市场的发展及其关键制度。接着梳理了中国煤炭现货市场的发展历史，及其当前发展的特点、交易模式与定价机制，并从制度视角提出了推动中国煤炭现货市场发展的建议。最后梳理了中国煤炭金融衍生品市场的发展历史，阐述了中国煤炭期货期权市场、煤炭价格指数的发展现状，并从制度视角提出了推动中国煤炭金融衍生品市场发展的建议。

第一节　国际煤炭现货市场

一、国际煤炭现货市场的形成与发展历史

煤炭资源在世界范围内的分布虽然非常广泛，但是并不均匀，并且各国煤炭资源禀赋不同，生产的煤炭品质也各不一样，这些原因使得煤炭贸易长期得以存在。最早期，英国就是通过工业革命率先实现了煤炭的机械化生产和运输，并且最先开始向欧洲大陆出口煤炭，一举成为当时世界上最大的煤炭生产和出口国。1770年英国的煤炭产量为620万吨，1850年超过5 000万吨，1913年达到历史最高水平2.92亿吨。从此以后，煤炭工业格局开始逐步形成和发展，这一过程主要可以区分成六个时期。

第一个时期是1860—1913年的第一次工业革命时期。这一时期是世界煤炭产业的大发展时期，西欧各国、美国、俄罗斯都形成了以煤炭为基础的大工业基地，如英国的英格兰中部地区、德国的鲁尔区、美国的阿巴拉契亚区、沙俄的乌克兰地区。英国成为世界最大的煤炭生产和出口国，1913年，英国煤炭产量达到历史最高水平2.92亿吨，其中有三分之一出口。

第二个时期是1914—1950年。这一时期是世界煤炭稳定增长时期。由于经历了第二期工业革命，世界各国机械化程度不断提高，煤炭开采新技术应用发展迅速。1950年世界煤炭产量相较1913年增长39.8%，达到18.18亿吨，占世界能源总消费量的62%，煤炭生产主要还是集中在美国、英国、德国和苏联煤炭产区，这几国的煤炭生产占到了世界煤炭总产量的75%左右，煤炭生产主要还是以自产供应为主，国与国之间贸易发展不是特别迅速。

第三个时期是1951—1974年的煤炭生产萧条期。这一时期的世界能源消费结构中，石油取代了煤炭，成为最主要的能源消费品种。由于世界能源消费逐渐由煤炭转向石油和天然气，煤炭作为一种开发时间比较久的传统能源，开采条件已经大不如以前，虽然投资大，但效率非常低。受煤炭产业发展缓慢影响，煤炭产量在这一时期总共只增长了12.2%。西欧各国的煤炭工业也因为产业萧条而逐步消失，煤炭的主要生产地转向了美国和苏联。

第四个时期是1974—1990年。这一时期是煤炭生产缓慢恢复期。70年代第一次石油危机使得各国意识到自身的能源安全存在隐患，所以又重新对煤炭生产重视起来。同时，技术进步使得煤炭生产效率和安全问题大大改善，煤炭生产又恢复了以往的生机。以美国和欧洲煤炭贸易为主的国际煤炭市场开始变得活跃起来。

第五个时期是全球变暖问题逐渐严重后的20世纪90年代。发达国家对于煤炭能源的使用率逐渐降低，使得世界能源结构发生了相应变化。世界总体煤炭消费需求量日趋下降，煤炭总供给也有所下降。从世界主要国家来看，中国由于缺油多煤，煤炭仍然是主要能源。澳大利亚、南非、印度煤炭储量也比较丰富，随着这些国家煤炭使用率的提高，其逐渐取代了英、美、德等国的煤炭主要生产国地位。1984年，澳大利亚取代美国，一跃成为世界煤炭出口第一大国，加上中、日、韩等国的需求侧刺激，世界煤炭贸易形成了大西洋及太平洋区域市场。但是，随着一些国家出台温室气体减排政策、煤炭行业补贴政策的减弱甚至消失以及电力市场改革影响，尤其是欧盟出现大量煤气电厂，区别于原有的燃煤电厂，煤炭在全球能源中的地位再次下降。

第六个时期是21世纪开始至今。21世纪后，中国等新兴市场经济体能源消费量逐渐增大，同时全球经济增长导致石油、天然气等资源价格上涨，迫使人们逐渐将目光转回沉寂已久的煤炭资源，对煤炭资源有了重新的认知和重视，许多国家形成了新的能源发展战略。随着科技的变革，清洁煤技术不断发展，有望让煤炭变成清洁高效的能源。从图5-1和图5-2可以看出，2008—2018年全球煤炭产量总体呈增长趋势，对应着这一期间全球煤炭消费量的稳步增长。

二、国际煤炭现货市场的区域分布

二战以后，随着全球煤炭生产消费格局的演化和远洋航运市场的发展，国际煤炭现货市场主要形成了太平洋市场（或亚太煤炭市场）和大西洋市

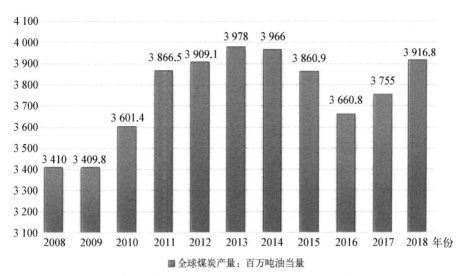

图 5-1 2008—2018 年全球煤炭产量走势图

资料来源：英国石油公司（BP）能源统计年鉴。

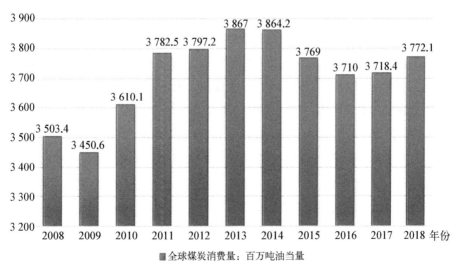

图 5-2 2008—2018 年全球煤炭消费量走势图

资料来源：英国石油公司（BP）能源统计年鉴。

场。太平洋市场以中国、日本、韩国、澳大利亚、印度为主,其主要产煤区为中国、俄罗斯、越南、澳大利亚、印度尼西亚等。煤炭主要进口国家和地区有:中国香港、韩国、印度、日本等。大西洋市场是以南美洲、北美洲为主,其主要产煤区为美国、加拿大、南非等。煤炭主要进口国家和地区有:意大利、德国、英国、法国等。

(一)太平洋市场

太平洋市场主要集中在亚太地区。亚太地区既是煤炭产量最大的地区,也是煤炭消费量最大的地区。2018年,亚太地区煤炭产量为2 853.1百万吨油当量,产量占全球的72.84%。2018年亚太地区煤炭消费量为2 841.3百万吨油当量,占全球总消费量的75.33%。但是,由于煤炭生产国或地区和消费国或地区并不一样,由此带来了太平洋煤炭市场的繁荣。在太平洋煤炭市场,老牌的进口国及地区为日本、韩国、印度、菲律宾、中国台湾等。其中日本由于本国资源匮乏,从20世纪50年代开始一直是煤炭资源第一进口国,主要的进口国是中国、澳大利亚、加拿大等。韩国则紧随其后,主要从中国和印尼进口。近年来,随着中国、印度经济的不断增长,中印逐渐取代日韩成为世界第一、第二大煤炭资源进口国。

在太平洋市场上,传统的出口国为中国、美国、澳大利亚、印尼、俄罗斯等。澳大利亚以前一直处于出口领先地位,市场占有率很大。但是随着日韩等国的煤炭需求增加,印尼凭借地理优势后来居上成为煤炭第一大出口国。美国曾是全球最大的生产国及重要的出口国,但由于美国的煤炭价格偏高,大大削弱了其煤炭出口的竞争力,但纵然如此,美国仍然是重要的煤炭出口国之一。中国由于国内内需增加,小型煤炭企业随着政策完善关停,使得国内煤炭出现供需缺口,煤炭价格上升,进口量快速增长。此外,随着煤炭价格上涨,俄罗斯也开始逐渐把煤炭出口重心转移到亚太地区。

(二)大西洋市场

欧洲的煤炭资源较少,但煤炭消费量较大。2018年,欧洲煤炭产量为170百万吨油当量,产量仅占全球的4.34%。2018年,欧洲的煤炭消费量为

307.1百万吨油当量，占全球总消费量的8.14%。巨大的供需缺口催生了大西洋煤炭市场的兴起和发展。

在大西洋煤炭市场，主要的进口国家是英国、法国、德国、意大利，荷兰、比利时、丹麦、希腊等欧盟国家；主要的出口国为加拿大、美国、委内瑞拉、南美的哥伦比亚、俄罗斯和波兰等。从1980年起，欧盟考虑到环保以及成本的因素，逐渐增加火力发电的比例，同时关停大量煤炭企业，开始增加进口。受制于天气影响，尤其到了夏天风力小、水量少、核能量有限制，这直接导致了欧盟对于煤炭产生了依赖性以此弥补能源资源的缺口。近年来，由于温室气体现象日益严重，各国出台政策限制，导致了欧盟进口煤炭价格走低，进口量递减，从而使得煤炭进口主力转向了亚太地区。

在国际煤炭两大现货市场上，目前煤炭海运的主要流向有：① 太平洋航线。从澳大利亚东海岸运往东亚，从美国东海岸运往东亚，从中国东部沿海向日本、韩国运输。② 大西洋航线。从美国东海岸横渡大西洋运往欧洲。③ 印度洋航线。从南非跨印度洋运往亚太地区或由澳大利亚越过好望角运往欧洲。

三、国际煤炭现货市场的发展现状

（一）国际煤炭供给情况

煤炭是不少国家保持社会稳定运行的支柱能源，因此，煤炭的国际贸易建立在内需解决的基础之上。这在很大程度上限制了煤炭资源的出口量级和出口方式。然而，煤炭进口依然是煤炭稀缺国家获取煤炭资源的重要供给来源。总体上看，印度尼西亚、澳大利亚、俄罗斯和美国是世界上最主要的煤炭出口国。以2018年为例，以上四国煤炭出口量占据了前八位煤炭出口国出口量的82.5%，具体参见图5-3。

自2013年起，随着全球经济回暖，澳大利亚、印尼、中国等产煤资源国家的一些小型煤矿企业，因为市场竞争力较弱，无法承受供应过剩带来的价格下跌压力，最终不少企业破产。这实际上体现了煤炭供应过剩引发的供需矛盾。这一矛盾也迫使许多计划大力发展煤炭行业的国家放缓了步伐，有的国家还出现了一系列煤炭进出口恶性事件。一方面，借助经济回暖东风，

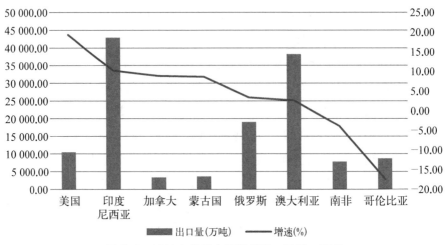

图 5-3 2018 年世界主要煤炭出口国出口情况

数据来源：http://www.ccoalnews.com/201903/18/c102063.html。

一些主要煤炭进出口国中的大型煤炭企业通过产业结构调整，有效降低了煤炭生产成本，提高了国际市场占有率。另一方面，煤炭主要消耗国的经济仍然低迷，对于煤炭的供需以及产业结构都需要进行有效管理。

（二）国际煤炭消费情况

从 20 世纪中期开始，油气资源的广泛开发和利用推动各国从主要依赖煤炭生产生活转变为以天然气、石油为主要能源。1960—1969 年，天然气和石油在世界各国中的使用和消费量迅猛增长。1970 年之后，天然气和石油的消费总量占据全球资源消费量的 70% 以上，引发了能源转换的一次重大革命，加速了人类社会的发展进程。进入 21 世纪后，煤炭资源凭借其资源分布广、储存量大、供应较为有保证等优势，有效保障了其在世界能源结构中的重要地位，煤炭价格涨幅较大，甚至超过了天然气和石油的价格，成为世界能源需求中比重最大的能源。

据国际能源署（IEA）的数据，2018 年全球煤炭需求为 37.78 亿吨油当量，比 2017 年增长 0.7%，已是连续第 2 年增长，但增幅明显低于 2000—2010 年 4.5% 的年均增长速度（见图 5-4）。2018 年，我国煤炭消费量增长

1%，印度增长 5%左右，东南亚的印度尼西亚、越南、菲律宾、泰国、马来西亚，以及南亚的巴基斯坦、孟加拉等国煤炭使用量显著增加。而在西欧和北美，受环境政策、可再生能源以及丰富的天然气供应等因素影响，煤炭需求持续下降。2018 年，美国煤炭消费量下降了 4%，欧洲煤炭需求下降了 2.6%[1]。

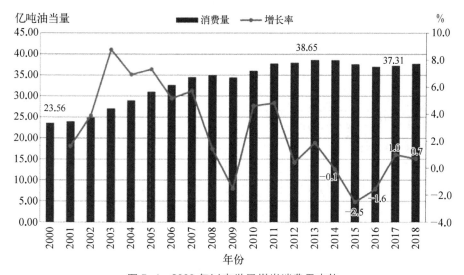

图 5-4　2000 年以来世界煤炭消费量走势

数据来源：英国石油公司（BP）能源统计年鉴。

（三）国际煤炭价格走势

总体来看，国际煤炭价格与经济周期、供求变动、生产成本及替代能源价格波动等因素息息相关[2]。截至 2018 年，世界煤炭价格总体呈现上升趋势。但在不同的经济时期，国际煤炭价格也会产生一定的波动。在经济危机期间，煤炭价格相应地出现了剧烈波动。如图 5-5 所示，2008 年的全球性金融危机使得煤炭市场的供求出现短期的严重失衡，价格波动明显。全球金

---

[1] 梁敦仕. 2018 年世界煤炭市场特点及 2019 年发展趋势 [J]. 中国煤炭，2019，45（5）：118-129.

[2] 孟铁，霍喜福. 国际煤炭市场价格变动影响因素分析 [J]. 价格理论与实践，2008（5）：55-56.

融危机发生后，世界煤炭市场经历了一次全球性的深度调整，2014—2016年的煤炭产量连续3年下降，2016年初煤炭价格更是跌至周期谷底。直到2016年下半年，世界煤炭市场开始复苏反弹，重新步入新周期缓慢增长之路。2017年开始，煤炭产量由降转升，全球煤炭需求同步步入上升期，产能出清叠加下行期投资严重不足，供给相对增量有限，供需错配推动国际煤价逐步上扬①。2018年，世界煤炭市场继续保持周期性复苏上升态势，煤炭消费上升，产量增加，价格上涨，国际煤炭进出口贸易更趋活跃。当然，煤炭价格与各国的需求、供给量、人口的增长、经济配套政策等有着密切关系。

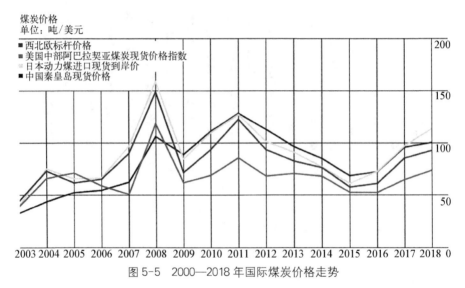

图 5-5　2000—2018 年国际煤炭价格走势

数据来源：BP 2019 年世界能源统计年鉴。

四、国际煤炭现货市场的价格及其形成机制

国际煤炭贸易存在的一些特殊性，使得煤炭价格体系的形成较为复杂。首先，煤炭难以标准化。煤炭品种多样、品质复杂，无法通过生产过程的质量控制达到品质统一，因此，难以实现标准化。在国际煤炭现货贸易中，一

---

① 煤炭行业 2018 年中期投资策略：全球煤炭供需深度研究，国际煤价为何涨幅超国内[EB/OL]. http://stock.stockstar.com/JC2018070300001232.shtml，2018-7-3.

般按批按质进行交易。其次，运输瓶颈问题。在国际煤炭现货贸易中，海运受国际航运价格影响较大，而国际航运价格的金融化使得其对国际经济形势等多种因素的反应非常强烈，国际航运价格波动剧烈；陆路运输也受制于铁路、公路的运能和季节性需求之间的矛盾。因此，在煤炭现货贸易中，煤炭成本中占比最大的运费往往波动较大，并且难以统一。最后，库存问题。煤炭堆放时间过长，容易发生氧化、自燃、热值降低等问题。生产和消费双方都存在库存不够的情况。

煤炭现货贸易的这些特性使得国际煤炭现货价格的形成机制分散，没有一个权威、有效的体系，这是煤炭市场区别于国际石油市场的重要差异。在煤炭现货贸易中，长期协议的形成是双方谈判的结果，并不适用于其他交易。现货市场的交易存在产品品质难以标准化的问题，加上运输瓶颈问题，其交易价格的参考性有限。目前，对全球煤炭贸易价格的形成最具有影响力的是各类国际煤炭价格指数。

（一）国际煤炭价格指数的构建

国际煤炭价格指数产生于20世纪80年代，最初是对各类煤炭交易价格的历史记录的原始反映形式。20世纪90年代，许多国际机构开始设计编制国际煤炭价格指数，以反映国际煤炭贸易的价格水平和变化趋势。

1. 煤炭价格指数的发布主体

煤炭价格指数发布机构大致可以分为四类：一是能源信息、咨询和服务公司，例如巴洛金克公司（Barlow Junker）和普氏公司（Platts）；二是直接从事煤炭贸易的经纪公司或贸易商，如传统财务公司（TFS）；三是提供煤炭贸易服务的公司，如环球煤炭市场公司（GSM）；四是财政部门，如德国联邦经济局发布的进口煤炭价格指数。

2. 煤炭价格指数的适用范围

煤炭价格指数根据适用的场合可分为三类：一是供煤炭现货交易进行实物交割用的现货价格指数，如亚洲市场动力煤现货价格指数（BJ指数）；二是提供场外交易市场用的指数，如环球公司的互惠交易指数（RB1）和普氏远期合约价格指数；三是供期货合约作为标的物的价格指数，如纽约商业交易所煤炭期货价格指标。亚太市场基本上是现货交易市场,其指标体系大多是第一类指标;欧洲市场以现货交易为主、场外交易市场为辅,故基本采用第一、第二类指标;美国市场体系发育比较齐全,三种指标都有较为广泛的运用。

3. 煤炭价格指数的数据来源

煤炭价格指数的原始数据主要来自三个方面:一是官方统计数据,这是实际发货价格历史记录,数据真实但存在一定的滞后;二是对煤炭买卖双方、中间贸易商和经纪人的调查数据,一般以电话、传真等形式获得;三是交易平台实时采集的成交数据。

4. 煤炭价格指数的构成模式

目前煤炭价格指数的构建模式主要分为三种:一是实际发货价或当期合同价或两者的组合;二是历史交货价、合同成交价和预期价格(政府指导价)的加权平均价;三是远期合约价格和期货合约价格[1]。

(二)主要的国际煤炭价格指数

煤炭价格指数作为反映煤炭供需价格变动的重要指标,具有表征市场、指导定价、监测预测等经济信息功能[2]。目前国际煤炭有三个主要贸易市场,因为各种价格指数构成基础不同,从而可以为不同的国际煤炭贸易方式定价。最初,20 世纪 80 年代产生的国际煤炭价格指数仅起到对煤炭交易价格进行历史记录的作用,但随着价格指数作用的凸显,许多国际机构开始设计编制反映国际煤炭贸易的价格水平与变化趋势的国际煤炭价格指数,并已具有一定全球影响力。国际煤炭价格指数的研发机构主要分为两大类:一类是全球性能源信息机构;另一类是地区性能源信息机构。

1. 全球性能源信息机构发布的指数

一是阿古斯/麦克劳斯基(Argus/McCloskey)指数。阿古斯能源公司

---

[1] 林伯强,黄光晓. 能源金融 [M]. 清华大学出版社,2011.
[2] 韩显男,刘刚. 煤炭价格指数研究综述与展望 [J]. 中国物价,2018 (12):73-75.

（Argus）在《煤炭日报》定期公布美国境内 5 个主要产煤区有代表性煤种的价格，在《国际煤炭日报》公布世界主要煤炭出口国和进口国港口一年内交货的煤炭合同价格、指数。从 2012 年 1 月开始，Argus 与 McCloskey 就开始逐日编写煤炭现货交易的分析。Argus 的价格分析有 50% 的数据来源于对现货交易数据的统计，而另外一半的数据来源于对市场参与者的调查，力求全面、真实地反映煤炭价格走势。2012 年 4 月，Argus 与 McCloskey 又在日价格指数的基础上，推出了周煤炭价格指数和月价格指数，进一步完善了 API 煤炭报价体系。

Argus/McCloskey 的 API index 系列已经成为煤炭贸易和衍生品市场定价的参照物。目前，世界上约有 90% 的煤炭产品及衍生品是以 API2 以及 API4 定价的。API2 不仅是南欧煤炭实体交易定价的指向标，还是场外交易的定价标准。欧美的期货交易所更是积极推出与 API 指数相关的期货合约。值得一提的是，API8 指数与我国煤炭市场的关联度很高。API8 指数是以 CFR 的模式到中国华南地区（广东、广西、福建）的卡值为 5 500 的国际煤舱底不含税价格，产地没有限制，主要包括澳大利亚、南非、印尼等。同时，API8 指数也考虑从秦皇岛运至广州的国内煤，反映的是此区域最有竞争力的价格。目前，API8 指数已受到业界的广泛关注，并有越来越多的国际动力煤贸易参与者参考 API8 指数来定价，是目前主要的市场定价工具之一。

二是普氏（Platts）煤炭价格指数。普氏公司（Platts）是世界著名的专门从事能源信息和咨询的公司。普氏公司定期在日报《普氏煤炭贸易商》《普氏国际煤炭贸易商》，周刊《煤炭展望》《普氏国际煤炭报告》等发布由专门渠道采集的煤炭价格估价和指数信息，对煤炭套期保值和实物交割市场有重要的指导意义。普氏公司发布的国际煤炭价格指数有：CIF ARA（即阿姆斯特丹、鹿特丹和安特卫普三个港口地区），FOB 南非，FOB 纽卡斯尔，FOB 加里曼丹等。

三是环球煤炭市场公司（GCM）价格指数。环球煤炭市场公司是由几十家世界主要煤炭生产商和贸易商参与建立的煤炭电子交易市场。GCM 以 Global Coal 电子交易平台为基础，按周或按月发布三个主要国际煤炭贸易市场的煤炭价格指数。其中，NWEC 指数为该公司为澳大利亚等主要煤炭贸易品种设计的标准煤炭交易合同，并以标准煤炭合同和交易价格为计算基础，定期发布的煤炭价格指数。RB 指数为南非理查德湾出口煤炭的价格指数。

四是传统财务公司（TFS）指数。TFS 指数也称 APis 指数系列，是目前欧洲煤炭场外交易所采用的主要指数之一。APis 系列与 RB 指数不同之处在于 RB 指数是根据实际交易后的数据计算出来的，而 APis 系列是根据估计的交易数据间接计算出来的。其中，APi1 是静态美式合约，该指数没有真实实物交易；APi2 是以目的地为 ARA 地区的进口煤炭合同 CIF 价格为基础估算的；APi3 是以装运港为澳大利亚纽卡斯尔港、澳大利亚港的出口煤炭合同 FOB 价格为基础估算的；APi4 则是以装运港为南非理查德港的出口煤炭合同 FOB 价格为基础估算的。

2. 地区性能源信息机构发布的指数

亚太地区主要有 BJ 指数和 NA 指数。

（1）BJ 指数，即亚洲市场动力煤现货价格指数。该指数反映了煤炭买卖双方对现货动力煤的合同价，发货港是纽卡斯尔港，目的港不定，每周发布一次。该指数由巴洛金克公司发布。巴洛金克公司（Barlow Junker）是澳大利亚一家专门从事煤炭研究咨询的公司。BJ 指数现在已成为指导日澳煤炭价格谈判和现货谈判的重要参考价格依据。

（2）NA 指数。该指数反映从澳大利亚新南威尔士出口的动力煤，目的地为日本、韩国和中国台湾地区的加权平均离岸出口价，价格来源为国家统计局提供的已经发货的合约价格，包括现货合约和长期协议，指数每月发布一次。

欧洲地区的煤炭价格指数有多种。（1）欧盟电煤价格指数。该指数以欧盟电厂的到厂煤炭价格为基础，每季度发布一次。（2）WEFA 月度现货煤炭价格指数。该指数由 WEFA 能源公司[①]提供，衡量的是从南非、哥伦比亚和澳大利亚出口到欧洲的动力煤离岸价格指数，以三个月之内发货的现货合约

---

① WEFA 能源公司是在美国和英国经营的一家能源咨询和服务公司。

为基础计算得来。(3) 标准欧洲煤炭协议价格指数。该指数在标准合同的基础上,以欧洲平均动力煤等级为煤炭级别标准,并以 ARA 地区离岸价为基础计算获得。(4) 南非现货煤炭价格指数。该指数以南非出口、并经鹿特丹港由驳船转运至欧洲内陆的驳船离岸价为基础,每月发布一次。

(二) 国际煤炭市场的价格形成机制分析

煤炭的供给和需求是决定煤炭商品价格的基本因素。国际市场的煤炭供求状况是国际煤炭价格形成机制的重要内核。同时,国际煤炭价格的形成也因为一些非供求因素导致。因此,可从供给因素、需求因素以及非供求因素等三方面来理解国际煤炭现货市场的价格形成机制。

1. 供给因素

从供给方因素来看,国际煤炭价格的形成主要受以下因素的影响。

第一,已探明的煤炭储量和储采比。煤炭是一次能源,煤炭储量是决定煤炭供给的长期因素。根据图 5-6,我们可以看到亚太地区作为出口进口体量最大的地区,相应的煤炭探明储量也最多。但是如果人类对现有煤炭资源进行无节制的开采和利用,煤炭资源只会越来越稀少。因此,如果不考虑煤炭新增储量因素,煤炭储量的日益减少从长期看会导致国际煤炭价格上涨。

第二,煤炭开采技术。煤炭开采技术正在不断进步,许多品质不佳甚至难以开采的煤炭资源也能够得到有效的开发利用,这相对增加了煤炭的供给,因此也会导致一定的煤炭价格波动。

第三,煤炭生产商的成本及盈利状况。煤炭生产成本与煤炭价格的关系为:当煤炭生产成本上升时,煤炭价格相应提高,煤炭价格提高到一定程度又会使有效需求减少,从而煤炭价格上升的速度也相应放慢,厂商会调整生产规模以求利润最大化,由于煤炭产业具有典型的寡头垄断型市场结构,煤炭

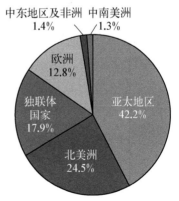

图 5-6 2018 年世界煤炭探明储量分布

数据来源:BP 2019 年世界统计年鉴。

生产规模（市场供给）的变化还会进一步影响煤炭价格。

2. 需求因素

从需求方因素来看，国际煤炭价格的形成受到以下因素的影响。

第一，世界经济状况。当世界经济增长稳定时，由于各个行业的生产规模扩大以及人均收入水平的提高，能源需求也会相应增加，以此导致煤炭价格上涨。当然也有反例，比如：2008年爆发世界经济危机，所有行业都不景气，但是煤炭价格却一路水涨船高，因为这其中还涉及各国政府的能源战略布局问题。

第二，替代能源的开发利用。不考虑其他因素，煤炭替代能源的种类越多，开发量越大，煤炭的需求会越少，煤炭价格也会随之下跌；反之，对煤炭的需求就越大，煤炭价格也会随之上涨。

第三，煤炭利用效率。不考虑其他因素，煤炭利用效率提高会减少煤炭需求，煤炭价格也会随之下跌；利用率降低会增加煤炭需求，煤炭价格也就会增加。

3. 非供需因素分析

从非供求因素看，主要有三大因素影响国际煤炭价格的形成。

第一，煤炭期货市场。期货市场在煤炭价格体系中具有重要作用，煤炭期货价格可以看作直观反映国际煤炭价格形势的"晴雨表"。它通过提供价格信号，引导市场未来的供求关系。

第二，各国的煤炭储备水平。煤炭储备是指相关机构为防范煤炭市场风险而储存的煤炭，包括各国政府的战略储备和民间的商业储备。煤炭储备不仅关系到国家的能源安全，还会影响煤炭市场价格。当煤炭价格异常上涨时，向市场抛售一些储备可以减少自身煤炭进口；在煤炭价格异常下跌时，增加储备来保证国内能源安全问题。因此，国际煤炭市场价格受煤炭储备的影响较大。

第三，美元汇率。国际煤炭以美元标价，因此美元汇率变动会直接影响国际煤炭价格。一般其他条件不变，美元贬值会导致煤炭价格上涨，美元升值会导致煤炭价格下降。当然，广义而言，煤炭期货市场、各国煤炭的储备水平、美元汇率等非供求因素要对国际煤炭价格变动产生影响，均离不开供求机制的传导作用。在这个意义上,基于非供求因素对煤炭价格形成机制的分析,可以与供求因素一起融入"广义供求"的分析框架①。

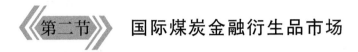

第二节　国际煤炭金融衍生品市场

相对于其他能源品种而言,煤炭金融衍生品市场发展较晚,原因主要在于:第一,21世纪前,煤炭在世界能源结构中的地位都要弱于原油和天然气等能源品种,产煤国煤炭主要为了满足本国需求,国际贸易规模较小,因此,煤炭期货等衍生品开发的时间较晚。第二,煤炭难以标准化等问题加大了金融衍生品交易的困难,阻碍了煤炭金融衍生品品种的开发。煤炭属于大宗散装货物,种类与等级繁多,对于电煤这样的大类而言,质量等级划分存在一定的模糊性,而虽然一些更细分的子类明确划分不存在问题,但由于产量小,国外开展金融衍生品交易的需求不是特别大。第三,煤炭是发电的主要原料,需求量大,运输需要庞大的运力支持,加之煤炭难以长期保存,否则存在自燃风险。这些因素给金融衍生品设计带来一定困难,从而影响了煤炭金融衍生品市场的发展。

一、国际煤炭金融衍生品市场

(一) 场内交易市场

煤炭期货市场是煤炭金融衍生品市场的主体。从欧美各国交易所推出的煤炭期货合约的运行情况来看,煤炭期货市场的流动性和活跃度均较差。虽然美国洲际交易所推出的以现金结算的煤炭期货得到了市场的广泛认同,随后纽约商业交易所也相继推出以现金结算的煤炭期货,期货市场参与者可以利用其有效进行价格风险规避,保障预期收益,但是由于欧美地区煤炭贸易

---

① 杨青龙,王奕銎.国际煤炭市场定价格局:形成机制与演化趋势[J].当代经济管理,2015,37(8):40-46.

量和产销量较小，上述期货合约仅能反映该区域的供需关系和价格发现情况，对于全球煤炭定价体系的形成影响有限。

全球开展煤炭期货业务的国家较少，美国和欧洲的煤炭期货市场是全球最为重要的煤炭场内交易市场①。目前，全球开展煤炭期货交易的交易所和主要的煤炭期货有：美国纽约商业交易所推出的以中部阿巴拉契亚煤为标的的期货以及洲际交易所推出的以南非里查兹贝港、鹿特丹港和澳大利亚纽卡斯港煤炭为标的的三个煤炭指数期货。迄今为止，煤炭期货在降低煤炭价格波动风险、锁定相关生产企业利润、增加煤炭市场流动性方面发挥了不可替代的作用。据 Globalcoal 估算，约有 50% 的煤炭交易通过在期货市场上的并行运作实现对价格波动风险的控制。每年通过洲际交易所的煤炭期货合约结算、交割的煤炭总量约为 10 亿公吨。

1. 美国煤炭期货市场

美国是全球煤炭储量最丰富的国家，其煤炭产量也曾位居世界首位，而且美国的煤炭质量高，位于中部阿巴拉契亚地区出产的煤炭（烟煤）（简称 CAPP）是世界上少数的最优质动力煤，这也是美国煤炭出口的主力。CAPP 煤炭期货市场的运行给各地的交易者带来了大量供求信息，标准化合约的转让又增加了市场流动性，期货市场中形成的价格从某种程度上也真实地反映了实际供求状况，同时又为现货市场提供了价格指引。传统的煤炭交易一般都是以中长期协议的形式来完成的。进入 21 世纪后，由于煤炭价格的波动较大，交易方更愿意以现货方式进行交易。现货市场一般采取的是"招标采购"和"供应商拍卖"的交易机制。前者是指煤炭需求方需要发一份列有具体数量、交割规格、交割时间（支付和交割的时间跨度至少达到 1 年）和地点要求的标书。然后通过市场上的煤炭供应方进行竞价交易。后者是指煤炭供应方将一定数量以及规格的煤炭在市场上以拍卖的形式进行交易，以此获取最大收益。由于现货市场的主要交易方式为场外交易，但是交易的煤炭又没有统一的标准和规格，还有交易的时间跨度又很大，所以总体

---

① 2009 年，澳大利亚证券交易所（ASX）也曾上市煤炭期货合约，后由于上市以后交易持续低迷，于 2012 年 8 月 18 日对外宣布对纽卡斯尔离岸价期货合约停盘。

风险比较大。

美国煤炭市场经过几十年的发展后，逐渐走向成熟。其产量、消耗量、进出口量增长逐渐趋于缓慢。美国前十位煤炭生产集团的市场占有率达到50%以上，且阿巴拉契亚地区的煤炭产量占美国全国总产量1/3以上，那里交通便利、经济发达，可以说非常适合煤炭期货交易。由于煤炭市场与电力市场密切相关，美国90%左右的煤炭被用作发电燃料，同时保证了美国50%以上的电力供给。从20世纪90年代末开始，煤炭的年交易量都达到十几亿吨。

为了有效规避煤炭现货市场的价格波动风险，煤炭期货应运而生。煤炭期货不仅为电力、钢铁等部门提供了一项风险管理的选择，同时也为煤炭行业提供了一种新的风险管理工具。煤炭期货市场的价格走势不仅较为准确地反映了煤炭现货市场的供求变化趋势。同时，煤炭期货市场快捷的信息传递、严格的履约保证、公平公开的集中竞价、简捷方便的成交方式，迅速有效地抹平了区域性不合理的价差，达到资源优化配置的效果。美国的煤炭、电力、钢铁等企业通过煤炭期货市场进行套期保值，有效地回避、转移或分散现货市场上价格波动的风险。煤炭的生产方通过卖出期货合约将未来几个月计划生产的一定量的煤炭销售价格确定在一个固定水平，电力部门通过买进煤炭期货合约为即将装运的煤炭做了预防价格上涨的套期保值，诸如钢铁生产商等非电力行业的煤炭需求者可以利用煤炭期货锁定各自的煤炭成本，有关煤炭的国际贸易公司可以通过煤炭期货为其进出口价格做套期保值。同时，利用煤炭和天然气发电的能源公司可以同时运用煤炭期货与天然气期货以抵消季节性成本波动，并由此来充分利用点火差价——两种燃料的成本与各自发电的价值之间的差别。

2001年7月，纽约商业交易所正式推出中部阿巴拉契亚（CAPP）煤炭期货合约，标志着美国煤炭期货交易市场得以建立。考虑到煤炭的规格、品质等存在较大的区别，纽约商业交易所对合约标的物做了严格的规定，包括热值、水分、挥发分、硬度等。同时，考虑到交割存在运输问题，纽约商业交易所指定具体交割地点。该合约可24小时通过CME的ClearPort进行电子盘交易，场外交易也通过Clearport的结算系统结算。从美国煤炭期货市场的运行看，纽约商业交易所在2001年上市煤炭期货后，一直到2008年前，交易都不是很活跃，每月交易量在5 000手以下，按照每手1 550吨来计算，每月成交不足775万吨，与美国煤炭现货市场相比明显规模偏小。2008年下半年后，纽约商业交易所煤炭期货的成交量逐渐增大，2009年9月，月成交量突破2万手，创上市以来的新高，2010年之后的月成交量也维持在11 000手以上。尽管与原油、天然气等能源期货相比，美国煤炭期货的交易量仍较小，但是其市场功能发挥良好，尤其是价格发现功能方面，为美国煤炭生产企业与火力发电企业签订长期贸易合同提供了重要借鉴。

2. 欧洲煤炭期货市场

欧洲（包括俄罗斯）属于仅次于北美、中国的第三大煤炭消费市场。欧洲国家的煤炭生产满足其国内需求的一大部分，同时基本上保持年度200 Mtce（百万吨标准煤）的进口量（主要由南非、哥伦比亚进口）。波兰、德国是欧盟国家中两个最大的煤炭生产国家，生产总量达到了欧盟国家的2/3左右。德国无烟煤储量为23 Mtce，褐煤储量为408 Mtce，这使得煤炭成为德国最重要的化石燃料。虽然无烟煤是炼钢的重要原料，但是欧盟国家67%的无烟煤和90%的褐煤用于电厂发电。欧盟国家平均29%的电力产生于煤炭，不同的国家该比例有所差异，其中，德国为42%，英国为38%，捷克为59%，波兰则达到了92%。

由于欧洲国家较多，且各国生产消费情况差别较大，欧洲的煤炭期货并没有采用与美国CAPP相似的实物交割方式，而是以较有国际影响力的煤炭价格指数作为结算参考标的，进行现金结算。2006年7月，ICE的欧洲期货分部引入了针对欧洲市场的两种煤炭期货合约：里查兹贝港煤炭期货合约和鹿特丹煤炭期货合约。这两种合约都是以现金结算的期货合约。里查兹贝港煤炭期货合约是建立在南非里查兹贝港装运的煤炭，它以刊登在阿古斯/麦克劳斯基煤炭价格指数报告上的API4指数为现金清算标准。鹿特丹煤炭期货合约是建立在运送到荷兰鹿特丹港口的煤炭，它以刊登在阿古斯/麦克劳斯基煤炭价格指数报告上的API2指数为现金清算标准。值得一提的是，2006年ICE刚上市煤炭指数期货时，一度没有任何交易，直到2007年6月，全部合约的月度交易量才突破1 000手，直到进入2008年后，交易量激增。也就是说，在 ICE 上市的里查兹贝港煤炭期货合约和鹿特丹煤炭期货合约经过两年多的运行后，市场交易日益活跃，活跃度明显高于 CAPP 合约。这要归功于 ICE 煤炭指数期货的现金交割制度。由于现金交割能有效避免实物交割的不便与风险，且降低了交易成本，从而推动了 ICE 煤炭期货交易量的增加。

2008 年 12 月 5 日，环球煤炭电子交易平台和洲际交易所正式联合推出了一项新的煤炭期货合约，即纽卡斯尔煤炭期货合约。它以纽卡斯尔港口指数为基准对澳大利亚生产的煤炭进行出价、竞价，最终以纽卡斯尔港口离岸价完成期货交易。2009 年 12 月初，洲际交易所推出亚洲首个煤炭期货合约——纽卡斯尔合约，该合约以 Globalcoal 纽卡斯尔港口指数为基准对澳大利亚生产的煤炭进行出价、竞价，最终以纽卡斯尔港口离岸价（FOB）完成期货交易。该合约已成为亚洲煤炭市场交易中一个关键的参考价格。在 2010 年 1 月，全部合约月成交量首次突破 10 万手，之后，成交量持续增长，显示出巨大的市场潜力。

（二）煤炭场外交易市场

20 世纪 90 年代中期，国际上开始出现煤炭的柜台交易市场（OTC）。美国、澳大利亚、南非、日本等国，分别选取动力煤、焦煤等品种，从价格发现和套期保值角度出发，进行了期货、期权风险管理方面的探索。从市场规模和市场运行效果来看，美国和欧洲的煤炭场外交易市场发展较为成功。

1. 美国的煤炭场外交易市场

芝加哥商品交易所（CME）在 2010 年 9 月推出 4 种煤炭互换期货和期权合约，作为国际煤炭市场的风险对冲工具。主要针对 ARA 地区煤炭 CIF 价格与 Argus/McCloskey 的 API2 指数的互换期货、期权合约，针对理查德港 FOB 价格和 Argus/McCloskey 的 API4 互换期货、期权合约。这些合约也在纽约商业交易所进行交易，并遵循相关的规章制度。虽然总体上煤炭场外衍生品交易量还较低，但是其发展的趋势非常迅猛。

2. 欧洲的煤炭场外交易市场

欧洲的煤炭场外交易市场主要交易以价差互换为主（在固定价格与浮动

价格之间进行的互换）的煤炭互换合约。其基本原理是：假设欧洲的电力企业和煤炭贸易商签订每月支付的 3 年期互换合约，约定电力企业购买动力煤的固定价格和数量，并约定以每月最终交易日的 TFS 煤炭价格指数系列中的 AP2（浮动市价）作为参照基准，当期应付金额多的一方将把净付款支付给另一方，当浮动价格高于固定价格时，由贸易商向电力企业支付差额；当浮动价格低于固定价格时，那就由电力企业向贸易商支付差额。这样，贸易商可以获得固定的销售收益，而电力企业则可以锁定购买煤炭的成本，规避煤炭现货市场价格波动带来的风险。

二、对国际煤炭金融衍生品市场发展的制度思考

从美国和欧洲煤炭金融衍生品市场的发展经验和教训来看，制度设计在市场发展中起着重要作用。以美国阿巴拉契亚中心山脉期货为例，美国是全球最早推出煤炭期货交易的国家，但其在全球范围的流动性较差，全球参与度较低。因此，它在很大程度上只是反映美国的煤炭供求，并不能对世界范围的煤炭供求进行反映、测度和调控，这与我国煤炭期货市场的现状较为相似，其发展经验和教训值得我国借鉴。与之对应，虽然洲际交易所 ICE 于 2006 年才推出煤炭期货合约，但其活跃程度大于美国的煤炭期货，这对我国煤炭衍生品市场的发展也有所启发。

首先，从煤炭现货市场的制度来看。

（1）煤炭现货的价格机制会影响期货市场的发展。以美国为例，据 EIA 数据显示，美国 2011 年电煤价格比 2004 年上涨了近 41%，与全球其他煤炭主产区价格上涨率基本持平。但由于产销均有非常高的集中性和垄断性，美国煤炭的价格并不是随行就市，而是由煤企与电企通过一年一次的例行会议进行讨论来决定。因此，煤炭企业和电力企业都缺少利用期货市场规避风险的动机。加之，美国的煤炭用途非常单一，基本就是发电，其他行业使用很少，因此缺少煤炭贸易商作为市场参与者，从而进一步削弱了美国煤炭期货市场的流动性。基于此，推进煤炭市场化改革，加快建立自主衔接、自主协商、自主定价，形成反映供求关系、资源稀缺程度、煤矿安全和矿区生态环境补偿成本的煤炭价格形成机制成为重要的任务。

（2）区域现货市场与交易机构整合是煤炭金融衍生品市场发展的重要路径。市场的电子化、自由化与全球化推动着煤炭金融市场的区域整合。区域市场的整合既包括区域现货市场的整合，也包括交易所之间的整合。与天然气市场不同，由于煤炭分散且运输成本较高，因此煤炭市场具有很强的地域性。正由于煤炭市场存在的固有问题，煤炭期货合约价格并没有成为国际煤炭市场定价的最主要参考基准，反而是各类煤炭价格指数为各层次的煤炭交易提供了定价参考基准。从欧美煤炭金融衍生品市场的发展历程看，煤炭市场的区域整合具有重要的意义。一来，现货市场的整合有利于构建一体化的市场服务体系，提供全面市场信息，降低信息获取成本。二来，通过交易所之间的业务整合，有利于进行专业化分工，实现优势互补，避免不必要的竞争，降低投资者成本；同时还能整合资源，有利于降低交易所运营成本，提高效率。例如 CME 收购 NYMEX，ICE 收购 IPE，使交易所的客户覆盖面有所扩大，同时由于在一个统一框架下进行，有利于降低交易成本，提升交易所竞争力。因此，加快煤炭区域市场的整合是加快煤炭金融衍生品市场发展的重要路径。

其次，从煤炭金融衍生品市场的制度设计来看，以下因素会影响煤炭金融衍生品市场的发展。

（1）以市场化为导向的政策法规是煤炭金融衍生品市场发展的重要前提。纵观美国和欧洲煤炭现货、期货、期权的发展历程，煤炭金融衍生品都是在市场化改革后期或成熟以后推出的，需要由政府制定相应市场化政策来推动。美国和英国是煤炭价格机制改革最早的国家之一。美国的煤炭资源管理偏重于采用市场化的手段。根据《矿产租借法》，美国从 1920 年开始出租联邦政府拥有的埋藏煤炭资源的土地。联邦政府通过一系列法规对煤炭资源实施管理。主要有《联邦土地政策和管理法》（1976）、《矿产租借法》（1920）、《联邦煤矿租赁修正法》（1976）、《露天采矿控制与复田法》（1977）和《国家环境政策法》等。煤炭资源价格的确定是在煤炭资源评估的基础上进行的。煤炭资源开采前，由联邦政府对勘探出的煤炭资源进行评估，主要经过技术评估、经济评估和确定资源价格三个阶段。美国煤炭市场完全开放，煤炭价格完全通过市场机制形成，联邦政府通过立法对煤炭工业进行宏观调控，各煤炭公司根据市场需求，通过与用户签订长期合同的方式直销煤炭。由于美国煤、电生产商之间在煤的供应方面拥有的长期合同，在某种意义上类似于期货合同，因此在一定程度上又降低了煤炭企业和电力企业利用期货市场规避风险的动机。

而在英国，1979年，英国开启了私有化浪潮。私有化和市场化改革涉及英国几乎所有领域，其中最具代表性的是能源领域的市场化改革，大体上分三个阶段推进。第一阶段是在上游产业引入竞争机制。第二阶段着重建立完全竞争的能源市场模式，主要改革措施是打破垄断，推动能源网络管道等下游产业向社会资本放开。第三阶段以国际自由贸易为标志。此后，纽约商业交易所于2001年推出了中部阿巴拉契亚煤炭期货合约，洲际交易所于2006年也陆续推出期货合约。因此，发达的现货市场提供了大量的套期保值者，为煤炭金融衍生品市场的稳定发展提供了可靠保证。

（2）完善的交割制度是提高煤炭金融衍生品市场流动性的关键。交割也是煤炭金融衍生品交易的重要一环，交割方式的设计在很大程度上影响了交易成本和市场效率。目前，煤炭金融衍生品市场的交割制度主要分为实物交割与现金交割，但主要以现金交割为主。美国的煤炭期货上市时间较早，但是自2001年上市后，交易一直不活跃，实物交割方式是导致市场不活跃的主要原因之一。煤炭本身是大宗散货，不易储存、质量易变、运输成本高，导致交易成本较高，因此为实物交割带来了困难，阻碍了实物交割煤炭期货的活跃。直到Platts、McCloskey和Argus等煤炭咨询公司推出煤炭价格指数，才为实现煤炭期货的现金交割奠定了基础。洲际交易所于2006年开始上市的煤炭指数期货，一种是以处于南非的煤炭运输港口理查兹贝海湾的离岸价格为标的，以麦克劳斯基准煤炭研究咨询公司发布的API4的煤炭价格指数为清算标准的理查兹贝煤炭期货合约；另一种是以荷兰的世界煤炭装运大港——鹿特丹港的现货到岸价格为标的，以麦克劳斯基发布的API2指数为清算标准的鹿特丹煤炭期货合约。由于采取现金交割方式，其活跃程度超过了美国的煤炭期货。之后，为增强煤炭期货合约的吸引力，提升交易量，新的煤炭期货合约交割方式的设计都采用现金交割。现金交割方式方便非产业链上的投资者进入煤炭期货市场，有利于降低交易成本，增强市场活跃度,提高市场流动性。因此,从金融属性角度看,未来我国煤炭期货市场也应该以现金交割为主,不仅可以避免逼仓风险,还可以简化交割环节,均衡买卖双方利益,方便国际投资者参与,提升国内煤炭市场国际定价权。

(3) 有效的监管制度是煤炭金融衍生品市场机制发挥作用的重要保障。对欧美煤炭金融衍生品市场的研究发现,完善的监管制度有利于抑制机会主义从而减少不确定性,并进一步降低交易成本。目前欧美煤炭金融衍生品的监管从层次上看主要包括政府监管和交易所等组织的自律监管。政府监管主要在于颁布法律、法规,对交易所和市场参与者行为进行监督,旨在消除因市场机制失灵而带来的产品和服务价格扭曲以及由此引发的资本配置效率下降,确保市场高效、平稳、有序运行。在煤炭金融衍生品市场的政府监管层面,1974 年,美国国会通过《商品交易法》,授予 CFTC (Commodity Futures Trading Commission) 对期货合约的管辖权。2000 年 12 月生效的《商品期货现代化法案》扩充了受监管的交易所进行创新和回应竞争的自由空间,并提供了新的灵活的监管框架。而英国则在 2000 年颁布《金融服务和市场法》,赋予英国金融服务监管局对期货机构的监督权。在自律监管方面,美国煤炭金融衍生品市场采取的是法定自律形式,国家法律既赋予了自律组织为履行职责所必需的权力,同时也对自律组织权力的行使给予限制。英国则采用的是政府适度干预下的完全自律形式。自律制度的灵活性与政府监管有效性互为补充,政府监督与自律监管之间的协作使得煤炭金融衍生品市场得以顺利运行。因此,在煤炭金融衍生品市场发展过程中,需要由政府成立相应的监管机构,对整个市场化过程进行规划和监管,并推动相关立法,保证市场化过程中信息清晰透明,同时加强与自律监管之间的协作,提高监管效率,完善监管制度。

(4) 合适的结算模式是提高市场交易效率的重要推力。能源金融衍生品结算模式的选择对市场效率和交易成本具有重要的影响。目前,美国煤炭金融衍生品市场上,芝加哥商品交易所,纽约商业交易所采取的是交易所内设结算部的模式;而在欧洲煤炭衍生品市场上,洲际交易所采取的是独立结算公司模式。不同的结算模式具有不同的特点,相对而言,交易所内设结算部门模式能够提高交易所及结算机构的整体效率,由单一机构来统一调控交易结算的整个流程，能使交易流程在运作上更流畅，减少交易环节断裂引致的"摩擦成本"。而独立模式的优点主要表现为促进结算机构之间及交易所之间的竞争，遏制过度投机和增加市场参与者的选择。相对而言，美国煤炭衍生品金融市场更为集中且监管制度更为完善，因此采用交易所内设结算部门的模式既能发挥其优势，也能防止交易所和结算机构共谋导致的风险行为。因此，选择适合的结算模式以适应和推动煤炭衍生品金融市场的发展非常有意义。

（5）场外市场是煤炭期货市场的重要补充。美国OTC衍生品市场非常发达，芝加哥商品交易所2010年推出煤炭互换和期权合约，这些合约均可以在ClearPort进行交易和结算。煤炭的生产和消费企业之间签订长期供货合同，可以通过发达的OTC市场，与投资银行进行对冲等方式来转移和规避风险，而不必参与期货市场。欧洲地区主要的场外交易是动力煤互换合约，主要参与者是煤炭生产贸易商、燃煤电厂等，主要以价差互换位置，在固定价格和浮动价格之间进行互换。但是，场外市场和期货市场并不是完全相互替代的，两者各有优势。一方面，对于煤炭金融衍生品投资者而言，场内交易的期货合约是标准化合约，而场外市场能够提供更丰富的灵活性；另一方面，场外市场由于市场价格和流动性缺乏透明度，也会存在附加的风险。因此两者是互相补充的，这对于建设我国煤炭金融衍生品市场具有重要的意义。现阶段，国内煤炭现货市场非常活跃，依靠现代化网络信息平台及政策性力量的推动，煤炭的生产及消费间能够建立长期的合作，在很大程度上防止了价格的大幅波动。然而，由于煤炭市场化的加快，以及市场融合力的强化，中长期的价格合约已经开始滞后于日益变化的市场形势。因此，必须加快发展国内煤炭场外市场，丰富煤炭金融衍生品市场类型。

第三节　中国煤炭现货市场

煤炭是中国能源体系的支柱，在发电、取暖、炼焦等能源经济活动方面应用最为广泛。据测算,中国近 80% 的发电量来自燃煤发电。虽然近年来兴起了对清洁能源的巨大需求,但煤炭在中国能源体系中仍然占据着十分重要的地位。

一、中国煤炭现货市场的发展历史

中国煤炭工业已经发展了 70 多年,新中国的第一个煤矿科研机构于 1953 年建立。但是,由于种种因素的制约和干扰,煤炭行业始终未能从根本上摆脱粗放型的传统生产方式。改革开放以后,煤炭经济体制由计划经济转变为市场经济,产业结构得到显著优化,煤炭工业生产力水平实现了跨越式发展和大幅提升,奠定了煤炭工业健康可持续发展的坚实基础。从改革发展历史进程来看,总体经历了四个阶段。

1. 1978—1992 年:煤炭产业深化改革阶段

这一阶段,我国煤炭产业集中实施行业调整,全面开展企业整顿,恢复健全了各项规章制度,缓解了煤炭供求紧张局面。1987 年,原煤炭部制定了《统配煤矿和其他骨干企业深化改革的几点补充办法》,进一步落实了后三年承包任务和责任;增加了保证正常接续和固定资产完好的承包内容;规定企业内部可以实现多种承包形式;将竞争机制引入承包,竞争产生经营者;承包者的收入与经营效果挂钩等。1991—1992 年,延续两年承包,主要承包财务指标,重点落实盈亏包干指标,抑制亏损增加的局面。1992 年实现了总承包以来的首次减亏。1992 年 7 月,国家取消了计划外煤价限制,放开指导性计划煤炭及定向煤、超产煤的价格限制,出口煤、协作煤、集资煤全部实行市场调节,市场煤所占比重接近一半[①]。

2. 1993—2001 年:煤炭产业改革脱困阶段

党的十四大以后,国务院作出了逐步放开煤价、取消补贴、把煤炭企业推向市场的重大决策,并出台了一系列扶持政策。围绕建立社会主义市场经济体制,国家改革了税收、投资、外贸、价格体制等,初步确立了企业的市

---

① 激荡四十年・煤炭业迈向高质量发展 [EB/OL]. https://finance.huanqiu.com,2018-8-27.

场主体地位。煤炭产业坚持以经济效益为中心、以扭亏增盈为目标，进一步落实企业自主权，建立现代企业制度。

3. 2002—2011 年：煤炭产业健康可持续发展阶段

为贯彻落实党的十六届三中全会《中共中央关于完善社会主义市场经济体制若干问题的决定》，国家进一步改革煤炭投资体制，煤矿审批制改为核准制，建立和完善国有资产监管体制，推行资源有偿使用制度，改革煤炭订货会制度，实施煤电价格联动，市场配置资源的基础性作用逐步发挥。2002 年，除国家控制的计划内供发电用煤仍然执行国家指导价格外，其他行业用煤实现了市场定价。2004 年，全国煤电油运出现紧张局面，煤炭需求大幅增加，煤炭产能快速增长。

4. 2012 年至今：煤炭产业高质量发展阶段

党的十八大以来，各地区各部门以推进供给侧结构性改革为主线，全力落实去产能、去库存、去杠杆、降成本、补短板五大任务，着力提升供给体系质量，供给侧结构性改革取得实质性进展，市场供求关系明显改善。

2016 年 2 月 1 日，国务院发布《关于煤炭行业化解过剩产能实现脱困发展的意见》（国发〔2016〕7 号）提出，从 2016 年开始，用 3～5 年的时间，再退出产能 5 亿吨左右、减量重组 5 亿吨左右，较大幅度压缩煤炭产能，适度减少煤矿数量，煤炭行业过剩产能得到有效化解，市场供需基本平衡，产业结构得到优化，转型升级取得实质性进展[①]。

二、中国煤炭现货市场的发展现状

（一）中国煤炭现货市场的发展特点

按照国务院 2014 年发布的《关于深入推进煤炭交易市场体系建设的指导意见》，我国煤炭现货市场包括全国性、区域性和地方煤炭交易市场。全国性煤炭交易市场主要承担全国范围内煤炭交易，煤炭年交易量在 2 亿吨以上，贴近煤炭主产地、消费地、铁路交通枢纽、主要中转港口，能够与国家

---

① 中国煤炭工业发展历程及未来展望 [EB/OL]. https://www.xianjichina.com/news/details_78538.html，2018-7-23.

批准开展涉煤品种期货交易的期货交易场所进行对接。区域性和地方煤炭交易市场主要承担相应范围内煤炭交易。

煤炭是我国的主体能源，占一次能源生产总量和消费总量均 70%。鉴于我国"富煤、缺油、少气"的能源特征，在未来相当长时期内，煤炭作为主体能源的地位不会改变。同时，我国也已成为世界第一煤炭进口国。

在煤炭产量的区域结构上，煤炭产量越来越集中于"晋陕蒙新"的资源优势地区，2018 年，内蒙古、山西和陕西 3 省区原煤产量合计 24.43 亿吨，占全国的 68.9%，比 2017 年提高 2 个百分点。东部地区煤炭产量持续萎缩，山东、安徽、河南、河北等传统产煤大省产量不同程度下降，北京、江西、福建、湖北 4 省市煤炭产量降幅都超过了 10%。近年来，全国煤炭消费量在 2013 年达到 42.44 亿吨的峰值之后连续 3 年下降，2017 年转为小幅回升 0.4%。2018 年煤炭消费继续保持增长，同比增加 1%，增幅比 2017 年加大 0.6 个百分点，全年煤炭消费总量大约 38.9 亿吨。

煤炭市场的价格走势方面。自 2012 年年初起，煤炭价格连续 4 年下降，到 2016 年年初触底反弹，7 月之后出现快速大幅度上升，11 月价格显现阶段性峰值，之后稍有回落，基本在一合理价位上波动。近两年煤价基本在一高平台上波动趋稳，进入 2018 年以来，由于电煤价格有中长协合同为保障，使得总体价格一直基本稳定。炼焦煤价格变化与动力煤变化大体相似。

(二) 煤炭现货交易的主要模式

1. 中长期合同制度

2016 年 11 月，国家发展改革委、国资委印发《关于加强市场监管和公共服务保障煤炭中长期合同履行的意见》，定义了煤炭现货交易中所谓的中长期合同的概念：指买卖双方约定期限在一年及以上的、单笔数量在 20 万吨以上的厂矿企业签订的合同。

在国家发改委、国资委的引导下，2016 年 11 月，神华集团、中煤集团与华能集团、大唐集团、国电集团等五大发电集团先后签订了 2017 年电煤中长期合同，覆盖全国近半数煤电机组。地方煤炭企业也开始跟进，纷纷与电力企业签订 2017 年电煤中长期协议。然后，煤炭中长期合同从电煤开始，迅速扩展到了炼焦煤领域。2016年11月23日，山西焦煤与宝钢、鞍钢、河钢、首钢、华菱钢、马钢等六家大型钢铁企业签订炼焦煤购销中长期合作协议。2016年12月1日下午，在2017年度全国煤炭交易会上，兖矿、陕煤化、龙煤、伊泰、开滦、冀中能源、淮南、平煤、阳泉、榆林能源等10家煤炭企业与电力、钢铁等主要用户企业签订中长期合同，范围从电煤扩展到钢铁、建材行业，标志着煤炭行业全面进入中长期合同时代。

经过三年的市场变化及价格大幅波动，无论是国家宏观调控部门还是煤电双方，都意识到中长期合同对维护煤炭市场稳定的重要性。2019年12月发改委发布的《关于推进2020年煤炭中长期合同签订履行有关工作的通知》提出：(1) 进一步规范中长期合同签订，切实提高中长期合同签订的数量。其中，中央和各省区市及其他规模以上煤炭、发电企业集团签订的中长期合同数量，应达到自有资源量或采购量的75%以上，较2019年水平有合理增加，鼓励引导新投产煤矿签订更高比例的中长期合同。支持签订2年及以上量价齐全的中长期合同。鼓励多签有运力保障的三方中长期合同。(2) 切实提高合同履行水平，煤炭产运需企业要切实增强诚信意识，合同一经签订必须严格履行，中长期合同季度履约率应不低于80%、全年履约率不低于90%。国家发改委将会同有关方面加强指导，重点对产运需三方中长期合同进行监管，合同履行情况实行分月统计、按季考核。各地区有关部门要建立和完善合同履行考核评价措施，在企业相关项目核准审批、运力调整和信用约束等方面，实施守信激励和失信惩戒。

从实际运行情况看，中长期合同周期从之前的1年，变为之后的3年，再到现在的5年，说明煤炭供需双方都愿意把目前的中长期合同固定下来。总之，中长期合同已成为煤炭产运需各方建立长期、稳定、诚信、高效合作关系的重要基础，也是充分发挥市场在资源配置中的决定性作用，更好发挥政府作用的具体体现。

2. 煤炭现货交易中心的发展

煤炭交易中心是为煤炭生产、流通、消费企业提供煤炭交易服务以及与交易相关服务的第三方、集中型煤炭交易市场。作为一种大宗商品交易，煤炭交易中心的交易标的物是煤炭现货（spot goods），包括煤炭中远期现货与即期现货①。

早在 20 世纪 90 年代初，我国就已开始了煤炭交易中心的探索。2005 年 6 月，国务院出台《关于促进煤炭工业健康发展的若干意见》，明确提出"加快建立以全国煤炭交易中心为主体，以区域市场为补充，以网络技术为平台，有利于政府宏观调控、市场主体自由交易的现代化煤炭交易体系"。之后，各地纷纷开始建设煤炭交易中心，2007 年，中国（太原）煤炭交易中心正式挂牌成立，带动我国煤炭交易中心建设全面提速，并在 21 世纪 10 年代达到顶峰。最多时全国有 40 多家。

目前，我国各地建成的煤炭交易中心有 30 多个，已经运营的煤炭交易中心分布于全国多个地区，基本上形成了中国（太原）煤炭交易中心、内蒙古煤炭交易中心、陕西煤炭交易中心等煤炭产地型煤炭交易市场，秦皇岛海运煤炭交易市场、天津天保大宗煤炭交易市场、徐州华东煤炭交易市场等集散地型煤炭交易市场，沈阳煤炭交易中心、鲁中煤炭交易中心、华中煤炭交易中心、华南煤炭交易中心等消费地型煤炭交易市场并存的空间布局。

现有煤炭交易中心的主导业务可以分为传统现货交易、信息服务、电子交易和物流服务四种类型。传统现货交易是交易中心为买卖双方提供面对面沟通谈判的场所，并依托交易中心自己的煤炭存储、配煤、物流运输等资源实现煤炭交易；信息服务是以煤炭交易以及相关信息为主要业务，依托现代化的网络平台，为交易商发布供求信息并提供诸如仓储、船舶运输等信息；电子交易是利用现代化技术手段，实现整个交易过程的电子化，包括交易前的信息发布、交易中的价格形成、交易后资金结算和货物交割；物流服务是依托煤炭运输、仓储、配煤等服务，凭借自身的运输节点和运输资源优势开展业务②。

早期的煤炭交易中心名为交易中心，实为物流中心或信息中心，交易并没有成为煤炭交易中心运营的核心。交易中心的交易量少，流动性差。各交易中心的主导交易方式不是集中型电子竞价交易。现货交易方面，仍然以现货电子交易和面对面交易为主。交易中心只是将买方的货物需求信息和卖方

---

① 钱平凡.煤炭交易中心属性界定与政策建议［N］.中国经济时报，2013-2-21.
② 周健奇.煤炭交易中心的主要问题、成因及建议［N］.中国经济时报，2012-12-19.

的货物供给信息发布，买卖双方商品议价等关键环节依然是通过传统的面对面方式进行。因此，交易都是在线下或场外达成后再上线或进场履行合同签订等手续。交易商进入的原因或是迫于地方政府的行政干预，或是仅为享受交易中心提供的税费优惠。

各地的煤炭交易中心在2013年达到顶峰后，逐渐回落，到2015年，就只剩下20多家。这些煤炭交易中心大致包括依托港口集散地、主产地及依托大煤企设立。其中，广州、秦皇岛、内蒙古、太原等地依托区域煤炭集散中心和物流节点，采用电子化、网络化的交易平台，发展成为区域煤炭交易中心，逐渐形成了区域煤炭交易市场（见表5-1）。

表5-1 我国主要的区域性煤炭交易中心

区域性煤炭交易中心	主要介绍
华南煤炭交易中心	提供的主要功能有：煤炭网上交易平台、信息发布、交流平台、仓储交割平台、信用保障平台；另外，还为客户提供必要、准确、最新的行业信息；为客户提供煤炭交易的配套物流增值服务，如船代、货代、配送、仓储、加工煤炭检测代办等业务；从事煤炭经销业务，起到稳定市场，平衡供应的作用；与银行合作开展货物监管、仓单质押、融资贷款业务
秦皇岛海运煤炭交易市场	将经营目标定为保持日常运营基础上少量获利，目前其主要收入来源是会员的会费，并且港口把过户费作为扶持政策，转由市场代收。这两方面的收入较为稳定，因此可以保证交易市场的正常运营
内蒙古煤炭交易中心	建立于2009年，位于内蒙古鄂尔多斯市的产地型煤炭交易中心。通过高效、集约、共享的电子交易系统，内蒙古煤炭交易中心与大中型煤炭生产、消费与流通用户及金融、物流等服务商共建以交易为核心、信息为基础、物流为保障、金融为支撑，立足于鄂尔多斯并辐射周边地区及国家
中国太原煤炭交易中心	是国内煤炭交易商最多、交易额最高、交易量最大的煤炭现货交易市场。目前围绕预付、应收、质押等业务推出了包括煤炭订单融资、应收账款融资、票据融资、仓单质押融资、铁路运费融资、竞价交易融资在内的多项金融产品，并成功开展了相应试运行工作

2019年7月，35家煤炭上中下游大型企业联合成立了我国第一家国家级的煤炭交易中心——全国煤炭交易中心有限公司。35家股东单位中，中国铁路投资有限公司为最大股东，出资比例占30%；神华销售集团有限公司、中国中煤能源股份公司和中国铁路物资集团有限公司出资占比分别为5%；秦皇岛股份有限公司通过自身及关联公司秦皇岛海运煤炭交易市场有

限公司合计持有7%的股份。全国煤炭交易中心以降低贸易交易成本、提升市场效率为核心,全力打造"立足全国、辐射亚太、影响全球"的煤炭交易平台。未来,我国将逐步形成以全国煤炭交易中心为核心,区域煤炭市场为补充的现代煤炭交易市场体系。

三、中国煤炭现货市场的定价机制

(一)中国煤炭现货市场的定价机制演变历史

我国煤炭价格改革的过程大致可分为五个阶段。前三个阶段称为计划经济或不完全的计划经济阶段,主要特征是学习苏联的集中计划经济,把煤炭作为生产资料,定为国家一级统配物资,实行统购统销政策,由政府采取低价政策定价。

(1) 1949—1984年。煤炭产业实施的是完全的计划机制,煤炭价格由国家根据不同生产资料之间的比价、煤炭的生产成本、物价水平以逆序制定。煤炭产品价格的唯一功能是用于煤炭企业内部结算和核算[①]。煤炭价格由国家按当时煤炭企业的开采成本和国家需要来定价。从这一时期总体的煤炭价格变化来看,煤炭价格保持相对较低的态势,而且变化的幅度比较小,基本在小幅范围内波动。随着经济的发展,煤炭企业采煤成本逐步提高,政府采取措施对煤炭价格进行了调整,但由于煤炭对经济发展的重要性,故调整的幅度较小。由于煤炭价格较低,企业大多处于亏损状态。此时的煤炭价格没有合理、真实地体现其价值,由于煤炭价格较低而成本较高,大多数煤炭企业需要国家补贴才能维持运营,煤炭企业的基础建设和扩大再生产也要依赖国家投资。

(2) 1985—1992年。煤炭价格以多层次计划价格的形式存在。在完全计划价格之后,我国从1985年开始实行了多层次的计划价格,并一直持续到1992年。该阶段产生了多种煤炭价格形式,如国家的指令性计划价格、国家指导性的超产加价和地区差价价格、不纳入国家计划的自销煤炭市场协议价格等。与第一阶段相比,这一阶段的国家政策发生了一些明显变化:第

---

① 郝家龙.煤炭价格风险管理理论与方法研究[M].北京:经济日报出版社,2010.

一，对于国家重点煤炭企业生产的统配煤由政府制定价格；第二，国家规定产量以外的煤炭企业可以在政府定价基础上加价；第三，如果某些地区缺煤比较严重，该地区煤炭的销售价格可以上浮；第四，对比较特殊的煤种可以由煤炭企业和煤炭需求方协商确定价格。

（3）双轨制阶段。该阶段的持续时间为1993—2007年。1993年以后，煤炭价格逐步放开，但由于发电用煤仍实行政府指导价，此时发电用煤价格与商品煤价格差距很大。以国有重点煤矿煤炭平均出矿价为例，1997年商品煤平均售价为166.34元/吨，发电用煤平均售价137.33元/吨，两者相差29.01元；2006年商品煤平均售价为301.55元/吨，发电用煤平均售价216.18元/吨，两者相差85.37元[①]。2007年，随着全国煤炭订货会的取消，名义上电煤价格双轨制也走向终结。

（4）市场化阶段。该阶段的持续时间为2008—2016年。这一阶段，中国的炼焦煤价格已经基本实现了市场化交易，由国内和国际市场的行情决定价格，并逐渐尝试将电煤价格完全由市场定价。2009年12月15日，国家发改委发出通知，要求曾经每年召开一次的煤炭订货会不再召开，这标志着煤炭价格的形成越来越市场化，煤炭价格由交易双方自行商议确定。2012年，国务院发布了《深化电煤市场化改革的指导意见》，规定自2013年起实施电煤价格并轨。2013年，国务院在《关于深化电煤市场化改革的指导意见》中明确，取消重点合同，取消电煤价格双轨制，要求煤炭企业和电力企业自主协商确定价格。2013—2015年，重点电煤合同取消后，煤企和电企开始自主协商签订定量定价的长协合同，但由于这一时期煤炭价格处在下行通道中，长协合同无法执行年初价格。2016年，国家发改委下发了《关于加强市场监管和公共服务保障煤炭中长期合同履行的意见》。2016年年底，原神华集团重拾年度长协价和现货价的价格双轨制，并按要求制定了较明确的长协价定价机制，即"5500大卡动力煤基准价535元+浮动价"的定价模式。由此，2017年的电煤价格即采用"基础价+浮动价"的中长协价格。

---

① 吴学旭，杨晓龙.经济新常态下煤炭价格下滑的原因及其定价机制研究［J］.价格月刊，2015（3）：23-26.

(5) 2017 年至今的"基础价＋浮动价"的中长协价格与市场价并行阶段。正如前文所述，煤炭行业自 2017 年开始全面进入了中长期合同时代，确立了煤电"基准价＋浮动价"的定价机制。在后面的三年中，发改委不断完善中长期合同价格机制。根据 2019 年 12 月发改委发布的《关于推进 2020 年煤炭中长期合同签订履行有关工作的通知》，明确中长期合同定价依旧坚持"基准价＋浮动价"的定价机制。在电煤、焦煤之外的煤炭，仍然由市场来定价。总的来看，"基础价＋浮动价"的长协价格机制对煤炭价格的波动性起到了一个"平滑"的作用，而长协煤占比的提高，使其"保供""稳价"的作用更为凸显。

（二）中国煤炭现货市场的定价机制现状

鉴于"基准价＋浮动价"的定价机制已经成为中国煤炭现货市场重要的定价机制，下面我们将重点对其进行阐述。按照发改委 2019 年 11 月发布的《关于推进 2020 年煤炭中长期合同签订履行有关工作的通知》，煤电双方应继续参照"基准价＋浮动价"定价机制，协商确定年度中长期合同价格。对双方协商能够达成一致意见的，按双方商定的意见执行，如双方不能达成一致意见，应按以下原则执行。

(1) 基准价方面，下水煤合同基准价由双方根据市场供需情况协商确定，对协商不一致的，仍按 2019 年度水平执行；铁路直达煤合同基准价由下水煤基准价格扣除运杂费后的坑口平均价格和供需双方 2019 年月度平均成交价格综合确定，两类价格权重各占 50%。

(2) 浮动价方面，下水煤合同与铁路直达煤合同的浮动价，均可结合环渤海煤炭价格指数、CCTD 秦皇岛港煤炭价格指数、中国沿海电煤采购价格指数综合确定。

(3) 区域内合同定价机制也应参照上年度机制协商确定，鼓励供需双方参照区域交易中心发布的价格指数定价。对供需双方意见不一影响签订的，各地经济运行部门要本着市场化、法治化原则积极协调。

此外，完善各种中长期合同价格机制。季度、月度以及外购煤中长期合同等均应按年度中长期合同价格机制执行，价格原则上应稳定在《关于印发平抑煤炭市场价格异常波动的备忘录的通知》（发改运行〔2016〕2808号）规定的绿色区间内。对确因采购成本较高的外购煤长协，价格应不超过黄色区间上限。

四、推动中国煤炭现货市场发展的制度思考

（一）评估中长期合同期限对市场的影响，优化中长期合同时长

2017年以来，国家发改委试图通过强制性制度规定来引导市场提高煤炭中长期合同的时长，进而达到稳定煤炭供需与预期的目标。然而，张言方（2019）[1]的研究表明，在某些场景下，中长期合同带来的煤价下滑并不明显。美国煤炭期货市场的发展教训也表明，中长期合同不利于煤炭期货市场的发展。此外，由于中长期合同煤价与市场煤价之间的差距，合同期限的增加还会加剧煤电企业双方的价格博弈，如电力企业倾向于采购合同煤来压低市场煤价，而煤炭企业则倾向于减少合同煤供应来抬高市场煤价，两者的博弈会加剧煤炭价格波动，进而降低中长期合同政策效力。因此，政府应全面评估中长期合同期限对现货市场和期货市场的影响，努力优化中长期合同的时长。

（二）尊重企业市场主体地位，完善中长期合同的市场化交易机制

为保障中长期合同的履行，国家发改委对合同煤量、合同时长、合同价格及合同履约率提出了强制性的制度规定。然而，张言方（2019）的研究表明，政策的直接干预会抑制煤价波动，虽然也能带来总产值的小幅增加，但增幅明显小于煤价冲击的宏观经济效应。此外，政策的直接干预在一定程度上会影响市场化交易。因此，在继续推行中长期合同制度的过程中，政府一方面应尊重企业市场主体地位，减少对合同签订的行政干预，完善中长期合同的市场化交易机制；另一方面应推进下水煤合同定价机制和铁路直达合同定价机制的法制化建设。同时，逐步放开进口煤限制，通过市场自发调节来平抑煤价上涨趋势，从而合理提高中长期合同的履约率和执行的均衡性。

---

[1] 张言方.政策传导下中国煤炭价格波动及其宏观经济效应研究[D].中国矿业大学，2019.

(三）减少临时价格干预，完善中长期合同监管制度

一是重点发挥中长期合同定价政策的引导功能，尽量减少煤价上涨三级响应等临时价格干预行为。二是根据中长期合同制度的具体操作目标，灵活选择政策工具及联合发布方式。三是搭建由政府牵头、煤炭产业链上下游企业、行业协会及第三方监督机构参与的合同信用管理平台，并建立公平合理、奖惩并举的信用管理制度，通过第三方信用机制推动中长期合同的履行。

第四节 中国煤炭金融衍生品市场

中国是世界上最早利用煤的国家，煤炭是中国能源体系的支柱，同时也是价格比较低廉并且能够自给自足的能源。近年来，国际金融衍生品市场发展迅速，虽然煤炭类金融衍生品市场发展相比其他金融市场来说相对滞后，但也取得了一些突破。在已有煤炭金融衍生品的基础上，我们认为煤炭期货、煤炭期权等都是中国煤炭金融市场发展的必然趋势，它们将构建起中国煤炭金融衍生品的市场体系，为实现煤炭企业转型升级，提升我国煤炭市场定价优势奠定坚实基础。

一、中国煤炭金融衍生品市场的发展历史

中国煤炭金融衍生品市场的发展历史大致可分为探索期、整顿期、期货大发展期以及期权发展期。

1. 中国煤炭金融衍生品市场的探索期（20世纪90年代之前）

早在20世纪90年代，上海就成立了上海煤炭交易所，尝试开展煤炭现货和远期合约交易，其会员单位包括煤炭生产、物流、消费和金融服务等近百家企业。当时的煤炭交易机制采用集中交易、公开竞价、平等协商、统一结算。交易方式为公开喊价和计算机自动撮合。交易的品种包括烟煤、无烟煤和洗精煤。但由于当时的政策环境、市场条件等因素，导致仅仅维持一年就被迫终止上市，其深层次原因是我国煤炭资源的运输瓶颈的限制、煤炭期

货标准合约的不合理、煤炭仓储的特殊性、煤炭品种的不合理及煤炭期货交割的客观困难。

2. 中国煤炭金融衍生品市场的整顿期（20世纪90年代—2012年）

我国在20世纪90年代曾有过煤炭期货市场失败的教训，加之2013年以前煤炭价格受计划调控比较严重，煤炭期货在观念上和发展条件上都受到"双向"钳制。2013年后，随着行业形势的扭转，煤炭价格金融化趋势才逐渐明显。在此期间，中国大连商品交易所（DCE）于2011年4月推出了焦炭期货。

3. 中国煤炭金融衍生品市场的期货大发展期（2013—2019年）

2013年3月，焦煤期货在大连商品交易所上市交易，成为我国第一个真正意义上的煤炭期货品种。这两种合约是世界上第一个同类期货品种。焦炭期货和焦煤期货的推出，给中国煤炭市场带来了积极影响，不仅有助于中国完善煤焦钢体系，还帮助中国建立了煤炭定价中心，争夺国际定价权。2013年9月，动力煤期货登陆郑州商品交易所，标志着我国最大的能源商品市场金融化进程取得实质性进展。由于动力煤期货均采用实物交割，上市以来一直是我国实物交割量最大的商品期货品种。2014年8月，上海清算所尝试推出了人民币动力煤掉期业务，实现煤炭场外交易零的突破[①]。从市场交投情况看，成交量仍较为有限，上市以来月度平均成交量仅为1160万吨左右。由于参与过程相对封闭，该业务推出后影响力非常有限，其价格发现和套期保值试用范围远逊于期货市场。

4. 中国煤炭金融衍生品市场的期权发展期（2020年至今）

2020年6月30日，动力煤期权在郑州商品交易所上市，标志着中国煤炭金融衍生品市场进入期权发展期。首日挂牌合约包括标的月份为2020年9月、2020年10月、2020年11月及2021年1月到期的四个动力煤期权合约，每个挂牌合约均挂出了13个看涨和看跌期权。

---

① 李其保，柳妮. 我国煤炭金融衍生品发展现状与趋势研究［J］. 煤炭经济研究，2015，35（4）：38-42.

二、中国煤炭金融衍生品市场的发展现状

(一) 煤炭期货市场

国内煤炭金融衍生品市场以期货交易为主。总结煤炭期货市场的发展现状，可以发现以下特征。

一是煤炭期货规模不断扩大，流动性较强。现货企业参与度逐步增加，多数现货企业合理利用期货规避经营风险，主力合约交割非常顺畅。煤炭期货每日上千万吨的交易量能够满足大多数的套期保值需求。煤炭供应商、电力企业、钢铁企业等参与煤炭期货市场的方式不限于交易期货，跟踪分析期货市场的变化，也有助于更清晰地判断现货市场的走势。现货企业参考期货价格进行点价贸易，可以规避现货市场的不确定性。买卖双方商定期货合约的升贴水与点价规则，确定买卖关系后，更便于实施对冲套保的交易策略。但是，煤炭生产企业与用户直接参与期货交易的还比较少，总交易规模与我国巨大的煤炭现货相比仍显不足。分品种看，焦炭期货、焦煤期货的流动性更强，导致投机较多，焦炭期货、焦煤期货日均单边成交达到 20 多万手和 1 万多手。

二是煤炭期货的价格发现功能与市场引导功能得到逐步认可。在 2016 年大涨，2017 年宽幅震荡的行情中，煤炭期货的收盘价始终没有突破当年现货的高点，并且价格的拐点基本都是期货领先现货出现的。赵笙凯和吕靖烨（2019）[①] 的实证研究也发现，我国煤炭期货市场价格与现货价格之间保持长期的价格相关性联系，煤炭期货价格在一定程度上有着价格发现和价格指导的功能，并对煤炭现货价格产生直接的影响。分品种看，相对而言，炼焦煤受益于上下游产业链期货品种较为健全，市场交投活跃，风险管理功能更为突出。

三是煤炭期货市场的有效性较强。2016 年 1 月合约至今，在 1 月、5 月、9 月的交割月前后，现货价——期货近月合约收盘价的基差都会明显收敛，焦煤焦炭基差多数情况下会回到 [-100，100] 的区间内。动力煤基差

---

① 赵笙凯，吕靖烨. 中国煤炭期货市场价格有效性的实证研究 [J]. 煤炭经济研究，2019 (3)：41-48.

基本会回到[-50,50]的区间内,说明期现货市场的价格存在显著联系,期货价格没有长时间偏离现货市场。

四是交割较平稳。以动力煤期货为例,自上市以来,动力煤期货历次主力合约均发生实物交割,是国内交割量最大的商品期货品种。截至2020年5月,累计交割27次,交割量合计达1 381.5万吨,参与交割的企业达105家。从运行情况来看,动力煤期货价格权威、连续,交易活跃、高效,标的清晰、明确,流程透明、规范,交割港口布局合理,企业参与积极。

(二) 期权市场

标准化是制定煤炭期权的前提条件,而煤炭的质量或品种在确认上存在诸多难点,这是长期以来阻碍煤炭期权产品推出的技术性障碍。但是,通过吸收我国煤炭期货、美国煤炭期货期权发展的经验,结合现货市场运行特征,郑州商品交易所推出了基于单煤种或同品质的标准化的期权合约——动力煤期权(期权合约的具体内容参见表5-2)。

表5-2 郑州商品交易所动力煤期权合约

合约类型	看涨期权、看跌期权	报价单位	元(人民币)/吨
交易单位	1手动力煤期货合约	最小变动价位	0.1元/吨
涨跌停板幅度	与动力煤期货合约涨跌停板幅度相同		
合约月份	标的期货合约中的连续两个近月,其后月份在标的期货合约结算后持仓量达到10 000手(单边)之后的第二个交易日挂牌		
最后交易日/到期日	标的期货合约交割月份前一个月的第3个交易日,以及交易所规定的其他日期		
行权价格	以动力煤期货前一交易日结算价为基准,按行权价格间距挂出6个实值期权、1个平值期权和6个虚值期权。行权价格≤500元/吨,行权价格间距为5元/吨;行权价格>500元/吨,行权价格间距为10元/吨		
行权方式	美式。买方可在到期日前任一交易日的交易时间提交行权申请;买方可在到期日15:30之前提交行权申请、放弃申请		

2020年6月30日,动力煤期权在郑州商品交易所上市。由于动力煤期货需要实物交割,主要参与方和关注者以动力煤购销企业为主。然而,动力

煤购销企业之外的其他主体也有参与动力煤期货交易的需求：一是新能源企业。新能源企业也需要预测电价走势，但是新能源企业却无法直接参与期货交易。二是没有签订中长期合同的新建项目。投资者需要在投资决策时点预测中长期电价中枢。三是对于当前就需要参与电力交易的存量项目，投资者则需要对短期市场电价做出预测。与期货不同，期权指拥有单方面的权利而没有必须履行的义务；另外，期权无需实物交割，只需按价差补足，是比期货更为经济的风险管理工具，并可以形成更为丰富多变的策略组合。因此，动力煤期权的诞生，为新能源企业锚定火电电价提供了一个预测途径，也为其他无法参与动力煤期货交易的主体规避煤炭价格风险提供了一个有效途径。

三、中国的煤炭价格指数

从国外煤炭期货市场成功的运作经验来看，为煤炭市场提供一个较为权威的、有效的煤炭价格指数，是煤炭衍生产品交易的基础。我国已经编制和发布了多个煤炭价格指数，主要有以下几种类型：反映主产地市场的太原、陕西、内蒙古煤炭价格指数；反映中转港市场的环渤海动力煤价格指数；反映消费地市场的长江中上游（重庆）煤炭价格指数；反映全国综合情况的中国煤炭价格指数。各指数都有侧重表现的地理区域和市场类型，既相互印证、又互为补充，全方位地对煤炭市场进行监测，推动实现煤炭供需动态平衡，也很好地满足了各类型市场定价机制的需求。自煤炭行业双轨制退出历史舞台后，煤炭价格开启市场化进程，煤炭价格指数的定价作用开始显现，特别是2017年以来，煤炭中长协合同开始执行"基础价+浮动价"的定价新机制，煤价指数作为浮动价的参考基准，其作用愈发凸显。近年来的市场实践证明，用指数定价仍是现阶段的最优选择。通过指数定价，可以使市场交易行为更加公平、公开和透明，大幅降低交易成本，提高资源配置效率。

环渤海动力煤价格指数（BSPI，Bohai-Rim Stream-Coal price index）是国内首个煤炭类商品价格指数。该指数是反映环渤海港口[①]动力煤的离岸

[①] 纳入环渤海动力煤价格指数体系的港口，包括秦皇岛港、黄骅港、天津港、京唐港、国投京唐港和曹妃甸港六个港口。

价格水平（FOB, free on board）以及波动情况的指数体系的总称，分为价格体系与指数体系两部分，后者建立在前者的基础上。价格体系包括环渤海地区 5 500 K 动力煤代表规格品综合平均价格与各港口代表规格品价格区间。指数体系包括环渤海动力煤价格综合指数、代表港口动力煤价格综合指数与港口代表规格品价格指数，前两种属于类指数范畴，后一种属于个体指数，三者均为每周发布的定基指数。环渤海动力煤价格指数已经成为国内动力煤价格的参照体系。

CR 中国煤炭（焦炭）价格指数，由中国煤炭资源网、中国（太原）煤炭交易中心、中国焦化网合作成立的 CR 研究院所研发，是在煤焦行业十余年价格库存数据库的基础上，充分考虑到不同区域、不同数据源对价格影响的权重以及反映供求关系的库存数据，并深入研究国际上各类指数模型后形成的由价格指数、库存指数、能够提前预测未来价格的综合指数以及能够指导现货交易的现货交易价格指数组成的系列产品。其中两个比较重要的价格指数数据是 CR 中国动力煤价格指数和 CR 中国炼焦煤价格指数。

中国煤炭价格指数，创建于 2006 年，并从 2012 年 7 月开始向社会公开发布。该指数根据我国煤炭生产消费布局及市场结构的实际，设计了采价样本，按区域、分品种布局了采价点，构建了价格采集体系，确定了计算模型和方法。中国煤炭价格指数体系包括 46 个市场单元、8 个区域、8 个品种及全国综合指数等 66 组指数数据。8 个区域包括："三西"地区（晋陕蒙西）、华北（京津冀鲁）、东北（辽吉黑蒙东）、华东（沪苏浙皖闽）、华中（豫鄂湘赣）、华南（粤桂琼）、西南（渝川贵云）、西北（宁甘青新），共计 30 个省区；8 个品种包括：4 个动力煤品种，3 个炼焦煤品种，1 个化工用煤品种。中国煤炭价格指数以 2006 年 1 月 1 日为基期（100 点），每周作为一个基本采价周期和发布周期，每周五编制、每周一发布。

四、推动中国煤炭金融衍生品市场发展的制度思考

为了推动中国煤炭金融衍生品市场的发展，应该从以下几个方面完善相关制度。

(一)进一步完善我国煤炭金融市场体系

一是进一步完善我国煤炭金融市场体系,加强全国煤炭交易中心的功能建设,发展壮大煤炭期货市场,形成以全国煤炭交易市场为核心、以区域现货市场为骨干、地方煤炭市场为补充的地理布局和以长期合同为基础、期货交易为主导、现货市场和场外交易为补充的市场格局。通过全国煤炭交易中心与国际市场的信息和交易互动,使得中国的煤炭市场体系不仅能够影响国内煤炭产业发展,而且能为中国在国际煤炭市场获得一定的话语权。二是进一步完善我国煤炭金融法律与监管体系。煤炭金融市场具有高风险性,必须采取法律手段对其进行监管和监督。为此,政府要加快转变自身职能与监管理念,自觉担责尽责,落实煤炭金融市场监管工作,并逐步完善相关法律。

(二)加快推动煤炭金融创新

一是加强煤炭期货市场品种建设,不断研发和培育新的品种。既能炼焦又能作为燃料用途的气煤已于 2018 年批准研究上市。经过近 2 年的研究,气煤期货上市的时机日益成熟,应加快其上市进程。

二是推出煤炭指数期货。全球以实物交割的动力煤期货都曾受到煤种、等级等因素的影响而长时间陷入低迷状态。我国上市的动力煤期货,其市场影响力随现货市场形势的恶化呈反比例上升,成交情况比较稳定。煤炭指数期货采用现金交割的方式,除了能够规避风险,还有助于简化交割环节,使买卖双方的权益得到平衡,方便全球投资者参与,提高我国煤炭市场的国际定价话语权。因此,应加快煤炭指数期货的推出。为此,需要进一步建立市场化、具有广泛代表性的煤炭现货市场价格体系,为煤炭指数期货的推出奠定坚实基础。

三是进一步发展煤炭期权市场。① 进一步完善动力煤期权。目前动力煤期货期权合约期限相对偏短。从实际效果来看,动力煤期权对于未来一年的电力交易价格预测可以起到良好的预示作用,但无法锚定新增项目中长期电价的预测,中长期价格预测有赖于期权期货产品期限的突破。② 尽快推动焦煤、焦炭期权上市,丰富场内煤炭期权品种,让投资者在市场面临下跌风险时,可以选用"现货+期权"的投资组合,更好地规避风险。③ 加快发展场外煤炭期权市场。目前,我国煤炭现货交易中心较为发达,借助现代化的电子信息平台和政策性力量推动,煤炭的生产和消费企业之间可以签订中长期合同,在一定程度上规避了价格大幅波动的风险。随着煤炭市场化节奏加速和国内外两个市场融合度的提升,中长期的价格协定逐渐无法适应瞬息万变的市场形势。因此,有必要推动我国煤炭场外期权市场的成立和成长,并借此与投资机构进行对冲,防范和化解风险。

(三)深化期货市场与现货市场的对接

一是开展分类分层市场培育,进一步提升现货企业参与度。通过开展分类分层市场培育,进一步提高煤炭生产企业、主要煤炭消费企业(火力发电企业,大型钢铁企业,水泥建材企业等)的煤炭期货市场参与度。依据现货企业在经营规模、体制机制、对期货市场认知和参与程度等方面的不同,期货交易所应联合期货公司开展更具针对性和系统性的市场培训、交流研讨、实地调研等活动,帮助现货企业更好地参与利用期货市场。二是建立期货交易所与行业协会数据开发与交流机制,进一步研究探讨将期货数据与行业大数据有效衔接,加强煤炭价格指数的科学化研究,探讨将期货价格引入中国煤炭价格指数体系的可行性,引导市场价格预期,维护行业平稳运行。三是建立行业协会与期货市场的互动机制,在行业协会已经建立的月度、季度市场运行分析的基础上,将期货市场纳入定期分析机制,加强期货市场与现货市场对比分析和市场监测预警,为稳定煤炭市场价格、稳定煤炭市场供应研究政策措施提供依据。

(四)完善期货合约与交易制度,充分发挥煤炭期货功能

期货合约以及交易制度的设计与市场流动性有着密切的关系。以动力煤期货为例,郑州商品期货交易所根据市场运行情况,通过调整交割交易单位适应现货贸易惯例(将交易单位从 200 吨/手调整为 100 吨/手);优化交割单位(由 5 000 吨调整为 20 000 吨);提高交割品质要求吸引买方机构参与(从仅规定热值和硫分,到提高硫分要求,并同时规定灰分和挥发分);明确车船板交割流程(将南方港口 25 元/吨升水取消)化解市场顾虑等手段,吸引力各类机构投资者参与市场,有效扩大了交易规模,提高了市场流动性。因此,各交易所应在更加广阔的范围征求市场意见和建议,进一步完善煤炭

期货规则，包括进一步深入研究完善期货标的设定，交割港口增减，交割方式丰富，交割品范围及其升贴水，标准仓单有效期等方面的内容，吸引更多机构投资者、大企业参与煤炭期货市场，增加大客户的数量，优化客户结构，并提升大客户参与煤炭期货市场的广度和深度，充分发挥我国煤炭期货市场的价格形成、风险规避等功能。

参考文献

［1］ 常晓光.金融支持煤炭产业优化升级的思考［N］.金融时报，2015-11-23（11）.

［2］ 郭荆璞.煤炭行业2018年中期投资策略：全球煤炭供需深度研究，国际煤价为何涨幅超国内［EB/OL］.http：//stock.stockstar.com/JC2018070300001232.shtml，2018-7-3.

［3］ 国际煤炭期货市场发展历史［N］.期货日报，2013-09-25（7）.

［4］ 韩显男，刘刚.煤炭价格指数研究综述与展望［J］.中国物价，2018（12）：73-75.

［5］ 郝家龙.煤炭价格风险管理理论与方法研究［M］.北京：经济日报出版社，2010.

［6］ 贾英华.试析煤炭国际市场现状和未来发展［J］.价值工程，2015，34（9）：272-273.

［7］ 李其保，柳妮.我国煤炭金融衍生品发展现状与趋势研究［J］.煤炭经济研究，2015，35（4）：38-42.

［8］ 梁敦仕.2018年世界煤炭市场特点及2019年发展趋势［J］.中国煤炭，2019，45（5）：118-129.

［9］ 林伯强，黄光晓.能源金融［M］.北京：清华大学出版社，2011.

［10］ 孟铁，霍喜福.国际煤炭市场价格变动影响因素分析［J］.价格理论与实践，2008（5）：55-56.

［11］ 吴学旭，杨晓龙.经济新常态下煤炭价格下滑的原因及其定价机制研究［J］.价格月刊，2015（3）：23-26.

［12］ 徐进亮，常亮.中国煤炭市场现状剖析与国际煤价走势研究［J］.中国人口资源与环境，2013，23（10）：127-133.

［13］ 杨青龙，王奕鋆.国际煤炭市场定价格局：形成机制与演化趋势［J］.当代经济管理，2015，37（8）：40-46.

［14］ 张言方.政策传导下中国煤炭价格波动及其宏观经济效应研究［D］.中国矿业大学，2019.

［15］ 赵笙凯，吕靖烨.中国煤炭期货市场价格有效性的实证研究［J］.煤炭经济研究，2019（3）：41-48.

第六章
电力金融市场

电力系统是最重要，也是最复杂的能源系统。电力系统的技术经济特征使得电力行业长期以来形成了垂直一体化的市场结构。因此，电力的市场化改革进程是影响电力市场发展水平的一个重要因素。与其他能源商品不同，电力不能够被储存。任何时候都要保证发电与电力消费之间的平衡，输电技术、气候变化等多种因素都会直接影响电力价格。为了规避电价波动的风险，确保电力系统的稳定运行，欧美等发达国家推出了电力期货等衍生品交易，并逐渐形成了包括现货交易、期货交易和价差合约交易等多层次的电力金融市场。

健全的电力金融市场由两部分组成，分别是电力现货市场和电力金融衍生品市场。电力现货市场包括日前竞价市场、实时平衡市场和电力远期合同市场等，交易的对象是电力，是电力现货交易，属于电力市场规则的监管范围。而电力金融衍生品市场是电力现货市场的金融衍生属性，参照期货、期权交易的基本原理进行电力期货、电力期权等电力金融衍生产品的交易，如差价合同等，交易的对象是电力金融衍生品，属于电力金融交易，并不属于电力市场规则的监管范围。在电力金融衍生品市场当中，通过电力现货贸易，可有效实现电力市场的公平竞争，用以稳定市场，降低交易风险，促进电力期货的套期保值，合理进行电力期权的定价。

中国的电力市场化改革起步较晚，目前仍处于改革深化阶段。这也使得中国的电力金融市场尚处于探索阶段。本章将首先分析电力现货市场的构成、电力现货的价格结构及其形成机制；然后分析电力衍生品金融市场的架构、组织及产品；接着分析北欧、英国和美国等世界典型电力金融市场的发展历史，总结其发展经验；然后梳理中国电力现货市场的发展历史，总结八个现货市场的试点情况并提出制度建议；最后分析中国电力衍生品金融市场的发展历史、现状，提出未来发展的制度建议。

第一节　电力现货市场

电力现货市场是现代电力市场的重要组成部分，是电力市场化进程是否成熟的重要标志。电力现货市场能够通过发现完整的电力价格信号，引导市场主体开展中长期电力交易、输电权交易和电力期货交易。

一、电力现货市场的构成

通常来说，电力现货市场（spot market）是指开展日前及日内、实时电能量交易和备用、调频等辅助服务交易，以短时和即时电力交易为主的市场。根据前文的能源金融市场构成的分析，中长期电力交易市场也是电力现货市场的一部分。此外，容量市场是保障电力现货市场有效运行的重要市场，因此，本书将容量市场、中长期电力交易市场纳入现货市场在此一并分析。

1. 电力日前市场

电力日前交易指的是相对于实时运行提前一天进行的第二日 24 小时的电能交易。电力日前市场不论购售双方在日以上的时间段达成了什么样的合同（财务结算合同或实物交割合同），都必须在生产日前（日前市场）通过竞价，或由购售双方自行协商形成一条可以在次日执行的电力（功率）曲线，并告知电力系统的运行者（电力交易中心、电力调度中心）。因为确切的开机组合通常是提前 24 小时才能确定，相应电网安全约束及其他特殊机组出力的约束也才能同时确定，电力系统的发配输用电同时完成的特性和电力需求随时间变化而变化的特性无法改变。

2. 电力实时平衡市场

电力实时平衡市场，主要是为了使得电网调度可以按照收到的增减出力进行报价，对发电出力要根据用户负荷等做出科学调整，进而使系统能量平衡以及安全运行得到保障，发电上将机组发电出力情况以及签订的发电合同等作为依据，进而决定自身是否参与到实施平衡交易中去。

3. 电力辅助服务市场

为保持电力实时平衡，需要保留一部分旋转备用或可中断负荷；为保证频率和电压的稳定，需要预留调频调压资源；同时为避免电力系统这台"大机器"本身可能会出现"停机"的风险，必须预留重新启动这台机器所需要的黑启动资源。这些都是电力市场主体需要承担的辅助服务义务，这些义务需要建立电力辅助服务市场。电力辅助服务是为满足电力系统运行调节要求，由市场主体提供的不以单纯发电为目标的服务。

4. 电力容量市场

电力容量市场（capacity market）是一种经济激励机制，使（可靠的）发电机组（或等同的需求响应负荷）能够获得在不确定性较高的能量市场和辅助服务市场以外的稳定经济收入，来鼓励机组建设，使系统在面对高峰负荷时有足够的发电容量冗余。建设容量市场一是为了保证系统在高峰时段有足够的容量冗余；二是增加市场内的参与方从而降低采购成本，即卖方数量的增加降低了单个边际机组在市场内的定价权。比如英国 Ofgem 强调其 2017—2018 年的电力容量市场已为英国居民在电力市场中降低了 1.5 亿镑的能源采购成本。目前，欧美大部分国家的成熟市场都已建立起配套的容量市场机制，保障长期电力安全需求。容量市场大多采用补贴方式，通过拍卖、分散式协议等方式来运行。

5. 中长期电力交易市场

建立中长期电力交易市场乃至电力金融衍生品市场，是为了规避受燃料、电力供需剧烈变化带来的经营风险以及确定大宗电量交易价格的问题。计划体制下，单个煤电机组基本都是按照年最大发电利用小时数 5 500 小时设计的，调度机构"闪转腾挪"的空间也很大，由于电量的平均分配，因而单个节点一般不会受到约束，也不存在大量不能完成的合同。中长期电力交易市场主要开展多年、年、季、月、周等日以上电能量交易和可中断负荷、调压等辅助服务交易。

二、电力现货的价格结构及其形成机制

电力市场要采用经济手段管理各个成员，电价是体现电力市场管理思想的重要工具。因此，确定电价原则，计算交易电价（包括上网电价、销售电价、输电电价、辅助服务电价等）是电力市场的重要内容。电价核定应该遵循一些基本原则，虽然各国在电力工业发展的不同阶段，电价核定的原则有所不同。比如正处于发展中的电力市场，电价的核定原则要与改革的首要目标相一致，电价水平要使股东有合理的回报，能够吸引投资，加快电力建

设；对于成熟的电力市场电价的制定要有利于提高效率，让用户分享提高效率的成果。总结世界各国电价改革的历史发现，各国在电价核定中都共同遵循了一些基本原则：① 成本补偿原则，电价能够补偿合理的成本支出；② 合理报酬原则，电价能够让股东有合理回报；③ 公平负担原则，用户负担的电价应是成本加利润，尽量避免交叉补贴。对于正在进行电力市场化改革的国家，竞争环节的电价由市场决定，垄断环节的电价由监管机构或政府核定并受监管。

电力现货价格与电价结构密切相关，因为电价结构直接反映了电力系统的运行机制和社会经济价值的目标取向。电价结构通常包括电价构成和电价体系两部分，电价构成包括电力商品的成本、期间费用、利润等部分，而电价体系则是指不同电力商品之间的比价关系和同种电力商品在不同的流转环节的差价关系，及其相互之间的有机联系。电价构成是电价形成的基础，是一种相对稳定的商品价值关系，而电价体系会随着电力市场化改革进程的演化而发生变化，与电力市场结构密切相关。随着电力市场的发展，电力商品也不再仅限于电力，围绕输电网络的阻塞管理和辅助服务形成的各种容量也成为电力商品的一部分，并且通过引入竞争机制来实现市场定价，进而优化资源配置，以更低的成本维持系统的安全运行。

1. 传统的电价结构

在传统的电力行业管理模式和市场化初期的发电侧竞争市场中，电价结构可以分为供电电价、用电电价和调节电价三个层次，交易的对象是电力。

（1）供电电价。供电电价是指供应侧电力企业之间的电力交易形成的价格。根据交易主体不同可以分为上网电价、网间电价和转供电价。上网电价是指发电厂向电网提供上网电量形成的交易价格；网间电价是指电网间互联互供形成的交易价格；转供电价则是电网提供输电设施，为达成双边交易的供电和用电两方提供输电服务收取的补偿，按传输的电量结算。

在电力市场建立初期，为解决好新老电厂还本付息的电价差异，减少市场初期各发电企业在收益上的风险而又不失竞争，限价竞争是一种可供选择的模式。具体可分为最高限价和最低限价两类，以对上网电价的绝对值进行限制，防止电价失控。此外，限价有统一限价（竞争空间加大，综合上网电价上升）和分组限价（按照燃料类型或还贷任务分组限价，可降低综合上网电价）之分。在实际运行过程中，经常会采用两种限价方式的协调方式。如最大涨跌幅度限制的限价模式，这是一种有效的联动机制，能有效限制价格波动幅度和速度。

（2）用电电价。用电电价也就是销售电价。根据终端用户对电力系统投资成本的分摊程度可分为一部制电价、两部制电价和三部制电价。其中，一部制电价只与用户的用电量有关，适用于大多数用电量较少的居民用户；两部制电价由容量电价和电量电价两部分组成，容量电价反映了供电固定成本的分摊情况，电量电价根据实际用电量来定价，反映供电可变成本的大小及回收情况；三部制电价是在两部制电价的基础上进一步将供电固定成本细分为电力成本和基本成本，电力成本仍为电力系统固定资产投资带来的固定成本，而基本成本是包括设施折旧、工资福利、办公费用等与系统容量和发电量没有直接关系的管理成本。

（3）调节电价。调节电价是在销售电价的基础上，根据需求侧改善用电负荷情况，制定调整电力峰谷的一种差别电价，具体包括峰谷分时电价（time of use price）、季节性电价（seasonal price）等。

在传统的电价结构中，电价的计算主要集中在电力系统成本问题上，采用的计算方法主要是综合成本法（embedded cost method）和长期边际成本法（long run marginal cost method）。综合成本法是根据计算期内的电力发展规划和投资计划，逐项核算供电成本，求和获得综合电力成本和电量成本，按平摊原则分摊给所有用户。长期边际成本法则是根据用户负荷增加时的供电边际成本来计算电价，容量电价等于容量成本的微增量除以容量微增量，电量电价等于电量成本的微增量除以用电量的微增量。但是上述两种方法都只能反映一段较长时期内（1 年以上）的生产成本和总体负荷水平，不能精确反映电力系统负荷平衡状况和供电成本变动。

而分时电价也只能反映一段时间内日负荷及供电成本的统计规律，无法精确地反映各时段的系统负荷及供电成本的变化。

2. 市场化改革后的电价结构

电力市场化改革的目标就是将竞争机制引入电力系统的各个环节，通过建立电力批发市场、输电容量市场和辅助服务市场，进行电力、输电权（CRR）和辅助服务的现货交易，来满足系统负荷平衡和优化输电网络资源配置的需求。市场化改革后的电价结构涉及发电、输电、配电和销售四个环节，由上网电价、输电电价和销售电价三个层次组成。

（1）上网电价。上网电价是指电力生产企业向电网输送电能的结算价格，有些国家也称之为发电厂售电价格。对电网经营企业而言，上网电价也是电网的购入电价。其计价点一般在发电企业与电网产权的分界处。

在市场化改革后，上网电价是由发电侧竞价上网形成的。传统的电力行业管理模式中，调度中心根据发电机组的费用曲线来进行经济调度或安全调度。而在竞争性的电力批发市场中，通常采取的是招投标竞价和双边交易两种交易方式，调度中心基于买卖双方的报价进行经济调度或安全调度，其中招投标竞价由调度中心自动撮合，如果发电商与用户（负荷）之间有双边交易，则发电商可以以零价格来确保双边合同在市场中实现。上网价格的形成基础是实时有功市场产生的结算价格，目前国外电力市场采用的定价方法是节点边际电价（LMP模型）。制定上网电价一般应遵循以下原则：社会平均成本补偿原则、在市场竞争条件下保护办电投资者利益、保护用户利益、优电优价等。

（2）输电电价。输电电价是指输电服务[①]的价格，是为了将输电成本在所有的电网使用者之间进行合理分摊。电力市场从发电竞争、电网开放到用户管理的发展中，其核心就在于将输电服务从电力生产和销售中分离出来，单独为其定价和签订合同，新成立的电网公司独立从事生产经营活动。因此，检验电力市场化程度的一个主要标志就是看输电网络是否已经从发电和售电环节脱离出来，成为独立的经济实体。

在电力市场化条件下，电力生产者竞价上网，电力大用户和配电公司可以直接选择电力供应商。但是，电力买卖只能通过电网这个共同载体来实现。因此它们都应该是输电服务的客户，需要共同承担输电费用。输电费计

---

① 输电服务是将电能从其生产者（独立发电厂和发电公司）安全、经济、优质地输送到电能的使用者（配电公司和大用户）的过程。

算的基础是输电成本。输电成本包括固定成本（电网设施固定资产投资、运行管理费用等）和可变成本（拥塞管理、电网损耗和辅助服务等）两部分。在垂直一体化的经营模式下，所有输电成本都是直接转嫁给终端用户的。在输电网络所有权和经营权分离后，输电服务就可以进行市场化定价，在所有的电网使用者之间合理分摊输电成本。分摊的基本原则是"谁使用、谁付费"。采用的定价方法主要有边际成本法、嵌入成本法和综合成本法等。可变成本（拥塞管理、电网损耗和辅助服务等）的计算包括三个方面：① 阻塞管理费用可以采取对销交易方式或输电权（CRR）交易方式来单独计算，通过市场化机制引导输电网络的合理使用，减少阻塞发生的风险，并在阻塞发生后对相关用户进行补偿。② 网损成本还可以独立计算，采用二次网损公式、网损微增量和潮流跟踪等方法在所有市场成员之间分配每条支路和整个网络的功率损失。③ 电力辅助服务的独立定价也是市场化改革的一个重要组成部分，其定价的方法需与主市场运行模式相适应，具体的模式包括统一调度、招投标竞价和双边交易。

（3）销售电价。销售电价是电网经营企业向电力用户销售电能的结算价格，是电价实现的最终环节。由于销售电价是直接面对各行各业、千家万户的电能价格，因此与前两种电价相比，它更为敏感和复杂。一方面销售电价水平高低直接为广大用户所感受，涉及和影响的行业面很大，而且受到社会舆论的广泛监督；另一方面，对于电力企业来说，直接关系到自身的生存与发展。

销售电价通常采用计量电价、两部制电价及调节电价等机制。其中，两部制电价模式，即把电厂的电价分为容量电价和电量电价两部分。其中容量电价不参与竞争，按机组可用率和容量成本支付，即反映电厂的固定费用。而电量电价在市场的竞争中产生，反映变动费用，即为实际发电的增量成本。它解决了目前电力市场由于在不同历史时期的发展过程中因各方面原因而造成的电力成本差异。该模式的优点是理论上比较公平，实现了市场的适度竞争；主要问题是与单一制电价相比，两部制电价实施的技术难度较大[1]。除了采用计量电价、两部制电价及调节电价等机制外，销售电价最

---

① 施泉生，李江.电力市场化与金融市场［M］.上海：上海财经大学出版社，2009.

重要的是通过开放电力零售市场，进一步引入需求侧竞价（demand side bidding，DSB）机制来实现需求侧响应（demand response），降低维持电力系统稳定的成本①。

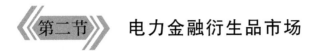 电力金融衍生品市场

伴随着电力工业市场化改革，电力市场参与者为了有效地回避电力市场中的价格风险和备用容量风险，开始将金融工程理论与电力市场理论相结合，逐步建立起电力金融衍生品市场。电力金融衍生品市场是电力现货市场的金融衍生属性，参照期货、期权交易的基本原理进行电力期货、电力期权等电力金融衍生产品交易，交易的对象是电力金融衍生品。电力金融衍生品市场是电力现货市场的完善与补充，有利于增强电力市场的竞争性，发现电力价格，规避电力现货交易风险。

一、电力金融衍生品市场架构

电力金融衍生品市场包含了交易主体、交易对象以及交易规则等三个方面内容。交易主体为投资者、电力经纪人、电力自营机构和做市商等。电力自营机构是指自己参与电力金融交易，而不能代理其他市场参与者进行交易的机构。交易对象方面，目前常见的电力衍生品合约主要有电力期货合约、电力期权合约、电力差价合约、电力远期合约等。交易机制则主要包括电力衍生品交易的结算机制、信息披露机制、风险控制机制、价格形成机制和价格稳定机制。

二、电力金融衍生品市场的组织与交易产品

在电力市场发展的不同阶段，适用的电力金融衍生产品也不同，规避风

---

① 林伯强，黄光晓.能源金融［M］.北京：清华大学出版社，2011.

险的效果也不一样。在发电竞争阶段，由于只是在发电环节引入竞争机制，市场参与者面临的风险主要是发电侧电力价格的波动带来的不确定性，规避风险所采用的主要金融工具是电力互换合约（swaps）；在电力批发阶段，由于输电环节开放，配电商（及大用户）获得购电选择权，同时市场参与者的范围扩大，竞争更加激烈，需要承担的电力价格波动的风险也更大，而由于电力不能够被大规模、低成本地存储，只能通过引入电力远期合约（forwards）和差价合约（CFD）进行"虚拟"存储或支付转移，来规避电力价格波动风险。但是，电力批发市场的短期交易对于电力系统长期投资而言，其所包含的市场信息和价格信号并不明确，而中长期交易又多以双边交易形式进行，供求双方的双边合同并不公开，议价过程的竞争也不充分，市场更是无法分享其交易信息，因此引入标准化的期货、期权合约对于反映真实的价格水平和未来电力市场的供求状况就具有非常重要的意义。需要指出的是，电力金融衍生产品交易是不考虑输电阻塞管理及辅助服务费用等在内的无约束电力交易。

20世纪90年代以来，欧盟、美国、澳大利亚、新西兰等国家和地区相继出现了电力金融衍生产品场外交易市场，并逐步发展出标准化的场内交易市场，且形成一套比较成熟的运作机制。其中，场内交易的合约包括期货、期权合约等，场外交易的合约包括远期、互换、期权和差价合约，此外还有较为特殊的摆动期权和价差期权等合约。

（一）场内交易市场

电力场内交易市场集中在电力交易所进行，所有的买卖双方必须在电力交易所的管理下开展交易活动。

1. 电力交易所

世界各国在电力市场化改革进程中，在建立了较为完善的电力现货交易体系后，都不约而同引入了电力期货交易，通过期货市场的价格发现功能为电力市场的中长期交易提供更好的参照基准。从各国电力金融交易的组织形式来看，基本上有两种模式：在传统的商品期货交易所中进行电力金融衍生合约交易的协作模式和电力现货与期货交易并存的一体化电力交易所模式。

一是协作模式。在这种模式中，商品期货交易所通过选择特定电力商品，以此为基础设计电力期货、期权合同，并负责组织交易、进行现金交割及结算。目前，国际上开展电力金融衍生产品交易的传统商品期货交易所包括美国的纽约商业交易所（NYMEX）、芝加哥商品交易所（CME）、欧洲能源交易所、英国的伦敦国际石油交易所（IPE）、澳大利亚的悉尼期货交易所和阿德里亚能源交易所等。

二是一体化模式。在这种模式中，电力市场中的调度机构或电力交易中心根据市场发展需要，开发相应的电力金融衍生品，并在其交易平台上进行交易、交割和结算。欧洲的电力衍生产品交易大多采取一体化模式，包括北欧电力交易所（Nord Pool）[①]、英国电力交易所（UKPX）、中欧电力交易所（PXE）等。一体化模式下，电力期货价格可以采用物理交割方式，其交易过程一般是先由用户提交用电计划，由发电商和供电商根据需求制定并提交发电计划或供电计划，经过调度中心计算达成动态平衡后，用户与发电商分别提交电力期货订单和电力期货合约在交易所进行竞价成交，在交易最终确认前允许期货合约转手。在交易截止日期到达前某一时刻规定终止期货合约转手，调度中心开始编排输电计划，在期货合约的规定交货日期实现电能的交付使用，并进行必要的结算工作。

目前，在所有的电力交易所（如表6-1所示）中，EEX集团的电力交易量位居全球第一。EEX集团旗下开展电力金融衍生品交易的子公司主要有欧洲能源交易所（European Energy Exchange，EEX）和中欧电力交易所（Power Exchange Central Europe，PXE）。其概况及金融产品种类如表6-2所示。EEX从德国起家，在发展过程中不断兼并和收购周边国家和地区的能源类交易所。现在，EEX与美国的纳斯达克-OMX集团（NASDAQ OMX Group）、芝加哥商品交易所（CME）及洲际交易所（ICE）就电力金融衍生品展开了激烈的竞争。

---

① Nord Pool作为北欧区域的电力交易所，相关电力金融衍生品产生的历史最为悠久，流动性也最为优越，其金融部门从1995年开始运作，在全球范围内最早引入了可金融交割的电力期货合约。2007年，Nord Pool将其金融公司卖给了美国交易所巨头NASDAQ OMX集团。原属于Nord Pool的金融市场部门改头换面，融入NASDAQ OMX集团旗下的大宗商品交易所中继续运作。目前，NASDAQ OMX集团提供了4类标准化合约可应用于Nord Pool以实现风险管理：期货合约、期权合约、远期合约、差价合约。

表6-1 从事电力期货合约交易的交易所

交 易 所	电 力 市 场	开始交易时间
纽约商业交易所（NYMEX）	加州电力市场、PJM电力市场	1996年
芝加哥商品交易所（CME）	芝加哥联邦爱迪生公司、田纳西流域管理局	1996年
北欧电力交易所（Nord Pool）	北欧四国	1996年
阿姆斯特丹电力交易所（APX）	荷兰	1999年
英国电力交易所（UKPX）	英国	2000年
欧洲能源交易所（EEX）	德国	2000年
波兰电力交易所（PPX）	波兰	2000年
伦敦国际石油交易所（IPE）	英国	2000年
自动化电力交易所（APX）	英国	2001年
悉尼期货交易所（SFE）	新南威尔士	2002年
澳大利亚阿德里亚能源交易所（EXAA）	澳大利亚	2002年

表6-2 EEX与PXE的电力金融产品种类

交易所	交 易 所 简 介	交易所电力金融产品种类概述
欧洲能源交易所EEX	EEX是在欧洲居引领地位的综合能源交易所，它不仅为投资者提供各类电力金融合约，还提供碳排放配额、天然气、原油及大宗农产品的买卖服务。此外，交易者还可以通过EEX就场外市场进行登记结算	EEX所提供的标准化电力衍生品覆盖了欧洲范围内的17个市场区域，具体品种涵盖了电力期货、电力期权和点差合约
中欧电力交易所（PXE）	PXE成立于2007年8月，是中东欧电力市场的电力交易中心，给捷克、斯洛伐克、波兰、匈牙利和罗马尼亚提供标准化的合约和交易与结算服务。2016年，PXE被EEX集团收购，并开始着手在EEX所开发的交易平台上运营产品。自此，市场参与者便可以通过EEX就PXE所提供的电力金融衍生品进行交易	PXE的交易品种主要有基荷合约和峰荷合约，两者都可以进一步分为月度、季度和年度合约

2. 电力期货与期权合同

（1）电力期货合约。电力期货合约是指由交易所统一制定的标准化合约。在将来某一特定时间内和某一节点以确定的价格及负荷曲线等条件交割一定的电力(功率)。电力期货的特点可以从以下几个方面来概括。① 交易对象。由于电力不同于其他商品,不仅不能被大规模、低成本地储存,而且电力消费必须与电力生产同步,因此电力合约的实物交割不可能一次全部集中进行,只能在交割月份分批量交付,而且出于电力系统调峰和运行安全的考虑,需要根据一定的负荷曲线(日、周、月等区间)分别设计峰荷合约(一般规定峰荷为日用电高峰的 16 个小时)、谷荷合约(谷荷为每日用电低谷的 8 个小时)和基荷合约(全天交割)及多时段合约等。② 交易过程。由于电力不可贮存,这将导致电力实物交割较其他期货商品更为困难。它不可能把一大笔电力期货在交割日一次性全部集中交付(如此庞大的电量不可能全部用完)。通常可以考虑的方法是在交割月份中每天分小批量交付直至全部电力交付完毕。③ 参考电价。一般是在电力现货市场价格的基础上,由交易所结合市场主体的需求确定具有代表性的系统电价作为参考价格。④ 交割方式。为了规避电网技术条件的限制,并吸引投资者,主要采取现金交割方式,在系统运行的条件下,一体化的交易模式也可以由系统调度中心安排物理交割。表 6-3 为典型的电力期货合约。纽约商业交易所 PJM 电力期货合约等世界上其他知名的电力期货合约可参见本章附录。

表 6-3 典型的电力期货合约

期货产品	NYMEX PJM 峰荷月度电力期货	Nord Pool 日、周基荷期货,月、季、年基荷远期	EFX 月、季、年峰荷及基荷期货
负荷曲线	峰荷日上午 7:00 至晚上 11:00;峰荷日为周一至周五,扣除北美电力可靠性委员会规定的假期	每日 24 小时,每周 7 天	基荷:每周 7 天,每日 24 小时; 峰荷:周一至周五,上午 8:00 至晚上 8:00,包括假期
交割功率	2.5 兆瓦	1 兆瓦	1 兆瓦
参考电价	PJM 互联网公布的峰荷日、峰荷时段,PJM 西部电力交易中心各节点区域边际电价的算术平均值	Nord Pool 系统现货市场电力价格	峰荷合约:交割月 EEX Phelix 峰荷电价指数; 基荷合约:交割月 EEX Phelix 基荷电价指数

(续表)

合约最长期限	3年	4年	6年
结算方式	逐日盯市，现金结算	期货：逐日盯市，现金结算；远期：到期后分解为期货合约	现金结算（也可申请物理交割），季、年合约分解为月度合约交割

除了常规的电力期货外，世界各国的电力交易所还推出了多种创新型期货合约。如：欧洲能源交易所就推出了日内限价期货和点差合约。

① 日内限价期货。该种合约实质上是一种采取现金交割的指数期货，在具体实操层面，以预期在日内市场上购入现货的售电商为例，若需规避正向价格钉所带来的财务损失，则可在衍生品市场上做多日内上限限价期货。一旦日内市场上的确出现正向价格钉，售电商即进行平仓交易后并获得一笔补偿，以弥补日内市场上电价上升所带来的财务损失。显然，通过上述操作，售电商面临的最高电价即上限限价期货所规定的"戴帽价"。同时，限价期货的标准化合约设计保证了其良好的流动性。

② 点差合约。欧洲能源交易所针对特定的一些可进行现金交割的电力期货，设计了一批基于地理区域的点差合约。该种合约由两种不同区域的电力期货衍生而成，具体效果类似于对一种期货做多的同时对另一种期货做空，其价格取决于两份合约的价格差。交易者选择点差合约而非真的去买卖两份期货合约的动机，是在于规避"执行风险"（execution risk）——交易者在买卖两种期货合约中的任意一种时，想要的交易价格和交易数量与实际的成交价格和成交数量不一致的风险。点差合约与差价合约（contracts for difference，CFD）仅仅存在形式上的差别。譬如 NASDAQ-OMX 集团也针对北欧电力市场引入了能起到类似效果的金融衍生品，但是被称为差价合约而非点差合约[1]。

（2）电力期权合约。电力期权是一种选择权，电力期权交易实质是对于电

---

[1] 穆保清，曾鹏骁，刘翊枫，等.欧洲电力金融市场的发展现状及启示 [J]. 中国电业，2019（9）：26-29.

力这个商品或其使用权的买卖。电力期权合约赋予合约的购买者在支付一定数额的权利金之后，拥有在一定时间内以事先确定好的某一价格购买或出售一定数量的电力期货合约服务的权利。在电力期权合约的有效期内，购买者可以行使、转卖或放弃这一权利。电力期权合约的出售者在收取一定数额的权利金之后，则必须履行在未来一定时间内提供或购买一定数量的电力商品的义务。

电力期权有多种类型：① 根据电力期权标的物品的流向，可分为看涨期权和看跌期权。看涨期权的持有者有权在某一确定的时间以某一确定的价格购买电力相关标的物品。看跌期权的持有者有权在某一确定的时间以某一确定的价格出售电力相关标的物品。② 根据期权执行期的特点可以分为欧式期权和美式期权。欧式期权只能在期权的到期日执行。美式期权的执行期相对灵活，可在期权有效期内的任何时间执行期权。③ 根据电力期权的标的物品，可分为基于电力期货的期权——电力期货期权，基于电力现货的期权——电力现货期权。电力期货期权的交易对象为电力期货、电力远期合同等可存储的电力有价证券，电力现货期权的交易对象为不可存储的电力商品。④ 根据盈亏决定因素，电力期权可分为亚式期权、欧式期权两种，前者的盈亏由现货电价决定，后者的盈亏由到期日相应的电力期货价格决定。

目前，电力期权主要在场外市场交易，少数开展电力期权场内交易的交易所包括北欧电力交易所和纽约商业交易所，北欧电力交易所采用的是欧式期权。以纽约商业交易所推出的基于 PJM 电力市场的期货期权合约（如表 6-4 所示）为例，其合约分为峰荷合约和谷荷合约，交易峰荷日的浮动价格是 PJM 西部网络中心峰荷日中 16 个交易峰荷时的当地边际价格的加权平均，交易峰荷时段是 PJM 当地时间上午 7:00 至晚上 11:00。峰荷日是周日至周五，不包括北美电力协会（NERC）的假期。非峰荷时段是从周一至周五的午夜至上午 7:00，晚上 11:00 至午夜，还包括整个周六和周日以及北美电力协会的假日，所有时间均按照当地时间。当地边际价格是指在网络中某地每增加一个单位需求所需要增加供应的边际成本。运输系统中需要考虑边际成本以及实际情况。在纽约商业交易所的 ClearPort 电子交易平台就可以进行该期货合约的交易，场外交易的合约可以单独进行结算。期权交易时间是在公开叫价阶段，交易可单独提交给纽约商业交易所的 ClearPort 电子交易系统进行结算。

表 6-4　纽约商业交易所 PJM 电力期货期权合约

交易对象	一份 PJM 电力期货合约
交易月份	12 个连续月份，加上最初挂牌的，距到期日 18、24、36 个月的期权合约
价格波动范围	没有限制
最后交易日	该期权合约对应的期货合约到期日之前一个工作日收市时结束
期权的行使	下午 5:30 以前由结算所执行，或在期货结算价过账 45 分钟后
期权行权价格	20 个在平均期权（at the money）执行价格基础上，以 0.5 美元/兆瓦时为波幅的执行价格，另外的 10 个执行价格分别为高于最高价的，以 2.5 美元/兆瓦时为增幅，低于最低价的，以 0.5 美元/兆瓦时为跌幅。在 50 美元以上，除了平均期权执行价格，其他执行价格按 2.5 美元的增量被列出，平均期权是在最接近前一个交易日的期货合约结算价的基础上增加 0.5 美元
保证金要求	卖空期权需交保证金，买入期权的保证金不超过其权利金

（二）场外交易市场

在电力场外交易市场，主要的交易产品有电力互换合约、电力远期合约、电力差价合约、电力期权等产品。

（1）电力互换合约。电力互换合约是双方在一定的时间间隔中，一方根据固定电价与某一浮动电价之间的差价支付另一方现金流。在电力互换合约中，双方在一定的时间间隔中（按月或季度等），一方根据固定电价与某一浮动电价（可以是某一浮动电价指数）之间的差价支付（或收取）另一方现金流。在电力市场化改革初期，由于缺乏市场运行的经验和数据，电力互换合约则为电力市场中长期合同的固定电价与短期现货交易的浮动电价之间提供了交换价差收益现金流，规避价格风险的工具。按照一般的惯例，电力互换合约的卖方表示出售一个固定电价的电力，而承担浮动电价的风险；合约的买方购买一个固定电价的电力，而规避浮动电价的风险。合约的价格与固定电价之间有一个价差，作为卖方承担浮动电价风险的补偿。

（2）电力远期合约。电力远期合约是指在未来某一时间以某一事先约定的价格、数量和交割方式购买或出售电力商品的合同，可以通过双边交易或拍卖竞价方式进行。随着电力批发市场的发展，远期与期权开始结合，出现带有期权性质的可选择远期合约。远期合约原来是必须履行的合同，但是可选择远期合约给予了合约卖方在现货市场电价高于合约电价时中断给买方的供电，而将电转卖给电力市场的权利，同时也给予买方在现货市场电价低于合约电价时拒绝卖方供电，而从电力市场购电的权利，当然在远期合约中会对拒绝购电和中断供电时的惩罚量或补偿量等做出相应的约定和说明。在合约到期时，双方必须进行交割。当然，还有其他的交割方式，如双方可就交割价格与到期时市场价格相比，进行净额交割。

（3）电力差价合约。差价合约是以未来电力市场系统现货价格与合约敲定价格（strike price）之间的差价为交易对象的期货合约，一般适用于电力市场的电力库模式，在英国、澳大利亚、北欧等国应用较为广泛。由于远期合约和期货合约的参考价格都是系统电价，但在现货市场中发电商和购电商都以各自区域的电价进行买卖，不同区域之间有可能会因线路阻塞导致电价差别较大，可能会给交易者带来巨大的金融风险。为了规避这一风险，差价合约应运而生。差价合约有单向与双向两种类型。单向（one way）差价合约相当于为交易中一方提供规避风险的机会，同时保留从现货价格与敲定价格之间价差中获利的机会，对于配电商（或用户）来说，相当于买入看涨期权（call），而对于发电商来说，相当于买入看跌期权（put）。双向（two way）差价合约等价于一个合约价格为敲定价的固定的远期合约，对于配电公司（或用户）来说相对于买入看涨期权、卖出看跌期权，等价于买入一个远期，而发电商买入看跌期权、卖出看涨期权，因而等价于卖出一个远期。如果差价合约不止一个敲定价格，而是设定了两个敲定价格时（高位敲定价和低位敲定价，即期间价差），则相当于买电方买入一个看涨期权，期权的执行价格为区间价合约的低位敲定价格，卖电方卖出一个对应的看涨期权，同时买入一个相应的看跌期权。如果高位敲定价格和低位敲定价格满足一定的关系，两项期权费则相互抵消。

（4）电力期权。电力期权主要在电力场外交易市场进行交易。常见的电力期权有以下几类：① 电力障碍期权（barrier options）。电力障碍期权又分为敲出期权（knock-out option）和敲入期权（knock-in option）两种类型。对于敲出期权，正常运作与普通期权一样，但当电力价格上涨达到设定的障碍水平时，该期权作废。对于敲入期权，只有当电力价格达到一个特定的水平时，该期权才生效。这样，电力障碍期权预先设定了电力价格水平区间，等于是为期权买卖双方提供了一个缓冲空间。② 电力亚式期权（Asian options）。电力亚式期权就是在到期日确定期权收益时，不是采用标的资产当时的市场价格，而是用期权合同期内某段时间标的资产价格的平均值的期权，由于其收益依附于期权有效期内的电力平均价格，可以避免短期价格急剧波动带来的风险。③ 电力回望期权（lookback options）。电力回望期权的收益依附于期权有效期内电力价格所达到的最大值或最小值，及其期权持有者可以以其持有期内对其最有利的情形来确定其期权的收益率。电力回望期权又分为回望看涨期权和回望看跌期权，前者的实质是期权持有者能够按照期权有效期内所能达到的最低电价购买电力，后者则是允许期权持有者能够按照期权有效期内所能达到的最高电价出售电力。④ 电力远期期权。电力远期期权是将电力远期合约直接作为标的物的期权合约。基于远期的期权是一项权利而非义务，持有者可以在指定日期之前以确定的远期价格取得远期合约。看涨远期期权持有者拥有按指定价格获得远期合约的权利，看跌远期期权持有者拥有按指定价格出售远期合约的权利，电力远期期权合约给予了合约买卖双方更大的自由选择权。当到期看涨远期期权被执行时，执行期权的收益就等于即期的远期价格减去期权的执行价格；当到期看跌期权被执行时，执行期权的收益就等于期权的执行价格减去即期的远期价格。远期期权到期日通常是标的远期合约的最早交割日的前几天或是同一天。

第三节　全球典型电力金融市场

20 世纪 90 年代以后，西方许多发达国家和地区纷纷开始进行电力市场化改革。英国、美国和北欧的改革最为成功。本节将对这些国家和地区的改革历史、重要成效进行分析。

一、北欧电力金融市场

北欧电力市场是迄今为止世界上唯一的一个具有实质性意义的多国电力

市场，是一个已经被世界上大多数国家公认的成功的典范。北欧电力交易市场建于 1993 年 1 月，是目前世界上第一个开展多国间电力交易的市场。北欧电力市场建设始于 1991 年挪威电力市场改革，而后瑞典、芬兰和丹麦逐步加入，2000 年，丹麦东部市场的加入标志着北欧跨国电力市场正式形成。紧接着，爱沙尼亚、立陶宛和拉脱维亚等相继加入北欧电力市场，同意现货市场联合出清。2014 年，来自欧盟的 14 个成员国加上挪威的电网运营商和电力交易所就电力联合交易正式达成协议，建立统一的日前电力批发市场。

北欧电力金融市场采用批发市场的基本模式：充分放开用户的购电选择权，买卖双方可以签订双边合同，也可以在北欧电力交易所中进行电力交易。在组织机构设置上，北欧电力市场交易中心与调度机构分离。调度机构留在电网企业内部，由输电网运营商（transmission system operator，TSO）负责电力系统的安全运行与调度控制，通过平衡市场、备用市场来解决系统实时平衡问题。电力交易中心负责市场运营。北欧电力交易所是北欧电力市场的核心，负责整个北欧电力批发市场的交易和清算，以及二氧化碳排放权交易活动。

经过多年的完善，北欧电力市场目前已形成现货市场为基础，辅助服务市场和金融衍生品市场为补充的市场结构。各市场之间互相协调运行、有机结合，共同构建一个体系完备、功能完善的市场交易体系。现货市场为各类市场参与者提供电力交易的场所，形成实时反映系统供需状况的价格，为金融市场提供一个合理的价格信号；辅助服务市场为修正现货市场出清结果与实际运行之间的偏差提供一个保障，确保电力系统安全稳定运行；金融衍生品市场为各市场成员规避现货市场价格波动风险提供了多样化的合约，合约的结算最终也以现货市场的价格作为依据。

(一) 现货市场

目前，北欧电力市场主要采用日前市场、日内市场与平衡调节市场互为补充的市场模式，三个市场有着不同的功能定位，三者协调运行、有序开展，共同形成一个贴近实时运行的交易计划。

日前市场建于 1993 年，由北欧电力交易所（Nord Pool）组织，采用

"集中竞价,边际出清"的方式。在每一天的中午 12 点之前,买卖双方针对第二天每小时的交易时段提供报价,市场成员的报价互相并不知晓。

日内市场是日前市场的延续。日内市场也由北欧电力交易所组织,在日前市场关闭后 14:30 开始,持续滚动出清直到实时运行前一个小时。日内市场是一个撮合交易市场,按照"先来先得、高低匹配"的原则,为市场成员提供一个调整日前交易计划的平台,以此来应对负荷预测偏差、设备突然故障等问题。早期,由于大部分市场成员都不愿意投入较大的交易费用来进行少量的交易,因此日内市场成交的电量较少。但随着新能源的不断接入,日前风电预测的误差量变大,日内市场的重要性也逐步凸显。

平衡调节市场(regulating market)是系统实时运行前的最后一道关口,其主要作用在于保障系统的实时平衡与稳定运行,而不在于进行电量交易。平衡调节市场是由北欧各国输电网运营商(transmission system operator,TSO)负责,出清时会考虑各个区域的实际物理模型与安全约束,实现交易计划的再调整。在平衡调节市场开展前,各平衡责任提供者(balance responsible party,BRP)需要提供报价。TSO 会对各平衡责任提供者提供的报价进行优化排序。实时运行时,TSO 作为单一购买者按照总费用最小的原则调用平衡资源,最终形成上调/下调边际价格。此外,为保证平衡调节市场中平衡资源的充裕性,北欧各国 TSO 会定期开展备用容量市场,在备用容量市场中标的发电商必须在平衡调节市场中报价。

(二)辅助服务市场

北欧电力市场中的辅助服务大致包括频率控制、电压控制、旋转备用、无功补偿和黑启动等。对于不同的辅助服务,北欧各国的结算方式、合同期限、调度原则、准入要求等也不尽相同,由各国的相关条例规定。对于黑启动、无功补偿等辅助服务,各国 TSO 通常会采用长期合同的方式购买,价格由双方协商或公开竞标的方式确定。对于旋转备用(响应时间为 15 分钟),各国 TSO 一般会在周前和日前开展备用容量市场,买卖双方提交自己愿意提供的备用的数量和价格,最终 TSO 根据报价确定备用的提供者。为保证平衡调节市场容量的充裕性,在备用容量市场中中标的发电商必须在平衡调节市场中报价，如果该发电商没有报价或被调用时不能满足要求，则会受到惩罚。因此，备用容量市场中出清的产品实际上是一种期权，最终 TSO 根据系统实际运行情况选择是否调用。

（三）金融衍生品市场

北欧电力金融市场始于 1993 年的挪威电力远期合约市场，早期主要交易的是物理合约，后来使用现金结算代替物理交割，并陆续引入了期货合约、差价合约和期权合约等。北欧电力金融市场成员众多，交易品种多样，为参与主体提供了很好的价格对冲与风险管理的手段。数据显示，北欧电力市场中 90% 以上的电能交易通过金融衍生合约覆盖。

北欧电力金融衍生品市场早期由 Nord Pool 负责，2008 年转由纳斯达克交易所运行。目前，北欧电力金融交易品种包括远期合约、期货合约、期权合约和差价合约，以现货市场价格为参考；交易主体范围除北欧外，已扩展至德国、荷兰和英国；交易时间跨度包括日、周、季度、年，最长可达 6 年。上述金融合约均采用现金结算的方式，不需要实际物理交割。远期合约以月、季度和年度为周期，期货合约以日、月为周期，其结算的参考价格为系统价格。北欧的差价合约与传统的差价合约有所差别，是专门为规避阻塞产生的价差风险而设置的，以区域价格和系统电价的差价作为参考电价进行结算。因此如需要较好地规避价格风险，市场参与者一般会选用远期或期货合约加差价合约的方式。

二、英国电力金融市场

英国电力市场作为世界上市场化和私有化程度最高的电力市场，其发电、输电、配电和供电相对独立。英国政府长期以来将电力市场的稳定性和电价的竞争性作为重要的政策目标，鼓励各环节的充分竞争，优化其市场运作机制[1]。

---

[1] 陈曦，臧晓飞，宋扬.英国电力容量市场分析及启示［J］.电站系统工程，2019，35（2）：80-82.

(一) 英国电力金融市场发展的四个阶段

20世纪90年代至今,英国已经进行了多轮的电力市场改革,先后推出了电力库(pool)模式、电力合约交易模式(NETA)和全国性的电力合约交易模式(BETTA)。2014年,英国开启了新一轮电力市场改革,推出最新容量电力市场(capacity market)。

1. 电力库(pool)模式阶段

1989年,英国电力工业开始引入市场机制,建立了竞争性的电力库。电力库市场机制的实质就是建立起一套竞价上网的市场化的发电端交易机制。在电力库模式下,电力市场中供求双方所有成员共同制定并签署一个合同体系:《电力库及结算协议》(Pooling & Settlement Agreement)。依照该协议,电力输出超过5万千瓦的电厂必须持有发电许可证,并提前一天向电力联合运营中心(即电力库)申报其发电机组在各时段(半小时为一时段)上的发电量与电价。供电公司、批发商、零售商及用户(除直供用户之外)也必须通过电力库来购买电力。电力联合运营中心①负责发电机组的择优排序和调度,使得发电和负荷在合理的价格之下达到供求平衡,此外组织各种输电所需的辅助服务。

2. 电力合约交易模式(NETA)阶段

由于强制电力库存在定价机制不合理、市场操纵等问题,英国议会于2000年7月28日批准了新的公用事业法案,对电力市场的框架和行业结构进行了调整,在英格兰和威尔士地区,以双边合同为主的新的电力交易模式(new electricity trading arrangements,NETA)完全取代了电力库模式,建立了新的经营执照标准,重新规定了所有市场参与者的责任、权利和义务。通过该机制,建立了一套自由的交易环境。电力可在各种市场中进行交易,包括电力批发市场、电力期货市场、提前一天的电力市场和实时市场等。

3. 全国性的电力合约交易模式(BETTA)阶段

1990年以来的改革,主要是在英格兰和威尔士地区,苏格兰和北爱尔兰地区并没有建立竞争性的电力市场。2005年,英国进一步建立了全国性的电

---

① 电力联合运营中心由英国国家电网公司(NGC)负责运营。

力合约交易模式（British electricity trading and transmission arrangements，BETTA），将 NETA 模式在全英国范围内推行，建立全国统一的电力交易、平衡和结算系统，统一了输电定价方法和电网使用权合同。

4. 容量市场阶段

英国容量市场是在电能量市场外单独设置的，范围包括英格兰、威尔士和苏格兰，不包括北爱尔兰，发电商可以同时参与电量市场和容量市场的交易。英国国家电网公司作为容量市场的主体，对电网需求进行评估，组织容量的拍卖，并购买相应容量。自 2014 年电力容量市场推出以来，英国先后举行了四次 T-4 容量市场的拍卖。

（二）英国电力金融市场的结构

英国的电力金融市场包括电力批发市场、电力零售市场、容量市场、辅助服务市场、电力金融衍生品市场共五大部分。整个市场在市场管理监督机构的监管下，由市场运营主体负责运营，各类机构参与电力产业链四个环节的交易。

1. 市场管理监督机构

英国能源气候变化部（DECC）是英国的能源管理机构，负责电力市场改革的制度制定。英国电力与天然气办公室（Ofgem）负责对电力市场进行监管，并通过政策手段提高电力市场运行的效率与公平。

2. 市场运营主体

英国将电力调度职能和交易职能分开。英国国家电网公司控制的国家电力调度机构（GBSO）负责电网的实时平衡，并接收这期间必要的增减出力报价，保证电力系统的安全和供电质量。电力的交易职能由 APX 和 N2EX 两家彼此独立、相互竞争的交易所来完成。而电力交易的平衡结算和计量工作由英国电力结算中心（ELEXON）完成。

3. 市场参与主体

在发电环节，英国全国有发电商 400 多家，但市场集中度很高，前六大发电商的市场份额总和超过 70%。在输电环节，三个输电运营商按区域划分，分别开发、运行和维护各自区域的输电系统。在配电环节，英国按地域划分为 14 个配电区域，约有 20 家配电商负责运营配电业务。在售电环节，英国有 20 多家电力零售商，但市场集中度也非常高，前六大公司的市场份额总和超过 85%。

（三）英国电力金融市场的交易机制

英国电力金融市场的平稳和高效运行离不开一系列复杂的交易机制。下面我们从批发市场、差价合约、容量市场、辅助服务市场、金融衍生品市场分别来进行阐述。

1. 批发市场的交易机制

英国的电力批发市场是发电商和供电商/售电商之间开展大宗电量交易的市场。总的来看，英国电力批发市场是一个以双边实物合同为主的市场，双边合同的交易电量约占 90%，交易所的交易电量约占 5%，平衡机制的交易电量约占 3%~5%。具体的交易机制包含如下方面。

一是通过场外市场交易（OTC）实现的长期双边交易。场外合同可以提前一年甚至若干年签订，合约形式灵活，具有物理交割义务，不同于过去的金融性质的"差价合约"[①]。

二是交易所组织自愿参与的短期交易。日前交易可在欧盟范围内进行，时间统一为日前 12 点结束交易，在欧盟范围内统一出清，跨国交易的输电和线损成本通过价格耦合方式计入交易价格。日内交易只能在英国范围内开展，通常每半个小时结算一次，日内提供 48 次不间断交易服务。关门前 1 小时（实际调度执行前 1 小时）可以进行发、用电双边交易，发电企业需要在关门前 1 小时向调度部门上报物理出力曲线和出力调整报价，之后，发电企业之间仍可以进行交易，但不可与用电方进行交易，即整个系统的物理出力水平被锁定。上述所有交易行为均为无约束交易，即不考虑安全校核问题，所有参与方需要为交易结果承担经济责任。短期交易为各市场参与者提供更多的调整交易需求和风险防范手段。

三是平衡市场机制。为保证电力系统的实时平衡，英国设计了一种接近

---

① 姚军，张超.英国电力市场构架分析.电价研究前沿微信公众号，2020-6-8.

实时的平衡机制。调度部门负责电力系统实时平衡，按照 1 小时前发电企业申报的物理出力曲线和出力调整价格进行经济调度，可根据系统运行情况灵活调节，实际出力与申报出力的偏差通过事后不平衡结算解决。

2. 差价合约（CFDs）的交易机制

CFDs 是在新一轮电力市场化改革中增加的有关低碳电源的重要机制。差价合约激励制度（FiTCfD）具有双向付费的功能，其运作方式为：当市场价格低于合同价格时，用户向发电商付费；当市场价格高于合同价格时，发电商将差额部分返还给用户。差价合约激励制度使得低碳电力投资者在未来几十年中能够获得稳定的投资收益，从而激发了低碳电力投资者的积极性。

3. 容量市场的交易机制

容量市场为全市场机制，通过向容量供应商提供稳定的合同支付，以换取稳定可靠的电力供应承诺的一种激励机制。若参与者在市场需要时未按协议交付约定电力，则会受到惩罚。容量市场协议通过竞标流程获取，所有非可再生能源电厂都有资格获得此协议。容量市场的引入，使发电商提供发电量和容量都能够获得收益。与电量市场一样，容量合同的费用将根据市场份额由供应商提供，经英国电力结算中心（ELEXON）支付给容量提供者。如果容量提供者因未提供而遭受罚款，罚款也会经英国电力结算中心交给供应商。

4. 辅助服务市场的交易机制

辅助服务市场独立于电能量市场，由英国国家电网公司负责运营。英国政府出台了一个辅助服务鼓励计划，用来鼓励国家电网更加经济高效地使用辅助服务。国家电网可以从相对政府预期花费节约的成本中得到一定比例的奖励，但也会因为超出预期的花费承担一定的额外支出。

5. 金融衍生品市场的交易机制

在英国电力市场中，APX 与纳斯达克交易所提供标准化的期货合同。发电商、售电商等电力产业链企业参与开展套期保值，规避电力现货市场的风险。不生产或消费电能的非直接交易商（如银行等）也可参与期货市场，进行投机与套利，获得利润。英国电力期货等金融衍生品市场增强了现货市场的流动性，有利于物理参与者找到合适的交易对象，也有利于市场更加及时、准确地发现电力的价格。

三、美国电力金融市场

20世纪70年代，美国完成了大规模的电力基础设施建设，市场上机组备用充足，而且作为发达国家，其每年的用电负荷增长也较缓慢。20世纪90年代，全球开始了电力工业放松管制的浪潮，很多国家都着手进行电力工业的市场化改革。由于电力商品具有特殊性，加上人为设计的市场模式存在缺陷，有些电力市场发生了问题，而美国东部的3个电力市场——PJM电力市场、纽约州电力市场和新英格兰电力市场则慢慢成熟起来。目前这3个电力市场所采用的市场模式已经逐渐成为美国其他地区电力市场建设的标准框架，美国的电力批发市场也已逐步成为自由商品市场。

（一）美国PJM电力市场

美国PJM公司（Pennsylvania-NewJersey-Maryland，PJM）负责美国大西洋沿岸13个州及哥伦比亚特区的电力系统运行与管理，是一个非营利性的独立系统运营商（ISO），其职能包括电力市场运营、电网调度运行和电网规划三方面。PJM分为实时市场（real-time market）、日前市场（day-ahead market）、金融衍生品市场、辅助服务市场（ancillary services market）和容量市场（capacity market）。其中日前市场和实时市场属于现货市场，由PJM集中进行组织；次日及以上电能交易主要采取双边交易方式。市场主体包括发电方、输电方、配电方、售电方和电力用户，交易标的分为电能、辅助服务、输电权和容量。

实时市场。实时市场实际上是一个平衡市场，它是为解决系统突发事故、网络阻塞、市场结算困难而设立的。市场成员可于16时至18时之间对次日实时市场不同时段进行报价。在实时运行之前，PJM根据最新的超短期负荷预测结果及电网运行信息对全网的发电资源重新进行集中优化，每5分钟滚动出清下一5分钟实时中标电量和电价，出清结果将下发发电企业执行。实时市场形成的实时交易计划与日前交易计划存在差异，在事后结算中，日前中标电量按照日前中标电价结算，实时中标电量与日前中标电量的偏差按照实时中标电价结算。

日前市场。市场成员在每天 8:00—12:00 向 PJM-OI 提交第 2 天的投标计划。PJM-OI 在每天 12:00—14:00 结合系统有关信息对各成员的投标计划进行评估,系统信息包括预期用户需求、气候条件、输电线路、发电机组等,评估完成后,选择最有效、最经济的运行方式。PJM-OI 在每天 14:00—16:00,向各成员通报评估结果,在 16:00 至第 2 天 8:00,PJM 还可根据系统经济性、可靠性等方面的要求作一些调整。

金融衍生品市场。PJM 的金融衍生品市场分长、中、短期。1 年或 1 年以上为长期,1 个月至 1 年以内为中期,1 天至 1 个月以内为短期。事实上,日前市场也属于短期金融衍生品市场。中长期期货市场以协议来规范约束市场成员的交易行为,特别要强调的是,期货交易是按实时节点边际电价(LMP)结算。PJM 期货市场的生命力在于其输电服务的费率随交易形式的不同而存在较大差异,中长期期权可转让。

容量市场。为了避免老牌电力公司使用市场力,1999 年,PJM 引入了第一个容量市场——容量信用市场(capacity credit market,CCM),CCM 允许各 LSE 通过日前、月度和多月市场上的交易来实现自己的容量义务。2007 年,针对 CCM 的缺陷进行改进后替代为可靠性定价容量市场(RPM),给予了市场充分的流动性,也为市场成员提供了多次报价的机会。PJM 市场通过市场发送价格信号,让发电商知道必须持有足够机组容量。容量或是发电商自己拥有,或从每年五月举办的容量竞拍上购买,以获得三年后的容量。为了给市场参与者足够的时间来做规划,PJM 市场开发了电子容量市场,市场成员可以在每天上午 7 点到 9 点之间,根据自己第二天容量义务的大小进行容量信用的买卖。在市场成员分别投出买标和卖标后,市场根据投标价格,从价格最低的卖标开始进行交易匹配。最后匹配成功的卖标价格确定为市场清算价,所有交易成功的容量信用都将按这个价格支付费用。此举让 PJM 容量市场提前三年确保电力用户的需求能够被满足,也吸引了充足的投资来保障未来的需求[①]。

---

① Sioshansi. 全球电力市场演进:新模式、新挑战、新路径[M]. 机械工业出版社,2017.

(二) 美国电力金融衍生品市场

在美国，从事电力金融产品交易和结算的交易所主要是纽约商业交易所和洲际交易所。纽约商业交易所有3个交易和清算平台：CMEGlobex、NYMEX miNYTM 和 Clear Port。CME Globex 和 NYMEX miNYTM 被称为场内交易平台，在纽约商业交易所的特定场所（Floor）进行交易，交易的主要对象包括对金属，能源（不含电力），农产品等的合约（如期货、期权）交易。CME Globex 的交割方式主要是实物交割，NYMEX miNYTM 主要是交易量小的合约交易平台，大多采用现金交割，极少采用实物交割。Clear Port 是场外交易和清算平台，允许初级金融产品上柜交易，即一些刚刚建立、相对不成熟、投资风险较高的金融产品可以先在该平台进行交易和清算。为了提高产品的流通性，该平台全部采用现金交割。电力金融产品就是在 Clear Port 进行交易和清算的。NYMEX 共上市交易了11种期货或期权类 PJM 电力金融产品，具体情况见表6-5。

表6-5 NYMEX 上市交易的 PJM 电力金融产品

序 号	类 型	交易代码	产 品 名 称
1	期权	JO	PJM 月现金交割电力期权
2	期货	VD	AEP-Dayton 中心节点日高峰电力期货
3		VM	AEP-Dayton 中心节点月高峰电力期货
4		UM	北伊利诺伊中心节点月高峰电力期货
5		UD	北伊利诺伊中心节点日高峰电力期货
6		JD	PJM 日高峰电力金融期货
7		JM	PJM 月高峰电力金融期货
8		JW	PJM 周高峰电力金融期货
9		VP	AEP-Dayton 中心节点月度低谷电力期货
10		UO	北伊利诺伊中心节点月度低谷电力期货
11		JP	PJM 月低谷电力金融期货

除了进行电力金融产品的交易和清算以外，纽约商业交易所还为非标准的非交易所内（off-exchange）的双边交易提供结算服务，并对此类交易的

结算同样进行严格的信用管理,就像对期权、期货的管理一样。PJM 的发电商和负荷服务商之间如果签署交易量大、交割时间长的双边交易,往往都通过 NYMEX 的场外结算平台进行结算,以减少风险和降低成本。同时,NYMEX 还有天然气、石油等一次能源的期权期货等金融产品,为发电商规避一次能源价格波动风险提供了套期保值金融工具[①]。

四、全球典型电力金融市场发展的制度思考

全球典型电力金融市场的建设取得了重要进展,从制度视角看,有不少经验值得我国借鉴。

一是在电力现货市场充分发展的基础上推出电力金融衍生品市场。电力金融衍生品市场是电力现货市场的完善与补充。电力金融衍生品市场能够吸引广泛的市场参与者,增强电力市场的竞争性,发现电力市场真实的电力现货价格,为电力市场参与者提供了多样的市场交易方式和风险管理工具。国外电力金融市场是在电力现货市场的基础上建立的,与电力现货市场密切关联,如欧洲、北欧和美国纽约期货交易所、芝加哥商品交易所的电力期货交易,无论是金融结算,还是实物交割,结算时是与现货市场紧密联系的。因此,电力现货市场的蓬勃发展是电力金融衍生品市场得以发展的前提,而现货市场的发展又依赖于电力市场化改革的推进。以美国为例,1996 年,美国联邦能源管制委员会出台法令,要求开放电力批发市场,明确要求发电厂与电网必须分离,纽约商业交易所则在 1996 年上市电力期货,但 2000 年受加州电力危机的影响,改革进程有所延缓。因此,从市场发展路径来看,电力市场化改革是实现电力现货市场发展的必要条件,而电力现货市场的发展将进一步为电力金融衍生品市场的发展奠定基石。

二是建立完善的监管制度。从国外成熟电力市场建设经验来看,电力金融衍生品市场建设本质上属于电力体制改革的一部分,是电力体制改革不断深化后的成熟阶段。电力金融衍生品市场区别于一般市场,其特殊性在于电

---

① 李道强,韩放.美国电力市场中的金融交易模式[J].电网技术,2008(10):16-21.

力的公共安全,电网的安全运行是市场正常运作的前提。电力金融衍生产品的设计包括三种类型:一种是诸如针对 PJM、Nord Pool、澳大利亚等电力市场设计的电力期货产品。此类电力金融产品属于纯粹金融产品,与实际物理运行完全脱钩,仅进行金融结算,交易准入以及出清机制与一般商品期货没有区别,与电力市场的连接点在于期货合约一般以日前/日内/实时电力现货市场价格为基准价格,在理性预期理论成立假设下,随着到期日的临近,期货价格将趋近于标的期间及时段现货市场价格。由于与物理交割完全脱钩,此类交易具有充分的流动性,市场出清的结果对电力现货市场的影响相对较小,减少了现货市场营运压力。但是,成为纯粹金融产品后,如果缺乏健全的金融监管机制,数量巨大的金融投机资本而非套期保值资金将最终决定期货价格,加之现阶段电力仍无法大规模经济储存,期货价格与现货价格趋近性不够理想,影响了电力期货套期保值功能的发挥[1]。以美国为例,美国国会已要求联邦能源监管委员会(FERC)积极行动,防止电力和天然气市场以及相关衍生品市场的操纵行为。FERC 长期关注与电力和天然气州际传输有关的内容,它监管的实体主要是电力公司、水电工程公司、管道公司以及从事天然气生产分配的公司。随着能源市场的变化,FERC 已经开始广泛地延伸其监管权,其监管范围包括电力市场的发电商、投资银行和对冲基金等做市商。实际上,已经有超过 50 家金融服务公司获得 FERC 的授权成为电力做市商,并受 FERC 重点监管[2]。第二种是诸如洲际交易所(ICE)针对英国电力市场设计的电力期货产品。标准化合约的集中交易降低了交易成本,期货的对冲平仓机制使其成为一种投资工具。然而,这种期货的强制交割属性不利于吸引市场交易主体,导致市场流动性不足,成交量较少,因此只适用于分散式电力现货市场。第三种是诸如 PJM 电力市场中的日前交易、虚拟交易、阻塞交易等仅进行金融结算,但出清时考虑实际网络约束、安全约束的电力金融产品。这种金融产品的套期保值功

---

[1] 丁文娇,王帮灿,邢玉辉.多维电力金融市场机制研究——基于国外成熟电力金融市场实践[C].中国电机工程学会电力市场专业委员会 2018 年学术年会暨全国电力交易机构联盟论坛论文集,2018:41-48.

[2] 美国严防电力等相关行业衍生品时常的操纵行为[EB/OL]. http://m.bjx.com.cn/mnews/20070906/14816.shtml,2007-9-6.

能较强，但是对现货市场的运行干扰较大。以虚拟交易为例，引入虚拟交易后，日前市场的出清结果与实时运行并不匹配，增加了日前市场出清结算的难度、辅助服务成本以及实时市场运营压力[①]。

三是完善的合约制度设计。美国上市的电力合约以日度、月度和年度合约为主，其中月度合约最为活跃；欧洲上市的电力合约以日度、周度、月度、季度和年度合约为主，季度合约最为活跃。美国按照峰荷、非峰荷分类，非峰荷合约交易较为活跃。以纽约商业交易所部分电力期货合约为例，该交易所持仓量前 10 个期货合约中，包括 PJM、NYISO、ISO-NE、MISO 四个电力现货市场的交易品种。欧洲、澳大利亚和新加坡按照基荷、峰荷分类，以基荷合约成交最为活跃。由于电力现货市场的日前市场价格与实时市场价格波动幅度存在差异，因此合约设计需要按实时和日前进行区分。美国期货市场同时包括日前和实时两种合约，实时合约较日前活跃。欧洲期货市场以日前合约为主，期货合约大部分采用现金结算（由于电力的储存和运输不便）。NYMEX 在 1996 年最先推出的两份合约为实物交割，但由于不活跃已退市，目前全部合约均采用现金结算。英国、澳大利亚和新加坡电力合约也是以现金结算为主。

第四节 中国电力现货市场

当前，我国电力市场建设总体处于以省级市场为重点的起步阶段。新电改以来，面对经济增长新旧动能转换，地方政府按照先行先试的要求，将电力市场作为供给侧结构性改革的突破口，出发点是降低用能价格、改善地方经济环境。由于发展阶段、市场意识等差异，各地区电力市场建设推进的步调、力度、速度等不一致，形成了多周期、多品种的交易体系。从技术层面

---

① 丁文娇，王帮灿，邢玉辉. 多维电力金融市场机制研究——基于国外成熟电力金融市场实践 [C]. 中国电机工程学会电力市场专业委员会 2018 年学术年会暨全国电力交易机构联盟论坛论文集，2018：41-48.

来看，各省对于电力市场建设路径、改革重点方向、市场模式、市场规则等的选择不尽相同。本节主要梳理中国电力现货市场的发展历史，总结八个现货市场的试点情况，并提出了推动中国电力现货市场发展的制度思考。

一、中国电力现货市场的发展历史

根据《关于进一步深化电力体制改革的若干意见》（中发〔2015〕9号，简称"9号文"）配套文件《关于推进电力市场建设的实施意见》，现货市场主要开展日前、日内、实时电能量交易和备用、调频等辅助服务交易。中国在电力现货市场的探索始于2002年，通过18年的艰难摸索，在日前市场等方面取得了较为丰富的经验。主要的试点或探索如下。

（一）区域电力现货市场的探索

我国开展区域电力现货市场的探索可以分为两个阶段：一是21世纪初的东北和华东电力现货市场试点阶段；二是2017年以来新一轮电改的电力现货市场试点阶段。

1. 21世纪初的东北和华东电力现货市场试点

2004年1月15日，我国第一个区域电力市场——东北区域电力市场模拟运行正式启动。模拟运行分为两个阶段，第一阶段是2004年1—4月采用"单一过渡式电价、有限电量竞争"模式，第二阶段是2004年6月之后采用"两部制电价、全电量交易"模式。经模拟运行试验对比，得出两部制电价更适合东北实际情况。因此，在2005年使用两部制模式进行试运行。但那时由于电力工业上游煤炭市场已完全市场化，试运行阶段由于供求关系发生变化，电煤价格上升，抬高了上网电价，而当时销售电价仍维持不变，因此中间出现亏空，试运行中止。随后市场各方一致同意重启试运行，却出现了东北电网北部发电高价上网，南部用电低价销售的情况，东北电网公司16天就亏损了32亿元。这种情况下，地方政府没有积极性了，如果将高上网电价通过销售电价疏导出去，就会增加地方工商企业的用电成本；如果不疏导，电网公司就要承担中间亏损，也想终止东北区域电力市场。东北区域电力市场试点经历了11个月的模拟运行、4个月的试运行后，戛然而止。

2006年5月，东北区域电力市场进入学习总结阶段[①]。

2006年，华东区域[②]日前电力市场成立，先后进行了市场设计、月度竞价交易、日前竞价综合模拟运行和两次调电试验。两次调电试验结束后，发电企业发现，市场试运行的市场成交价格均偏低，绝大多数电厂的利润较市场实施前下降较多。以福建一家电厂12月20日到12月26日的竞价结果为例，竞价后的电量增加了15 556 mwh，但平均电价受日前市场成交电价低的影响，较政府核准的上网电价降低了18元/mwh，利润因平均电价低下降了373万元。由于供大于求和规则所限，华东月度市场和日前市场难以达到批复电价水平。月度市场采取供需双方双向报价的形式，省级电网公司难以高于批复价申报；同时，月度市场基于边际价格结算，诱惑很多电厂采取保低价抢电量的"坐轿子"策略，市场价格难以抬高。日前市场价格同样难以抬高。日前市场采用节点电价结算，其原理也是基于边际购电成本的定价方法，同样会诱使发电企业采用"坐轿子"的报价策略。另外，规则中的价格管制条款再一次限制了日前市场价格上升的空间。对于两次调电，试运行试验价格一路下跌，最后甚至跌破了变动成本线。因为华东市场面临很大的电价下降风险，达到批复电价水平更是非常难。由于试点效果达不到预期目标，2007年，华东区域日前市场就暂停了。

2. 2017年以来新一轮电改的电力现货市场试点

2017年8月15日，国家调度中心和北京交易中心正式发布《跨区域省间富余可再生能源电力现货交易试点规则（试行）》，充分利用国家电网公司经营区域内跨区域省间通道输电能力，有效促进西南及三北地区可再生能源消纳，缓解弃水、弃风、弃光问题。2017年8月15日，南方电网公司发布了《南方区域电力现货市场建设工作方案》，要求在2020年后要具备开展南方区域统一集中式电力现货市场交易的条件，2017年底前完成广东集中式电力现货市场交易规则、现货技术支持系统开发需求方案的编制，完成现货市场技术支持系统构架搭建。

---

① 刘刚. 积极推进电力现货市场建设[J]. 中国电业，2018（12）：24-26.
② 华东电力市场的具体范围包括上海、江苏、浙江、安徽、福建四省一市。

2017年8月28日，发改委、能源局印发《关于开展电力现货市场建设试点工作的通知》，选择南方（以广东起步）、蒙西、浙江、山西、山东、福建、四川、甘肃等8个地区作为第一批试点，加快组织推动电力现货市场建设。

(二) 电力交易机构的建设

电力交易机构是电力市场建设的重要环节之一。新一轮电力体制改革提出"建立相对独立的电力交易机构，形成公平规范的市场交易平台"等要求，旨在构建有效竞争的市场结构和市场体系，建立相对独立、规范运行的电力交易机构。新"电改"明确保障公益性用电服务，除公益性用电外，鼓励商业性电力市场化交易。电力交易中心的成立是售电侧改革落实措施的重要一步。通过电力交易中心，电力用户可大规模通过跨区域输电通道与发电企业直接发生交易。这利于清洁能源消纳问题的解决，"三北"地区的风电、光伏发电等有望通过交易中心实现电能东送，有利于解决弃风、弃光等问题，推动能源的绿色低碳发展。

截至2017年底，全国共成立2个区域性电力交易中心，33个省级电力交易中心。2个区域性电力交易中心是北京电力交易中心、广州电力交易中心（2016年3月成立）。电力交易中心不以营利为目的，在政府监管下提供规范、公开、透明的电力交易服务。目前，华北、东北、华中三大电网已实现交流同步互联，华中与华东、华中与西北、华中与南方电网已实现直流互联，跨区域的电力交易也开始活跃起来。其中，南方电网区域内跨省电力交易主要是云南、贵州、广西送广东，跨区交易主要是国家电网送南方电网，以及三峡水电站输送南方电网。电力交易中心的集中建成，标志着电力体制改革乃至电力供给侧改革已进入实际操作阶段。

(三) 电力现货市场的价格改革

20世纪80年代以来，国外对电力工业进行纵向分离重组，把发电和售电环节纳入市场竞争的范围，而将输电和配电保留在自然垄断领域，维持传统的政府管制形式。我国从1978年以来，也逐步进行电力市场化改革，电力价格体系的改革是改革的重要内容之一。总的来看，电价改革的目的主要在三方面：一是发电和售电价格向市场化过渡；二是提高自然垄断环节生产效率，降低运行成本；三是市场化价格机制和价格政策协同促进电力工业清洁低碳、安全可靠、高效经济发展。

1985 年之前，我国电力市场实行计划经济体制下的政府垄断经营模式，实行计划建设、计划发电、计划供电的体制，销售电价由政府制定。改革开放以后，电力在计划经济下的垂直垄断经营已经越来越不适应经济社会发展的要求，缺电局面日益严重，电力工业成为制约我国经济社会发展的瓶颈产业。1985 年后国务院分别批准了集资办电、卖用电权、发行电力债券以及征收电力建设资金等政策和措施，自此也开启了我国电价改革的篇章。梳理我国电力现货市场的价格形成机制变化历史，可以归纳出以下几个阶段。

一是独立上网电价和销售电价初步形成阶段（1985—2002 年）。这一期间，为了鼓励集资办电、吸引电力投资，我国实行了还本付息电价政策，之后改进为经营期电价，初步形成了独立的上网电价，并相应地形成了多种销售电价。

二是厂网分开与标杆电价阶段（2003—2014 年）。2002 年，我国将国家电力公司管理的电力资产按照发电和电网两类业务进行重组，实行厂网分开，形成了相互竞争的五大电力集团，成立了国家电网公司、五个区域电网以及南方电网公司[1]。然而，厂网分开的改革并没有从根本上改变各地区电网公司独家买电的垄断格局，电网公司集输电、配电和售电于一体，售电环节缺少竞争机制。一些地区厂网分离，由于没有有效和明确的市场平台和交易方法，并没有真正形成市场。上网电价中只有小部分电量由市场竞争形成，而大部分仍由政府来定价。

在该阶段，电价体系在单纯的销售电价结构基础上增加了发电上网电价、部分跨省区输电价格、部分省份大用户直购电交易的输电价格及辅助服务补偿标准。电价形成机制的改革进一步改变了电价体系：一是上网电价标杆化和外部性成本内部化改革，实施了煤电标杆电价以及脱硫脱硝除尘环保

---

[1] 国家电网公司负责各区域电网之间的电力交易、调度，参与跨区域电网的投资与建设。区域电网公司负责经营管理电网，保证供电安全，规划区域电网发展，培育区域电力市场，管理电力调度交易中心，按市场规则进行电力调度。

及超低排放加价、风电和光伏分区域标杆电价、核电标杆电价，进行水电上网电价标杆制的探索，显著提升了煤电的投资效率，促进了我国可再生能源的发展。二是上网电价的市场化探索。2004年在东北区域市场试行了两部制上网电价且电量电价市场化，但由于2005年市场价格上涨致使东北区域电力市场试点停运；部分试点省份开展了大用户与发电企业直接交易，直接交易价格由双方协商确定或由电力交易中心组织集中竞价。三是销售电价改革。简化了销售电价分类，大部分省份实行了大工业用户峰谷分时电价，上海和浙江等省市试行了居民电价峰谷分时制，全国普遍实施居民阶梯电价和可再生能源电价附加等[1]。

三是9号文后的"三放开、一独立、三强化"[2] 阶段（2015年至今）。2015年，中共中央、国务院下发《关于进一步深化电力体制改革的若干意见》（中发9号文），确定了"三放开、一独立、三强化"的改革基本路径以及"放开两头、管住中间"的体制框架。四年多来，我国电价改革工作取得重要进展。一是形成了完整的输配电价体系。通过构建科学的独立输配电价制度体系，核定了各级电网输配电价水平，适用于所有类型的电力市场化交易。二是实施独立输配电价监管，完成了第一个监管周期省级电网、区域电网和专项输电工程独立输配电价监管的全覆盖。三是有序放开发用电价格，实现了部分发电价格的市场化和大工业用电价格的市场化。推动上网、销售环节政府定价快速向市场定价转变，促进了电力资源优化配置。许多省份结合电力供求情况，大力推进以售电市场竞争为核心的电力市场改革，电力市场交易品种多样化，市场交易范围和主体数量扩大化，市场交易规模大幅度增加[3]。

总结我国电力价格改革历史，可以发现，我国输配电价改革已经迈出了第一步，建立了独立的输配电价体系，下一步不仅要完善输配电成本监审办

---

[1] 张粒子，陶文斌，丛野. 我国电价改革四十年评述［EB/OL］. 中国电力网, 2018-11-9.

[2] 即有序放开输配以外的竞争性环节电价，有序向社会资本放开售电业务，有序放开公益性和调节性以外的发用电计划；推进交易机构相对独立，规范运行；继续深化对区域电网建设和适合我国国情的输配体制研究，进一步强化政府监管，进一步强化电力统筹规划，进一步强化电力安全高效运行和可靠供应。

[3] 比如：2019年9月，国务院决定完善燃煤发电上网电价形成机制，促进电力市场化交易，降低企业用电成本，包括取消煤电价格联动机制，上网电价改为"基准价＋上下浮动"的市场化机制。

法以促进电网企业降本增效,而且还应该完善输配电价结构以促进电力市场的公平竞争、提高市场效率。目前虽然开展了多种电力交易,实现了部分电量的上网电价市场化,但由于电力交易没有实现分时的市场化定价,尚不能有效地发挥促进电力工业清洁低碳、经济高效发展的作用。因此,应加紧分时定价的市场机制建设,以借助市场机制促进清洁、低碳能源消纳和发展,同时提高电力和能源行业的效率[①]。

二、中国电力现货市场的发展现状

电力现货市场建设是新一轮电力体制改革的重要一环。2015 年 3 月 15 日,电改 9 号文提出"加快构建有效竞争的市场结构和市场体系,形成主要由市场决定能源价格的机制"。新一轮的电力改革正式拉开帷幕,其中一个关键任务就是逐步建立以中长期交易规避风险、以现货市场发现价格、交易品种齐全、功能完善的电力市场。2017 年 8 月 28 日,国家发展改革委、国家能源局联合下发了文件《关于开展电力现货市场建设试点工作的通知》,选择南方(以广东起步)、蒙西、浙江、山西、山东、福建、四川、甘肃 8 个地区作为第一批试点,加快组织推动电力现货市场建设工作,要求 2018 年年底前启动电力现货市场试运行。

(一)8 个试点地区的电力现货市场运行

2018 年 8 月 31 日,南方(以广东起步)电力现货市场在第一批试点中首家启动试运行。2019 年 6 月 26 日,随着蒙西电力现货市场试点进入试运行,首批确定的 8 个电力现货市场试点全部进入试运行。目前,8 个试点地区的电力现货市场都已经开展了初步工作,取得了一定的进展。

1. 南方电力现货市场

作为全国 8 个电力现货市场建设试点之一,南方(以广东起步)是首个开始按日试结算的地方。2019 年 5 月 22 日,南方电力现货市场开始试点运行,首次交易结算已完成,意味着我国电价不再是完全政府定价。2019 年 11 月,

---

① 张粒子,陶文斌,丛野. 我国电价改革四十年评述 [EB/OL]. 中国电力网,2018-11-9.

南方区域电力现货市场首个交易品种——区域调频辅助服务市场的技术系统（以下简称"区域调频系统"）投入试运行，标志着电力现货市场建设工作向前迈出坚实的一步，有利于进一步提升南方电网全网调频资源优化配置水平。2020 年 6 月，国内首个电力现货市场内部运营监测系统上线运行，有力支撑南方（以广东起步）电力现货市场常态化开展市场运行监测、市场风险和市场力防控工作。该系统由广东电网公司调控中心自主设计，其运行标志着广东电网公司在提升现货市场建设运营能力方面迈出了重要一步①。

2. 浙江电力现货市场

与南方电力现货市场不同，浙江电力现货市场每半小时形成一个电价。浙江电力市场设计具有八个亮点：公开透明的磋商过程；短期、中期和长期目标明确；能量与备用联合优化并按出清价格补偿；备用价格短缺曲线；五分钟出清和结算；多时段优化；调度干预影响最小化；半司法性质的争议解决机制②。2019 年 5 月 30 日，浙江电力现货市场进入模拟试运行阶段。浙江电力现货市场包括日前市场和实时市场，初期主要面向浙江省统调电厂、110 千伏及以上大用户、售电公司，以半小时为结算周期，发电侧采用节点电价，用户侧采用统一加权平均电价，通过电能量市场与辅助服务市场联合出清，保障市场出清最优化③。在模拟试运行阶段，采用双边协商、集中交易、月内挂牌等多种交易形式④。2020 年 5 月 12 日—5 月 18 日浙江电力现货市场开展了连续 7 天的第二次结算试运行，成为国家电网有限公司经营区域内第一个能源净输入省份的电力现货市场。2020 年 7 月 1 日，浙江电力现货市场正式启动第三次整月结算试运行，这标志着浙江成为全国首个开展整月结算试运行的能源净输入省份⑤。

---

① 南方电力现货市场内部运营监测系统上线 市场不再"裸奔"风险可知可控［EB/OL］．http：//shoudian. bjx. com. cn/html/20200605/1078964. shtml，2020-6-5.
② 分析浙江电力市场设计八大亮点［EB/OL］．http：//shoudian. bjx. com. cn/html/20190606/984848. shtml，2019-6-6.
③ 浙江电力体制改革迈出重要一步：浙江电力现货市场启动模拟试运行［EB/OL］．http：//shoudian. bjx. com. cn/html/20190530/983543. shtml，2019-5-30.
④ 浙江结束第一阶段电力现货模拟试运行 看看都做了啥？［EB/OL］. http：//shoudian. bjx. com. cn/html/20190805/997512. shtml，2019-8-5.
⑤ 浙江启动第三次电力现货市场整月结算试运行 成全国首个开展整月结算试运行的能源净输入省份［EB/OL］．http：//shoudian. bjx. com. cn/html/20200702/1085678. shtml，2020-7-2.

3. 甘肃电力现货市场

2017年8月，甘肃在全国范围内首批参与富余新能源跨省区现货交易。甘肃电力现货市场的特点在于火电与新能源互为补充。甘肃以原材料为主的工业结构明显偏重，工业发展对电力的依赖程度高，电力消纳对工业发展的依附程度也高。发用电矛盾突出，"电用不完"和"电用不起"问题并存，急需通过改革手段破解制约工业经济运行和电力行业发展的突出矛盾和深层次问题：一边是电力装机过剩、火电利用小时低下、弃风弃光现象严重，一边是高载能行业开工不足、工业用电的稳定与增长受到高电价的制约。2020年3月，甘肃电力现货市场在全国率先启动第三次结算试运行，积极贯彻能源安全新战略，加快能源体制革命，推动构建清洁低碳、安全高效的能源体系。2020年4月30日24时，甘肃电力现货市场第三次结算试运行在稳定有序运行43天后退出市场，其间市场运行平稳，出清结果合理，甘肃电网安全稳定运行，顺利完成长周期结算试运行，成为全国首家完成整月结算试运行的电力现货市场。

4. 福建电力现货市场

与其他试点不同，福建电力现货市场品种涵盖了电能量交易和辅助服务交易。2019年6月21日，福建省电力现货市场启动模拟试运行，标志着福建电力现货开始脱离完全政府定价。2019年9月21日，福建省电力现货市场启动连续7天调电结算试运行。2020年3月，福建能监办、福建省发改委、福建省工信厅联合印发《福建省电力市场中长期交易规则》，首次发布电力中长期交易规则，对福建参与市场化交易的主体成员、准入条件进行了限定。2020年4月8日，福建省电力现货市场启动连续14天结算试运行。

5. 山东电力现货市场

山东电力现货市场的突出特点在于以小时为结算周期，发电侧采用节点电价。2019年9月16日和18日，山东电网进行了两次单日调电运行，标志着山东电力现货进入了实际操作阶段。20日至26日，进行了连续的调电试结算运行。调电试结算的开展，标志着山东电力现货进入"元年"。2019年底，经过一年多的努力，山东电力现货市场基本建立了完整的市场交易规则体系和相应的技术支持系统，并启动了试运行，完成了第一阶段的目标，山东已初步形成电力现货市场、中长期市场、零售市场在内的完整规则体系。2020年7月,山东电力进一步完善需求响应机制:双导向、双市场需求响应机制启动。2020年7月2日,山东省发改委、能源局、山东能监办联合印发的《关于印发〈2020年全省电力需求响应工作方案〉的通知》文件出台,正式启动2020年山东电网需求响应申报工作,标志着山东省创新推出的基于电力现货市场的新型需求响应机制试点工作拉开帷幕。

6. 四川电力现货市场

四川电力现货市场的优势在于最快可实现提前1小时交易。2019年6月20日,四川电力现货市场启动模拟试运行,最快可实现提前1小时交易。2019年9月和10月,四川电力交易中心开展了现货市场连续调电试运行和两次模拟结算试运行。2020年3月,国家能源局四川监管办与四川省经信厅共同发布《2020年四川电力交易指导意见》,明确了衔接现货的相关准则,标志着四川离正式开放现货市场更近一步。4月16日,随着国网四川省电力公司电力现货技术支持系统下发第一批实时市场出清结果,四川电网切换至枯水期现货市场试运行模式。至此,四川枯水期电力现货市场首次长周期结算试运行启动。6月,四川发改委下发文件称将现行燃煤发电标杆上网电价机制改为"基准价+上下浮动"的市场化价格机制,四川新煤电上网电价机制形成。

7. 山西电力现货市场

2017年9月,山西发布电力市场建设试点方案,方案确定了山西电力市场划分为省内和省外电力市场。省内电力市场主要依托山西电力交易中心电力交易平台,开展省内中长期交易和现货交易;省外电力市场主要依托北京电力交易中心电力交易平台和山西电力交易平台,开展跨省跨区交易,并落实国家计划及地方政府协议。2018年12月,山西电力现货市场模拟试运行。山西电力市场化改革中,现货交易将按照模拟、不结算、结算三个阶段试运行。2019年7月,山西电力现货市场首次调电试运行(不结算)取得成功,电力调度模式迈出由传统计划向市场模式转变的第一步。2019年9月1日,按照预定方案,山西电力现货市场开展结算试运行,山西成为国网区域内,首个开展电力现货试运行、试结算的试点省份。2019年9月5日,山西省电力公司发布了电力现货市场首次按日结算试运行情况，这标志着山西省电力现货市场建设进入实质性的应用阶段，山西省成为国家电网区域内首家正式开展结算试运行的省份[①]。

8. 蒙西电力现货市场

蒙西电力现货市场的特点在于发电侧单边竞价，系统边际出清。2017年9月，华北能源监管局组织召开蒙西电网现货市场试点方案研讨会，奠定了蒙西电力现货市场建设的初步构想。2019年6月26日，内蒙古电力多边交易现货市场模拟试运行。这也标志着首批确定的8个电力现货交易试点全部启动试运行。2020年5月，为深化蒙西电力现货市场，华北能监局发布了《关于征求蒙西电力市场调频和备用辅助服务交易实施细则意见的函》，以完善蒙西调频和备用辅助服务交易规则[②]。

（二）中国电力现货市场的结构

当前，中国电力现货市场主体范围涵盖了各类发电企业和供电企业、售电企业、具备直接参加电力现货交易条件的电力用户等。在省间、省内市场，均有多个交易品种，实现了省内现货市场，区域、省内辅助服务市场，省间富余可再生能源现货市场共同运行、时序衔接复杂的基本格局。

1. 现货与中长期交易共存

在8个电力现货市场试点之前，我国电力市场的交易模式以中长期交易为主。中长期（远期）合约交易一般采用三种形式签订合同：双边协商、竞价拍卖、指令性计划。双边协商形式是由交易双方进行沟通和谈判达成共识，并将谈判结果制定成具体的合同；竞价拍卖形式由购电方、售电方、电力市场运营者三方参与，购（售）电方在指定的时间内上报在未来指定的期限内购买（出售）的电量及电价，由电力市场运营者按照总购电成本最小和系统无阻塞原则，确定最终匹配合同交易的双方和具体交易的电量以及电

[①] 电力现货交易 让能源流通更畅通［EB/OL］. http：//shoudian.bjx.com.cn/html/20191218/1029573.shtml，2019-12-18.

[②] 深化蒙西电力现货市场！蒙西电力市场调频和备用辅助服务交易实施细则征求意见［EB/OL］. http：//shoudian.bjx.com.cn/html/20200511/1070791.shtml，2020-5-11.

价;指令性计划形式是电力管理部门在紧急调度或者有特殊情况的电力需求时,按政府下达的计划数量实施。

按照国际经验,中长期交易主要有两种交易模式。一是采用物理双边合约,剩余部分电量参与现货交易,如英国、北欧各国、德国等欧洲国家普遍采用该模式。该模式的特点是:市场规则相对简单,市场价格波动风险较小,但中长期物理交易难以反映短期价格信号,竞争机制发挥的作用相对有限,且现阶段调度实施中长期物理交易校核存在困难。二是采用双边差价合约。一般是发电企业和消费者签订差价合约,合约中规定了参考电价和电量。如果现货市场价格低于合同规定的参考电价,不足部分由消费者支付给发电企业。反之,发电企业返还超额收益。差价合约中的物理量不具有约束力,不需要强制执行,发电企业全部电量均参与现货交易,美国、澳大利亚等国家采用该模式。该模式的特点是:市场竞争激烈,价格充分反映市场即刻的供求变化信息,资源配置效率更高,但市场规则复杂,在现货市场建设尚不完善时,价格波动、电网安全运行和用户用电安全等风险较大。

在八个现货市场试点中,大多数采用"中长期+现货"的市场体系。比如广东采用"中长期+现货"的市场体系,包含基于差价合约的中长期电能量市场和实时现货电能量市场。在电力市场模式选择上,各试点则出现了一定的分化,比如,广东、山东、山西试点主要采用"集中式"电力市场模式,省内中长期交易采用差价合约形式,不需要物理执行,仅作为结算依据。而蒙西、四川则采用了"分散式"电力市场模式,中长期交易合约需要物理执行,市场偏差需要通过现货交易予以平衡。

2. 以日前市场和实时市场为主,兼有辅助服务市场和日内市场

广东、山东、蒙西、四川、山西均采用日前市场和实时市场。其中,蒙西在日前和实时市场之间增加了一个日内市场,以日内的后 4 个小时为周期开展交易。在电能量市场之外,各试点除蒙西之外均于市场初期开展了现货辅助服务交易。现阶段,广东试点开展的是调频辅助服务交易,与电能量市场分开独立运行,以日前和实时为周期、采用集中竞价方式开展现货交易;山东试点现阶段继续完善调频辅助服务市场,采用集中竞价方式,与现货电能量市场协调出清;四川省内辅助服务市场交易品种包括火电短期备用辅助

服务和 AGC 调频辅助服务，与电能量市场分别优化，独立出清；山西试点辅助服务交易包括省内调频交易、省内风火深度调峰交易，允许火电企业参与日前、日内华北跨省调峰交易。

3. 大多开展省间现货电能量交易

目前中国的跨区、跨省电力交易，根据交易品种的不同，可以划分为长期的电量输送交易、短期的电力余缺互济交易等。8 个试点地区在省间现货电能量市场建设方面，四川和山西试点已经建立了省间现货市场交易，而广东、山东、蒙西 3 个试点地区尚未开展省间现货电能量交易。根据交易主体的不同，跨区、跨省电力交易可以划分为点对网交易和网对网交易。点对网交易又分为点对省网和点对区域网，网对网交易分为省网之间和区域网之间的交易等。目前，广东省外以"点对网"方式向该省送电的燃煤发电企业视同广东省内电厂（机组）参与广东现货电能量市场交易，而向广东跨省区送电电量则在综合考虑多方要求后，作为广东现货电能量市场交易的边界条件。蒙西试点的跨省交易也仅适用于中长期电能量市场[1]。

（三）交易模式

电力商品的特点决定了其交易规则必然不同于一般商品。首先，电能"即发即用"，不能大规模存储，发电、输电、配电、用电需在瞬时同步完成，因此电力交易必须确保时刻保持供需平衡。其次，电能输送不能超过电网最大送电能力，否则会导致设备损坏、电网失去稳定甚至崩溃，因此电力交易必须时刻满足电网安全约束。最后，电力传输的电量和路径由物理规律决定，不跟"合同"走，不能简单地"一对一""点对点"实现总量匹配。

在各国的机制设计实践中，目前主要的价格机制有两种：一种是市场统一价格，即市场上的供求双方的买卖都以一个价格核算；另一种是节点边际价格，即市场上的供求双方支付各自接入电网点的价格。（1）市场统一价格是不少欧洲市场选择采用的模式。这些市场的设计者认为，统一的价格有助

---

[1] 刘光林. 看电力现货试点运营之异同 [J]. 中国电业，2019（7）：28-31.

于竞争的形成。事实上，统一价格机制无法反映整个电力系统的资源稀缺程度和物理约束。和其他市场不同，电力市场中电网硬件对电力商品的流通约束极强，同时还需要满足电力生产和消费的实时平衡。因此，对电力系统而言，位于电网不同位置的相同电力消费，其供给的边际成本是不同的，而市场统一价格机制难以反映这一问题。实行市场统一的价格机制不仅会造成资源的错配，还会给电网调度带来困难，使得电网调度者不得不认为干预市场均衡的形成，降低了电力市场的竞争性。（2）节点边际价格包含了发电成本、输电损失和拥堵成本三个部分，充分反映了发电和输电系统的资源稀缺性和配置属性，因此能够对发电企业和购电方都发出正确的信号，指导其决策。无论供求双方是通过双边合同还是双向拍卖形成供求关系，节点边际价格都扮演着核心的角色。只有实施了节点边际价格，供求双方的议价才有效和正确的参考信息，才能制定出符合经济规律、双赢稳定的合同。节点边际价格体系主要在智利、阿根廷和英美等国的电力市场中被选择作为上网电价形成的核心机制。然而这一机制也存在许多缺陷，例如在一些情况下，消费者接入点的价格要低于发电者接入点的价格，而如果此时消费者不从接入点价格较高的发电者购电，就无法在输电系统物理约束下实现供求平衡。这一现象给交易的形成带来了极大的难题，特别是对双边合同这种交易模式的影响尤其显著[①]。

在日前市场和实时市场，八个试点地区基本都采取了分时节点电价（分区电价）的定价机制。同时，各试点地区均采取了限价制度，对市场申报价格和出清价格设置了上下限，以避免市场价格大幅波动，降低市场风险。新能源参与电力市场方面，各省新能源参与现货市场的方式存在一定差异。比如：甘肃采用"报量报价"方式，山西采用"报量不报价"方式，而浙江、山东、四川、福建采用全额保障性收购方式，不参与现货市场。

三、推动中国电力现货市场发展的制度思考

总的来看，《关于推进电力市场建设的实施意见》对于中国电力现货市

---

① 于洋. 价格机制：电力改革的"灵魂"[J]. 能源，2013（2）：92-93.

场发展的总体路径和实施要求、建设目标和主要任务提出了指导性意见。在试点过程中，八个试点地区电力现货市场运转平稳，中长期交易电量持续提升，省内电力市场逐步完善，现货市场试点取得了重大进展。但是，现货市场试点的重点主要是电能量市场（中长期交易+现货市场），在涵盖容量市场、能量市场、辅助服务市场等不同价值产品和服务，覆盖近期、中期和远期等市场培育不同阶段，考虑不同区域电网区情网情、不同电源结构和网架结构等差异需求等方面，我国完整的电力市场体系建设方案和路径系统性设计还很不够。要形成区域性乃至全国范围内成熟的电力现货市场，仍有很多工作需要去完成。在试点过程中发现一些问题：现货市场价格存在普遍偏低现象；部分试点电力现货市场的交易规则与监管体制不能推动价格发现；未能很好解决可再生能源消纳的问题；省间与省内市场的衔接机制不完善；尚未建立完善的市场力监测与防范机制；等等。这些问题反映我国现货市场的制度以及整个电力市场发展的制度都有待深化完善。结合实践发展和学术界研究，可以从以下方面推动中国电力现货市场制度进一步完善。

一是加强顶层制度设计。（1）进一步明确全国电力市场模式和建设路径。根据现货市场试点情况，明确试点电力市场的全国推开路径，明确全国电力市场的建设模式。（2）处理好计划与市场双轨制，做好优先发用电计划与输配电价改革的衔接，确保交叉补贴拥有稳定的来源。逐步研究"保量竞价"具体操作方式，细化各类发电主体的放开路径，在确保电网安全和民生保障的同时建立公平竞争的市场机制。

二是完善电力现货市场的运营制度。（1）建立省间与省内市场的衔接制度。为构建全国统一现货市场，各省市场可以从本省情况出发制定电力市场具体运行规则，在充分尊重省级市场的差异性基础上，规范省级市场核心规则框架，统一市场技术支持系统技术标准和接口，有效衔接省内市场与省间市场，提升市场运行效率[①]。（2）完善现货市场与中长期交易的衔接制度。明确中长期与现货市场的关系，使中长期交易与现货交易协调运作。在签订中长期合约时，要求市场主体明确曲线或约定曲线形成方式，并建立中长期

---

① 马莉，张凡，杨素.电力：改革之考［J］.能源评论，2020（2）：36-41.

合同电力负荷曲线的灵活调整机制,发挥稳定市场供需与价格、规避市场风险的作用。(3) 建立合理的容量补偿机制。考虑过渡时期机组容量成本回收机制,通过差价合约等方式,保障机组合理收益,实现可持续发展[①]。

三是建立健全可再生能源参与现货市场的制度。根据各省的实际情况设计新能源参与电力市场的机制,实现新能源发电保障性收购与市场交易有序衔接,保障新能源的消纳。参考英国的电力现货市场发展经验,可以建立针对可再生能源的差价授权合约机制,可再生能源通过竞拍获得差价合约保障,在此基础上参与电力现货市场竞争获得收益,竞争收益不足的部分由政府补足,超出合约的盈利部分返还政府,由此实现在合理控制补贴总额的基础上,通过市场化手段促进清洁能源发展,实现新能源发电保障性收购与市场交易的有序衔接[②]。

四是建立健全发电侧市场力的监管制度。(1) 完善市场限价方式。综合考虑发电企业运营、市场用户电价承受能力等因素,由能源监管机构、市场运营机构、市场管理委员会等机构经协商后设置市场申报价格上下限。(2) 设计监管制度,从事前、事中和事后全程加强市场力的防范。在市场设计阶段,对市场集中度进行测算,并采取合理的方式优化市场结构,防范市场力;市场运行中,采用行为测试方式限制发电企业行使市场力,保证市场平稳有序起步。通过建立合理有效的发电侧市场力的监管制度,规避价格波动风险,确保市场平稳有序运行。

五是建立辅助服务市场与电力现货市场融合的制度。探索省级调峰调频辅助服务市场与现货市场、容量市场的有机融合,通过价格信号引导在更大范围内开展深度调峰调频交易,实现调峰调频资源共享。同时在省内建立调频辅助服务市场,并逐步实现与电能量市场的联合优化出清,提高市场组织效率。

---

① 马莉,曲昊源,张高.电力现货市场建设取得积极成效 下一步关键是完善交易机制[N].国家电网报,2019-9-17.
② 同上。

第五节　中国电力金融衍生品市场

与有形的大宗商品不同，电力的三大特性（生产稳定、需求多变、难以储存）决定了市场价格始终处在波动之中，且不可预测性强。电力的供需天然存在不对称，加上近年来飞速发展的可再生能源发电（发电出力不可控），充分竞争的现货市场很容易出现极端价格。电力金融衍生品市场正是对冲现货价格波动的有效手段。相比其他国家，中国建立电力金融衍生品市场有着更加深远的意义：由于幅员辽阔，各地经济发展水平不均，因而存在着电力资源的空间错配；西部地区一次能源储量丰富，东部地区装机无法满足用电需要，天然地形成了"西电东送"的现实需求。电力的时空错配，自然会产生交易的需求。

一、中国电力金融衍生品市场发展历史与现状

电力金融市场包含了交易主体、交易对象以及交易规则三个方面内容。交易主体为售电主体和电网企业等从事电力金融交易的机构。交易对象主要表现在电力金融衍生品方面，目前常见的电力衍生品合约主要有电力期货合约、电力期权合约、电力差价合约、电力远期合约等。交易规则主要包括电力衍生品交易的结算规则、信息披露规则、风险控制规则、价格形成规则和价格稳定规则。

目前，我国电力衍生品发展较为滞后，电力市场的交易主要依赖于电力远期合约。在输电网开放、电力市场引入竞争的今天，中远期合约依然占到整个电力交易市场的 70%～80%。电力远期合约是对未来某一特定时间的电力商品交易方式和价格以合约的方式进行规定，其内容包括数量、时间、价格和地点。从某种意义上来说，远期合约属于场外交易产品。电力远期合约市场的参与是为了规避现货市场交易风险，促进现货交易的稳定性。因为电能不能有效地存储，远期合约提供了类似其他商品可存储的特性，减少了

发电商可以操纵的日前市场用电量，从而提高了电力价格的稳定性[①]。因此，远期合约交易方式能有效减少电价的波动，把市场的风险内部消化，其带来的不单单是经济效益，同时还有社会效益。

虽然目前我国还未推出电力期货，但对电力金融衍生品市场的探索一直在进行。2015年，中共中央、国务院《关于进一步深化电力体制改革的若干意见》（简称"9号文"）提出，"待时机成熟时，探索开展电力期货和电力场外衍生品交易，为发电企业、售电主体和用户提供远期价格基准和风险管理手段"。随着9号文及其相关配套文件在2015和2016年落地，电力市场化改革已进入全面深化阶段。截至2017年底，全国成立了35个电力交易中心，包括北京、广州2个区域性电力交易中心和33个省级电力交易中心，覆盖我国大陆大部分地区。省级电力交易中心中，依托于国网的共27家（除山西和重庆电力交易中心有社会资本参股外，其余均由国网全资控股成立），依托于南网的共6家。全国电力交易中心的成立，标志着市场化交易体制已经基本确立，为推出电力期货提供了市场基础。但就目前来看，我国建设电力期货市场还存在着一些限制条件，主要体现在以下几个方面。

一是电力交易的市场化基础尚不完善，市场化参与者不够多元化。电力交易的市场化基础尚不牢固，容易滋生操纵市场的风险。此外，目前电力交易无论短期还是长期，电力合约价格中所包含的市场信息和价格预期与全社会口径供需关系不相匹配，这就会影响未来期货对于其他用电户的风险对冲能力，打击其他主体参与电力期货交易的积极性。

二是寡头市场的格局短时间内难以改变。目前各省区市大电厂在发电端的市场垄断能力难以削弱，这样的格局不利于期货市场发挥其价格发现的功能，更容易滋生操纵市场的风险。由于期货的杠杆作用，交易主体操纵市场后不仅没有起到降低风险的作用，反而容易引发新的金融风险。

三是各地区市场交易分割严重。我国各省份能源禀赋、电力需求差异巨大，市场形成天然分割。各地区市场交易分割严重，增加了电力期货市场建立、期货合约设计的难度。火电、水电、风电、光伏发电等不同的发电种类

---

① 刘亚军. 浅析中国电力市场交易方式及其特点 [J]. 科技创新导报，2014，11（35）：244.

导致其成本走向可能完全不同甚至相反。例如水电成本较低时，火电成本可能上扬；不同省份的发电类型又可能完全不同。这导致全国各区域的电价存在较大差异，电价的变化速度乃至变化方向也难以预测。

四是省际电力流通协调机制不完善。每个省份成为独立的利益主体，电力富余省份通常比较倾向于压低本省电费，以降低经济发展的成本，所以有比较强的意愿将电量控制在本省，不愿意输出。而电力短缺省份也可能出现为保护本省电力企业盈利和就业等原因，不愿意接收外省份电力的现象，这就构成省际电力市场的障碍。各地区之间相互博弈，使大区域化的统一市场难以建立，增加了电力期货市场建立、期货合约设计的难度。

五是远期合约规模小，场外市场不活跃。从国外的成功经验来看，电力期货市场的成功建立往往以场外远期合约的应用为前提。一方面，远期交易数据能够反映真实的电力交易情况，帮助研究者根据电力供需情况设计期货合约的期限、标的质量、交割方式等规则；另一方面，作为期货市场的最初形态，远期合约的应用可以初步检验金融衍生品在当前市场环境中的有效性，从而明确期货市场建立的条件是否成熟。目前受政府部门间、政府与市场主体协调难度及跨省交易壁垒等因素制约，国内的电力远期合约应用尚不广泛，远期合约规模小，场外市场不活跃，仅有某些能源存在互补关系的省份之间存在稳定的交易。

二、推动中国电力金融市场发展的制度思考

（一）开展我国电力金融市场发展的顶层设计

从国外发展的情况来看，电力金融市场的演进主要包括三个阶段，在不同的阶段有不同的发展目标。第一阶段的主要目标在于规范电力实物合约条款，包括实物远期合约、月度实物合约和发电权交易，完善跨区、跨省的电子公告板交易市场。第二阶段的主要目标在于建立统一的电力交易平台，有序开展金融性远期合约、差价合约等金融性交易，建立柜台交易（OTC）市场。第三阶段的建设目标是在前一阶段的基础上，适时开展电力期货、期权等标准化的电力金融合约交易，进一步完善电力金融市场和OTC市场。

我国电力金融市场建设的总目标是建设一个规范、开放而又活跃的电力

金融市场，并在不断的变化与发展中构建和完善电力市场体系。在电力市场体系的构建过程中，充分发挥电力金融市场的优势以尽快实现电力市场体系的建设。就目前来看，中国电力金融市场的建设大致处于第一阶段向第二阶段的转折期。电力金融市场的建设与完善依赖于电力现货市场的发展。因此结合中国的实际情况看，未来电力金融市场发展路径可分为三阶段，在继续推动完善电力现货市场发展的同时，开展电力金融市场的建设。

第一阶段是现货市场完善阶段。这一阶段的目标是为电力金融市场建设奠定电力现货市场基础。鼓励更多潜在参与者加入市场化现货交易，使市场价格的形成具有代表性；在交易产品上，由单一的短期现货产品向多类别的短、中、长期合约发展，丰富交易品种，为发展电力期货市场打下基础。第二阶段是金融远期等场外市场建设阶段。这一阶段，需要在中长期实物交易市场的基础上进一步发展电力现货市场。可引入的交易品种主要有：金融性远期合约、差价合约、输电权交易等。参照国外经验，电力远期合约可以针对电力现货，也可以针对电力金融衍生品。通过交易远期合约（年、月）的市场设计，赋予其金融属性，可以大幅增加其流动性，使合约在规定范围内自由流通和定向交割，为发展电力期货打下基础。差价合约、输电权交易都是伴随着电力现货市场而引入的。差价合约主要用于规避电力现货市场电价波动的风险，输电权交易主要用于规避电力现货市场由于输电通道阻塞带来的风险。两者的引入可为电力现货市场提供有效的风险管理工具。第三阶段是电力期货市场发展阶段。在第二阶段的基础上，进一步推出电力金融衍生品。可以引入电力期货等标准化合约，发挥期货市场的价格发现和风险规避等功能；同时，进一步完善实物远期合约、期权等场外交易品种，为市场主体提供多样化的选择。通过修订电力市场制度，打造电力现货、电力金融市场等多种形式、多元融合、整合统一，又功能明确、互补互利的电力市场体系[①]。

（二）进一步推进电力市场化改革

我国目前处于电力改革的关键阶段，从全国来看，目前电力市场化程度

---

① 邢玉辉等.我国电力金融市场建设路径探讨［C］.中国电机工程学会电力市场专业委员会2018年学术年会暨全国电力交易机构联盟论坛论文集，2018：135-139.

已超过 30%，其中主要的参与者为用电需求大且稳定的工业企业。推动我国电力金融市场的发展，需要按照"管住中间、放开两头"的总体思路，进一步推进电力市场化改革：① 进一步推进能源价格改革，建立合理反映能源资源稀缺程度、市场供求关系、生态环境价值和代际补偿成本的能源价格机制，妥善处理和逐步减少交叉补贴，充分发挥价格杠杆调节作用。② 放开电力等领域竞争性环节价格，严格监管和规范电力输配环节政府定价，研究建立有效约束电网单位投资和成本的输配价格机制，实施峰谷分时价格、季节价格、可中断负荷价格、两部制价格等科学价格制度，完善调峰、调频、备用等辅助服务价格制度，推广落实气、电价格联动机制。③ 研究建立有助于降低成本的财政补贴和电价机制，逐步实现风电、光伏发电上网电价市场化。④ 放开售电侧，引入多元市场主体。同时，加强省际协调，积极培育电力金融衍生品交易市场主体。⑤ 持续完善电力现货市场竞价规则、电力辅助服务价格机制、市场交易电费清分规则、价格形成机制与风险防控机制等市场机制，促进电力市场高效运行，防范市场力控制价格、市场价格违规或越限等风险。

（三）完善电力金融市场发展的产品设计

由于电力市场区域差异明显，灵活化的远期合约既能填补短期合约所无法填补的电力交易市场空白，也能够成为标准化期货合约的有效补充，对于电力市场参与者风险规避具有重要意义。现阶段，中国电力市场一方面应鼓励更多潜在参与者加入市场化现货交易，使市场价格的形成具有代表性；另一方面，在交易产品上，由单一的短期现货产品向多类别的短、中、长期合约发展，丰富交易品种，为推动电力期货市场建设打下基础。目前电力市场各方参与远期交易的动力不足，主要在于违约惩戒机制的缺失，应该加快建立相应的第三方监管和违约惩戒机制，构建合理的信评机制，降低各省份远期交易开展的摩擦成本，提高远期市场的参与度。

（四）完善电力金融市场发展的规则体系

一是构建大区域化市场交易体系。就目前中国的电力市场而言，一次性构建单一的标准化电力期货市场尚不现实，但如果市场分割过细，合约设计数量过多，期货市场又会面临流动性不足、市场易被操纵、监管难度加大等诸多风险。所以，目前应根据各省份情况划分适合建立统一期货市场的大电力区域，淡化各省份的独立性，增加电厂数量，加大电厂间的合谋难度，有效削弱大电厂的市场力，提升经济效益。在此基础上，形成区域电价基准，然后疏通区域内各省份之间电力流通渠道，最后设定期货交易规则。在划分区域时，应综合考虑资源供给、市场规模、市场竞争状况、价格相关性等因素。目前南方区域电力交易需求更大、市场活跃度高，长期处于中国的改革试验田地位，可以考虑优先在南方区域建立统一的电力期货市场。在期货运行的初期阶段，各省（区市）可考虑根据省（区市）内用电需求设定一个电力留存比例，比例内部分不参与期货市场交易。在期货市场成型以后，对市场行为的监管才成为政策核心，应明确各类市场操纵行为的惩戒措施。

二是创新电力期货金融交割制度。期货是基础的金融衍生产品，电力期货要素主要包括交易对象、参考电价、合约期限、交割方式等。相比实物交割，金融交割具有较大优势，也是国外电力期货普遍采用的交易模式。这种交割方式避免了实物交割的诸多困难，并在不影响期货基本功能发挥的同时，保证了参与者交易的连贯性，降低了市场操纵（逼仓）的概率，从而提升期货合约的流动性。电力期货金融交割的难点在于结算价的确定，确立合理电力区域价格基准是保证期货风险对冲能力的关键。在实践中，应基于对地方电力数据的实证分析，在精准划分电力区域的前提下，设计电价指数，并留出足够的规则调节空间，以保证区域内不同地点参与者利用期货规避风险的效率。

附录

表 1 纽约商业交易所 PJM 电力期货合约

	谷荷合约	峰荷合约	
交易单位	763 兆瓦时/手	920 兆瓦时/手	
最小变动单位	0.05 美元/兆瓦时	报价单位	美元
涨跌停板	30 美元/份		

（续表）

	谷荷合约	峰荷合约
交易时间	纽约时间周日晚 7:00 至周五下午 2:30，每天下午 2:30 至 3:15，休市 45 分钟，互换交易或期转现交易时间可延迟至 2:40	
合约月份	N 至 N+3 年内共 48 个月份，当年 12 月合约停止交易后，新合约上市	
峰荷日	周一至周五，不包括北美电力协会（NERC）的假期	
峰荷时段	上午 7:00 至下午 11:00	
非峰荷时段	从周一至周五的上午 0:00 至上午 7:00，以及下午 11:00 至上午 0:00，包括整个周六和周日以及 NERC 规定的假日	
参考电价	基于 PJM 西部网络中心峰荷日中 16 个峰荷时段的当地边际电价的算术平均值	
交割方式	现金交割	交割率　　2.5 兆瓦
交割时间	交割月前一个月的最后交易日至任意交易日结束	
交割数量	2.5 兆瓦×16 小时×峰荷日数	
商品代码	QJ	

表 2　芝加哥期货交易所电力期货合约

合约名称	ComEdk 电力合约		TVA 电力合约
交易单位	1 680 兆瓦时/手	报价单位	美元
最小变动单位	0.01 美元/兆瓦时（16.8 美元/手）		
涨跌停板	近月合约后一月前一交易日结算价的 ±7 美元/兆瓦时		
交易时间	芝加哥时间上午 8:00 至下午 2:40		
合约月份	1 至 12 月，可交易合约数量依据 CBOT 董事会报告		
持仓限制	据 CBOT 董事会报告		
报告头寸	25 手（每份合约）		
最后交易日	交割月的第一个公历日前数第四个交易日		
交割地点	芝加哥联邦爱迪生公司管辖区域		田纳西州流域管理局管辖区域
交割方式	实物交割	交割率	5 兆瓦
交割时间	交割月的高峰用电时段的任何时间（上午 6:00 至下午 10:00）		
交割数量	交易数量取决于交割月中高峰用电的天数，月峰荷日为 19、20、21、22、23 日的交割数量分别为 1 520 兆瓦时、1 600 兆瓦时、1 680 兆瓦时、1 760 兆瓦时、1 840 兆瓦时		
商品代码	BZ		BA

表3 伦敦国际石油交易所（IPE）电力期货合约

	谷荷合约		峰荷合约
交易单位	1兆瓦时/手，24兆瓦时/天		1兆瓦时/手，12兆瓦时/天
最低交易手数	10手	报价货币	英镑
最小变动单位	1便士/兆瓦时	涨跌停板	无
交易时间	EFA时间上午8:00至下午6:00		EFA时间上午7:00至下午7:00
合约月份	月度合约：1至12月；季度合约：当年四个季度加上次年前两个季度；季节（半年度）合约：连续四个半年合约；春季合约：当年4月第一个交易日至9月最后一个交易日；冬季合约：当年10月第一个交易日至次年3月最后一个交易日		
最后交易日	交割月的第一个EFA公历日的前数第二个交易日		
交割方式	电力账户中的转账，交易双方需通过各自的能源合约交易通知代理机构向能源合约交易总代理机构汇报后方能交割		
交割率	1兆瓦（基于EFA公历，每个EFA公历日是从23:00至次日的23:00）		
交割时间	每个交易日结算时间中的每半个小时进行一次		交割期的每个交易日的早7:00至晚7:00，每半小时进行一次

参考文献

[1] 美国严防电力等相关行业衍生品时常的操纵行为［EB/OL］.http://m.bjx.com.cn/mnews/20070906/14816.shtml，2007-9-6.

[2] 包铭磊，丁一，邵常政，等.北欧电力市场评述及对我国的经验借鉴［J］.中国电机工程学报，2017（17）：4881-4892，5207.

[3] 浙江启动第三次电力现货市场整月结算试运行 成全国首个开展整月结算试运行的能源净输入省份［EB/OL］.http://shoudian.bjx.com.cn/html/20200702/1085678.shtml，2020-7-2.

[4] 电力市场化之电力金融市场［EB/OL］.http://shupeidian.bjx.com.cn/news/20161114/788599.shtml，2016-11-14.

[5] 丁文娇，王帮灿，邢玉辉.多维电力金融市场机制研究——基于国外成熟电力金融市场实践［C］.中国电机工程学会电力市场专业委员会2018年学术年会暨全国电力交易机构联盟论坛论文集，2018：41-48.

[6] 黄仁辉，张粒子，武亚光，等.中国电力金融市场的实现路径探讨［J］.电力系统自动化，

2010,34(11):54-60.

[7] 电力市场化改革下销售电价的现状与展望[EB/OL]. http://shoudian.bjx.com.cn/html/20190715/992748.shtml,2019-7-15.

[8] 李道强,韩放.美国电力市场中的金融交易模式[J].电网技术,2008(10):16-21.

[9] 林伯强,黄光晓.能源金融[M].北京:清华大学出版社,2011.

[10] 刘刚.积极推进电力现货市场建设[J].中国电业,2018(12):24-26.

[11] 刘戒骄,张其仔.制度互补与电力市场化改革[J].中国工业经济,2006(4):29-35.

[12] 刘亚军.浅析中国电力市场交易方式及其特点[J].科技创新导报,2014,11(35):244.

[13] 马莉,张凡,杨素.电力:改革之考[J].能源评论,2020(2):36-41.

[14] 蒙西电力市场调频和备用辅助服务交易实施细则征求意见[EB/OL]. http://shoudian.bjx.com.cn/html/20200511/1070791.shtml,2020.

[15] 穆保清,曾鹏骁,刘翊枫,等.欧洲电力金融市场的发展现状及启示[J].中国电业,2019(9):26-29.

[16] 施泉生,李江.电力市场化与金融市场[M].上海:上海财经大学出版社,2009.

[17] 邢玉辉,张茂林,刘双全,等.我国电力金融市场建设路径探讨[C].中国电机工程学会电力市场专业委员会2018年学术年会暨全国电力交易机构联盟论坛论文集,2018:135-139.

[18] 姚军,张超.英国电力市场构架分析[EB/OL].电价研究前沿微信公众号,2020-6-8.

[19] 于洋.价格机制:电力改革的"灵魂"[J].能源,2013(2):92-93.

[20] 浙江电力体制改革迈出重要一步:浙江电力现货市场启动模拟试运行[EB/OL]. http://shoudian.bjx.com.cn/html/20190530/983543.shtml.

[21] 电力现货交易 让能源流通更畅通[EB/OL]. http://shoudian.bjx.com.cn/html/20191218/1029573.shtml,2019-12-18.

[22] 张粒子,陶文斌,丛野.我国电价改革四十年评述[EB/OL].中国电力网,2018-11-9.

[23] 电力期货市场建设:"火候"还未到[EB/OL]. http://shoudian.bjx.com.cn/html/20200622/1083083.shtml,2020-6-22.

[24] 浙江结束第一阶段电力现货模拟试运行 看看都做了啥?[EB/OL]. http://shoudian.bjx.com.cn/html/20190805/997512.shtml,2019-8-5.

第七章
天然气金融市场

作为一种相对清洁的能源，天然气是针对石油、煤炭等化石能源的一种优质替代品。在 1950 年世界一次能源消费结构中，天然气占 8.9%，1970 年上升为 17.8%，2000 年继续上升到 23.72%，是世界仅次于石油和煤炭的第三大能源消费来源。根据国际能源署（IEA）、美国能源信息署（EIA）、欧佩克（OPEC）和 BP 公司等 2019 年发布的全球能源长期展望，到 2040 年，天然气将取代煤炭，成为仅次于石油的全球第二大能源，其在一次能源中占比将处在 25%~26%。当前，国际天然气现货市场以管道交易为主，但 LNG（液化天然气）市场正在快速发展。国际天然气主要有北美、欧洲和亚太三大区域市场，交易多以长期合同为主。为了规避天然气现货市场价格波动的风险，1990 年，纽约商业交易所首先推出了天然气期货合约，成为全球天然气金融衍生品市场的发端。目前，全球天然气金融衍生品市场已经形成了以期货、期权等标准化合约为主的场内交易市场和以互换、指数交易等为主的场外交易市场。本章首先阐述全球天然气现货市场的形成与发展历史、现状、区域分布以及价格形成机制；然后分析全球天然气衍生金融产品市场的结构、制度；最后系统梳理中国天然气市场的发展历史、现状，揭示中国天然气现货市场的价格体系演化过程，总结中国建设天然气衍生品金融市场的探索，提出相关制度建议。

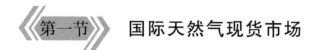

第一节　国际天然气现货市场

一、国际天然气市场的形成与发展历史

回顾国际天然气市场的发展历史，可以将国际天然气市场发展分为三个阶段：国内市场阶段、区域市场阶段、全球市场阶段。

1. 国内市场阶段

20 世纪 60 年代以前，天然气作为能源商品，主要在产气国国内使用。19 世纪 90 年代美国最先采用钢管作为输气管，并使用蒸汽驱动的压气机作为输送动力。20 世纪二三十年代美国开始采用双燃料发动机驱动的压气机给天然气增压，输送距离不断延长，并逐步建成州际输气管网，形成了世界上第一个完整的天然气产业体系。

2. 区域市场阶段

第二次世界大战后，美国、欧洲、日本的经济振兴推动了世界天然气产业的发展。1959年荷兰发现了格罗宁根特大气田。随着天然气探明储量和产量快速增加，输气管道不断朝着大口径、高压力方向发展，天然气生产国开始向周边国家出口天然气。20世纪60年代，欧美国家和苏联相继建成了超长距离输气管道，管道天然气的国际贸易开始兴起，并逐渐形成了三大区域市场，即北美、欧洲和亚太市场。总之，在20世纪60年代，由于管道运输的限制，天然气难以在全球范围内流动，使得管道天然气的生产与消费具有很强的区域性特点。1959年，"甲烷先锋号"把第一船液化天然气（LNG）从美国路易斯安那州穿越大西洋运抵英国的坎威岛，实现了世界上第一次天然气液化运输。1964年，阿尔及利亚阿尔泽天然气液化厂投入生产，成为世界上第一座商业化的LNG生产厂。

3. 全球市场阶段

从20世纪70年代初开始到2000年，世界天然气产业进入了快速发展的时期。1971年，世界天然气产量首次突破1万亿立方米。2000年，世界天然气产量增长到2.42万亿立方米，其中美国的产量为5 432亿立方米，世界第一；俄罗斯的产量为5 285亿立方米，世界第二。两国合计，天然气产量占世界总产量的44.27%，接近半壁江山。此外，加拿大、英国、阿尔及利亚、印度尼西亚、伊朗等也成为世界天然气生产大国。进入21世纪后，无论是消费或是供给，世界天然气产业都进入了高速发展的时期，尤其是2017年和2018年，天然气消费量和产量都增长了1 000亿立方米以上，全球化的天然气市场正在加速形成①。随着LNG相关技术领域不断取得进步，LNG生产、运输和储存成本随之不断降低，LNG的国际贸易格局也在逐渐发生变化，这对正在形成的全球天然气市场产生了深远影响，特别是LNG短期贸易的开展为全球天然气市场的供求平衡提供了重要途径。

---

① 王能全.全球化天然气市场加速形成［EB/OL］.人民政协网，2019-10-28.

二、全球天然气市场的发展现状

由于天然气具有储量丰富（abundant）、价格适中（affordable）、符合环保要求（acceptable）等"3A"特征，是应对全球气候变化最现实的节能减排手段，因而正在成为一种"竞争性燃料"。总的来看，国际天然气市场表现出如下特征。

1. 全球天然气市场呈现"生产西移、消费东移"的趋势

过去20年，世界天然气消费年均增长2.4%，为同期石油增速（1.1%）的2倍多，2011年消费总量达到3.25万亿立方米。今后20年是天然气发展的"黄金时期"，2030年世界天然气消费总量将增至4.6万亿立方米，占世界一次能源结构的比例将由目前的23%增至27%左右，超过煤炭而成为仅次于石油的第二大能源。同时，天然气市场格局正在发生微妙变化，世界天然气生产西移、消费东移的趋势更加明显。

(1) 世界天然气"生产西移"。由于水平井和多段压裂技术的突破，美国近年来掀起了一场"页岩气革命"。过去5年，美国天然气累计增长28%，2011年达到6 900亿立方米，超过俄罗斯成为世界第一大产气国。美国的增产主要靠页岩气，其产量份额由不足5%上升到30%。同时，美国页岩气的增产推动其天然气对外依存度由2005年的18%快速下降到目前的5%。美国不得不减少加拿大管道气的进口，过去的LNG进口项目也开始转化为出口终端。这些变化使得美国加速走向"能源独立"，不但改变了天然气国际贸易的流向，同时引发了全球对致密气、页岩气等非常规天然气资源的再认识。欧洲、亚洲国家开始认真考虑复制美国的经验，极大增加了世界天然气的供应预期。

(2) 世界天然气"消费东移"。随着世界经济重心的转移，天然气的消费重心也逐步转移到亚太地区。过去10年，亚太地区的天然气消费量翻了一番，由不到3 000亿立方米增长到6 300亿立方米，占全球天然气消费的比例已经达到18.3%，首次超过欧洲（18.1%）成为仅次于北美（27%）的第二大天然气消费中心。2011年，受日本"核危机"影响以及中、印等新兴市场需求增长的驱动，亚太LNG进口同比增长17%，在全球LNG市场

中的份额进一步扩大到64%。预计2030年前亚太地区将带动全球LNG贸易年均增长4.4%，LNG在全球天然气供应中的份额将从目前的32%增加到50%。随着需求进一步增长，今后20年亚太地区可能超越北美成为第一大天然气消费中心，因此将不得不全方位增加天然气进口，从而导致全球天然气贸易出现新的格局和流向，也就是西气东进（中东、非洲和中亚的天然气到亚太），北气南下（俄罗斯的天然气到亚太），南气北上（澳大利亚的天然气到东北亚）和东气西运（美洲大陆的天然气到亚洲）。这也将带动一批跨国管道建设的新高潮和LNG贸易的继续扩大。

2. LNG市场日益成熟，天然气市场全球化趋势不可逆转

LNG存储和运输技术的飞速发展逐渐改变了全球天然气市场的贸易格局。天然气液化后体积大幅缩小的物理特性使得液化天然气的运输和储存效率显著高于气态天然气。LNG贸易规模在全球范围内迅速扩大。BP石油公司的统计数据显示，1990—2010年的20年间，全球LNG贸易量的年复合增长率高达7.2%，而2008—2018年的10年间，全球LNG贸易量的年复合增长率更是上升至9.4%，相比之下天然气管道运输贸易量的年复合增长率在同期仅为0.4%。从LNG市场的需求方来看，亚洲和欧洲是全球最主要的LNG进口地区。亚洲在全球LNG市场占有举足轻重的地位，日本、中国和韩国分别是全球排名前三的LNG进口国。日本、中国和韩国2018年的LNG进口量分别为8 320万吨、5 480万吨和4 450万吨，占全球LNG进口总量的份额分别为25.4%、16.7%和13.6%。从LNG市场的供给方来看，卡塔尔、澳大利亚、马来西亚、美国、尼日利亚和俄罗斯是全球最主要的LNG出口国。卡塔尔已连续10年成为全球LNG的最大出口国，2018年卡塔尔的LNG出口量为7 870万吨，占全球LNG出口总量的份额为24.9%，但是卡塔尔近年来的LNG出口量增长较为缓慢，其占全球LNG出口总量的份额在持续下降[①]。随着智利、巴西、科威特等国开始进口LNG，中东和南美也成为新的LNG市场，俄罗斯和也门等国也加入LNG出口国行列。新参与者的不断涌现使得区域间的天然气市场关联日益密切，

---

① 方旭赟.全球液化天然气市场发展前景及对策研究[J].经济论坛，2019（8）：87-93.

天然气市场全球化趋势不可逆转①。

当然,天然气全球市场的实现还需要创造一些必要条件。在管道天然气贸易方面,中东和中亚地区的天然气储量以及非常规天然气资源应得到更加广泛、有效的开发利用,以增加管道市场的供应来源;应加大输气管道和配气管网的投资,扩大管道市场的覆盖范围。在 LNG 贸易方面,应加大对 LNG 基础设施和配套设施的投资,形成覆盖全球的 LNG 生产、运输和销售的一体化网络,以便更好地开展 LNG 短期贸易。总之,全球天然气市场的形成还需要进一步加强资源勘探和基础设施建设,妥善解决产气国和消费国的利益分配,并开展更为广泛的国际合作。

3. 美国的页岩气革命给全球天然气市场带来了深远影响

一是推动了全球天然气市场供需格局的转变。美国开发了水平钻井技术和水力压裂技术,不断的技术研发提高了开采效率、降低了开发成本。2015年,美国已从天然气进口国转向天然气出口国。美国大大减少了对 LNG 和加拿大天然气的进口,直接压低了全球天然气价格,并可能因此最终退出 LNG 市场,对跨区 LNG 交易造成了巨大冲击。

二是推动全球非常规天然气供应不断增长,增加了天然气市场的竞争激烈程度。美国页岩气热潮在全球迅速蔓延,不仅大型油气公司开始对非常规天然气表现出浓厚兴趣,它们正在积极争取储量区块、并购拥有相应技术的公司或陆续成立一些合资企业,而且全球都在探讨美国的页岩气革命能否复制的问题。中国页岩气开发技术的发展使得开采成本开始下降,已成为世界上第三个实现页岩气工业化生产的国家。其他多国如墨西哥、阿根廷、沙特阿拉伯、阿尔及利亚、南非、波兰等也在出台相关政策积极跟进非常规天然气的勘探开发。虽然近几年全球天然气市场相对低迷,非常规天然气开发进程遭遇了经济、技术、环境和政策上等不同程度的困难,但全球非常规天然气发展势头依旧强劲②。

---

① 单卫国. 全球天然气市场发展及趋势 [J]. 中国能源,2011(1):16-19.
② 贾凌霄,田黔宁,张炜,等. 全球非常规天然气发展趋势:国际市场融合与探采技术进步 [J]. 中国矿业,2018,27(5):1-8.

三、国际天然气现货市场的区域分布

受限于地理上的区域分割,天然气国际贸易大多数是通过管线或船运达成交易,地理上的限制与昂贵的运输费用(长途国际管道建设和液化天然气船运费用)都在不同程度上限制了区域之间的贸易往来,使得天然气市场具有明确的区域特性。比如:欧洲管道天然气主要来自俄罗斯。卡塔尔、印尼、马来西亚和澳大利亚的LNG主要出口到日本、韩国和中国台湾地区等东亚国家和地区。中国从俄罗斯、哈萨克斯坦和缅甸引入天然气管道。当前,国际天然气现货市场主要有北美、欧洲和亚太三大区域性市场,交易多以长期合同为主。

(一)北美市场

北美天然气贸易基本上在美国和加拿大之间进行,两国天然气管网通过多条线路相连。历史上,美国曾是全球天然气最大进口国,而加拿大是全球第二大天然气出口国,其管道天然气几乎全部出口美国,占美国天然气进口量的90%以上(其余是从阿尔及利亚等国进口的LNG)。但美国非常规天然气开采技术的突破改变了北美天然气市场格局。美国天然气生产逐年增加,而进口逐年减少,甚至可能成为净出口国。北美非常规天然气所占比重将越来越大,并对全球天然气市场乃至全球能源和经济格局产生巨大影响。北美的天然气管网系统非常发达,规模居全球第一,形成了完善的天然气管网系统。同时,美国还高度重视天然气储备,地下储备库与管网同步建设。另外,为应对可能的天然气供应不足和调峰处理,美国油气公司加大了对LNG接收站等基础设施的投资。

(二)欧洲市场

欧盟是全球天然气消费的重要市场之一。经过多年发展,欧盟拥有比较完善的天然气储运设施[①]。欧洲天然气市场以天然气管道贸易为主。根据

---

① 李博.欧盟天然气市场化进程及启示[J].天然气工业,2015(5):131-137.

IEA2019 年数据，目前欧盟进口天然气的主要来源有俄罗斯、挪威及部分北非国家，其中自俄罗斯的进口天然气占欧盟天然气消费量的 35% 左右，欧盟本土生产的天然气占总消费量的 25% 左右。作为欧洲最大的管道天然气供应国，虽然俄罗斯一直宣称保证欧洲的能源安全，但同时也要求欧洲国家接受很多条件，如签署长期供货合同，且附带"照付不议"条款，等等。在欧盟国家积极实施"弃煤电""弃核电"的情况下，为弥补相应电力缺口，天然气电的需求大幅增长。预计到 2025 年，为满足消费需求，欧盟国家天然气的供应"缺口"将越来越大，总天然气消费需求的 30% 都将需要新的进口来源。

为了保证能源供应安全，降低对俄罗斯天然气的依赖，欧盟一方面试图寻找供应多样化的途径，如开发页岩气资源。欧洲页岩气资源非常丰富，但考虑到页岩气等非常规天然气资源开发存在环境风险，所以目前欧盟还未打算大规模开发非常规天然气资源。另一方面，欧盟自 1998 年开始推行天然气市场化，致力于建立统一的管道天然气市场，希望打破市场垄断，引入市场机制，营造自由竞争的市场环境，拓宽天然气供应渠道，降低天然气价格。欧盟各成员国国内天然气市场的市场化程度不同，爱尔兰、西班牙、德国等国市场化程度较高，市场开放性、透明性和参与者广泛性较高；而法国和中东欧国家市场化程度很低，短期交易仍不是很广泛。欧盟成员国之间形成了多个天然气短期交易中心（现货市场），优化了管网资源配置、确保了市场供求平衡，在一定程度上促进了欧盟统一天然气市场的形成。

经历了十多年市场化改革之后，欧洲天然气市场自由化进程较为缓慢，目前仍处于向自由市场转变的过渡阶段。其主要原因在于：第一，上游供应来源有限，被少数天然气供应商垄断。第二，面对上游企业纵向兼并下游企业，下游为自保开始横向兼并以获得更大市场份额，使得少数企业控制大部分欧盟下游市场，加剧了垄断。第三，欧盟成员国之间的天然气管道存在瓶颈，网络堵塞现象严重，这使得管道公司获得类似垄断的地位，从而人为提高天然气运输的价格。第四，欧盟对天然气市场缺乏有效监管措施和违规制裁。第五，欧洲天然气交易通常采用长期合同的方式，这导致了刚性的贸易联系，从而使天然气市场改革受阻。

（三）亚太市场

亚太天然气市场情况最为复杂，日本、韩国和中国台湾地区的天然气工业完全依靠进口 LNG，其贸易量占世界 LNG 贸易量的 50% 以上，中国则较侧重天然气管道项目的建设，希望以此获得俄罗斯、中亚和缅甸等国家和地区较为稳定的天然气供应。但近些年，中国、印度的 LNG 市场也开始进入快速发展期，过去以日本和韩国为主导的亚太地区 LNG 消费市场格局正发生明显变化。亚太地区 LNG 的主要供应国是澳大利亚、马来西亚、印尼和文莱。此外，缅甸的天然气资源丰富，未来开发利用潜力巨大。

四、全球天然气现货市场的价格及其形成机制

（一）天然气现货价格的特点

天然气现货价格有以下明显的特征。

一是在很大程度上受到国际石油、煤炭市场价格的影响。由于全球能源结构仍以石油、煤炭为主，天然气作为替代能源，其定价的独立性相对有限。近十年来，国际市场上天然气的价格随石油价格波动，两者的价格变化呈较强的正相关关系。随着石油价格的不断上涨，天然气价格也呈现出整体上涨的趋势，但是上涨幅度要小于石油。LNG 国际贸易的长期合同价格一直低于国际石油价格，高于管道天然气价格。

二是天然气作为一种清洁能源，其价格有望长期走高。近年来，随着欧盟碳排放权交易市场的建立和温室气体减排活动的推进，整个欧洲市场对天然气的需求迅速增长，加上来自俄罗斯的管道天然气供应存在不稳定造成对 LNG 调峰的需求，欧盟的管道天然气价格逐渐超过了 LNG 的价格。虽然 2008 年的金融危机导致了全球经济衰退和市场萎缩，对国际天然气市场造成了很大冲击，但是危机过后，天然气价格又重新恢复上涨。而且随着全球气候变化和节能减排越来越成为国际社会关注的热点，天然气作为一种清洁高效的能源，其在国际能源市场中的份额将不断扩大，价格也将持续走高（见图 7-1）。

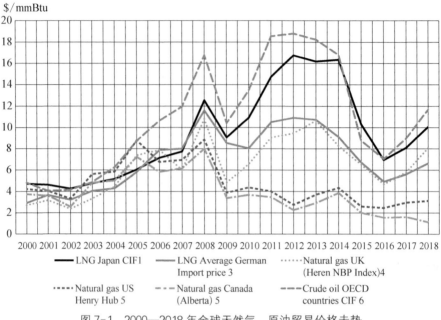

图 7-1 2000—2018 年全球天然气、原油贸易价格走势

资料来源：BP Statistical Review of World Energy 2019①。

（二）天然气现货价格的形成机制

天然气工业是一个完整的产业链，只有使产业链各环节的收益保持一个合理的比例，才能保证天然气市场的协调发展。因此，国内天然气价格体系的发展取决于国内天然气市场结构的演变，而国际天然气市场价格的影响因素更为复杂，不仅要综合考虑开采、生产、运输、储存等环节的成本和市场的供求关系，而且要从等价热值的角度考虑替代能源的影响，当然国际天然气市场价格主要是受到国际石油市场价格的影响。从品类上看，天然气现货价格机制可以分为管道天然气的价格机制和 LNG 的价格机制；从地域上看，天然气现货价格机制又主要包括北美与英国、欧洲大陆、东北亚及俄罗斯与中亚地区四大区域的定价规则。

---

① Statistical Review of World Energy［EB/OL］. https：//www.bp.com/en/global/corporate/energy-economics/statistical-review-of-world-energy.html，2021.

1. 管道天然气的价格形成机制

天然气工业上、中、下游各个环节，从勘探开发处理、运输、储气、配送网络等，都需要巨额投资，而且每一个环节都相互依存，需要相互协调。由于这一链条很容易断裂，所以必须通过合理的价格机制来保证稳定的供求关系。管道天然气产业链包括上游的天然气勘探生产、中游的管道运输（具有自然垄断特征）和下游的配送服务（具有自然垄断特征）等环节。在不同的市场结构下，管道天然气的定价机制有所差异。

（1）垄断市场。在垄断的天然气市场，最大的特点是天然气运输和配送（销售）进行捆绑，垄断经营。

第一，上游供气价格。在垄断市场，上游供气价格形成机制主要有两种：政府管制（成本加成）和买卖双方谈判。政府管制的情况下，供气价格的确定采用的是成本加成法，即天然气生产商勘探开采成本加上合理利润。买卖双方的谈判方式则是在上游生产商和管道公司之间通过谈判方式形成供气价格。

第二，门站批发价格。管道公司为地方配气公司或大用户提供销售与运输的捆绑服务，并通过谈判形成门站批发价格。管道公司的谈判底线是上游供气价格加上合理的管道运输成本，城市燃气供应商的谈判底线是天然气的市场价值减去其配送天然气的成本。

第三，终端零售价格。垄断市场中，天然气的终端零售价格是受到政府管制的，这是因为城市配送管网更具有自然垄断性。一般城市燃气供应所采取的是政府经营或政府特许经营的方式，从而形成地方配气商的垄断，由于其所服务的主要是居民、商业用户和一些中小工业用户，其价格需要弹性非常小，因此必须通过政府价格监管来保护终端消费者的利益。

（2）竞争市场。竞争市场的特点是：管道公司对第三方开放输气管网，下游配送方可以自由选择上游生产商供应天然气并委托管道公司运输。

第一，上游供气价格。在竞争市场中，上游供气价格由上游生产商与下游用户进行直接谈判。在竞争市场中存在许多天然气供应者和买家，任何一个买方或卖方的成交量都只占很小的市场份额，其交易行为无法影响整个天然气市场的供气价格。因此，上游供气价格仍是通过谈判方式形成，但谈判的对象发生了变化,由垄断市场中的上游生产商和管道公司之间的谈判转变为上游生产商与下游用户(如地方配气商、大用户等)的直接谈判,根据市场供求来确定供气价格。

第二,管道输送价格。在政府监管下,将管道收费与管道公司服务成本及投资回报直接挂钩来进行管道运输计价。实行管道第三方准入后,下游用户可以自己选择上游生产商,然后通过与管道公司签订合同购买管道容量,委托其运输。用户的合同需求通常表现为用户的最大日流量(峰值),而管道公司的固定成本主要是为提供和维持一定的管道运输容量而付出的管道建设投资和维护成本,虽然管道公司的固定成本和可变成本会随输气量变化而变化,但是考虑到效率和公平问题,高峰期管道运输容量的价值要高于非高峰期。

第三,储存价格。管道系统会因为用户的不同需求和负荷变化而发生失衡。管道的失衡需要借助天然气增压、储气等设施维持管道系统必须的压力水平和输送流量。在天然气市场放松管制前,管道公司对管道系统拥有控制权,在承担服务责任的同时,也保证管道系统输入输出平衡;放松管制后,形成了管道公司、地方配气公司和独立的储气组成的多元化储气市场。固定储气服务是一种约定服务,一方面要求储气服务方确定它有足够可获得的、未指定用途的储气容量来完成用户所需要的服务;另一方面也要求用户安排和指定注入及采出气库的气量,包括最大日注入量和采出量以及最大储气量。

第四,城市配送价格。天然气城市配送业务与管道运输环节一样,也具有比较明显的自然垄断特点,因此政府也有必要对配送管道进行监管。通常,政府会授予天然气配送企业一定的垄断地位,以便有效利用资本,并减少配气管网拥堵。根据用户需求负荷的差异,城市配送费率也有所不同,包括以下几种方式:① 直接按表费率,即单位天然气费率不变,用户根据实际用量计算总费用。② 按表折扣费率,即用户所使用的天然气量按其所处的不同水平,按不同费率收费,一般使用量越高,费率越低,这主要是为了鼓励使用天然气而采取的政策。③ 按表分段费率,即用户所使用的天然气量按不同的区段计费,不同区段的费率不同(越高区段费率越低),避免了按表折扣费率造成的价格歧视。④ 需求费率，对于负荷变化较大的大用户，同时考虑需求与负荷，因此先按最大负荷收取一定的需求费，再根据实际使用的气量计费。⑤ 最低费用，对小用户，其管理成本在其服务总成本中比例相对较大，因此先收取固定最低费用，再按实际使用量计费。⑥ 可变费率，即对具有燃料转换能力的大用户采取根据替代燃料价格调整的动态费率。

(3) 管道天然气的交易方式。在竞争市场环境中，天然气市场的交易方式更为复杂，长期合同逐渐让位给短期合同和现货交易，天然气的市场价格具有更大的灵活性。

一是现货市场中的交易方式。现货市场通常是指以固定气量和价格进行的 30 天以内的短期交易，属于场外交易。目前在北美和欧洲，现货市场通常位于天然气产区的管道干线入口或不同管道的交汇点，或者管网调度枢纽。现货市场的出现不仅增加了天然气市场的流动性，也提高了市场效率。现货交易合同包括三种类型：可停输气合同、基准量合同和连续输气合同。可停输气合同也称为"摆动交易"(swing)，合同对交易双方不具有法律约束力，双方都没有义务交割或接收交易的气量，相当于只是交易意向；基准量合同则约定交易双方不能限制对方的交割或接收行为，必须尽量交割或接收，合同的法律义务相对宽松；连续输气合同则是真正的具有法律效力的合同，相当于短期的"照付不议"合同。

二是长期合同机制下的交易方式。在竞争性市场中，长期合同虽然不再是交易的主要形式，但是不同类型的交易者也会选择不同期限的合同进行组合，以实现收益最大化。短期合同一般用于以年或季度为基础的负荷平衡或者满足需求上的突然变化，中长期合同则用于保障供气来源的稳定，中期合同一般在 1~3 年，长期合同 3~10 年。比如，地方配气公司就会寻求短期合同和中长期合同的组合，以便在保证市场最低需求的同时，利用短期合同的灵活定价以降低其长期运营成本。

三是期货市场的交易方式。相对于长期合同，短期合同和现货交易具有更大的价格波动性，而这正是天然气金融衍生产品产生的主要原因。1990 年 4 月，纽约商业交易所开始交易天然气合约，交割地点设在路易斯安那州的 Henry Hub。随后，指数交易、互换合约、期权等天然气金融衍生产品纷纷出现。目前，北美和欧洲的天然气中长期合同的价格不再是以竞争性替代燃料的价格建立指数化关系，而是主要与现货、期货价格建立指数化关系，然后在每月交割时，相应的价格就可以在合同规定的参考基准的基础上，根据公布的现货或期货价格进行灵活调整。

2. LNG 的价格形成机制

LNG 产业链包括：上游（开采、净化和液化），中游（运输、终端接收和再气化等环节）和下游（通过天然气管网供气或通过冷储罐车运输再气化供气）等环节。

（1）LNG 的交易方式。传统的 LNG 长期贸易合同期限长（超过 20 年），往往带有"照付不议"（take or pay）[①]、固定交货地、禁止向第三方采购其他货源等条款，交易风险大部分由买方承担。但是，LNG 国际中长期贸易正在进行变革，并表现出如下鲜明的特征。

第一，10 年左右的中期合同开始出现。在传统的国际 LNG 业务实践中，无论是从卖家还是买家角度，均以至少 20 年的长期购销合同作为基础，以短期、现货交易作为补充。这一安排的基本市场逻辑在于，天然气（相对于原油和其他矿产资源）无法在开采后进行大规模储存，同时无论是天然气管道还是 LNG 液化站的建设都需要巨额投资，通常都涉及项目融资，因此 LNG 项目都需要绑定下游 LNG 买家的长期采购，作为上、中游开发的经济可行性基础。同时，LNG 接收站也是一项投资额巨大的基建设施，需要长期稳定的 LNG 采购安排来保证其经济可行性。随着全球 LNG 整体交易量的不断增大，LNG 现货市场的流动性日渐增加，气田、管道、液化站的开发对于下游长协买家的依赖程度有一定降低。再加上近年新入市的 LNG 液化项目显著减少，长期购销合同（20～25 年）在市场中所占的整体比重有所下降[②]。自 2015 年年末，能源供求关系转变和市场需求预期的变化导致新

---

① 照付不议（take or pay）是指买方承诺每年购买一最低数量的 LNG；如果实际采购量不足这一最低数量，则就短缺部分（通常按照是否够整船为分界）买家仍然需要支付货款。

② 孙晔，张嘉. LNG 中长期购销合同机制及主要条款的近期变化［EB/OL］. 南方能源观察，2017-09-03.

兴买家采取更加谨慎的态度，小量及中期合同（1mtpa 以下，10～15 年）开始出现。

第二，合同中的 DES（目的港船上交货）条款被 FOB（装运港交货）条款取代，货物的运输费用和风险由买方转向卖方。这种转变一方面是因为 LNG 船舶的造价不断降低，运费和运输风险也随之下降。另一方面是因为在买方市场中，FOB 贸易方式可以使买方在调度船队上掌握主动权和灵活性。

第三，价格机制采用双期权方式以原油价格的长期预期均价为基准，LNG 价格固定在一个浮动区间，通过嵌入期权，控制价格波动风险。此外，LNG 中长期合同的条款也更趋灵活，在很大程度上降低了买方风险。比如：在合同中设定每 3～5 年重新回顾价格；降低"照付不议"的比例要求等。

20 世纪 90 年代中期以后，LNG 短期贸易开始出现，并迅速发展成为 LNG 国际贸易的主流形式。短期贸易主要是为了解决买方的短期需求过量和卖方的短期供应富余问题进行的、合同履约期限在 3 年内的交易。具体的形式包括：合同期在 2 年内每笔多船的短期合同或合同期在 1 年内每笔单船的现货交易；在买方之间或卖方之间进行的一船或多船的 LNG 互换交易等。

在实际操作中，LNG 的买方往往把短期贸易与中长期合同相结合。基本 LNG 需求量采用中长期合同，额外需求或季节调整通过中短期合同或现货交易来满足，从而降低"照付不议"条款下的风险。

（2）LNG 的定价机制。LNG 的定价机制与市场的发展演变关系非常密切，尤其是与市场规模大小和流动性密切相关。由于 LNG 的全球市场规模仍不够大，流动性也不是很强，因此，目前 LNG 的贸易价格以单位英国热值计价（美元/百万英热单位），与竞争燃料价格和区域天然气价格相挂钩，并通过定价公式来进行调整。LNG 的贸易价格参照的区域天然气价格体系主要是日本对外公布的 LNG 到岸价、美国 Henry Hub 交易中心的现货价格和英国国家平衡点（national balancing point，NBP）的现货价格，三者共同构成了世界天然气贸易参考价格体系。这一体系也是国际 LNG 价格水准的最重要参考基准和价格涨跌的风向标。将来随着全球市场规模的扩大，

LNG将会形成更加独立的定价机制和价格体系。

北美地区由于拥有完善的国内天然气管网及健全市场化的交易体制，目前进口的LNG主要供应现货市场，LNG合同价格主要参照Henry Hub的现货价格。欧洲地区进口LNG主要是为了实现能源供应的多元化，因此，短期合同价格则主要参考英国的NBP、比利时的Zeebrugge以及荷兰的TTF三个交易中心的现货交易价格，长期合同则通常参考低硫民用燃料油、汽油等竞争燃料价格。由于早期的世界LNG贸易主要买方市场在亚太地区，因此而形成的议价方式对后来LNG的定价机制产生了很大影响。LNG进口价格公式从早期单一与原油直接挂钩的公式发展到现在的直线价格公式、S曲线价格公式，是一个不断演变的过程。亚太地区进口LNG则是以保障天然气长期稳定供应为目的，LNG贸易以长期合同方式为主，主要与日本进口原油综合价格（JCC）挂钩，现在也有部分与印尼官方石油价格即印尼出口原油价格加权平均值挂钩。但是，亚太地区仍缺少国际权威的能源定价中心，使得LNG进口国的议价能力较弱，大部分长期合同仍采用DES贸易方式，价格要比欧美地区高出1美元/百万英热单位左右。

（三）全球天然气定价规则

与石油市场不同，全球天然气市场发展受限于地理上的区域分割，天然气国际贸易大多数是通过管线或船运达成交易，地理上的限制与昂贵的运输费用（长途国际管道建设和液化天然气船运费用）都在不同程度上限制了区域之间的贸易往来，使得天然气市场具有明确的区域特性，并形成了四种相互独立的天然气定价体系。

第一种，不同气源之间的竞争定价：北美与英国。北美（美国、加拿大）和英国实行不同气源之间的竞争定价，也即天然气价格由市场供需关系通过气源之间的竞争形成。在北美与英国，天然气交易在天然气交易中心进行，包括实体交易中心（如美国的Henry Hub）和虚拟交易中心（如英国的NBP），亨利枢纽（Henry Hub）和虚拟平衡点（NBP）也是北美和英国天然气定价系统的核心。在北美与英国，天然气交易以固定价格的短期交易为主，也有较长期限的天然气交易合约，但这些合约的月度价格采用天然气现货或期货交易的价格指数[①]。美国、加拿大和英国三国政府以往都在一定水平上对井口价格进行干预，但随着天然气市场与监管政策的发展，供应端出现了充足并富有竞争力的多元供应，用户能够在众多供应商中自由选择。尽管采用相同的商品定价机制，但北美与英国的天然气市场还是相互独立的。

第二种，与油价挂钩的定价政策：欧洲大陆和东北亚。欧洲大陆和东北亚采用的是与油价挂钩的定价政策来开展天然气贸易，即：天然气价格通过一个基准价格和挂钩条款与竞争燃料（通常是原油、柴油或燃料油）的价格关联，有时也包含煤炭价格和电价。这一模式源于荷兰在1962年针对格罗宁根（Groningen）超大气田天然气生产采取的国内天然气定价政策。该政策将天然气价格调整与三种石油燃料（即柴油、高硫和低硫重质燃油）的市场价格按照百分比挂钩，然后根据"传递要素"进行调整来分担风险。这一模式随后被出口合同所采用，进而影响东北亚的LNG定价。欧盟虽然出台了多个天然气法令来建立统一的天然气市场，但由于国与国之间、企业与企业之间、管道与管道之间的分割，至今还没有做到像美国那样的自由准入和具有市场流动性。

东北亚（日本、韩国等）的LNG贸易定价体系源自日本，由于日本当年引进LNG主要是为了替代原油发电，因此在长期合同中采用了与日本进口原油加权平均价格（JCC）挂钩的定价公式。虽然这一定价方式已不契合日本和亚太其他国家的市场现状，但目前尚无供需双方都能接受的其他方式，只能通过设定JCC封顶价格和封底价格的方式来规避风险。

第三种，双边垄断的定价模式：俄罗斯与中亚地区。双边垄断定价是指价格由一个大型买家及一个大型卖家讨论和协商确定，并在一个时间段（一般是一年）固定不变。与多买方和多卖方的气-气竞争双边交易不同，双边垄断定价至少有一方是市场唯一的买家或卖家。俄罗斯与中亚地区采用双边垄断（垄断出口和垄断进口）的定价模式，通常采用政府间谈判来确定供应

---

① 周娟，魏微，胡奥林，等.深化中国天然气价格机制改革的思考[J].天然气工业，2020（5）：134-141.

给非欧盟用户的天然气价格。

第四种，管制定价：非洲和中东地区。管制定价有三种价格模式：① 成本加成定价，价格由政府主管部门确定或批准，价格水平包含"服务成本"和合理投资回报；② 价格由政府制定，但没有明确的定价办法，往往基于政治和社会经济因素；③ 价格低于生产成本和运输成本。非洲和中东地区则主要采用管制定价。

第二节　国际天然气金融衍生品市场

国际天然气金融衍生产品主要集中在欧美两大天然气市场，尤其是美国的天然气金融衍生品市场非常发达。目前，纽约商业交易所上市的 Henry Hub 天然气期货合约已经成为国际天然气市场的风向标。欧洲天然气金融市场的开展较晚，目前仅在伦敦国际石油交易所上市基于英国国家平衡点（NBP）的天然气期货合约，但是围绕欧洲各天然气管网枢纽形成的现货交易中心和场外市场的交易非常活跃，其中以互换交易居多。

一、国际天然气金融衍生品市场的结构

（一）天然气期货市场

1. 美国的天然气期货市场

美国天然气金融衍生品市场要追溯到 1978 年的美国《天然气政策法》。该法逐步取消对"新天然气"（1977 年后开发的天然气井生产的天然气）的价格控制，以促进开发新气源和非常规天然气。1989 年，美国总统签署《放开天然气井口价法案》，彻底解除对天然气的价格管制，放开天然气井口价格，天然气井口价格完全由市场供求决定。在管道运输方面，美国联邦能源监管委员会要求管道公司，对所有市场参与者提供非歧视性管道运输服务，并根据运输成本收取网络接入费。联邦能源监管委员会通过逐步放开天然气交易价格、允许用户自主选择供应商、将管道运输和天然气销售业务分

离等措施,在天然气市场引入了市场竞争机制。随着天然气市场化程度的深入,美国天然气消费量也大幅度提高,成为世界上最大的天然气市场,其消费量占全球消费总量的22%,其天然气管道总长度高达45万公里。1990年美国州际管道输送的天然气95%都是合同气。众多天然气供应商、公开独立的管输服务、终端用户的调节能力形成了美国天然气市场竞争格局,同时也为天然气金融衍生品市场的产生创造了条件。

1990年,美国堪萨斯城商品交易所推出了Waha Hub天然气期货合约。1990年4月,纽约商业交易所推出了交割地点在路易斯安那州Henry Hub的天然气期货合约。美国推出Henry Hub天然气期货合约以来,期货合约成交量逐年增长,合约交易量大、价格波动幅度宽、流动性强,同时价格具有较高的连续性,为市场参与者提供一种规避现货价格风险的工具。目前,Henry Hub天然气期货合约已成为世界上第二大交投活跃的能源商品期货品种,也成为北美天然气市场最重要的定价基准。1990年8月,美国堪萨斯城商品交易所(KCBOT)也推出了交割地点在西得克萨斯的Waha Hub的天然气期货合约,但是相对于纽约商业交易所的Henry Hub天然气期货交易,其市场规模和影响力都要小得多。

总的来看,美国天然气金融市场的参与者众多,包括生产商、贸易商、终端消费者、对冲基金、投资银行等。生产商有雪佛龙公司、壳牌公司、英国石油公司、美孚石油公司、道达尔公司等;终端消费者有大工业用户、电厂、城市燃气公司;贸易商有地区分销公司、各级批发商;对冲基金有Amaranth基金、Cypress Energy基金、Fairfield基金等;投资银行有高盛、摩根士丹利、JP摩根等,部分投资银行甚至还投资天然气现货市场或参与上游气田开发[①]。

在推出第一份天然气期货合约的两年以后,纽约商业期货交易所在1992年10月又推出了Henry Hub天然气期货期权合约。2003年,纽约商业交易所又推出了Henry Hub天然气的日历价差期权合约(calendar spread options)。

---

① 杨恩源.美国天然气金融市场剖析及其对我国的启示[J].经济师,2017(5):92-93.

2. 欧洲的天然气期货市场

欧洲天然气市场的诞生源于 1959 年荷兰格罗宁根大气田的发现。在 20 世纪 60—70 年代，大多数欧洲国家都成立了覆盖天然气勘探、开发、进口、管输和销售的一体化公司，纵向垄断了各国的天然气市场。由于气田开发需要稳定的资金回笼，起步时期的天然气销售主要用枯竭式或供应式长期贸易合同来捆绑用户，用户中途无法对合同进行调整或更改，也缺少市场化的交易方式。

自 20 世纪 80 年代起，以英国天然气公司私有化改革为标志的欧洲天然气市场化改革开始启动，主要措施是打破一体化垄断、放开上游市场。上游与管道公司的交易方式虽然仍采用长期合同约定，但建立了与油价挂钩的市场净回值定价机制，价格根据油价波动，由此实现了价格波动的半市场化交易。管道公司的批发环节采用捆绑销售，将购气和管输成本直接转嫁给用户，批发环节的交易仍不具有市场化特征。1998 年起，欧洲以天然气基础设施为切入点进行了三次改革，深入推进了天然气交易市场发展。1998 年第一次改革提出了天然气基础设施的第三方准入，开放了各国的天然气市场；2003 年第二次改革加强了对天然气基础设施成本的监审力度，各国成立了独立监管机构，推进跨国管道建设；2007 年开始的第三次改革进一步强调了天然气基础设施经营管理的独立性、公平性和透明度，建立了统一的监管框架。在此基础上，管道公司的销售业务被剥离，只承担管输服务功能，因此，用户（或能源交易商）可以直接从生产商处购买而不需向管道公司购买，管道垄断经营被彻底打破。

三次能源改革推动了欧洲各国间天然气管道的联网和市场大融合，由此出现了一些供需相对平衡的区域以及区域性的天然气价格，这些区域后来被打造为天然气交易中心，这些与供求关系紧密联系的区域性价格也在天然气市场交易中被广泛采用，并衍生了天然气期货与期权交易。1997 年，伦敦国际石油交易所（IPE）才引入天然气期货合约。2009 年 5 月，芝加哥商品交易所（CME）在其电子交易平台 Clear Port 上推出了基于英国国家平衡点（NBP）和美国 Henry Hub 交易中心的天然气互换期货和期权合约。这一阶段，天然气市场法律体系逐步健全、产业监管日渐严格、价格机制持续完善、交易方式日益多元，欧洲天然气交易市场开始走向成熟①。

（二）天然气场外交易市场

天然气场外交易市场的主要品种有期货互换、基差互换、指数互换、摆动互换、摆动互换期权等。

1. 期货互换（future swaps）

期货互换是最活跃的互换合约，也是"固定-浮动"价格互换形式之一。期货互换的标的是期货合约的固定价和浮动价之间的价差。这里的固定价就是同月份的期货合约价，浮动价则是一个计算出来的价格，即期货合约最后3个交易日内期货结算价的平均值（L3D）。具体的交易过程如下：假设A贸易商购入一份Henry Hub的12月到期的期货合约，同时以固定价（即买入的期货合约价格）和浮动价（即买入的期货合约的L3D）与B贸易商进行互换交易，互换合约结算时，根据该期货合约的实际平仓价格（A贸易商可以在最后一个交易日最后一分钟平仓，也可以在此之间的任何时间平仓）确定双方盈亏，并交换现金流。

2. 基差互换（basis swaps）

在天然气市场中，所谓的基差（basis）是指天然气在不同交割点之间的价差，参照标准是天然气期货合约交割点（如Henry Hub）的指数价格。此外，还有所谓的远期基差，其参考标准是纽约商业交易所的Henry Hub天然气期货合约价格。基差互换的交易过程与期货互换类似，只是其固定价是以Henry Hub天然气期货合约的L3D价格加上（或减去）基差，浮动价为某一特定地区的指数价格。

3. 指数互换（index swaps）

指数互换就是期货互换和基差互换的结合，主要用于在某地进行现货套利交易。指数互换的买方支付固定价给卖方，并以指数价格从卖方进。交易

---

① 段言志，史宇峰，何润民，等. 欧洲天然气交易市场的特点与启示 [J]. 天然气工业，2015，35（5）：116-123.

中采用的固定价以协商方式确定，浮动价则是买卖双方认同的地点的指数价格。对于与生产商签订长期供应合同的贸易商来说，通过指数互换交易，可以根据市场变化来锁定利润。

4. 摆动互换（swing swaps）

在现货市场中，摆动交易是按可停供气合同买进或卖出，而可停供气合同的气量与价格是每日谈判达成的。摆动互换的买方支付固定的价格，收取日指数价格或日指数价格的均价，这样摆动互换就为日交易者提供了套期保值和交易的手段。

5. 摆动互换期权（swing swaps option）

摆动互换期权的交易标的物是摆动互换合约。摆动互换期权的基础是日指数价格，如果日指数价格低于敲定价格且其价差超出了购买看跌期权的权利金，则摆动互换交易看跌期权的买方获利；同样，若日指数价格高于敲定价格且价差超出了购买看涨期权的权利金，则摆动互换交易看涨期权的买方将获利。

在国际天然气场外市场，由于天然气场外市场的远期和现货交易大多数都是在每个月的最后一周进行的，这段时间也被称为竞价周（bid week）。在竞价周里的交易量最大，因为生产商试图将其供应量的基本部分确定下来，以便开展下个月的生产计划，而终端用户也会希望将其需求量的基本部分确定下来，以相对固定的价格保证其天然气供应的可靠性和稳定性。在竞价周期间，一些市场信息机构通过市场调查获得相应的价格信息，在下个月的第一天公布主要交易中心的指数价格（index price），其中被广泛采用的是由美国联邦能源管理委员会（FERC）提供的天然气市场报道（IFGMR）月度指数价格。FERC 的天然气市场报道每月要公布约 50 个不同的指数价格，每一个代表同一条或不同管线上的不同点的交易价格的浮动平均值，代表了特定月份的天然气市场价格基本趋势，所以现货市场上的参与者会以指数价格为基础进行交易（会有适当的溢价或折价）。指数价格的波动（0.01～0.05 美元/百万英热单位）比现货交易价格的波动（1～2 美元/百万英热单位）要小很多。

(三) 其他相关的金融衍生产品

天然气现货市场价波动较为激烈,而且由于现货交易中心分布在不同区域,区域间的气候、经济、人口、资源和管道设施、储气能力等差异都会导致区域现货价差的出现。

为了规避天气风险,1996 年美国能源企业推出了天气衍生品的场外交易(OTC),并逐渐吸引了能源、农业、运输和金融机构的广泛参与。随着天气衍生品交易在 OTC 市场的日益发展和成熟,市场的参与主体越来越多,对标准化天气合约和流动性的要求也越来越高,为了适应市场需求,期货交易所开始引入天气的期货和期权交易。目前,全球有数个交易所——包括伦敦国际金融期货期权交易所(LIFFE)、芝加哥商品交易所(CME)和位于亚特兰大的洲际交易所(IE)等已经或者计划提供天气期货(期权)合约。天气指数期货(期权)合约是商品期货市场中的创新产品,在类别上它属于能源类商品期货交易品种。

1999 年 9 月,CME 率先将天气衍生品引入场内进行交易,推出了 4 个美国城市的天气期货和期权合约的交易。目前 CME 提供了全球 47 个城市或地区的温度指数期货,主要分布在美国、欧洲、加拿大、日本、澳大利亚 5 个国家和地区。LIFFE 于 2001 年推出天然气期货合约交易,该合约依据 LIFFE 的每月和冬季温度指数结算交割。该指数的计算基础是伦敦、巴黎和柏林三地日平均气温。日本的东京国际金融期货交易所(TFE)也于 2010 年春季开始交易天气期货合约,合约以日本四大城市的一年前的月平均气温为计算基础。

二、对国际天然气金融衍生品市场发展的制度思考

经过多年的发展,国际天然气金融衍生品市场已经形成了较为成熟的市场体系,其建设过程的制度经验值得我国学习和借鉴。

(一) 以市场化为导向的政策法规是天然气金融衍生品市场发展的前提

纵观美国和欧洲天然气现货、期货、期权的发展历程,天然气金融衍生

品都是在市场化改革后期或成熟以后推出的，而开放的天然气市场是无法自然形成的，需要政府制定相应市场化政策来推动。分析美国天然气金融衍生品市场可以发现，美国从1978年开始放松对天然气行业的管制。美国联邦能源管理委员会先后在1989年和1992年颁布了《天然气井口价格解除管制法》和636号法令。这两个法案实施后，美国本土的天然气井口价完全由市场来决定，而且天然气输送服务与销售、储存等服务分开，独立定价。法案要求管道商以非歧视原则向所有用户开放管输业务，至此管输和销售环节分离，运输成为管道公司的主要业务，终端用户可以自主选择供应商。由于管道商不再充当销售角色，中间商大量涌现，并相互竞争。这些市场化改革政策使得更多的市场主体（如生产商、贸易商、终端消费者、对冲基金、投资银行）参与到天然气金融市场中，通过公平竞争决定天然气期货价格。紧接着，纽约商业交易所于1990年推出了天然气期货。可见，发达的现货市场提供了大量的套期保值者，为天然气金融衍生品市场的稳定发展提供了可靠保证。

（二）完善的交割制度是提高市场流动性的关键

交割是天然气金融衍生品交易的重要环节，交割方式的设计深刻影响着市场的运行效率，同样也影响着市场交易的公平。目前，天然气金融衍生品市场的交割制度主要分为实物交割与现金交割，但以实物交割为主；小型天然气期货合约较多采用现金交割的方式。CME的天然气期货合约采取的就是实物交割制度。此外，CME天然气期货合约的交割方式还具有以下特点：一是具有备用交割程序（ADI）。在当前交割月份合约交易中止之后，买卖双方在交易所为之配对之后，经协商可以以不同于合约规定的交割条件交割，在双方共同向交易所提交一份通知，告知其意图之后，可以按其协商的结果进行交割。二是可以期货转现货（EFP）和期货转掉期（EFS）。在前三个月，通过Clear Port系统结算，买卖双方在向交易所递交通知后，可以把期货头寸转为数量相等的现货头寸或掉期头寸。

在交割点的选择上。美国天然气期货的贸易结算交割点不是位于天然气主产区，就是在主要的天然气消费区，便于买卖双方完成实物交割，降低了交易成本。交割点运营商的职责主要是保证供销气量均衡,以及进行买卖双方天然气实物账户的收支管理。

(三)灵活、可调适的监管制度是抑制机会主义行为的关键

天然气金融衍生品市场的发展离不开灵活、可调适的监管制度。衍生品市场发展速度之快,变化之剧需要监管制度及时跟进与灵活调适。对美欧天然气金融衍生品市场的研究发现,美国和欧盟相关国家均成立了天然气市场监管机构,其主要作用包括监管投资,加强对管网发展的统一规划,推动市场信息的开放透明;设定相应的激励机制,激发市场主体对大型天然气基础设施的投资热情等。此外,欧美对天然气衍生品市场的监管也设立了相关机构,例如美国商品期货交易委员会(CFTC),欧洲市场基础设施监管(EMIR)等,对头寸限制进行监管,减少系统交易对手并降低操作风险。完善的监管制度有利于抑制金融衍生品市场发展中的机会主义行为,从而降低交易成本,促进天然气金融衍生品市场的发展。因此,在天然气金融衍生品市场发展过程中,需要由政府成立相应的监管机构,对整个市场化过程进行规划和监管,并推动相关立法,保证市场化过程中信息清晰透明,同时及时调整政策以应对市场化过程中产生的问题。

在交易所的监管制度层面,20世纪末至21世纪初,一大批交易所走上改制之路。2001年,纽约商业交易所实施公司化改制,将交易权从股权中分离出来;2001年2月,伦敦国际石油交易所(IPE)宣布实施公司制;2001年底,CME也走上了公司制改制之路。欧美主要的天然气衍生品交易所都不约而同地选择了公司制。在交易所改制为营利性组织后,自律监管的基础和原则受到严峻挑战。为消除由此产生的问题,各改制后的交易所根据自身情况选择了不同的监管模式。一方面,通过监管与交易的分离降低利益冲突;另一方面,对于上市的交易所,加强对交易所上市的监督也成为监管的重点。从以上实践经验可以发现,灵活、可调适的监管模式有利于抑制天然气衍生品市场中的机会主义行为,降低不确定性,从而为市场的扩大奠定坚实的基础。

(四)合适的结算模式是提高市场交易效率的重要因素

目前,能源衍生品交易所中的结算模式主要有三种:交易所内设结算部门;独立的结算公司,交易所持股但不享有控制权;独立的结算公司并由交易所控股。从欧美天然气衍生品结算模式来看,选择合适的结算模式对于提高市场效率,降低交易成本至关重要。例如在美国天然气衍生品市场上,芝加哥商品交易所(CME),纽约商业交易所(NYMEX)采取的是交易所内设结算部的模式,而在欧洲天然气衍生品市场上,伦敦国际石油交易所(IPE)采取的是独立结算公司模式,以伦敦清算所作为结算机构。不同的结算模式具有不同的特点,但相对而言,交易所内设结算部门模式能够提高交易所及结算机构的整体效率,由单一机构来统一调控交易结算的整个流程,能使交易流程在运作上更流畅,减少交易环节断裂引致的"摩擦成本"。而独立模式的优点主要表现为促进结算机构之间及交易所之间的竞争,遏制过度投机和增加市场参与者的选择。相对而言,美国天然气衍生品金融市场更为集中且监管制度更为完善,因此,采用交易所内设结算部门的模式既能发挥其优势,也能防止交易所和结算机构共谋导致的风险行为。因此,选择适合的结算模式以适应和推动天然气衍生品金融市场的发展具有重要的意义。

(五)交易系统的先进性是影响信息获取成本的关键

自20世纪90年代以来,随着计算机技术和通信技术的飞速发展,交易系统的电子化趋势已经成为不可阻挡的潮流。电子交易系统的引入有利于降低信息获取成本,提高市场的运行效率,降低市场运作成本。现代信息技术的引入大大提高了交易速度,减少了中间环节和人为延迟。电子交易系统减少了报价错误,提高了执行效率,并能满足投资者多种安全订单需求。这些功能保证了投资者安全高效地参与期货交易,吸引着人们对电子交易系统的使用,一些投资者通过电子交易可以自如地实现自动套利交易,一些"不想暴露交易细节的投资者和与政府关系密切的人"也更愿意使用电子市场。

为提升自身竞争力,各交易所竞相引入电子交易系统,例如纽约商业交易所的ACCESS系统。与传统公开喊价不同,在ACCESS的电子化交易系统中，会员通过 Internet 接入 ACCESS 系统后输入报单，由系统自动完成撮合、行情发布、成交回报等功能。CME 的 GLOBEX 系统也成为其场外交易系统。技术系统已经越来越成为交易所的核心竞争力，对于降低信息成本具有重要的支持意义。

第三节　中国天然气金融市场

一、中国天然气现货市场的发展历史

中国天然气现货市场起源于 20 世纪 50 年代四川省自贡市的煮盐燃料利用和泸州市的炭黑生产；20 世纪 60—70 年代在四川盆地逐渐发展成化肥原料以及化工、冶金、机械、电子等工业企业和居民用气的利用；20 世纪 80—90 年代在四川盆地形成了较为发达的区域性市场；1997 年陕京线建成投产，中国天然气市场逐步由区域性市场向全国性市场拓展；2017 年中共中央、国务院颁布了《关于深化石油天然气体制改革的若干意见》，标志着中国天然气现货市场进入发展的新时代。总的来看，中国天然气现货市场的发展大致可分为三个阶段。

（一）1959—1976 年国家重工业优先发展战略带动四川盆地形成小规模用气市场

20 世纪 50 年代，随着四川省隆昌圣灯山气田的发现，天然气主要用于自贡盐务局煮盐燃料，之后因国家橡胶工业急需炭黑，天然气主要用于炭黑生产。20 世纪 60 年代，四川石油管理局相继发现威远、傅家庙、相国寺等 21 个气田，在重庆市、川南地区建设了相应的输气管线，还建成了威远—成都—德阳输气管线。这一阶段，由于三线建设的需要，在重庆市、川南地区建成了一批钢铁企业、机械和电子企业，还在一些县市建立了天然气化肥企业，天然气消费很快扩展到这些企业，并形成了自贡市、泸州市、重庆市和成都市 4 个消费中心，天然气消费量徘徊在 10×10^8 立方米左右。

20 世纪 70 年代，卧龙河气田投入生产，卧龙河—重庆等输气管线建成，形成了四川盆地南半环输气管线。这一时期，四川一大批工业窑炉由烧煤改为烧天然气，泸天化、川天化、川维、赤天化、云天化五大化肥企业相继建成投产，天然气消费量快速增长。到 1976 年，四川盆地天然气消费量已突破 40×10^8 立方米。这一时期天然气市场的主要特点是天然气管道数量少、管径小，天然气用户基本集中于气田附近，集中于工业需求，集中于重要城市。

（二）1976—1996 年低气价政策带动四川盆地形成较为发达的区域市场

20 世纪 70 年代，泸州古隆起会战使川南地区逐步成为四川的主力气区，随后，又发现了中坝须二气藏和相国寺石炭系气藏，1976 年建成了中国第一条长距离输气管线——威远气田至成都青白江的威成输气复线，初步建成了四川天然气工业基地。1979 年天然气井口价格只有 0.04 元/立方米，且对四川省内五小工业实施 8 折优惠，使得化肥、化工、冶金、机械、窑炉等的天然气消费急剧增长，消费量达到 61×10^8 立方米。

20 世纪 80 年代，川东石炭系先后出现了两次勘探高峰，成为增储上产的主战场，至 1983 年，四川盆地已建成沟通全省的输气管网，年输量达 $(50\sim60)\times10^8$ 立方米。1987 年，四川省建成北环输气干线。在此期间，国家为弥补天然气勘探开发资金的不足，实行了"以气养气"政策，1982 年天然气价格提高到 0.08 元/立方米；四川省 1983 年实行天然气商品量常数包干政策，超计划用气量补偿费为 0.05 元/立方米；1984 年国家进一步提高井口价格到 0.13 元/立方米，四川省自销气价 0.16 元/立方米；1989 年取消了长达 21 年的五小工业用气优惠，但天然气价格仍然非常低。这一时期，一方面 20 世纪 70 年代的气田强化开采导致产量连续下滑，另一方面天然气的低价导致天然气消费过快增长，1980 年以后消费量被迫压缩，锅炉用气减少，原料用气比重上升，天然气消费结构得到一定调整。

20世纪90年代，随着改革开放步伐的加快，川渝油气工业的发展进程大大加快，获得了大天池等一批大气田，建成了长寿净化厂等重点工程。在城市化与工业化进程加速的背景下，川渝地区气化人口持续增加，用气量相应增长，带动城市燃气需求增长。此外，随着经济的增长，与工业发展密切相关的工业燃料、天然气发电、LNG、化工化肥等下游需求也得到相应的增长，天然气利用结构呈现多样化的特点。1992年，国家决定按用户类别计价，并进行了价格调整。其中，居民用气价格确定为0.22元/立方米，工业用气价格确定为0.24元/立方米。1994年，国家又规定了中准价，允许企业上下浮动。1995年，四川省执行居民用气价格0.43元/立方米，化肥用气价格0.37元/立方米。我国陆上天然气管道大部分集中在四川省内，其余大部分管线分布在东北和华北地区，都是距离较短、管径较小的管道，西北地区的天然气管道寥寥无几。四川盆地形成了较为发达的区域性天然气市场，形成全川输气干线的环形管网，用气结构逐渐趋于多元化，并形成了四川省特有的天然气价格体系。

（三）1997—2017年经济高速增长促进全国性天然气现货市场的形成

1997年以来，中国国民经济进入高速增长阶段，经济发展的能源需求也随之加快。随着塔里木、长庆等气区被发现并投产，全国主要骨干管网持续快速建设。1997年陕京一线投产，开启了跨省天然气管道建成投产的先河，也为全国性天然气干线联网奠定了基础。2000年之前，中国天然气消费缓慢增长，处于较低水平。2000年以来，中国出台了鼓励清洁能源利用的政策，建成了西气东输、陕京线等长输管道设施，带动了天然气消费快速上升。中国天然气市场开始由启动期进入快速发展期。从占一次能源消费比例看，中国天然气在一次能源消费结构中的比重一直较低。2000年以来，随着天然气消费的快速增长，中国天然气占一次能源消费的比例有所增长，但仍远低于美国30%、全球24%和亚洲11%的水平。

截至2017年底，中国天然气干线运营里程达到7.4×10^4 km，覆盖了全国31个省、自治区、直辖市；已建成中亚A\B\C线、中缅线等进口管道，输气能力达到每年 670×108 立方米；已经建成 18 座进口 LNG 接收站，年接收能力达到 5 660×104 吨，主要分布于长三角、珠三角、环渤海地区。除西藏自治区等少数省区市外，全国均进入了天然气消费时代，各省区市天然气市场逐步成型，形成了川渝、长三角、珠三角、环渤海等全国主要天然气消费市场，出现了江苏、四川、北京、上海等年消费 100×108 立方米天然气的省市[①]。

总结我国天然气现货市场的发展历史发现，我国的天然气市场发展特征与发达国家在相同发展期出现的状态类似：第一，天然气的市场由启动期慢慢进入发展期，主要依赖国内天然气资源进行推动；第二，天然气管网的设施在市场快速发展过程中起到了主导的作用；第三，天然气市场在发展过程中得到了政府和石油公司的大力支持和高度重视。

当然，我国天然气市场在发展历史上也具有自己的特色：第一，当前，我国天然气市场的发展环境与各国在当年所处的外部环境相比，存在非常大的差异；第二，我国天然气市场在发展过程中面临很大的气价压力，国内气价一直低于进口气价。

二、中国天然气现货市场的发展现状

（一）天然气消费持续增长，利用结构不断优化

2019 年，中国天然气表观消费量为 3 067 亿立方米，同比增长 9.4%。从天然气在一次能源中的地位来看，2019 年，天然气在一次能源消费总量中的占比为 8.3%，比上年增加 0.5%。未来天然气在我国一次能源消费结构中的比重将会继续逐步上升，天然气在一次能源消费结构中的地位将由补充能源向主力能源转变。

中国天然气消费区域实现了由产地向跨区域消费的转变。20 世纪 90 年代之前，中国尚未大规模修建天然气管网等基础设施，受资源分布制约，天然气消费主要集中在油气田周边。但随着陕京线、西气东输、涩宁兰和忠武

---

① 何润民，熊伟，杨雅雯，等. 中国天然气市场发展分析与研究［J］. 天然气技术与经济，2018，12（6）：21-24.

线等长输管道的建成，川渝、塔里木、长庆、青海四大气区的天然气实现了全面外输，环渤海、长三角、东南沿海等经济发达地区成为我国新的天然气消费中心。

由于各地经济发展水平、管道建设、市场开发等方面不均衡，天然气消费量各有不同。2000 年以前，中国天然气消费以油气田生产工业燃料用气和化工用气为主，城市燃气和发电用气比重较低。21 世纪以来，随着长距离输气管道的建成投产，用气领域发生转变，城市燃气成为第一大用气领域，工业燃料用气增加；发电供热用气有所上升，化工用气则有所下降[1]。

（二）国产气是我国多气源供气格局中的主体

随着塔里木、川渝、长庆、青海陆上四大气区天然气实现外输，海气上岸，LNG 以及管道天然气的进口，中国已经形成国产气、进口管道气和进口 LNG 并存的多气源供气格局。2019 年中国天然气供应中，国产气占供应总量的比重为 57.1%。

21 世纪以来，中国天然气储产量实现双快增长，形成了四川、鄂尔多斯、塔里木、柴达木、松辽、准噶尔盆地等八大主要探区。据国家能源局数据，2019 年我国天然气新增探明地质储量为 1.4 万亿立方米，同比增长率为 68%，创历史新高，累计探明地质储量达到 16.3 万亿立方米。从 2016 年到 2019 年，我国天然气产量分别为 1 368.7 亿立方米、1 480.3 亿立方米、1 603.3 亿立方米、1 761.7 亿立方米，其增速分别为 1.7%、8.2%、8.3% 和 10%。但是，我国天然气产量与"十三五"规划的 2020 年国内天然气目标产量 2 070 亿立方米仍有不小的缺口。与国务院 2018 年 9 月发布的《关于促进天然气协调稳定发展的若干意见》中提到的 2020 年目标产量达到 2 000 亿立方米也存在一定差距。

目前我国天然气产量结构中常规天然气产量最多，但近五年平均增速仅

---

[1] 魏欢，田静，李建中，等. 中国天然气地下储气库现状及发展趋势 [J]. 国际石油经济，2015（6）：57-63.

为4.56%。2019年，我国非常规天然气产量大增，其中页岩气产量154亿立方米，同比增长41.5%；煤层气产量为88.8亿立方米，同比增长22.3%。总的来看，中国页岩气勘探开发仍处于起步阶段。近年来，中国积极推进页岩气的勘探开发。按照《页岩气发展规划（2016—2020年）》，"十三五"在科技攻关方面重点完善埋深3500米以浅海相页岩气勘探开发技术，突破3500米以深海相页岩气、陆相和海陆过渡相页岩气勘探开发技术；在勘探开发攻关方面，以南方海相页岩气为重点，部署了涪陵、长宁、威远、昭通和富顺-永川五个重点建产区，川东南、川东北、荆门、宣汉-巫溪等六个评价突破区。2019年底，我国页岩气累计探明地质储量已达1.8万亿立方米。根据相关企业在建页岩气项目情况，2020年全国页岩气产量已超过200亿立方米。

(三) 进口气在中国天然气供应中的作用日益突出

为了保障天然气的稳定供应，中国积极构建进口通道，实现进口来源的多元化，利用国内外两种资源构筑天然气市场供应体系。随着国家煤改气政策的落地，天然气消费占比不断提高，天然气供给难以满足不断攀升的消费需求，导致我国天然气对外依存度逐年提升。

从2006年起，中国开始进口LNG，并在当年成为天然气净进口国，以后的进口量逐年攀升。2017年，我国LNG进口量首次超过管道气进口量，同时成为世界第二大天然气进口国和第二大LNG进口国。2019年12月中俄东线投产后，我国西北、西南、海上、东北四大天然气进口通道正式建成。

目前，我国天然气对外依存度已从2010年的不到10%激增到2019年的接近43%，这严重威胁到我国的能源安全。2019年，我国天然气进口量为9656万吨（折合1332.53亿立方米），同比增长6.9%。其中，LNG进口量为6061.41万吨，同比增长12.7%；管道天然气进口量为3594.59万吨，同比减少1.8%；进口LNG与管道天然气分别占天然气总进口量的62.77%与37.23%（见图7-2）。

图 7-2 我国天然气对外依存度

数据来源：公开资料整理。

（四）天然气市场化改革取得积极进展

天然气市场化改革的核心目标是增加天然气供应商和消费者在市场上的竞争，从而确保资源分配更加有效。总体来看，我国天然气产业正处于市场化改革的初期阶段，在减少价格管制、第三方准入（TPA）和持续的基础设施拆分等方面取得了初步进展。但是，由于天然气上游生产与中游长输管道存在较高的进入壁垒，目前主要以中石油、中石化、中海油（即所谓的"三桶油"）为主，市场垄断程度很高。产业链下游主要由批发商与零售商组成，批发商也以"三桶油"为主体，市场垄断程度也较高。零售领域经过国家的多次改革，目前市场化程度较高，已形成央企、地方国企、民企等多种经济成分共同参与的多主体竞争格局。

1. 天然气上游改革持续推进，推动上游市场的多元化发展

目前，我国天然气上游生产仍以"三桶油"为主。天然气上游勘探开发领域属于高投资、高技术、高风险行业，"三桶油"在油气勘探领域占据绝对主导地位。近年来，我国出台了一系列政策措施以推进天然气上游市场改革，鼓励社会资本加入天然气勘探开发领域，在非常规资源领域（尤其是页岩气区块探矿权）取得了较大进步。民营资本开始批量进入产业链上游，逐步形成以大

型国有油气公司为主导、多种经济成分共同参与的勘查开采体系。

2019 年，随着中共中央办公厅、国务院《关于统筹推进自然资源资产产权制度改革的指导意见》的印发，《中共中央国务院关于营造更好发展环境支持民营企业改革发展的意见》的发布，以及国家发改委和商务部发布《外商投资准入特别管理措施（负面清单）（2019 年版）》，内资、外资进入油气市场被进一步推动，推进了矿业权的竞争性出让，促进了天然气上游的市场化改革。2019 年 12 月，国家自然资源部发布《关于推进矿产资源管理改革若干事项的意见》，意味着其他企业进入天然气上游勘探开发领域的政策性壁垒已基本扫除。2019 年 12 月 9 日，国家管网公司成立后，将为新天然气生产商打通资源运输通道，并会有更多的企业到国际 LNG 市场进行采购，我国天然气市场主体更加多元、竞争日趋激烈，逐步形成国产气、进口管道气、LNG、煤层气、煤制气、页岩气等多气源供应格局，上游领域也将形成国企、民企、外企三方多元化竞争新格局。

2. 中游管网稳步向第三方公平开放，形成国家管网与省管网并存格局

国家管网公司成立前，国内天然气长输管网主要由"三桶油"运营。2014 年起，国家就开始着手中游管网的市场化改革，国家能源局和发改委先后发布了《油气管网设施公平开放监管办法（试行）》《天然气基础设施建设与运营管理办法》，提出对天然气基础设施的运营业务实行独立核算，向第三方公平开放。随后，国家又出台多项政策，提高长输管道、跨省管网、区域管网的管输配气费，为下一步管网公司成立打下基础。此外，随着管网等基础设施向第三方公平开放的稳步推进，我国持续推动管网互联互通，为形成"全国一张网"高效资源配置打下基础①。目前，在中游环节多年改革的基础上，国家管网公司成立后，中游长输管网将形成"全国一张网"，由国家管网公司统一运营。

目前，全国大部分地区已形成天然气省管网。初步统计，全国有 21 个

---

① 陈蕊，孙文宇，吴珉颉. 国家管网公司将如何深刻影响天然气市场格局？[J]. 陆家嘴金融网，2020-3.

省份组建了30多家省级天然气管网公司，主要职责为统一规划、建设及运营管理省内天然气管网及其他天然气相关业务等。省管网公司的运营模式、管输费率对各省天然气市场的发展有着重大影响。如果按照"上游供气商能否与下游用户直接交易"以及"区域管网建设运营是否为特许经营"的区别来划分，省级管网公司具体运营模式可大致归纳为以浙江为代表的"统购统销"模式、以广东为代表的"允许代输"模式和以江苏为代表的"开放型"模式。国家管网公司成立后，全国天然气管网有望形成国家管网与省管网并存的格局。

3. 下游市场化改革快速推进，已形成多元化格局

在天然气产业链中，下游领域的进入壁垒最低，市场化改革也最彻底。自2002年国家公用事业投融资体制改革以来，政府先后出台了《关于加快市政公用行业市场化进程的意见》《鼓励非公有制经济发展的若干意见》《关于鼓励和引导民间投资健康发展的若干意见》等一系列政策，鼓励外资和内资参与市政公用设施的建设，引入竞争机制，建立政府特许经营制度，加快推进市政公用行业市场化进程。2019年6月，发改委发布《外商投资准入特别管理措施（负面清单）（2019年版）》，删去了"城市人口50万以上的城市燃气的建设、经营须由中方控股"要求，对外资彻底开放天然气城市燃气投资，城市燃气行业实现全面放开。在外资港资加紧进入下游领域的同时，国内上游石油石化企业也积极发展终端城市燃气业务，使得下游市场竞争更加激烈，行业集中度逐渐提高。总之，天然气下游领域已经逐渐形成了包括中央企业、地方国企、外资港资企业和民营企业的多元主体竞争格局，并且，未来城市燃气领域市场竞争将进一步加剧。

三、中国天然气现货市场的价格体系演化

天然气现货的价格体系是指天然气产业链各环节价格的集合（价格结构）及其相互关系。中国的天然气价格体系分为出厂价、管输价格、门站价和终端用户价（销售价格）四部分（见图7-3）。

目前，我国天然气产业链上中下游各环节的价格结构比较简单或粗放。气源价格和城镇燃气销售价格只有居民和非居民用气价格之分，管道运输价

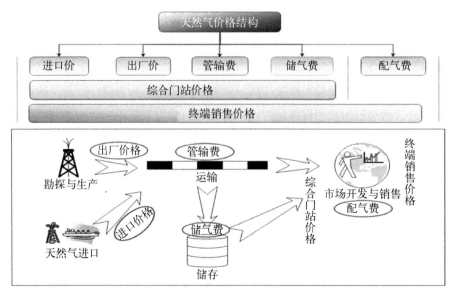

图 7-3 天然气现货价格结构

格不分用户类别和用气的稳定性与持续性，均实行一个运价[①]。总的来看，目前我国天然气实行的是市场主导定价与政府管制定价并存的定价机制。居民用气价格受到管制，非居民用气价格由市场主导定价；通过管道进口的天然气和我国陆上开采的天然气则以政府管制定价为主，而包括进口液化天然气在内的其他品种天然气以市场化定价为主。我国目前天然气价格体系中，占我国天然气消费总量的80%左右的非居民用气价格会根据市场供求关系而调整，实现了市场主导定价，而剩下的20%份额的居民用气部分仍然是政府管制定价。

（一）中国天然气价格体系的演化历史与现状

我国天然气价格改革总体按照目标导向，采取先易后难的推进方式，按照"先试点后推广""先非居民后居民""先增量后存量""边理顺边放开"的实施步骤，稳步推进。下面我们从出厂价、管输价格、城市门站价和终端

---

① 王富平，冯琦，崔陈冬，等.中国天然气差别价格体系研究[J].天然气工业，2017，037（12）：112-118.

用户价（销售价格）四部分来分别阐述。

1. 出厂价

天然气的出厂价格反映的是天然气勘探与生产环节的成本，在2002年以前称为井口价。2001年，中国开始实行天然气优质优价，将天然气的净化费并入井口价，合并为现在统一的天然气出厂价。改革开放以来，中国天然气出厂价大致经历了四个阶段（见表7-1）。

表7-1 我国天然气出厂价的定价历程

定价政策	时　间	具　体　政　策
国家单一定价机制	1992年以前	为鼓励勘探新气源，实行计划内外双轨气价，计划内气价较低，计划外气价较高，以计划外补贴计划内
国家定价与国家指导价并存	1993—2005年11月	将天然气出厂价分为计划内气和自销气，计划内天然气出厂价由国家实行分类定价，四川和其他产区之间的出厂价也不相同；计划外自销气的出厂价实行政府指导价
成本加成法	2005年12月—2010年	根据地区将天然气井口价归为两档，根据原油、LPG和煤炭五年移动平均变化确定出厂基准价，每年调整一次
净回值法	2011年至今	将天然气价格管理由出厂环节调整为门站环节

数据来源：公开资料整理。

第一阶段（1992年之前）：实行国家单一定价机制。1987年10月发布的《天然气、商品粮管理暂行办法》将天然气分为计划内和计划外两种，两种不同的天然气价格都由政府制定。实施的方法是实行天然气商品纳入国家计划管理，由国家计委统一分配，执行国家计划价。

第二阶段（1993—2005年11月）：国家定价与国家指导价并存。1993年，国家物价局同意四川对于自销的天然气实行市场价格，1994年，正式形成新的天然气定价机制：将天然气出厂价分为计划内气和自销气，计划内天然气出厂价由国家实行分类定价，四川和其他产区之间的出厂价也不相同；计划外自销气的出厂价实行政府指导价，自销气价格可以由供应商在指导价基准上下10%的范围内上下浮动。从2002年1月开始，国家规定将现行天然气井口价外加收的净化费并入价内，合并为统一的天然气出厂价，不再单独收费。然而，由于天然气的需求增加较快，原先的天然气定价机制逐渐暴露弊端：一是出厂价偏低，不利于调动生产商的积极性；二是计划内和自销气价格的差距较大，造成市场价格失调和不公平；三是供气企业也可能私自调整计划内和自销气的比例，不利于政府的监管。

第三阶段（2005年12月—2010年）：成本加成法。2005年12月，国家发改委下发《关于改革天然气出厂价格形成机制及近期适当提高天然气出厂价格的通知》，将天然气出厂价格改为实行政府指导定价，天然气价格简单归类为化肥生产、工业用气和城市燃气三类。将天然气出厂的价格归并为两档，计划内气量执行一档价格[1]，其他天然气归并为二档气，执行二档价格。从2005年开始，国家每年根据其他替代燃料的价格变化情况调整一次出厂基准价格，按五年内原油（40%）、液化石油气（20%）、煤炭（40%）的价格变化进行加权平均。二档天然气出厂价可在国家规定的出厂基准价上浮10%，下浮幅度不限。在3~5年的过渡期后，一档也将实行以替代燃料价格定价的方案，一档天然气出厂价可在国家规定的出厂基准价基础上有10%的上下浮动。在公布这一定价方式的同时，政府也相应提高了天然气的出厂价格，涨幅在50~100元/千立方米。2007年11月，国家下发《关于调整天然气价格有关问题的通知》，为限制工业用天然气过快增长以及汽车用天然气的盲目发展，上游油气田供应工业用户天然气出厂基准价格上调400元/千立方米，涨幅达到50%左右，其他化肥用气和城市燃气的基准价则不变。2010年5月，国家发改委宣布天然气出厂价基准提高230元千立方米，拉近同进口天然气的价差；同时改进天然气价格管理办法，即取消双轨制，扩大价格幅度范围，并设定了车用气与车用油的售价比。

第四阶段（2011年至今）：市场净回值法。即将天然气的销售价格与由市场竞争形成的可替代能源价格挂钩，在此基础上倒扣管道运输费后回推确定天然气各环节价格。按照市场净回值法，管道气气源价格（即出厂价）是按照门站价格扣除管输价格后得到的。而国产非常规气、海气和进口液化天

---

[1] 包括川渝气田、长庆油田、青海油田、新疆各油田的全部天然气（不含西气东输天然气），大港、辽河等油田目前的计划内天然气。

然气的气源价格则根据市场定价或与油价挂钩的方式确定。

进入 21 世纪后，天然气生产和市场形势已经发生了较大变化。一是供气方式趋于复杂。随着覆盖全国的天然气管道网络初步形成，供气方式逐步由单气源、单管道转变为多气源、多路径、网络化供应。终端用户难以区分天然气来源和流向，再按现行机制分别制定出厂和管输价格已不能适应形势变化，价格监管的难度增大。二是天然气对外依存度不断提高。2006 年我国已成为天然气净进口国，且进口数量快速增长，对外依存度不断提高。近年来进口天然气价格不断上涨，形成国产气价格低、进口气价格高的格局。进口气价格按照国产气价格执行，造成企业进口气业务巨额亏损，不利于调动经营者进口天然气积极性。同时，国内天然气价格偏低又放大了不合理需求，一些地方盲目上马天然气加工项目，加剧了天然气市场供应紧张。三是约束企业成本的要求逐步增强。"成本加成"的定价方法使得价格主要依据成本变化而调整，难以反映消费需求对价格的制约。因此，国家发改委决定在广东省、广西壮族自治区开展天然气价格形成机制改革试点，将以"成本加成"为主的定价方法，改为按"市场净回值"方法定价。

2. 管输价格

天然气的管输价格反映的天然气运输与存储环节的成本，它主要涵盖了天然气输气管线的建设和运营成本。

历史上，国家对天然气管道运输价格实行"老线老价、新线新价"的管理办法。对 1984 年国家实行"拨改贷""利改税"政策前由国家拨款建设的输气管道，管输价格由国家统一制定，执行国家统一运价率，国家按照保本微利原则核定价格水平。执行国家统一运价率的天然气管道主要是油气田周边管线；对 1984 年国家实行"拨改贷""利改税"政策后由企业投资建设的天然气管线，采取"新线新价""一线一价"的管理办法，报国务院价格主管部门批准后单独执行。国务院价格主管部门按照补偿成本、合理盈利和有利于市场销售的原则，同时兼顾用户承受能力来进行价格核定。执行"新线新价""一线一价"政策的管道，主要是天然气长输管线。这一管理办法存在的主要问题是：第一，对管输价格实行"老线老价、新线新价"两种不同的价格政策，是中国计划经济体制改革的产物。第二，对于实行"新线新价"政策的管线采用项目经营期评价法以个案方式定价（俗称"一线一价"），会对价格进行不定期校核，不同项目实际获得的投资回报率差异会很大；对价格定期校核则十分困难；当管道联成网络后，运用项目经营期评价法定价会更加困难；该办法也不利于管道互联互通、向第三方公平开放[①]。

针对天然气管输价格管理方式的滞后，国家发改委近年来致力于构建精细化、制度化、透明化的输配价格监管体系，改革管道运输定价机制，曾探索制定全国统一运价率，最终采取了重新核定干线管道管输费，实现价格监管办法和成本监审办法全覆盖。2016年10月，国家发改委出台了《天然气管道运输价格管理办法（试行）》和《天然气管道运输定价成本监审办法（试行）》。2017年8月，国家发改委下发《国家发展改革委关于核定天然气跨省管道运输价格的通知》（发改价格规〔2017〕1581号），公布了根据这两个办法重新核定的跨省管道运输价格。规定指出：第一，不再区分新线老线，均按"准许成本加合理收益"的原则采用服务成本法制定管输价格（当管道负荷率不低于75%时可以获得8%的投资回报率，负荷率低于75%时按负荷率为75%时的管输周转量制定管输价格）（具体见表7-3）。第二，以区域管道运输企业为单位，制定该企业的运价率。也就是以"一企一价"代替"一线一价"，该企业所有的管线都执行该企业统一的运价率，以适应管道联网、管网向第三方开放的需要。第三，管输价格中不再包含储气库费用，储气库费用按照市场化原则由双方协商确定。

2019年12月9日上午，国家石油天然气管网集团有限公司在京正式成立。随着"三桶油"的管网资产剥离至国家管网公司，主干长输管网的监审规范初步具备条件（见表7-2）。

表7-2 管输费准许总收入的确定标准

分 项	组 成	备 注
准许成本	管道折旧及摊销费、运行维护费	由国务院价格主管部门通过成本监审核定

---

① 张颢.中国天然气价格改革二十年[J].南方能源观察，2019（7）.

(续表)

分 项	组 成	备 注
准许收益	准许收益按有效资产乘以准许收益率计算确定	有效资产指管道运输企业投入、与输气业务相关的可计提收益的资产。准许收益率按管道负荷率（实际输气量除以设计输气能力）不低于75%取得税后全投资收益率8%的原则确定
税费	企业所得税、城市维护建设税、教育费附加等	—

数据来源：根据公开资料整理。

3. 门站价格

天然气门站是长输管线终点配气站，通过其对管道天然气净化，调压后输送到城市门站及专门的用气点。天然气门站价格为国产陆上或进口管道天然气的供应商与下游购买方（包括省内天然气管道经营企业、城镇管道天然气经营企业、直供用户等）在天然气所有权交接点的价格。现行门站价格由天然气出厂（或首站）实际结算价格（含13%增值税）和管道运输价格组成。从天然气产业链来看，各省区门站是连接上游不同气源和下游分散用户的关键节点，管制门站价格有利于扼住天然气价格链的咽喉。因此，政府调控天然气价格水平的最佳点是门站价。

2011年前，门站价按照成本加成法制定，即门站价=出厂价+管输费。由于各天然气门站的气源和管输路径不同，通过区别气源、路径，分别制定出厂价格和管道运输价格并计算门站价，各省（区、市）并无统一的门站价。2011年以后，国家发改委提出分省（区、市）制定统一的门站价格，定价方法由成本加成法改为市场净回值法。门站价格不再分类，实行政府指导价，按作价方法形成的门站价格为最高门站价格，供需双方可在不超过最高门站价格的范围内协商确定具体门站价格。2013年7月，国家将天然气价格由出厂环节调整为门站环节，门站价格为政府指导价，实行最高上限价格管理，区分存量和增量气，此政策的发布标志着门站价成为天然气价格管理的标杆。

2015年4月开始，国家开始理顺非居民天然气价格，实行存量气价格和增量气价格并轨，并试点放开非居民直供用气价格。2015年11月20日开始，国家将非居民用气由最高门站价格管理改为基准门站价格管理。降低后的最高门站价格水平作为基准门站价格，供需双方可以基准门站价格为基础，在上浮 20%、下浮不限的范围内协商确定具体门站价格。2016 年，国家发改委在福建省开展天然气门站价格市场化改革试点，西气东输供福建省天然气门站价格由供需双方协商确定，并分别放开储气价格和化肥用气价格。2017 年 9 月起，全国各地执行新发布的非居民用天然气基准门站价格，均价为 1.71 元/立方米，下调了 0.1 元/立方米。2018 年 5 月国家发改委发布《关于理顺居民用气门站价格的通知》，实现居民与非居民用气价格机制衔接。通知提出，自 2018 年 6 月 10 日起，将居民用气由最高门站价格管理改为基准门站价格管理，价格水平按非居民用气基准门站价格水平（增值税税率 10%）安排；供需双方可以基准门站价格为基础，在上浮 20%、下浮不限的范围内协商确定具体门站价格；方案实施时门站价格暂不上浮，一年后允许上浮。

国家发改委 2019 年 11 月 4 日公布的《中央定价目录》（修订征求意见稿）中，进一步放开了天然气门站价格的管制：海上气、页岩气、煤层气、煤制气、液化天然气、职工用户用气、福建省用气、储气设施购销气、交易平台公开交易气以及 2015 年以后投产的进口管道天然气的门站价格，由市场形成。其他国产陆上管道天然气和 2014 年底前投产的进口管道天然气门站价格，暂按现行价格机制管理，视天然气市场化改革进程适时放开由市场形成。但是，短期内，天然气中间环节的价格彻底放开仍难以实现，门站定价是否完全取消，还取决于民生及"大民生"用气价格最终并轨时间。但是，陆气、海气竞争格局逐步形成，天然气门站价格模式将发生根本变局。天然气现货市场繁荣后，将出现现货价格与门站价格并存，互为比照的局面①。

4. 终端用户价格

中国的天然气用户终端价格是在城市门站价（出厂价加上管输价格）的基础上加上配气费和燃气公司的适当利润，由地方政府审批，最终获得的天

---

① 熊伟. 天然气门站价，前世、今生、去何处？[EB/OL]. 陆家嘴金融网，2019-11-7.

然气终零售价。配气费就是接受输气管线进入城市配送管网后,必须进行的除尘、加臭等处理,以及根据用户的需求,经计量,调压后输入配气管网供用户使用所产生的费用。在现有的气价结构中,配气费在终端用户价格中的占比较高。以广西为例,在 3.22 元/立方米的终端价格中,配气费达到 0.85 元/立方米,占 26.4%。天然气终端价格是以城市燃气公司上报的成本为依据,通过物价局组织专家评审,再经过价格听证会通过,而后经政府部门的审核和批准并最终形成。2017 年 6 月,国家发改委印发的《关于加强配气价格监管的指导意见》指出:配气价格按照"准许成本加合理收益"的原则制定,准许成本引入标杆成本,激励燃气公司降本增效,准许收益率为税后全投资收益率,按不超过 7%确定(见表 7-3)。

表 7-3 配气费准许总收入的确定标准

分 项	组 成	备 注
准许成本	根据政府制定价格成本监审办法等有关规定执行,其中供销差率(含损耗)原则上不超过 5%,三年内降低至不超过 4%;管网折旧年限不低于 30 年	凡与配气业务无关的成本均应予以剔除,配气业务和其他业务的共用成本,应当按照固定资产原值、收入、人员等进行合理分摊。鼓励建立标杆成本,激励企业降本增效
准许收益	准许收益按有效资产乘以准许收益率计算确定	有效资产为城镇燃气企业投入、与配气业务相关的可计提收益的资产,由固定资产净值、无形资产净值和营运资本组成。准许收益率为税后全投资收益率,按不超过 7%确定
税费	企业所得税、城市维护建设税、教育费附加等	—
其他业绩收支净额	企业使用与配气业务相关的资产和人力从事工程安装施工、燃气销售等其他业务活动的收支净额	—

数据来源:根据公开资料整理。

(二)中国天然气现货价格体系存在的问题

一是现行的市场净回值法不够完善。目前正在实施的市场净回值法一些指标设计不合理,由此形成的部分天然气价格偏高,影响市场对天然气的消费。而且这种定价方式无法实现天然气产业链中各部门对利润进行合理分配，上游企业在利润分配中占据优势，中下游则处于不利地位[①]。由市场净回值法确定的价格调整时间过长，无法对天然气市场供求变化以及可替代能源价格变化做出快速反应，价格调整的滞后带来天然气利用效率的损失。

二是管输价格定价机制不够合理。按照"管住中间、放开两头"的总体思路推进天然气价格改革，完善管输定价机制属于管住中间范畴。国家管网公司成立后，考虑到天然气管道运输过程中对容量和实际运输量的需求不同，单一管输费的方式已经无法满足未来国家管网公司的运营需要和天然气市场的发展要求，建立两部制价格机制是一种较为现实的选择[②]。在国际天然气市场，"容量费+气量费"的两部制收费价格模式是一种通行做法。采取两部制收费价格，使得管道容量的价值显性化，有利于提高管道利用效率，促进储气设施建设，也是制定和实施管道容量分配规则、交易规则的基础。管道运输属于资本密集型产业，管道公司为提供运输服务而发生的服务成本，90%以上是为形成管道运输能力而发生的固定成本，随输气量变化而变动的成本只占很小一部分。在两部制收费方式下，容量费用于回收固定成本，只要地方配送公司、管道直供用户等下游用气方预订了管道容量，不管是否实际使用，都要支付容量费。但是，在实行门站价格管制的情况下，管输费由天然气生产或进口企业（以下统称"上游资源企业"）向国家管网公司支付。管输费采取两部制，但门站价格没有采取两部制，上游资源企业为降低管道容量费支出，就会通过合同限制下游用气方的最大日量倍数（最大日量倍数等于合同约定的日最大提气量与日平均提气量之比），使其尽可能接近于1。但有些用户本身用气就体现为季节不均衡，最大日量倍数难以下降。管输收费采取两部制，将引发上游资源企业与下游用气方关系的紧张。此外，在两部制收费方式下，如果实际输气量超过了合同约定的日最大运输量，超出部分如何收费也是问题。为确保

---

① 在天然气价格组成结构里，美国井口价占终端价格的25%～30%，管输费占10%～15%，下游气价毛利占50%～60%。
② 吕淼.天然气价格不是福利：管输环节应由单一费率改为两部制.财经十一人微信公众号，2019-12-19.

两部制收费价格机制得到严格执行，国外通常制定了严厉的经济处罚制度。然而，在中国现阶段，违约的处罚是一个难点：如果处罚上游资源企业，上游资源企业不会认罚。因为在实行门站价格管制的情况下，管输费虽然是由上游资源企业向国家管网公司支付，但国家管网公司本质上是为下游用气方输送天然气，实际运输量超过了合同约定的日最大运输量，责任不在上游资源企业而在下游用气方。如果处罚下游用气方则违反了国家的价格政策，在实行门站价格管制的情况下，国家管网公司无权向下游用气方收取任何费用。

三是门站捆绑定价不符合"管住中间、放开两头"的改革思路。采取门站捆绑定价符合中国天然气产运储销一体化的结构。管网运营机制改革，打破产运储销一体化结构，按照"管住中间、放开两头"的总体思路推进天然气价格改革，客观上要求采取非捆绑定价方式。采取非捆绑定价方式，对于上游供气方，按提供服务类型来收费：提供资源供应服务就收取气源销售价格；提供运输、储存和气化服务，就收取天然气基础设施服务价格。对于下游用气方，则按接受服务类型来付费。然而，采取非捆绑定价方式，很难要求下游用气方按接受服务类型付费。现行的各省门站价格不是以构成门站价格各项业务的供气成本为基础形成的，而是包含诸多非成本因素，从而造成不同地区（东部地区对西部地区、南方地区对北方地区）、不同用户（工业用户对非工业用户）之间存在比较严重的价格交叉补贴。采取非捆绑定价方式将在很大程度上消除这些价格交叉补贴，从而引起不同地区、不同用户利益关系的重大调整，加大改革的阻力。

四是放开下游价格难度较大。受国内天然气出厂价格偏低[①]，进口气价格较高等因素制约，放开下游价格难度仍较大。国内天然气出厂价格偏低，不仅与替代能源相比偏低，而且还远低于进口天然气的入境价格。自2006年中国成为天然气净进口国以来，进口天然气在国内的天然气供应中占比越来越大，到2019年，天然气的对外依存度已达到45%。中国目

---

① 中国当前的天然气价与同热量的油品相比，仅相当于后者价格的30%，而国际上通常相当于60%。美国纽约商业交易所天然气价格仅在2.94美元/百万英热单位左右，约1元/立方米。中国的LNG，价格为6~7美元/百万英热单位。

前进口天然气的途径主要有两种：通过海上通道进口 LNG 和通过西北陆上通道从中亚国家进口管道天然气。但从这两个途径进口的天然气价格都较高，前者主要是受亚洲溢价的影响，后者主要是管道运输成本较高的原因。目前，国内进口天然气的销售亏损由天然气进口企业自行承担。在进口天然气销售亏损的情况下，放开进口天然气或国产气的市场销售价格，都会遇到各种困难。如果放开进口天然气的市场销售价格，不放开国产气的市场销售价格，会产生让谁使用低价气、谁使用高价气的资源配置困难。如果仅放开进口天然气的市场销售价格，或同时放开进口天然气和国产气的市场销售价格，都会导致下游用气方的天然气价格大幅上升。因此，国家发改委当前既不放开进口气的市场销售价格，也不放开国产气的市场销售价格，而是通过控制门站销售价格，对价格较高的进口气和价格较低的国产气实行综合定价。

四、中国建设天然气金融衍生品市场的探索

中国天然气金融衍生品市场尚处于探索阶段，具体体现在以下两个方面。

一是建设天然气交易中心，为天然气金融衍生品市场做好组织和人才储备工作。2015 年 3 月 4 日，上海石油天然气交易中心在上海自贸区注册成立，接受国家发改委、国家能源局及商务部的指导和监督，旨在成为具有国际影响力的石油天然气交易平台、信息平台和金融平台。目前，该交易中心主要进行天然气现货的交易，上市品种包括管道天然气和液化天然气。交易中心股东为新华社、中石油、中石化、中海油、申能、北燃、新奥、中燃、港华、华能十家单位，注册资本金 10 亿元，类型为有限责任公司（国内合资）。交易中心实行会员制，符合会员资格要求的国内外交易商都能进场交易。除了上海石油天然气交易中心外，浙江省也在积极推进构建区域天然气交易平台。作为自贸区发展大宗商品贸易自由化的主体，中国（浙江）大宗商品交易中心有限公司于 2016 年 5 月注册成立，旗下各类大宗商品的专业交易平台均在筹建计划安排中。2017 年 1 月，重庆石油天然气交易中心正式成立，重庆是我国天然气资源最丰富的地区之一，其中页岩气储量十分巨

大,而且天然气管网设施完善,重庆石油天然气交易中心的成立将提高我国天然气价格反映市场供求的敏感程度。此外,新疆石油天然气交易中心的前期工作也在积极筹备中。

二是开展现货交易,努力发挥定价中心功能。通过开展天然气竞价交易、"进口LNG窗口一站通"中长期协议交易等方式,努力反映天然气在特定现货市场区域的市场价值和供求状况,发挥交易中心在现货交易价格形成中的作用。① 开展天然气竞价交易。国内三大石油公司的天然气销售企业积极参与上海和重庆石油天然气交易中心组织的天然气竞价交易活动。以中国石油为例,近年来交易量逐年上升,发现价格的水平和能力明显提升。特别是2019年6月以来,在国家发改委主导下,天然气竞价机制取消了上限价,交易市场平稳运行,没有出现异常波动。实践已经证明,通过竞价交易可以发现价格,可以摸索出更加符合市场规律的交易机制。② 推出"进口LNG窗口一站通"中长期协议产品。2018年12月24日,我国首个"进口LNG窗口一站通"5年期长期协议产品在上海石油天然气交易中心成交。长期协议产品合同期限为5—10年,由客户自行选择具体期限,首批签约用户合同年起始日为2020年4月1日。一个长期协议标准产品为每个合同年四船LNG;资源类型分为长约资源与现货资源,按季度交叉分布,由客户选择首船资源类型。另外,长期协议产品中的LNG长约资源由中海石油气电集团提供,现货资源由客户自行采购或委托中海石油气电集团代采。"进口LNG窗口一站通"产品通过资源优化组合的方式,实现了LNG接收站共享共用,一定程度上为我国天然气基础设施公平开放提供了一种市场化的解决方案,从而使得我国天然气市场化改革、基础设施公平开放步伐再提速。进入2019年以来,上海石油天然气交易中心和中国海油新增了"进口LNG窗口一站通"长期和中短期协议产品,让更多下游企业参与国际资源采购,进一步增加市场流动性。

三是开展类期货产品交易,积累期货交易经验。比如:开展保供预售交易。2018年,上海石油天然气交易中心推出天然气的保供预售交易,这种交易事实上已经具备了期货的一些性质,卖方可以根据价格安排天然气的进口活动,买方可以提前锁定成本,避免价格波动带来的风险。

五、推动中国天然气金融市场发展的制度思考

天然气产业生产能力的快速增加，与关联产业的日益密切以及市场需求量的逐步扩大为天然气金融的出现和发展提供了契机，同时，天然气金融市场的存在和发展也满足了天然气产业进一步发展过程中对金融服务的诉求。而我国金融市场的日趋成熟，金融管制的放松，资产证券化的发展，也为天然气金融市场的发展提供了必要的现代金融工具和金融规则条件[①]。

（一）深化天然气市场化改革，完善价格体系

天然气现货市场是天然气期货等金融衍生品市场的基础市场。为此，首先要深化天然气的市场化改革。从各国天然气衍生品市场的发展历程来看，市场化改革是天然气衍生品市场发展的基础，市场化改革使得天然气完全由市场定价，才能吸引众多的生产商、管线公司、经纪公司、分销公司和大用户参与天然气市场竞争，使天然气行业的自由竞争程度大大提高，极大促进天然气商品交易市场的发展。众多的天然气供应商、公开独立的管输服务、终端用户的自我调节能力，将为天然气金融衍生品市场的发展创造良好的条件。

一是重新梳理天然气价格体系。国家管网公司成立后，我国天然气产业的上游生产、中游运输和下游配送三个业务板块彼此独立，整个产业的结构发生了变化。为此，有必要重新调整天然气价格体系。基本的思路应该是：在维持终端用户价格基本稳定的前提下，按照"管住中间"的要求，重新确定中游运输和下游配送业务板块的准许收益率，妥善解决进口天然气的销售亏损问题，使天然气产业上中下游各环节获得的投资回报率与它们所承担的投资和经营风险相适应，这是我国天然气金融市场发展的基础。二是由捆绑定价改为制定非捆绑价格。采取非捆绑定价方式，就是分别制定气源销售价格和管道、地下储气库、LNG 接收站等天然气基础设施服务收费价格。具

---

① 彭澎.关于加快我国天然气金融市场发展的思考［J］.天然气工业，2016，36（7）：117-124.

体方法如下：气源销售价格尚未完全放开的天然气，可以采取"基准价＋浮动幅度"的管理办法确定气源销售价格；储气调峰设施由于具有较为明显的自然垄断特征，该设施的收费价格应实行政府定价或由政府价格主管部门制定指导意见，各运营企业按照统一意见制定价格并对外公布，接受社会监督；政府制定的气源销售价格是一个指导性价格，而不是强制执行价格，当供需双方能够通过谈判形成价格时，可以不执行政府制定的指导性价格。三是采取多种措施加快实现"放开两头"价格。① 对于国家发改委已明确气源销售价格完全放开的天然气，包括供应给所有用户的页岩气、煤层气、煤制气、海上国产气、进口LNG、进口俄气以及供应给直供工业用户的陆上国产常规气、进口中亚气和缅气等，要求供需双方通过谈判或通过市场中心形成价格。② 气源销售价格暂时无法完全放开的天然气，包括供应给城市燃气企业的陆上国产常规气、进口中亚气和缅气等，鼓励供需双方通过谈判或通过市场中心形成价格。③ 对于不具有市场支配地位的生产商生产的陆上国产常规气，供需双方可以通过谈判或通过市场中心形成价格。④ 加快发展天然气交易中心，鼓励各类投资者参与交易，通过竞买和竞卖形成价格。

（二）完善财税金融科技政策，培育市场主体，发展壮大现货市场

现货市场是期货市场的基础。缺乏牢固的天然气现货交易的基础，不仅会造成期货实物交割的困难，还会使其无法发挥风险规避的功能。如果符合期货合约规定品质的可交割商品量不足，期货合约很可能失败。但由于不确定的供给与需求，充足供给的不确定性必然或多或少地存在。在美国，由于商品期货交易委员会（CFTC）的管制要求，这一难题更加突出。CFTC担心因可交割数量不足引起市场混乱，迫使各交易所报告较高的可交割供给以通过政府的审查。通常，较为合适的交割物品仓储量至少应达到30天的平均需求。

为发展壮大现货市场，我国首先要完善支持天然气市场发展的财税政策和科技融资政策。① 实施优惠的财税政策，加大对天然气产业的政策倾斜，对开采难度高的气田以及老气田给予财税政策扶持。② 推进资源税的改革，

调整天然气特别收益金征收办法，提高起征点，降低征收率，减征部分用于非常规天然气的开发。③ 建立非常规天然气的金融扶持政策，建立专门的非常规天然气勘探开发的研究基金。④ 加大对海外资源开发的金融政策支持力度，增强企业竞争力。⑤ 优化天然气产业科技金融投资环境与服务，培育天然气高新技术产权交易市场。

完善金融支持政策，引导油气企业按照市场化、特色化、产融结合的发展方向，持续优化管控模式，提升中国天然气金融微观主体的能力。具体来看：① 完善油气企业的金融支持政策，采取市场化运作手段，为油气主业发展提供低成本筹融资服务；② 引导油气主业坚持产融结合、以融促产，完善结算和融资平台功能，在境内外资金集中管理、对外融资、合资合作、保险管理等方面积极助力主业发展，进一步提升以融促产的能力，在巩固资金结算通道、提供低成本信贷、推动合资合作等方面发挥重要作用。③ 积极推动油气企业的混合所有制改革，积极推行股权多元化，引入战略投资者，不断优化法人治理结构，提升中国天然气金融微观主体的核心能力。

（三）完善天然气法律法规，加强天然气金融市场的监管

从法律渊源上说，目前规范天然气制度的基本是国务院的法规、所属部门的规章以及通知，政策性文件多，基本法律存在空白。我国天然气的现行法律规定主要是关于勘探开发、管道运输与城市配气等方面，分散于《矿产资源法》《城市燃气管理办法》《石油天然气管道保护法》等各种零星条款中，没有一部统一的专门性法律来管制整个天然气产业体系，对法条之间的冲突缺乏权威性解决规范。国家能源战略的重大方针以及政府管制的基本原则无法从法律上加以定位。况且，有关天然气的法律法规基本规制天然气的上中游市场，对于下游市场来说近乎空白，许多环节存在法律严重缺位。大量的立法空白只能由临时性的部门规章、地方规章乃至政策性文件来填补，而这些部门规章、地方规章法律位阶低下，在法律规定之间出现重叠和冲突时，难以统一，更有造成执行不力的隐患。

天然气法规建设滞后于市场经济体制改革，过去的立法以国家和国有企业利益为法律的价值目标，最终导致了政府控制型管制手段和政企不分

的行业管理体制。为保证天然气行业效率而稳定的发展，过去先发展、后管制的做法已然不可取，天然气的市场化改革呼唤竞争性行业结构的重组和现代化管制模式的改进。在借鉴国外经验的基础上，通过立法来引导、促进政府管制模式的转变，这是我国推行天然气期货交易的制度选择之路。

从各国天然气金融衍生品市场的发展历程来看，各国政府都注重天然气金融市场的监管。比如：欧洲各国天然气监管机构都依照欧盟委员会统一的监管框架来制定适合本国的天然气监管政策，再加之欧洲能源监管合作署（ACER）在各国家之间的协调，使得整个欧洲的天然气生产与进口、管道建设、市场规则、交易体系等方面的差异很小，加快了天然气交易市场的推广。因此，我国政府一方面要承担引导天然气金融市场发展的职责，另一方面要履行天然气金融市场的监管职责，在出现市场失灵时，利用"有形的手"协调市场运行。具体包括：制定天然气金融发展规划、完善相关法律法规、制定行业发展政策、监督行业行为等。企业与行业是政府进行天然气金融管理的基础，为政府制定政策与日常管理提供决策依据，完善天然气金融发现价格、引导投资的机制。

（四）推动天然气标准化，适时建立天然气期货市场

天然气金融的基础在于形成一个完善的交易市场。在这个市场中，能够利用一系列的金融衍生工具，实现供给与需求平衡。对于金融产品而言，标准化与流动性是其核心要素，基于金融产品属性建立天然气金融市场，需要对标的物——天然气进行标准化。然而，我国天然气资源分散，不同区域天然气品位差异大，按照传统体积计量难以将金融产品标准化，进而影响天然气金融产品的流动性。天然气金融的根基在于广泛交易性，而构建天然气金融市场，亟须转换天然气计价方式，即从传统体积计价转换成按照热值计价，同时统一天然气热值换算标准。目前已经试点的香港地区主要是按照统一热值，并结合体积计价的模式进行。但是这种模式在大陆的实践中，遇到各方的障碍。天然气购入与销售计价模式不同，且LNG进口均以热值计价，而在国内销售时，则换为体积计价。我国外购气比例高达35%，同时采用

计量与计价两种方式，不利于天然气市场的国际化。

政府积极支持与引导建立统一、广泛接受的天然气计量标准，进一步推进天然气热值计价，完善天然气金融化发展中的制度基础。此外，推进区域性天然气交易中心建设，创新和丰富现货天然气交易模式（创新回购或转售等交易模式），增强竞争性、增加交易量、吸引交易商参与和交易信息公开透明等，准确地反映天然气在特定现货市场区域的市场价值和供求状况，逐步形成现货交易价格，充分发挥交易中心的定价功能。在条件成熟时推出天然气期货等金融衍生品市场，这不仅是推动中国天然气价格改革的重要一环，也是在天然气市场形成透明价格信号、规避市场风险的关键所在。应吸取美欧的天然气金融衍生品市场发展经验，在传统天然气交易模式的基础上，深化我国天然气市场化改革，按照现货交易—期货交易—地区联动—国家级交易中心路径发展中国天然气金融衍生品市场，吸引天然气生产商、贸易商、终端消费者、对冲基金、投资银行等各类投资者参与天然气期货市场，推动我国提升在国际天然气市场上的价格话语权。

（五）支持天然气海外业务发展，提高中国天然气金融的全球影响力

一是大力推动银企合作，鼓励国家开发银行和大型国有商业银行支持油气企业做强、做优海外油气投资业务和国际贸易，推动油气企业加快上游合作和配套服务"走出去"，积极参与推动天然气金融衍生品发展和全球能源治理变革，积极深化海外油气业务。二是引导油气企业总结中俄、中巴等"贷款换石油"的经验，创新"金融+技术+服务"等"走出去"模式，探索工程换天然气、技术换天然气、市场换天然气等多种方式的合作，构建全球贸易网络，积极开展国际天然气贸易。三是积极推动天然气交易货币多元化进程，加快推进天然气贸易人民币结算，增强中国在国际天然气市场的定价权和影响力。

参考文献

[1] 单卫国.全球天然气市场发展及趋势 [J].中国能源，2011（1）：16-19.

[2] 段言志,史宇峰,何润民,等.欧洲天然气交易市场的特点与启示［J］.天然气工业,2015,35(5):116-123.

[3] 方旭赟.全球液化天然气市场发展前景及对策研究［J］.经济论坛,2019(8):87-93.

[4] 何润民,熊伟,杨雅雯,等.中国天然气市场发展分析与研究［J］.天然气技术与经济,2018,12(6):21-24.

[5] 贾凌霄,田黔宁,张炜,等.全球非常规天然气发展趋势:国际市场融合与探采技术进步［J］.中国矿业,2018,27(5):1-8.

[6] 李博.欧盟天然气市场化进程及启示［J］.天然气工业,2015(5):124-130.

[7] 浙江有何优势建区域天然气交易平台［EB/OL］.https://www.sohu.com/a/327839952_269757,2019-7-18.

[8] 林伯强,黄光晓.能源金融［M］.北京:清华大学出版社,2011.

[9] 吕淼.天然气价格不是福利:管输环节应由单一费率改为两部制［EB/OL］.http://www.hxny.com/nd-43636-0-17.html,2019-12-19.

[10] 毛严正.论我国天然气期货交易管制制度的构建［D］.华东政法大学,2016.

[11] 彭澎.关于加快我国天然气金融市场发展的思考［J］.天然气工业,2016,36(07):117-124.

[12] 钱兴坤,段兆芳,王海博.中国天然气产业发展现状与展望［J］.中国石油和化工经济分析,2013(11):22-26.

[13] 全球天然气定价规则一览［EB/OL］.http://center.cnpc.com.cn/bk/system/2017/03/22/001640121.shtml,2017-3-23.

[14] 全球主要天然气交易中心及期货合约的特点［EB/OL］.http://www.360doc.com/content/19/0220/15/3611037_816329399.shtml,2019-2-20.

[15] LNG中长期购销合同机制及主要条款的近期变化［EB/OL］.https://www.china5e.com/news/news-1005233-1.html,2017-10-10.

[16] 魏欢,田静,李建中,等.中国天然气地下储气库现状及发展趋势［J］.国际石油经济,2015(6):57-63.

[17] 邢文婷.天然气期货影响因素及定价模型研究［D］.重庆大学,2016.

[18] 杨恩源.美国天然气金融市场剖析及其对我国的启示［J］.经济师,2017(5):92-93.

[19] 周娟,魏微,胡奥林,等.深化中国天然气价格机制改革的思考［J］.天然气工业,2020(5):134-141.

第八章
能源产业融资市场

能源产业融资是能源金融的重要研究内容。Painuly 等（2003）认为融资机制已成为影响发展中国家提高能源效率的主要障碍。国外学术界对能源金融的研究主要集中在金融支持能源产业发展的路径，尤其是"项目融资"上。Joy Dunkerley（1995）[1] 指出，发展中国家能源企业的资金需求已无法仅依赖传统的融资方式来满足，采用项目融资是目前最主要的融资手段，这也是金融业助力能源产业的重要方式。Dalia Streimikiene 等（2007）[2] 根据欧盟的能源发展实践，指出可以通过欧盟的结构基金来对新加入欧盟的成员国能源产业的可持续发展进行扶持。此外，对电力融资、Klaus Rave（1999）[3] 对风能融资、Huang Liming（2008）[4] 对可再生能源的融资机制都分别做了研究。本章首先阐述能源产业融资的概念与特征；然后分析能源产业的总体融资现状，研究传统能源和新能源产业的融资现状，揭示能源产业的融资市场及其类型；接着搭建能源产业融资方式选择的分析框架，揭示能源产业融资方式选择的影响因素及其影响机理；分析不同能源产业的融资方式选择；最后对比分析国外能源产业融资的制度支持，提出完善我国能源产业融资支持制度的建议。

 能源产业融资的概念与特征

一、融资与融资方式的概念与分类

（一）融资的概念

融资，从字面上可以理解为资金融通，但对融资具体内涵的界定，在学

---

[1] Joy D. Financing the energy sector in developing countries: Context and overview, Energy Policy, 1995, 23 (11): 929-939.

[2] Dalia S, Valentinas K, and Jolanta B. Use of EU structural funds for sustainable energy development in new EU member states, Renewable and Sustainable Energy Reviews, 2007, 11 (6): 1167-1187.

[3] Klaus R. Finance and banking for wind energy, Renewable Energy, 1999, 6 (124): 855-857.

[4] Huang L. Financing rural renewable energy: A comparison between China and India, Renewable and Sustainable Energy Reviews, In Press, Corrected Proof, Available online 17, 2008.

术界存在不同的观点。鲁道夫·希法亭于《金融资本》(Finance Capital)一书中对融资做了最初的定义：即诸如银行类的大资本家将资本投资于产业中，形成产业资本，而资本与产业的结合就产生了金融资本，产业并不拥有其所使用的资本，随着金融资本的高度深化，银行家就变成了产业资本家。随着20世纪70年代布雷顿森林体系的瓦解，各国走上金融自由的道路，并且随着国家垄断资本主义的产生，金融资本不断深化，由此形成了复杂的一级和二级资本市场。融资的形式也从最初希法亭所说的银行资本拓展到各类复杂的实物资本及信贷资本等新形式，融资租赁、资产证券化等融资手段日新月异。但是，资本的形式改变并不能改变其本质，即它们都是一种为了取得资产而集资所采取的货币手段[1]。《新帕格雷夫经济学大辞典》则将融资内涵进一步丰富为"为支付超过现金的购货款而采取的货币交易手段或为取得资产而集资所采取的货币手段"。格利与肖在《金融理论中的货币》中则从宏观的角度将融资定义为储蓄向投资的转化。盈余部门是储蓄者，短缺部门是投资者，短缺部门从盈余部门获得资金，也就是储蓄向投资的转化，即为融资[2]。

虽然学者们对融资的具体内涵存在争议，但在金融学理论中，融资通常被解释为"资金融通"。从广义上看，融资是指资金由资金供给方向资金需求方运动的过程。融资包括资金融入与资金融出两个方面，即"资金双向互动过程"。在融资过程中，资金供给方融出资金，资金需求方则融入资金。狭义上的融资则主要指资金的融入，即具体经济单位从自身经济活动现状及资金运动情况出发，根据发展需要，经过科学的预测与决策，通过一定渠道并采用一定方式，利用内部积累或向外部资金供给者筹集资金，以保证经济活动对资金的需求[3]。在具体实践中，企业是最常见的融资主体，因此企业融资在融资理论中占据了主体地位。企业融资是以企业为主体的资金融通，是企业及内部各环节之间的资金供求由不平衡到平衡的运动过程[4]。

---

[1] 曹凝蓉.后发地区之金融准备[M].北京：中国金融出版社，2014.
[2] 陈春霞.我国信用制度变迁中的企业融资方式选择[M].北京：经济管理出版社，2004.
[3] 卢福财.企业融资效率分析[M].北京：经济管理出版社，2001.
[4] 何凌云.能源金融若干理论与实践问题研究[M].北京：科学出版社，2014.

与"融资"一词紧密联系的两个概念分别是融资方式和融资模式。

1. 融资方式

融资方式是指资金由资金盈余部门向资金短缺部门转化的形式、手段、途径与渠道。企业融资方式也即企业获取资金的形式、手段、途径和渠道。融资方式与资金来源有一定的联系但两者存在差异，资金来源指资金从何处获得，即资金的融出方。同一资金来源，往往可以采用不同的融资方式取得，例如，银行既可以直接向企业发放贷款也可以直接购买企业债券；同一融资方式也往往适用于不同的资金来源，例如，企业债券可以卖给银行、个人，也可以卖给其他企业。总体而言，资金来源的多样性决定了融资方式的多样化。

2. 融资模式

融资模式指不同融资方式的组合，企业融资模式则指企业不同融资方式的组合。一种融资模式往往以某种或几种融资方式为主，其他融资方式为辅，形成多种融资方式相互配合共同作用的格局。融资模式往往用于研究一个国家或地区在一定时期内采用的主导型融资方式及其与其他融资方式的关系。例如，目前市场经济发达的国家中存在着两种典型的融资模式，即以英、美为代表的以证券融资为主的直接融资模式，和以日、德为代表的以银行融资为主的间接融资模式。

（二）融资方式的概念与分类

如前文所述，融资方式是指资金由资金盈余部门向资金短缺部门转化的形式、手段、途径与渠道。按照不同的标准，融资方式可以划分为多种类型。

1. 按照储蓄与投资的联系方式划分

可以将融资方式分为内源融资与外源融资两类。内源融资是投资者利用自我储蓄进行投资，外源融资是投资者利用他人储蓄作为投资资金。从企业角度看，内源融资来自企业生产经营活动所创造的利润扣除股利后的剩余部分，以及生产经营过程中提取的折旧。外源融资则是企业以一定方式向其他经济主体筹集资金，外源融资建立在信用的基础之上。按照融资过程中形成的不同信用关系，外源融资方式可以划分为商业信用融资、银行信用融资、国家信用融资、证券信用融资、租赁信用融资、国际信用融资等。① 商业信用融资是企业之间相互提供的，和商品交易直接相联系的融资，主要表现为两种形式：以赊销商品、分期付款所提供的卖方信用融资；以预付定金、预付货款所提供的买方信用融资。② 银行信用融资是指银行和其他金融机构以货币形式向借款人提供贷款的融资，是以银行作为中介金融机构所进行的资金融通形式。③ 国家信用融资则是以国家为主体，按照信用原则筹集，并运用财政资金的融资活动。国家信用融资主要包括两个方面：一是国家运用信用手段筹集资金；二是国家运用信用手段供应资金。④ 证券信用融资是企业通过发行股票、债券等有价证券筹集资金的融资活动。证券信用融资的主体是实行股份制的企业。⑤ 租赁信用融资是企业作为承租人在租赁期内租用设备，通过融物达到融资目的的融资行为。租赁信用关系下的融资有经营租赁和融资租赁两种形式。⑥ 国际信用融资指各国的金融机构、企业或政府部门之间互相提供信用而进行的融资。

内源融资与外源融资各有特点：① 从融资成本来看，内源融资以企业留存收益为资金来源，不需要对外支付利息和股息，不发生融资费用；外源融资以银行贷款、发行股票、债券为资金来源，是占用其他经济主体的资金使用权，需要为占用资金使用权付出代价，支付股息或利息，发生融资费用。② 从对企业的影响来看，留存收益与普通股都属于企业的股权资本，以留存收益融资可以避免所有权与控制权稀释、不对称信息所产生的问题等，以普通股融资则可能带来相应问题。

在企业生存发展过程中，内源融资和外源融资缺一不可，相互依存。一方面，内源融资是企业生存、发展的基础，企业没有一定的自我积累能力，单纯依赖外源融资难以健康发展。因此，内源融资是外源融资的基本保证。另一方面，外源融资是内源融资的重要补充，企业如果仅依赖内源融资，通常无法满足企业追加投资、扩大生产规模的需求。企业的生存发展必须以内源融资为基础，并充分利用外源融资。

2. 按照融资过程是否存在金融中介划分

可以将融资方式分为直接融资和间接融资两类。直接融资和间接融资都属于外源融资的范畴,直接融资是不经过任何金融中介,而由资金短缺部门发行有价证券进行融资。间接融资则与直接融资相对应,是通过金融机构为媒介进行的融资活动。融资过程中,金融中介可以理解为既扮演债务人又扮演债权人角色。

直接融资的优点在于:首先,资金供求双方直接联系,可以根据各自融资的条件,实现资金融通;其次,资金供求双方直接形成债权债务关系,或所有权关系,有利于加强对用资企业的监督,促使企业改善经营,提高资金使用效率;再次,通过长期债券与发行股票,有利于筹资的稳定性、筹集长期资金。直接融资虽然有以上优势,但也具有一定缺陷:第一,由于缺乏融资中介的缓冲,直接融资风险较高;第二,直接融资双方在资金数量、期限、利率等方面受到较多限制。

与直接融资相比,间接融资具有以下优势:首先,间接融资可以筹集的金额大。银行等金融机构网点多,吸收存款的起点低,能够广泛筹集社会各方面闲散资金,为企业发展提供大额资金。其次,间接融资的融资弹性较大。在进行具体的融资活动时,可以与银行等金融机构就贷款额度、期限、利率等进行协商。不过,间接融资也存在一定的局限:由于资金供求双方并不直接发生关系,而是以金融机构为中介,隔断了资金供求双方的直接联系,一定程度上降低了投资者对用资者的关注与监督。

3. 按照融资过程中与企业形成的不同关系划分

可以将融资方式划分为股权融资和债权融资两类。股权融资是股份制企业通过发行股票筹集资金,出资者购买股票并成为企业股东,对企业拥有一定的所有权。债权融资则是指通过发行债券或者借款方式筹集资金。股权融资与债权融资存在一定的区别:首先,提供的权利不同。股票持有者与企业之间形成的是所有权关系,股东是企业的所有者,有权直接参与企业的经营管理活动。债权人则不同,债权人无须也无权干涉企业的经营管理活动。因此,债务融资有利于保持股东对企业的控制力。其次,融资成本不同。由于股东收益具有不确定性,与发行企业的经营状况有关,具有一定的风险。作为风险的补偿,股东的回报往往要求较高,而且股息在税后支付,不能抵减一部分所得税,因此股权融资成本较高。债权人的收益基本都是事先约定的,不随企业经营状况而变化,风险较低,债务利息相应较低。此外,利息在税前支付,可以抵减一部分所得税,因此债权融资具有抵税效应。

总的来看,融资方式可分为内源融资与外源融资。其中,内源融资主要包括资本金(除股本)、留存收益以及折旧基金转化为重置投资。外源融资主要包括直接融资和间接融资,其中,直接融资包括产业投资基金、民间资本、政府支持、并购重组、上市融资等多种形式,间接融资则包括信贷融资、项目融资、融资租赁、信托等形式(见图8-1)。

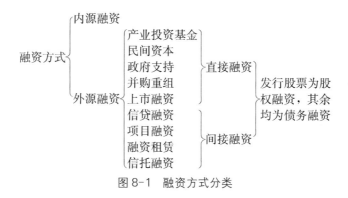

图 8-1 融资方式分类

二、能源产业的融资需求特征

能源产业的特点决定了能源产业的融资需求特征。总体来看,能源产业具有以下鲜明的特征。

一是企业规模普遍较大。与一般产业不同,能源企业规模普遍偏大,能源企业的发展需要投入大量的资金,即能源企业一般是资金密集型部门,并且在投产之前或具有供应能力之前,就需要大量资金投入,其中电力企业最为突出。能源企业的资产主要集中在固定资产(例如勘探钻机、铺设管道等)与能源资产(例如油气资产)上。企业规模是评价企业信用等级的重要依据,也是许多金融机构在审贷时的重要参考。企业规模反映了企业制度建设、治理结构、风险控制能力等情况。以 2019 年上市能源企业为例,近 61% 的企业其资产规模在 4 亿元以上,职工人数在 2 000 人以上。

二是生产经营需要大量长期资金保障。与一般工业项目相比，能源开发项目的投资建设周期相对较长，一般需三至五年，个别项目建设周期甚至长达十年、二十年。并且，能源企业的生命周期较长（大多数情况下超过30年），长期利润很难预测。特别是对电力和天然气输送网络来说，长期利润更难预测。因此，能源企业一般需要长期的资金保障。

三是以国有企业为主体。无论是常规能源还是新能源，都具有自然垄断的性质。由于传统体制的原因，我国能源行业长期以来都是由国有企业投资，缺乏有实力的民营资本参与。以2019年能源行业上市公司为例，其中68.5%为国有企业。企业性质是影响企业融资的重要因素，与非国有企业相比，国有企业的融资始终保持着渠道主流、成本低廉、预算软约束等制度优势，但同时也存在融资效率较低的劣势。

四是投资收益存在高不确定性。能源项目的收益存在较大的不确定性。传统能源项目由于在地质风险、市场风险、原材料和劳动力成本上涨等方面存在较大的不确定性，从而导致收益的不稳定。新能源项目往往处在成长期，未来的收益也具有相当大的不确定性。收益的高不确定性也带来了能源项目投资的高风险。

五是能源利用对环境的影响较大。与一般企业不同，能源企业的另一个突出特点在于对环境的影响。随着能源供给和能源消费的大幅度增长，化石能源造成的环境污染日益严峻。传统能源体系由化石能源主导转变为大力发展可再生能源，我国经济发展模式逐渐向低碳化、清洁化方向发展，能源结构开始向清洁化能源转变。

六是发展能源产业具有战略意义。能源是人类社会赖以生存和发展的物质基础，对国家的经济发展、环境保护以及对整个世界经济都有重要影响。通过能源战略，发展能源产业，有序实现国内生产与海外权益产量总体达到与消费基本平衡，自主生产与消费能力基本相当，对于保障国家能源供应安全、带动新能源产业发展、推动节能和低碳经济发展具有重要意义。

能源产业的这些重要特征，在其融资需求上得到明显体现，使得能源产业的融资具有以下特征。

一是资金需求量大。能源项目资金密集度高，在投产或具备供应能力前，需要投入大量资金。无论是传统能源产业还是新能源产业，其发展都需要规模庞大的资金作为支持。资金需求量大的特点突出表现在固定资产投资和研发创新活动上。一方面，能源产业的发展需要投入大量的固定资产以支持企业运营，另一方面，能源产业的升级需要进行大量的研发创新活动以实现技术进步，这些都需要大量的资金作为保障。

二是偏好长期融资。大多数能源企业生命周期较长，长期预测困难，一般需要长期的资金作为保障。能源企业一旦建立，就不能够迁移到其他地点。尤其是电力和天然气企业，和特定的国内市场紧密相关。通常，能源产业中的企业都有较长的生命周期，长期利润很难预测。特别是对电力和天然气输送网络来说，长期利润更难预测。而核能发电和水力发电都需要具有较长的建设周期。因此，能源企业一般需要长期的资金保障。但从实践来看，出于降低成本的考虑，能源企业更倾向于短期借贷资金。

三是偏好债务融资。一方面，由于能源产业以大型国有企业为主体，因而在债务融资方面具有优势，能够以较低的成本获取信贷资金，并且在发行债券方面也有一定优势。另一方面，能源产业在资金周转过程中存在资金来源分散、资金投入量较大、投资回收周期长和再生产过程连续性资金不足等情况，这些会严重影响企业财务报表的表现，给企业增发新股带来困难，从而迫使能源企业转为偏好债务融资。

四是绿色融资成为能源行业的新兴融资渠道。能源利用清洁化是避免能源使用对环境污染的重要方向。在推动能源产业清洁化发展的同时也衍生出了绿色融资需求，尤其是涉足清洁能源领域的太阳能、风力、水力等发电企业。以绿色债券为例，国家发改委颁布的《绿色债券发行指引》中明确列示的重点支持的 12 大类项目中，节能减排技术改造，绿色城镇化，能源清洁高效利用（涉及煤炭、石油的清洁化利用），新能源开发利用（涉及风电、太阳能、生物质能等），循环经济发展，节能环保产业（涉及合同能源管理），低碳产业，低碳试点示范（低碳能源）等 8 大类均与能源项目息息相关，绿色融资日益成为能源产业的新兴融资渠道。

五是能源行业发展的战略意义使得政府补助成为首选的融资方式。无论传统能源产业还是新能源产业，对国家的能源安全、能源转型升级都有重要意义，因而能源企业往往更容易获得政府补助。以风电、太阳能、电动汽车行业为例，国家扶持主要分为政策扶持和资金扶持两方面。政策扶持包括税收减免、土地审批等方面的便利；资金扶持则可分为财政直接补贴、专项基金扶持、银行贷款贴息等方式。与其他融资方式相比，申请政府补助虽然需要经过特定的流程，但其融资成本相对较低，因此往往成为能源企业首选的融资方式。

六是能源产业的高风险性切合风险投资的特点。与一般行业相比，能源产业（尤其是新能源产业）的投融资风险较大。能源项目投资周期长、投资收益不确定性高等特点使得能源产业的投融资风险较高。风险投资作为一种权益资本，偏好高风险、高技术项目，更关注企业未来的发展和收益。因此，风险投资也成为能源产业（尤其是新能源产业）重要的融资方式。

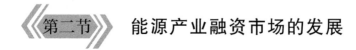

第二节 能源产业融资市场的发展

与一般产业类似，能源产业的融资方式也可分为内源融资与外源融资。在外源融资方面，能源企业可以通过能源信贷、能源债券、能源基金、能源信托、能源租赁等形式获得长期持续发展所需的金融资本支持。此外，不同类型能源企业的融资结构各有特点。本节主要探究能源产业的融资现状，并对不同类型能源企业的融资结构进行分析。

一、能源产业的总体融资现状分析

（一）内源融资现状分析

根据优序融资理论，由于内源融资不需要和投资者签订契约，因而融资成本较低，成为企业首选的融资方式。但在具体实践中，内源融资受制于企业盈利能力。只有具备较高盈利能力的企业才能更多地依赖于内源融资。表8-1反映了各类能源产业上市公司的留存收益融资规模状况。

表 8-1　能源产业留存收益融资规模　　　　（单位：亿元）

		2016 年	2017 年	2018 年	平均留存收益
传统能源产业	电力、热力生产和供应业	2 206.25	2 214.07	2 352.47	59.41
	非金属矿采选业	17.44	20.36	23.72	10.25
	黑色金属矿采选业	21.07	31.07	25.86	6.50
	开采专业及辅助性活动	279.02	182.39	182.74	12.63
	煤炭开采和洗选业	3 820.70	4 015.02	4 536.95	164.97
	燃气生产和供应业	193.25	225.87	228.61	9.00
	石油和天然气开采业	8 944.37	8 982.08	9 247.72	2 264.51
	电力、热力、燃气及水生产和供应业	295.05	340.70	379.57	22.56
	有色金属矿采选业	545.14	639.03	694.83	26.10
新能源产业	风力发电	-4.40	2.38	11.56	0.53
	核力发电	204.58	304.90	394.12	150.60
	生物质能发电	23.50	1.66	-78.69	-5.95
	水力发电	1 051.89	1 227.32	1 431.05	58.89
	太阳能发电	360.56	471.48	514.19	89.75

数据来源：Wind 数据库。

从表 8-1 可以发现，总体而言，首先，能源产业的内源融资规模较小。无论是传统能源产业还是新能源产业，其盈利性都较差，因而难以完全依赖自身积累的资金支撑企业发展。其次，与传统能源产业相比，新能源产业的内源融资可得性较差。由于新能源产业尚处于成长阶段，多数新能源产业盈利性不足，因此内源融资乏力。最后，能源产业各细分领域的差异较大，行业发展较为成熟的细分领域，如石油和天然气开采业、煤炭开采和洗选业、核力发电等行业自身的资金积累能力较强，内源融资的规模较大。

（二）外源融资现状分析

能源产业常见的外源融资方式包括政府补助、股权融资、债券融资、信贷融资等（见图 8-2、图 8-3）。

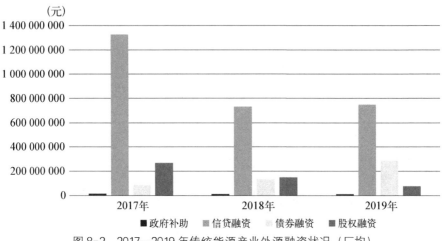

图 8-2 2017—2019 年传统能源产业外源融资状况（厂均）

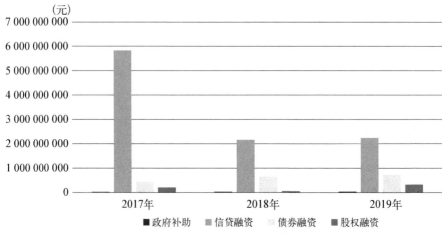

图 8-3 2017—2019 年新能源产业外源融资状况（厂均）

从绝对量上看，新能源上市企业的平均外源融资要多于传统能源产业，尤其在股权融资和信贷融资方面存在显著优势，这主要是由于新能源企业多处在成长阶段，外源融资需求大。此外，随着我国对新能源产业扶持力度的加大，银行信贷开始向新能源领域倾斜。从结构上看，无论是传统能源产业还是新能源产业都主要依赖信贷融资，信贷融资的比例保持在 70% 左右，但近年来有下降的趋势。此外，随着我国债券市场建设步伐的加快，债券融资也逐渐成为能源企业一种重要的外源融资方式（见图 8-4、图 8-5）。

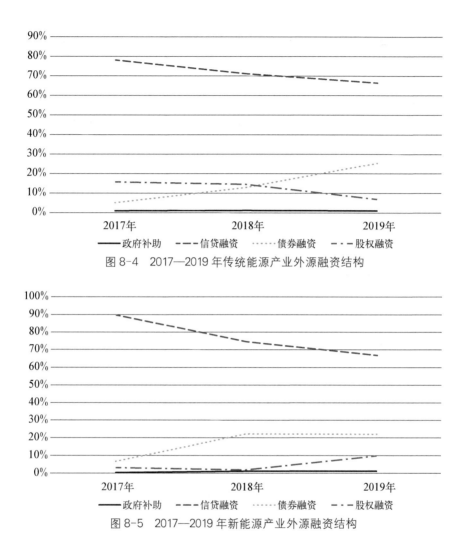

图 8-4 2017—2019 年传统能源产业外源融资结构

图 8-5 2017—2019 年新能源产业外源融资结构

二、传统能源产业的融资现状分析

考虑到传统能源产业融资规模的数据获取难度，本书主要统计了传统能源上市企业的融资结构（见图 8-6）。统计结果显示，传统能源上市企业的融资方式主要有国家预算资金、信贷资金、债券融资和内部留存收益。总体来看，信贷资金是传统能源上市企业的首要融资方式，2016—2018 年平均占比为 74.7%，并且保持比较稳定的态势；债券市场为传统能源上市企业的发展提供了必备的资金,债券融资的比例保持在15%左右;内部留存收益的平均占比为9%,国家预算资金平均占比0.5%,变动较小。

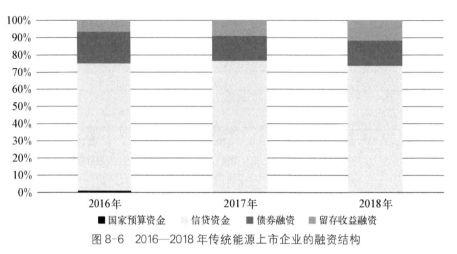

图8-6 2016—2018年传统能源上市企业的融资结构

数据来源:Wind数据库。

(一)油气企业的融资现状分析

以沪深两市总资产规模排名前十的油气企业为例来分析我国油气企业的融资现状。在沪深两市总资产规模排名前十的油气企业中,国有企业有6家,非国有企业有4家(广汇能源、美锦能源、洲际油气和陕西黑猫)。从总体融资结构来看,油气企业融资渠道较为多元化,股权融资与债务融资都占据了相当的比重(见图8-7)。但深入分析融资结构可以发现,国有企业与非国有企业仍存在一定的差异,债务融资是国有企业的主要融资来源,例如中国石油、中国石化、华锦股份、开滦股份等债务融资占据了主要的地位。相较于国有企业,非国有企业的融资则更依赖于股权融资,美锦能源、洲际油气、陕西黑猫的股权融资占了50%以上,股权融资成为支撑非国有油气企业发展的重要资金来源。由于油气企业投资规模较大、投资周期较长,因此信贷融资的期限结构偏向于长期,信贷融资以长期贷款为主。但是在非国有企业中,短期借款也是重要的融资来源。

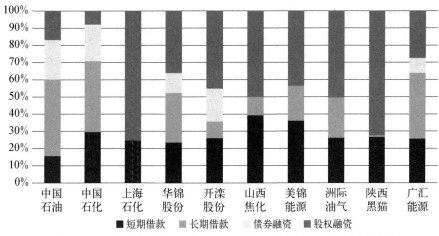

图 8-7 总资产规模排名前十的油气上市企业融资结构（2018 年 12 月）

（二）煤炭企业的融资现状分析

以沪深两市总资产规模排名前十的煤炭企业为例来分析我国煤炭企业的融资现状。在沪深两市总资产规模排名前十的煤炭企业中，国有企业占据了绝对地位，民营企业仅有两家，分别是永泰能源与伊泰B股。从总体融资结构来看，煤炭企业融资渠道较为单一，债务融资成为煤炭企业最为主要的融资来源且以信贷融资为主（图 8-8）。由于煤炭行业目前处于新旧动能转换

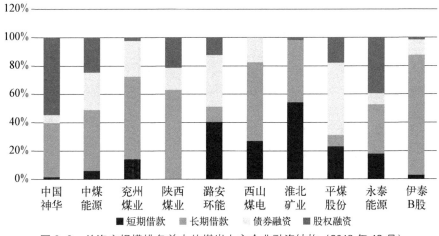

图 8-8 总资产规模排名前十的煤炭上市企业融资结构（2018 年 12 月）

的"阵痛期",内源性融资难以满足资金需求,因此行业负债率较高。此外,由于煤炭行业已经进入成熟行业后期,各类资本市场投资者对煤炭企业融资项目相对谨慎,这在一定程度上限制了融资的渠道。例如证券市场在新股发行加速的情况下,鲜有煤炭企业的身影;债券市场对煤炭企业发债认购热情不高,有时依靠私募发行,煤炭企业的融资成本高于其他行业企业。

从融资结构上来看,国有企业与非国有企业差异较小,债务融资成为煤炭企业的共同选择。就信贷融资的期限结构来看,由于煤炭行业与油气行业相似,投资周期长,投资规模大,因此信贷融资主要以长期借款为主,短期借款作为补充。

(三) 水能企业的融资现状分析

以沪深两市总资产规模排名前十的水能企业为例来分析我国水能企业的融资现状。在沪深两市总资产规模排名前十的水能企业中,国有企业仍然占据多数,其中民营企业有3家,分别为特变电工、滨江集团和龙元建设。从总体融资结构来看,水能企业融资渠道较为多元,债务融资和股权融资都是水能企业重要的融资方式(见图8-9)。从融资结构上来看,国有企业与民营企业存在一定差异,国有企业更偏向于债务融资,而民营企业更加依赖于

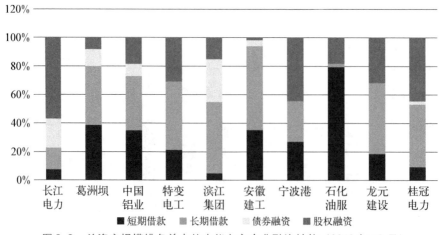

图8-9 总资产规模排名前十的水能上市企业融资结构(2018年12月)

股权融资。就信贷融资的期限结构而言，由于水能企业投资规模相对较大、投资周期相对较长，因此水能企业的信贷融资偏向于长期借款，短期借款比例相对较低。就债券融资而言，民营水能企业债券融资比例低，这表明民营水能企业在债券融资方面存在一定的障碍，融资渠道受限。

三、新能源产业的融资现状分析

图8-10主要统计了新能源上市企业的融资结构。统计结果显示，由于新能源上市企业已经发展到了较为成熟的阶段，其融资特征与传统能源产业差异不大。总体来看，信贷资金是上市新能源企业的主要资金来源，2016—2018年平均占比为81.6%。此外，债券市场也为新能源企业的发展提供了一定的资金。内部留存收益的平均占比为9.5%，国家预算资金平均占比0.5%，变动较小。

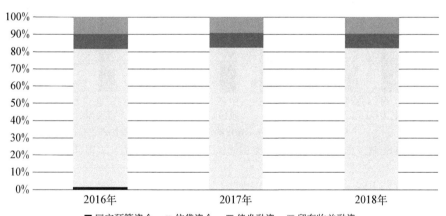

图8-10　2016—2018年新能源上市企业的融资结构

数据来源：Wind 数据库。

（一）光伏企业的融资现状

以沪深两市总资产规模排名前十的光伏企业为例来分析我国光伏企业的融资现状（见图8-11）。在沪深两市总资产规模排名前十的光伏企业中，民营企业占据了绝大多数，国有企业仅4家，分别是上海电力、苏美达、中环股份和太阳能。从总体融资结构来看,光伏企业融资渠道较为多元,债务融资和股权融资都是光伏企业重要的融资方式。从结构上来看,国有企业与民营企业差异较大,债务融资成为国有企业的首要选择而民营企业更加依赖于股权融资,例如隆基股份、通威股份、东旭蓝天、中天科技等企业的股权融资比例均超过了50%。就信贷融资的期限结构来看,由于光伏企业投资规模较小,投资周期较短,产品生产周转相对较快,因此其信贷融资偏向于短期借款。值得关注的是,光伏企业债券融资比重很小。说明债券融资对光伏上市企业而言门槛较高,缺乏吸引力。

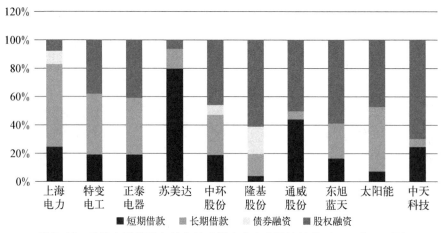

图 8-11　总资产规模排名前十的光伏上市企业融资结构(2018 年 12 月)

(二) 风电企业的融资现状

以沪深两市总资产规模排名前十的风电企业为例来分析我国风电企业的融资现状(见图 8-12)。在沪深两市总资产规模排名前十的风电企业中,国有企业占据了绝对地位,民营企业仅 2 家,分别是亿利洁能和明阳智能。从总体融资结构来看,风电企业融资渠道较为多元,债务融资和股权融资都是风电企业重要的融资方式。从结构上来看,国有企业与民营企业差异较大,国有企业倾向于债务融资而民营企业更加依赖于股权融资。例如民营企业中,明阳智能股权融资比例为 21.15%,亿利洁能股权融资比例为 53.16%。

就信贷融资的期限结构来看,规模较大的风电企业其信贷融资偏向于长期借款,随着企业规模的降低,短期借款的比例开始提升。这一方面是由于风电行业投资周期相对较短、资金周转较快,另一方面也表明风电企业在获取稳定的长期借款方面存在一定困难。最后,与光伏企业类似,风电企业的债券融资比重很小,说明债券融资对风电上市企业而言门槛较高。

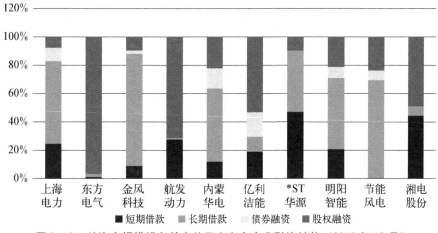

图8-12　总资产规模排名前十的风电上市企业融资结构(2018年12月)

四、能源产业的融资市场及其类型

上节分析发现,我国能源产业的融资渠道较为多元,已经初步形成了多样化、多层次的融资体系。具体的融资市场包括了产业投资基金市场、民间金融市场、企业并购市场、上市融资、信贷融资、融资租赁等。

(一)产业投资基金市场

产业投资基金(industry investment fund)是指向具有高增长潜力的未上市企业进行股权或准股权投资,并参与被投资企业的经营管理,以期所投资企业成熟后通过股权转让实现资本的增值。从广义角度讲,产业投资基金可以分为私募股权基金和风险投资基金。较之于传统的投资基金,产业投资基金最大的特点在于其权益性,并不着眼于投资对象当前的盈亏,而着眼于企业发展前景和资产增值。从实践层面看，产业基金在推动产业结构升级、深化资本市场，推动中小企业和高新技术的发展等方面发挥着重要作用。按照投资阶段和领域的差异性，产业投资基金可划分为高科技产业基金、支柱产业基金和基础设施产业基金。

能源产业基金是一类重要的产业投资基金。我国的能源产业基金可划分为五类，分别针对国家能源基地建设、区域金融中心发展、区域煤炭集团重组、境外能源开发以及新能源科技创业。能源产业投资基金在我国发展起步较晚。2004年，国务院在"十一五"规划中才明确提出：发展创业投资，做好产业投资基金试点工作，能源基金由此开始走上快速发展轨道。据私募通统计，我国目前有797家投资于能源、矿产及新能源行业的基金，其中的主体为产业投资基金。进一步分析发现，我国能源基金多投资于成长阶段的能源企业，投资于创业阶段的能源基金还相对较为缺乏。例如最近几年成立的能源基金：芜湖信美纾困投资、湖北长江安芯产业基金、川能锂能基金、杭州汇成、国发航空发动机基金等基本为投资于成长阶段的能源基金。此外，近年来，新能源基金得到蓬勃发展，设立数量保持较高水平（见图8-13和表8-2）。

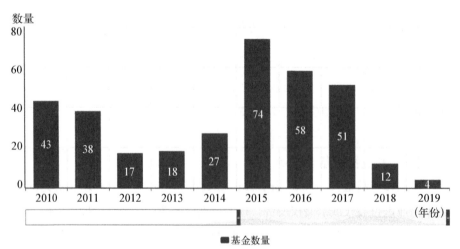

图8-13　2010—2019年新能源基金成立数量图

资料来源：私募通。

表 8-2　2017 年以来成立的主要新能源基金

基 金 名 称	成立时间	规　　模	基金管理公司
常州顾德	2017-02	—	尚顾资本
宁波慧明	2017-02	167.7 亿元	中兵慧明
新余市智林投资中心	2017-02	66.52 亿元	深圳智投工坊
靖安洪大招昆基金	2017-03	—	深圳招商洪大资管
国轩高科新能源汽车基金	2017-03	1 077 亿元	弘卓资本
聿泉新工邦盛创投基金	2017-05	404.15 亿元	南京邦盛新工投资
长江晨道基金	2017-06	2 651 亿元	晨道投资
聚信投资	2017-06	—	中信聚信
金投智远创业投资	2017-07	3 亿元	泰恒投资
谦石国新基金	2017-08	40.01 亿元	宁波谦石禾润投资
三峡睿源创新创业股权投资基金	2017-09	681 亿元	三峡建信投资基金管理
杭州慈山创投基金	2017-11	20 亿元	海鹏投资
河南省战新产业投资基金	2017-12	—	中金汇融
无锡星火投资	2017-12	—	无锡永嘉资产
天创海河基金	2017-12	4 000 亿元	天创资本
安鹏行远新能源产业投资	2018-02	3 000 亿元	安鹏股权投资
新一认一知投资	2018-03	—	贝拓尔股权投资
高投嵩新股权投资	2018-12	—	珠海嵩山股权投资
安徽高新投新材料产业	2019-03	2 000 亿元	金隆华汇投资

资料来源：根据私募通相关资料整理。

总的来看，虽然我国能源产业投资基金起步较晚，但近几年得到快速发展，尤其是在新能源产业投资基金方面。新能源投资基金能在多个方面促进新能源产业的发展：① 可以实现分散资金向新能源产业的引入，降低融资成本。② 由于技术障碍导致的成本高、市场小是新能源发展中的制约因素，利用投资基金也可以引导新能源技术开发，提高竞争力。③ 产业投资基金通过支持新能源企业的重组与并购，有助于培养行业内的优势企业。总体来看，产业投资基金已成为我国新能源产业的一种重要融资方式。深圳证券交易所综合研究所的研究报告显示，我国在纽约证券交易所上市的新能源企业在上市前均获得了 VC/PE 的资金注入，在纳斯达克上市的公司中也有 40% 以上获得了外资 VC/PE 的投入。

但是，总体来看，我国能源产业基金仍存在一些亟待解决的问题。首先，能源产业基金多投资于成长阶段的能源企业，忽视了初创期能源企业的融资需求。其次，我国能源产业基金的市场化程度不足。多数大型能源基金由政府主导，资金多来源于财政资金，例如丝路基金与中非合作发展基金等，市场化程度低导致民间资本难以有效集中，从而降低了资金配置的效率，阻碍了能源基金的发展。最后，我国能源产业基金的退出机制还不够完善，在一定程度上限制了我国能源产业投资基金的发展。我国资本市场发展缓慢，对主板上市企业有较高要求，私募股权投资在主板市场难以顺利退出。柜台交易、产权交易制度发展缓慢，这些市场机制因素也阻碍了能源基金市场的发展。发展新能源产业产权交易市场，通过股份转让、资产转让等方式退出投资获取收益将大大增强投资者对新能源产业的投资热情。

（二）民间金融市场

我国很早就重视将民间资本引入能源产业，早在 2002 年，原建设部就曾印发《关于较快推进市政公用行业市场化进程的意见》，城市供水、燃气、供热、污水和垃圾处理等市政公用行业的市场从此得到开放，并逐渐打造了一批民营资本骨干企业[①]。2012 年 6 月 20 日，国家能源局发布《关于鼓励和引导民间资本进一步扩大能源领域投资的实施意见》，进一步鼓励民间资本参与能源项目建设和运营。在中央"必须坚持毫不动摇地巩固和发展公有制经济，必须毫不动摇地鼓励、支持和引导非公有制经济发展"方针政策引导下，能源领域民间投资不断发展壮大，已经成为促进能源产业发展的重要力量。截至 2018 年，能源工业固定资产投资中，我国煤炭行业固定资产投资总额 2804.63 亿元，同比增长 5.9%，其中民间投资增长 14.8%。2019

---

① 五部门鼓励民间资本进入城市供水、燃气、供热等行业[EB/OL]. http://www.nea.gov.cn/2016-10/21/c_135771836.htm，2016-10-21.

年初，国家能源局印发了《进一步推动优化营商环境政策落实实施方案的通知》，明确指出要进一步减少社会资本市场准入限制，在电力、油气等领域落实一批高质量项目，以吸引社会资本参与。除此之外，包括广东、安徽、湖南、贵州等众多省份近年来都连续出台各种支持政策，进一步放开能源及相关行业限制，大力推进社会资本进入①。2019 年，西气东输三线工程和蒙西华中铁路煤运通道的同时开工标志着铁路等垄断领域向民资开放迈出实质性一步，意味着我国垄断领域向民资开放"破冰"，提高了民资进入垄断领域的信心②。此外，在太阳能热利用、生物质能开发以及晶体硅材料、太阳能热水器、太阳能电池制造、风电设备制造等领域，民间资本也处于重要地位。

在对能源产业的投入中，民间资本也逐渐探索出一些有效的模式。比如：2017 年底，衡南县计划在洪山镇、泉溪镇、茶市镇三镇共建万个惠农扶贫光伏发电站，这一项目就属于民间资本市场化运作的典型，项目由深圳中科蓝天投资有限公司全权负责光伏发电站建设、维护、管理等工作，采取"公司投资＋银行贷款"相结合的模式，老百姓只需要提供场地。光伏发电站投入使用后，前 10 年的电费收益主要用于还本还息。同时，每户每年还可以得到大约 600 元的收益。10 年后每户每年光伏发电收益可达 3 000 元以上③。

（三）企业并购市场

企业并购为能源企业寻求实现自身跨越式发展开辟了新的途径。能源企业通过并购上下游企业降低交易成本，保证原材料的供给和销售渠道的畅通，通过并购竞争对手或其他相关企业来抢占市场份额，实现规模扩张和总体价值的增长。

---

① 社会资本进入能源领域进一步放开 [EB/OL]. https：//tech. sina. cn/2020‐06‐29/detail-iircuyvk0961297. d. html?vt＝4&pos＝undefined，2020‐6‐29.
② 重大能源工程首引民资　铁道部放弃绝对控股 [EB/OL]. finance. qq. com/a/20121017/002105. htm，2012‐10‐17.
③ 衡南拟建万个扶贫光伏发电站 [EB/OL]. http：//www. nea. gov. cn/2017‐12/04/c_136799762. htm，2017‐12‐4.

从图 8-14 和图 8-15 的分析可以发现，2019 年电力能源领域并购数量多达 374 起，并购交易金额高达 207 亿美元，占比高达 7.05%。此外，2019 年中国企业整体并购交易额下降 14%，在大多数行业投资并购活动疲软的情况下，可再生能源领域并购活动逆势上扬，共发生并购交易 326 笔，交易

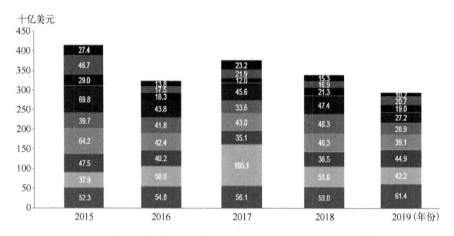

图 8-14　2015—2019 年我国战略投资者并购交易金额行业分类

资料来源：汤森路透、投中数据及普华永道分析。

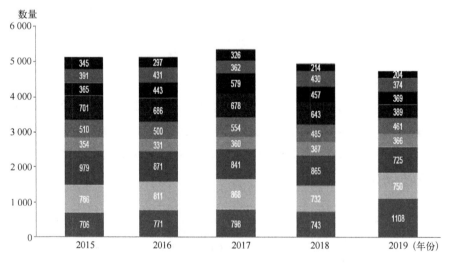

图 8-15　2015—2019 年我国战略投资者并购交易数量行业分类

金额约为1 554亿元,较2018年增长约28%。2019年传统能源领域并购活动有所下降,火电行业共发生并购39笔,交易金额为152亿元;核电行业发生并购交易2笔,交易金额为7亿元。2019年石油天然气行业总交易数量达65起,总交易金额达155亿美元,较2018年上升44%,增长显著①。总体来看,并购市场为能源产业提供了较丰富的资金。

(四)上市融资

上市融资作为深化能源行业投融资体制改革的重要手段,越来越成为能源企业重要的融资方式。截至2019年底,我国传统能源上市企业已经有100多家,其中煤炭和电力企业较多,分别为25家和53家。新能源上市企业中,水力发电和风力发电企业较多,分别为21家和7家(见图8-16)。

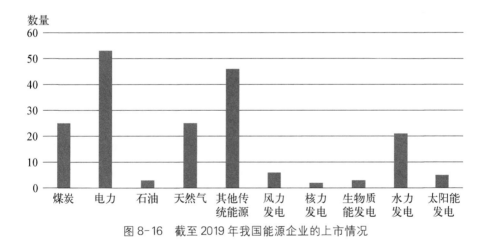

图8-16 截至2019年我国能源企业的上市情况

(五)信贷融资

信贷融资是我国能源产业最主要的融资方式,尤其是传统能源产业主要的融资来源。能源信贷的主要提供者是政策性银行和商业银行。除了能源信贷外,银行也通过发行绿色债券,将所募集的资金投向清洁能源,这也是银

---

① 2019年中国能源行业并购活动回顾及未来展望:综合、智慧、可持续——逆势向上的能源投资[EB/OL]. http://www.doc88.com/p-04761885123268.html,2020-5-3.

行能源金融实践的一种方式。

从图8-17可以看出,近年来,信贷资金对能源企业的支持力度不断加大。从资金来源看,政策性银行在能源产业融资中占据了十分重要的地位;从资金流向看,传统能源产业是信贷资金的主要支持对象,新能源产业相对不足。

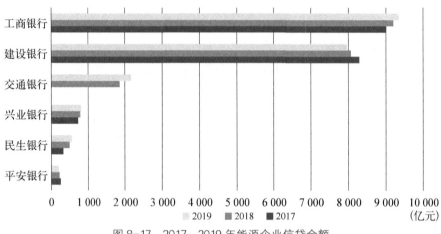

图8-17 2017—2019年能源企业信贷余额

(六) 融资租赁

融资租赁凭借其无须担保、无须抵押、方便灵活的优点越来越受到企业的欢迎。融资租赁行业本身是金融市场化的产物,直接受益于金融市场化改革。利率市场化改革以及债券、资产证券化等市场的发展,将有效拓宽融资租赁公司的融资渠道。国家政策也积极鼓励融资租赁公司通过债券市场募集资金,支持符合条件的融资租赁公司通过发行股票和资产证券化等方式筹措资金。近年来,融资租赁公司通过发行金融债券、高级无抵押债券、资产证券化等方式募集的资金不断增加。

2019年,承租人所在前5大行业分别是制造业;电力、热力、燃气及水消费和供给业;信息传输、软件和信息技术服务业;房地产业和批发零售业。前五名行业融资租赁数量和金额分别占总数量及总金额的86.09%和84.07%,可见,上市公司融资租赁业务的行业集中度非常高。融资租赁方式也越来越被更多的能源企业所采用(见图8-18和图8-19)。

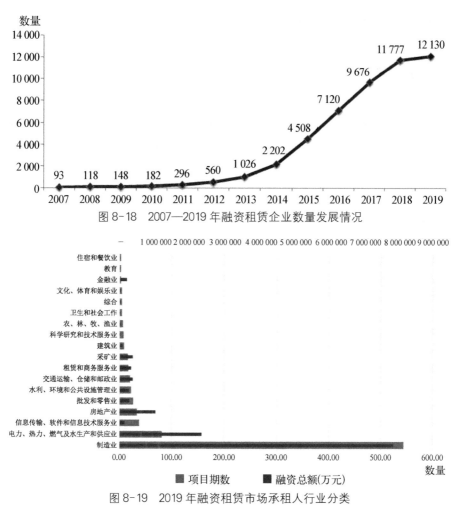

图 8-18　2007—2019 年融资租赁企业数量发展情况

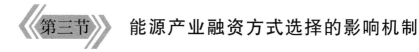

图 8-19　2019 年融资租赁市场承租人行业分类

资料来源：融资租赁行业 2019 年年度报告。

第三节　能源产业融资方式选择的影响机制

能源产业获取资金的方式多种多样，不同国家和地区能源产业的融资方式也具有差异。在欧洲地区，能源企业一般采取向银行举债、通过双边或联合贷款市场取得贷款、在本国或境外市场发行债券、出售股权或用与出售股权相联系的其他信贷方法,具体方式的选择则取决于企业类型和业务重点。以石油行业为例,一般而言,规模较大的石油公司以业务资金支持勘探,以债务资金支持开发和生产资金收购。后者主要通过有限追索权贷款的方式通过财产担保取得。对于正在进行中的业务所需的资金,如钻井资金等,则以无担保的循环信贷方式或多重选择信贷方式取得。规模较小的勘探或生产公司主要依靠短期银行信贷、股东股金及发行产权债券获得。最小的勘探公司则通过出售股权和转让矿区权益取得资金,在美洲地区,除上述途径外,主要采用可转为债券的周转信贷方式和银团贷款方式;在东南亚地区则主要采用项目融资方式;在中东地区,因为政治因素与产业的相关性,采取灵活多变的融资方式。

一、能源产业融资方式选择的分析框架

能源产业在选择具体融资方式时会考虑诸多因素,这些因素主要包括企业自身层面的因素、市场环境因素和宏观因素,但无论具体是哪种因素,都主要通过影响企业融资成本、融资风险和融资可得性进而影响其融资方式的选择。能源产业融资选择的具体分析框架见图 8-20。

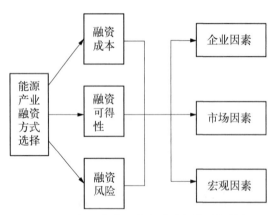

图 8-20 能源产业融资方式选择的分析框架

(一)依据融资成本,合理确定融资结构

融资成本是指使用资金的代价,它包括融资费用和使用费用。融资费用

是企业在资金筹集过程中发生的各种费用，使用费用则是指企业因使用资金而向其提供者支付的报酬。对于能源企业而言，由于投资规模大、投资期较长的特点，如何筹措项目资金、优化融资结构、降低融资成本就显得尤其重要。能源产业融资机制的核心在于如何降低能源企业的融资成本。

（二）评估融资风险，选择适当融资方式

融资风险指筹资活动中由于筹资的规划而引起的收益变动的风险，主要体现在财务风险和经营风险上。不同的融资方式，风险也不一样。债务性资金有法律强制力约束，不论公司经营好坏，到期必须偿还固定的本金和利息，从而形成公司固定的负担，而且偿还期限越短，融资风险就越大；融资期限越长，融资风险就相对越小。当公司不主动偿还时，债权人可诉诸法律手段强制债务人执行；当公司经营不善丧失偿债能力时，公司将面临破产清算或债务重组，引发财务危机或破产风险，但债务性资金不会分散公司的控制权，当公司不能清偿到期债务，控制权则转向债权人，债务性资金对公司形成硬约束。权益性资金在融资过程中，由于发行数量、发行时机、融资成本等原因可能给公司造成损失，带来一定股权融资风险；在公司存续期内使用过程中不需要偿还本金，是一笔永不到期的可自由支配的资金，增加了公司的资本实力，增强了公司的举债能力，而且没有固定的股利负担，在经营困难时连股利也无需发放，因此股权融资的风险要小得多。但是，普通股融资会增加新股东，这可能会分散公司的控制权，削弱原有股东对公司的控制，从而带来经营上的风险。能源产业在融资时应当合理评估融资风险并采取相应措施予以防范。

（三）结合自身条件，获取可得资金

融资可得性是能源产业在选择具体融资方式时需要考虑的问题，融资可得性即企业融资需求能否满足，其在一定程度上与融资约束类似。融资成本虽然是能源企业在融资时考虑的首要因素，但是企业并不总是能按照自身意愿进行相应的融资活动，融资可能受到各种各样的约束。因此，对于能源企业而言应当根据自身的条件、市场状况与宏观形势选择合适的、可行的融资方式。

二、能源产业融资方式选择的影响因素

(一) 企业层面因素

从企业层面来看，能源企业的规模、融资战略、生命周期、产权性质等企业层面因素会在很大程度上影响能源产业融资的方式。

1. 企业规模

企业规模是影响能源产业融资方式的重要因素，主要通过影响融资的可得性而发挥作用。具体而言，传统能源产业由于其资产规模较大，可以利用其规模优势获取低成本的信贷资金，但同时也应当避免债务杠杆过高的风险。其次，传统能源产业由于已经步入成熟期，IPO已经完成，可以利用再融资、发行公司债券等方式扩大直接融资的比例，改善资本结构，降低融资成本。

对于新能源产业而言，由于新能源产业的融资风险较高，以商业银行为主的金融机构对资金投入规模大、回收期长、技术研发能力不确定的民营新能源企业的资金支持非常谨慎，导致间接融资成本较高，因此，新能源企业可以寻求成本更低的政策性银行融资或寻求产业投资基金的支持。此外，由于新能源企业多为中小企业，盈利具有较高的不确定性，信用评级也往往较低，通过项目融资机制可以在一定程度上缓解新能源企业融资难和融资贵的问题。

2. 融资战略

融资战略的机制是以融资机制为核心，以企业融资战略为导向，以企业良好的资本运行态势和长久稳定的发展愿景为目标的机制，体现出企业的财务状况和发展的可持续性。能源企业应当依据企业所处生命周期的不同阶段自身规模、技术领先性、产品成熟度、财务运营状况和对资金需求的特点，在融资额、成本、效率、风险的决策中寻找合理的平衡点，制定和实施融资规模适度、成本低、效率高、风险小的战略融资方案。融资战略对能源产业融资方式的选择既与融资成本联系紧密，也与融资风险、融资可得性密切相关。融资战略的制定和实施事关能源企业的生存和长远发展，同时也对能源企业的融资方式选择具有重大影响。

3. 企业生命周期

根据企业生命周期理论，企业的生命周期大致分为创业期、成长期、成熟期和衰退期四个阶段。在不同的生命周期阶段，企业的发展具有不同的特点，因而就需要依据不同的阶段选择合理的融资方式，这主要是通过融资成本和融资可得性产生作用的。

在初创期，企业相应的人财物等资源都比较匮乏，因资产规模小、缺乏业务记录和财务审计，企业信息封闭，因而外源融资可获得性低，企业主要依赖内源融资或风险投资。对于处于初创阶段的能源企业而言，尤其是新能源中小企业，由于自由资金难以满足资金需求，因此应当主要寻求风险资本的参与。其次，该阶段的能源企业由于信用评级低、资产规模小，因此难以获得信贷融资和债券融资。融资的可得性约束了该阶段能源企业的融资方式，从而项目融资方式自然就成为该阶段能源企业的重要选择之一。此外，处于该阶段的企业也可以通过寻求政府融资担保的方式来获得间接融资。

当企业处于成长期时，市场对产品的需求猛增，市场销售额迅速扩大，盈利能力逐渐增强，而此时的企业因为处于一个强劲的上升和扩张时期，并无充足的现金流量，面临各种资源紧缺的局面，需要较多的投资资金，从而利用债务融资成为必然。企业由于在社会上被广泛认知使得举债的渠道相应增加，同时企业发展势头良好，盈利能力的增强也使得各类银行和金融机构愿意提供资金，融资的可得性大大提高，可供选择的融资方式日益多元化。当然，此阶段的企业的发展要快中求稳，过高负债无疑会加大企业的财务风险，不利于企业发展。处于成长期阶段的能源企业往往是新能源企业中已经发展较为成熟的企业，因此在考虑到融资可得性和融资风险的因素下，可以适当采用信贷融资，发挥财务杠杆的作用，也可以寻求政策资金的帮助。

企业进入成熟期以后，组织结构完善、管理经验丰富，销售量持续增长，但是速度较成长期有所下降。企业在此阶段的主要问题已不是生存，而是如何延长成熟期。处于成熟期的企业不可过度负债，尽管在这一时期企业有众多可选择的、资本成本较低的债务资金。此时由于企业通过前阶段的积累有了一定的权益资金，对外界举债筹集的资金依赖相对下降，因此，处于成熟期的企业适合选择风险较小的融资方式，并保持适度负债。处于该阶段的能源企业应当利用多元化的融资方式，但信贷融资仍然是重要的资金来源。同时，考虑到融资成本因素，处于成熟期的企业也可以通过上市进行证券融资，通过发行股票和债券进行直接融资，降低融资成本。

处于衰退期的企业市场销售额下跌或增长出现有规律减速，市场占有率和利润率下降，财务状况开始恶化，负债增加，等等，种种不利的因素使企业筹资非常困难。不但如此，债权人甚至会因为担心企业被破产清算而要求提前偿还债务。企业前期积累的资金大部分用于偿还债务以及维持企业的持续经营。在该阶段，融资风险是应当首先考虑的因素。因此，处于衰退期的能源企业尤其是产能过剩、高污染、高耗能的能源企业应当通过资产重组或者破产清算的方式来改善现状。

4. 产权性质

产权性质对能源企业融资方式的影响主要是通过融资可得性与融资成本产生的。我国金融市场上存在较为严重的信贷歧视问题，民营企业从国有商业银行贷款较为困难，而国有企业往往由于规模巨大、预算软约束等原因，受到国有商业银行的青睐，不难获得成本较低的债务资金。因此，对于能源产业而言，具有产权优势的能源企业可以更加依赖于债务融资，尤其是信贷融资，而对于民营能源企业而言，选择其他多元化的融资方式可能是更为合适的选择。

(二) 市场层面因素

1. 金融市场因素

金融市场因素主要包括产品市场性质和金融市场状况两方面。第一，不同产品市场性质会对融资模式产生一定的影响。一般来说，垄断市场上的融资最容易实现，且融资方式多元化，应结合企业财务状况选择融资渠道以减少融资浪费；寡头垄断市场上的融资较容易实现，应选择最优融资路径提高融资收益；垄断竞争市场上，融资路径多变且复杂，应将投融资紧密切合，选择最优投资方向，提高融资效益；完全竞争市场上的融资成本较高，企业应不断提高技术水平以获得特定的资金支持。第二，就金融市场状况而言，金融环境的稳定能够保证能源产业融资渠道的稳定。金融市场越发达,企业可选择的融资方式越多,越能够满足融资结构的需求。此外,发达的金融市场上,金融业内部的竞争能够有效拉低融资门槛,降低企业融资成本。反之,则容易出现融资困难[①]。

2. 产业市场因素

不同类型企业(包括不同规模、不同发展阶段、不同产业等)的融资需求特征各有差异。根据能源特性的差异,可以将能源产业划分为传统能源产业和新能源产业。本书将分别从传统能源产业和新能源产业入手,以求较全面地揭示能源产业的融资需求特征。

(1)传统能源产业的融资特征。传统能源是指在现阶段科学技术水平下,已经广泛使用、技术上比较成熟的能源,如煤炭、石油、天然气、水能等,也称常规能源。传统能源产业在国民经济发展中扮演了十分重要的角色:作为重要的经济部门,直接创造经济价值;作为其他经济部门发展的基础,是投资、就业、贸易、财政的重要支柱;作为产业结构优化调整的重要窗口,具有重要的战略意义[②];并可以在经济下行时期对拉动经济复苏、增加就业岗位、稳定金融市场起到压舱石作用[③]。

传统能源产业的融资特征与其产业价值链及所处的生命周期阶段有关。分析传统能源产业的价值链可以发现(如图 8-21 所示),传统能源产业具有鲜明的"上、中、下游"格局:上游为能源的勘探开采和资源的初步分工,如煤炭的勘探开采、油气田的勘探开采和天然气液化等;中游是能源的转化与加工,如电力生产、石油炼制与化工、煤化工和天然气化工等;下游是基础化工原料的精细加工与能源产品的终端市场分销,如化工市场的精细化工生产、合成材料生产、化肥农药生产等,能源市场的供电、供热、供冷、供气以及油品供应等[④]。传统能源行业是典型的重资产行业,无论是勘探开采还是进一步的炼制加工都需要专业的大型机器设备,例如深井钻机、GIS 系

---

① 何凌云.能源金融若干理论与实践问题研究[M].北京:科学出版社,2014.
② 同上.
③ 吕建中.跨越经济周期波动,能源转型大有可为[EB/OL]. https://www.swpu.edu.cn/og/info/1033/3400.htm,2019-4-8.
④ 王德禄.能源产业发展趋势及价值链分析(上)[J].新材料产业,2004(11):10-16.

统等,由此决定了传统能源行业融资规模巨大的特点。可是,虽然传统能源产业在勘探开采及深加工方面积累了一定的技术,但是在节能环保的背景下,仍然对传统能源产业的发展提出了技术更新的要求,如大容量存储、并行分布式处理、人工智能和信息网络技术等方法在资源勘探中的应用,等等。此外,传统能源产业的投资周期长,对长期资金的需求大,因此其融资期限结构偏向于长期资金。

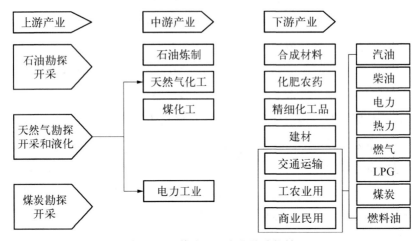

图 8-21　传统能源产业的价值链

从行业生命周期角度来看,传统能源产业已经普遍进入成熟期。进入成熟期后,行业的市场需求增速放缓,技术上已经成熟,行业特点、行业竞争状况及用户特点比较清楚和稳定,买方市场开始形成,导致行业盈利能力下降,新产品和产品的新用途开发更为困难,行业进入壁垒较高。在成熟期,行业的主要问题是如何延长成熟期。处于成熟行业的企业,尽管有可选择的众多资本成本低的债务资金,但企业应控制负债率。此时由于企业通过前阶段的积累有了一定的权益资金,对外界举债筹集的资金依赖相对下降,同时企业销售额增速下降也是企业逐渐萎缩的征兆。因此,处于成熟期的企业会选择适度负债和风险较小的融资方式[1]。一方面,对于传统能

---

[1] 曹裕,陈晓红,万光羽.基于企业生命周期的上市公司融资结构研究[J].中国管理科学,2009,17(3):150-158.

源产业而言,由于其已经发展到较为成熟的阶段,盈利性有所下降,因此内部融资较为缺乏,其融资主要来源于外部融资;另一方面,传统能源产业的资产规模较大,故其外部融资主要以债务融资为主。

当然,能源产业的融资特征不仅仅与能源产业自身的发展特征有关,与国家经济体制机制、经济发展阶段的关系也密不可分。从我国实际出发,结合马晓微(2010)的研究,我们总结了我国主要传统能源行业的融资发展历程(见表8-3)。

表8-3 我国主要能源行业融资发展历程

行业		融资过程
煤炭行业	发展模式	财政主导型→银行主导型→多元混合型
	融资历程	1949—1984年,主要依靠国家财政预算,属于财政主导型阶段;此后,银行贷款逐渐成为煤炭行业融资的主要渠道。1993年起,初步形成银行,外资和社会等融资渠道多元化的融资模式,近年来,我国煤炭生产企业由于行业重组,财务表现有所改善,企业的多元化经营也使得其可以筹集到更多且成本更低的资金。
油气行业	发展模式	财政主导型→多元混合型
	融资历程	1949—1978年,基本上由国家拨款、油田维护费(企业折旧)和少量的更新改造资金构成,20世纪70年代末,石油部门融资开始趋于多元化,一方面积极探索新的国内资金来源,另一方面开始大量利用外资。在多渠道融资中,石油和天然气开采和石油加工业投资的资金来源主要是自筹资金和银行贷款,其中,自筹资金比例达到70%以上。
电力行业	发展模式	财政主导型→拨改贷→集资办点→投贷分开(多元混合型)
	融资历程	2004年之前,电力行业融资旨在解决资金不足问题,具体划分为1979—1984年的"拨改融资方式贷"、1985—1991年的"集资办电"、1992—2002年的"投贷分开"、2008年之后的"厂网分开"四个阶段。2004年之后,随着《国务院关于投资体制改革的决定》的颁布,电力行业融资进入了新的阶段。

总的来看,传统能源产业的融资具有如下特征:从规模上看,我国传统能源产业仍具有较强的融资需求,融资规模大。从结构上看,传统能源产业的资金偏向于长期资金,由于其已经发展到较为成熟的阶段,缺乏新的盈利增长点,因此,内源融资较为缺乏,以外源融资为主;重资产特征使得其外

部融资以债务融资为主。

（2）新能源产业的融资特征。新能源产业的融资特征与其行业特征、产业价值链及所处的生命周期阶段有关。

从行业特征看，当前我国新能源行业属于增长型、技术密集型新兴行业，市场接近于完全竞争。作为新兴行业，新能源产业发展存在技术障碍、投资周期长、市场风险大等特点，新能源产业投资存在较明显的风险性。其主要表现在以下两个方面：一是产业风险。新能源产业是资本和技术密集型产业，企业在创立期和成长期所需的投资额大、回报期长、经营性风险高，加之行业竞争和国际市场需求变化等影响，其产业风险相对较大。二是技术风险。未来新能源技术发展的不确定性，使得技术的可替代性较大，因此新能源生产的各个环节都存在技术风险①。

从产业价值链视角看，新能源产业价值链与传统能源产业存在明显不同（见图8-22）。新能源产业的价值链中往往嵌入了研发环节，存在较高的投资风险，因此仅仅依靠市场往往难以获得发展所需资金，需要政府的引导与支持。鉴于新能源产业本身的特性，引入风险资本与民间资本具有可行性。

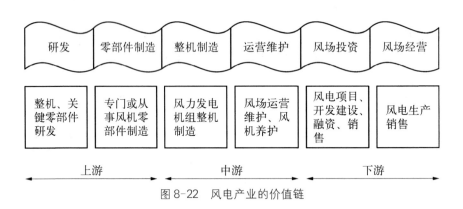

图 8-22 风电产业的价值链

从产业生命周期来看，新能源产业属于新兴产业，行业内绝大多数企业都处于初创期或成长期。在初创期时相应的人财物等资源都比较匮乏，资产

---

① 谢冬冬.我国新能源产业融资问题研究［J］.征信，2014，32（5）：87-89.

规模小、缺乏业务记录和财务审计，企业信息封闭，因而企业主要依赖内源融资，外源融资获得性很低且主要以风险投资为主。

（三）宏观层面因素

影响能源产业融资方式选择的宏观层面因素主要包括以下两点。

1. 经济体制因素

经济体制对投融资方式的选择有重要影响。一般而言，市场经济体制下，市场化程度较高，投融资模式也以市场为主导。计划经济体制下，经济发展受到国家意志的影响很大，国家财政拨款占较大比重。而中国特色社会主义市场经济体制下，国家对于经济和产业的调控是相对的，多种投融资模式并存，在不同的发展阶段，投融资模式的主导方式具有一定差异。

2. 宏观环境因素

融资是一个动态的过程，宏观环境的变化会使得经营者自筹资金率、项目收益比率等发生变化，投资者可以观察和预期这些变量，从而改变融资决策。这里所指的宏观环境主要包括经济周期条件。不同的经济周期经济增速不同，政府宏观调控政策的选择也具有差异性，从而影响到企业的经营和外部融资环境，并对能源企业的融资行为造成显著影响。

 不同能源产业的融资方式选择分析

一、传统能源行业的融资方式

能源产业的融资特征不仅仅与能源产业自身的发展特征有关，与经济体制因素也密不可分。当前，我国传统能源产业正处于加快转型发展的关键时期，传统能源业务升级与新兴能源业务拓展，都离不开资金支持。下面从我国实际出发，分析我国主要传统能源行业适合的融资模式（见表8-4）。

表 8-4 我国主要能源行业主要融资模式

行　业		融　资　状　况
煤炭行业	行业特点	周期长；资本密集型；竞争性。
	融资模式	① 市场化的多元融资模式，且要充分利用好民间资本。 ② 提高股权和债权融资比例，建立和完善煤炭产业基金和风险投资机制，引导资金投向煤炭资源勘探及煤炭开发的新项目、新技术，并采取金融手段规避、转移、降低、分散资源勘探以及新技术开发过程中的风险。
油气行业	行业特点	周期长；资本密集型；融资成本大；自然垄断性和竞争性。
	融资模式	① 根据不同时段、不同主体、不同产业链的特点灵活选取适当的融资方式。 ② 上游项目，除贷款外可通过产品分成合同形式吸引外资及内资流向上游部分，并考虑建立风险勘探投资基金。 ③ 中游项目，在政府引导下通过管道连接上下游供需，管道建设上，综合考虑国家参股和控股、外商直接投资、证券融资、BOT 等。 ④ 下游资金需求大，应主要由企业通过市场自主融资，但对于城市管网建设等基础设施建设，可以通过政策性银行信贷、政府有偿性财政支持等方式来融资。
电力行业	行业特点	资本密集型；发电、输电供电（配电和销售）三环节具有差异性；自然垄断性和竞争性。
	融资模式	① 发电和售电采取市场调节下的多元化融资模式，电网则采用以市场为导向，国家控股的多元化融资模式。 ② 发电环节（电源）采取市场导向的多元化融资渠道；售电行业可采取与发电部门相似的多元化融资渠道；输电环节由于具有典型的自然垄断性质，国家垄断经营，因此应以国家资金为主体，非国有资本适当介入。 ③ 供电行业可采取与发电部门相似的多元化融资渠道；供电环节（零售市场）逐渐引入竞争机制，使终端用户能够自由地选择供电商。

二、新能源行业的融资方式

对新能源产业而言，尽管传统融资渠道，如银行贷款、企业上市、债券发行等的融资成本相对较低、风险较小，但现阶段通过传统融资渠道所获得资金并不充分，存在资金少、时滞长、效率低等问题。因此，新能源产业将银行贷款为主的传统融资渠道与资本市场、风险投资、私募基金及其他绿色融资渠道相结合，不断完善新能源产业融资机制。我国对新能源产业融资给予了一定的政策倾斜，国家政策性银行发挥了明显作用，而商业银行在新能源产业融资中的作用还存在较大空间，创新型融资方式在新能源产业，尤其是民营企业融资中也越来越多地被采用。未来新能源产业融资将逐渐走向多元化。

（一）产业投资基金

欧美市场风险投资经验表明，通过国内外风险投资机构将社会保险资金、养老金和商业保险金引入风险投资领域，能够有效缓解新兴产业资金需求紧张的问题。经过十多年的探索，风险投资已成为我国新能源企业融资的重要途径。早在2010年，原中国保险监督管理委员会就出台了《保险资金运用管理暂行办法》，2011年，养老金入市等都是新能源企业风险资本融资的重要契机。此外，我国创业风险投资机构的设立与发展也推动了新能源产业风险投资规模的扩大。创投产业的发展为新能源企业，尤其是拥有技术优势的中小型企业融资提供了有效的风险资本途径，是民间资本、社会保险基金、外资及金融机构资本投向新能源产业的重要通道。风险投资可以通过多种方式进入新能源领域，并能贯穿到新能源企业发展的各个阶段，如新能源企业上市的资金投入。

政府引导基金是由政府设立、对政策要求极强的基金，其目的是引导资金投向符合国家和地区产业政策的领域，确保经济可持续发展。政府引导基金通过发挥政策引导作用，拓宽融资渠道，吸引国有资本、民间资本、海外资本等共同参与新兴产业的投资。通过设立政府引导基金方式支持新能源产业发展，不仅可以避免在资助过程中的腐败、寻租等低效问题，还可以充分发挥财政资金的杠杆作用。目前，我国政府引导基金的数目和规模越发庞大，截至2019年6月底，国内共成立1 311只政府引导基金，政府引导基金自身总规模达19 694亿元。我国在新能源领域方面的产业引导基金主要包括国家级战略性新兴产业发展基金、国家科技成果转化引导基金、先进制造业产业投资基金等。

（二）项目融资机制

项目融资是指贷款人向特定的工程项目提供贷款协议融资，对于该项目所产生的现金流量享有偿债请求权，并以该项目资产作为附属担保的融资类型。项目融资是一种以项目未来收益和资产作为偿还贷款的资金来源和安全保障的融资方式。对于新能源产业而言，由于以下三方面原因，项目融资是一种比较合适的融资方式。

第一，项目融资能有效解决新能源企业初创期信用评级不高导致的"融资瓶颈"问题。新能源企业发展初期，信用评级普遍较低，而项目融资建立在项目预期现金流和未来收益基础之上，具有"项目导向性"特征，债权人的债权清偿仅依靠项目自身产生的现金流和项目实体的其他资产，因此即使在企业信用评级不高的条件下，只要拥有预期收益稳定的新能源项目，仍可以得到投资人的资金支持，从而能有效解决新能源企业初创期信用评级不高导致的"融资瓶颈"问题。

第二，项目融资有助于解决新能源企业项目短期和长期的融资问题。项目融资运作中，通常设立项目公司，发起人以项目公司的名义实现表外融资，债权人对项目公司的融资建立在融资主体的有限追索或无追索基础上，债权人不能追索到项目公司除新能源项目资产、项目现金流及所承担的义务之外的财产，从而降低了项目发起人的投资风险。另外，项目公司负责新能源企业项目资金的筹集，承担企业项目进程中的所有风险，并且提供充足的资金以保证项目进度，并帮助企业解决新能源产品的销售及售后资金回收问题，这不仅能够解决新能源企业项目开发期间的外部融资问题，并且有助于解决企业在项目完成后的较长时期内的内部融资问题。

第三，项目融资方式是一种市场化的融资机制，效率较高。新能源企业依托企业开发项目与项目公司建立项目融资关系，项目融资公司通过 BOT 和 PPP 模式，以市场化的方式将政府扶持意向传递给新能源投资者，释放国家引导发展新能源项目的经济信号。此外，项目融资以公共化的目的保证企业新能源项目稳定的用户支持，实现国家政策和新能源企业发展的紧密结合，帮助新能源企业分散投资风险，并且使企业充分享受政策优惠（包括各类政策项目下的补贴、税收优惠等）。同时，新能源企业凭借政策的支持更容易获得金融机构的资金支持。

(三) 民间资本引入

对新能源产业中国家控股垄断的新能源企业而言，民间资本的引入是完善市场机制、提高企业市场竞争力的重要手段。而对于民营为主的新能源企业而言，民间资本的引入是企业持续经营的重要资金支持。

民营及中小微企业对于民间资本的引入除了通过风险投资中的养老金、保险公司、基金和私募股权，或者通过项目融资公司筹集外，还经常通过企业自身寻找民间金融。现阶段民间金融的形式主要包括村镇银行、小额贷款公司、互助社等，将民间金融引入新能源产业中的中小微企业不仅能够满足居民资本增值的需求，还可以缓解中小微企业短期流动资金不足的压力。从整体金融系统来看，随着民间金融的发展，中小微型企业对民间金融所提供的短期资金的青睐，直接影响着银行，尤其是非国有商业银行对中小微企业市场的利益追逐。民间资本的引入除了缓解中小微型企业的短期资金流动压力外，还能够促进银行对其进行长期金融支持，以此保证新能源产业领域内中小微企业融资结构的优化。但是，当前我国民间金融改革的效果并不十分显著，国家对民间资本的引导政策和法律都存在漏洞，民间金融蕴藏着巨大的金融风险。对于民间资本的过度依赖会加大企业的财务压力，不利于持续经营。因此，新能源产业内民营及中小微企业对民间资本的引入仍主要集中在短期资金周转上。

(四) 政府支持

从国际经验来看，政府金融支持是新能源产业发展初期的重要资金来源。2008年金融危机后，美国将新能源产业作为经济发展的突破口，并给予了巨大的政策支持和资金支持。日本自然资源的相对匮乏使得其更加注重新能源的开采与使用，日本政府一直高度重视新能源产业技术创新，对新能源产业技术开发投入了巨额资金。德国一直处于世界新能源产业发展的最前端，德国政府长期巨额全面的投资保证了其新能源产业的全面高效发展。

由于新能源产业具有明显的超出企业以外的社会效益，近年来我国对新能源产业融资也给予了巨大的政策支持，国家和地方政府设立新能源开发利用的国债支持项目；财政部设立用以支持新能源开发的专项基金，国务院批准设立用于支持科技型企业技术创新的专项基金,"863"和"973"国家高科技研发基金使从事新能源研发的企业可以向政府科技部门申请资金支持。2006 年,我国明确了可再生能源的上网电价实行政府定价和指导价格两种标准,这一政策的出台为新能源产业融资提供了巨大的政策保障。

(五) 金融机构贷款

从国际实践来看,以银行为主的金融机构为新能源产业由成长到成熟的有效过渡提供了重要资金支持,表 8-5 是主要发达国家金融机构对新能源产业的信贷支持情况。

表 8-5 美国、日本、德国金融机构为新能源产业融资部分事件

国家	银行主导的金融机构融资
美国	2009 年第四季度,美国银行为绿色能源融资超过 9 700 万美元; 2010 年,摩根大通银行共为可再生能源产业融资 12 万亿美元,其提供的资金占风力发电总装机量金额的 16%; 2010 年,富国银行为太阳能光伏项目和风力项目融资 2.4 亿美元,为企业的清洁技术提供贷款 3 亿美元; 2012 年,富国银行绿色能源项目融资达 64 亿美元; 2017 年,富国银行在可再生能源项目上投资了 120 亿美元,在此前的 11 年内,富国银行对可再生能源项目的投资平均每年可达 180 亿美元
日本	2008 年,日本三井住友银行为西班牙卡塞雷斯的太阳能光伏厂融资 2.1 亿欧元; 2009 年,瑞穗银行共为 48 个可再生能源项目提供资金 883.52 亿日元; 2010 年,瑞穗银行为 46 个可再生能源项目提供资金 854.16 亿日元; 2010 年,在日本东丽、藤忠、德山、夏普和三友等 5 家新能源企业融资结构中,银行贷款与直接融资的占比分别为 5.8%、11.65%、1.7%、4.0% 和 1.1%; 2012 年,瑞穗银行就光伏业务的 8 个项目签订了总额约为 991 亿日元的融资合同; 2013 年,日本 3 大银行(三菱 UFJ、瑞穗银行和三井住友银行)对再生能源事业进行的融资额合计达 3 900 亿日元,约为 2012 年度的 4 倍; 2019 年,日本福岛启动 27 亿美元可再生能源项目,日本开发银行和瑞穗银行等机构计划在 2023 年前提供该项目所需的 3 000 亿日元资金
德国	2009 年为可再生能源和环保产业融资 69.96 亿欧元; 2009—2011 年,德国国家复兴信贷银行为新能源产业融资 525 亿欧元,其中为小型企业提供的贷款为 400 亿欧元; 2011 年 6 月,德国国家复兴信贷银行推出 50 亿欧元"离岸风力"的贷款融资项目; 2018 年,德国国家复兴信贷银行提供 24 亿欧元贷款助力印度发展可再生能源

资料来源:胡海峰和胡亚吉 (2011),何凌云 (2014)。

由于新能源产业的融资风险较高，以商业银行为主的金融机构对资金投入规模大、回收期限长、技术研发能力不确定的民营新能源企业的资金支持非常谨慎，导致间接融资成本较高。就我国而言，主要由政策性银行为其提供更为直接的金融支持。表 8-6 是近年来国家开发银行支持新能源产业发展的重要融资项目。

表 8-6　国家开发银行支持新能源产业发展的重要融资项目

年份	融　资　项　目
2010	尚德电力、天合光能、英利、晶澳太阳能和赛维 LDK 相继获得几百亿元规模的融资授信
2011	全球最大多晶硅片制造商——赛维 LDK 太阳能有限公司获得国家开发银行全资持有的国开金融有限责任公司、建银国际下属投资基金以及另一家银行下属投资基金三家具有"国字号"金融机构的共同投资； 11 月，国开行为汉能控股集团提供了 300 亿元人民币战略授信； 国开行将对协鑫集团的境内外投资项目提供外币与人民币组合的融资支持，以满足协鑫集团未来发展的资金需求
2012	国开行重点确保光伏行业内"六大六小"12 家优势企业授信额度，其余光伏企业贷款受到严控
2015	晶科能源获国开行 9 000 万美元贷款
2016	国开行 3 亿元支持广西首个"农光互补"光伏扶贫项目
2019	协鑫新能源获得国开行 9 亿融资驰援
2020	国开行设立 2 500 亿元专项贷款，支持新能源汽车等制造业高质量发展

资料来源：根据中国再生能源网、中国能源网、中国能源信息网相关信息整理。

进一步从政策导向来看，根据《中国银行股份有限公司行业信贷投向指引（2012 年版）》，新能源中的核力发电列入"积极增长类"；风力发电、新能源汽车列入"选择性增长类"；其他新能源（包括太阳能、生物质能等能源发电）列入"维持份额类"。总体来看也体现了新能源融资的政策支持。

（六）直接融资

资本市场不仅能够为新能源产业提供长效资金支持，且融资成本低、风险小，是新能源产业融资的有效渠道。具体的渠道有以下多种：一是风险投资和私募股权基金融资。以太阳能行业为例，2019年太阳能行业的全球风险投资和私募股权融资（VC/PE）共计53笔交易，金额达到14亿美元，而2018年的65笔交易的交易额则为13亿美元。二是IPO上市。2017年，《国家能源局关于深化能源行业投融资体制改革的实施意见》指出继续鼓励发展能源项目直接融资，依托多层次资本市场体系，拓宽和优化能源领域投资项目的直接融资渠道，鼓励符合条件的能源企业开展股票上市融资。截至2019年，在我国境内上市的新能源企业多达179家，其中太阳能企业21家，水电企业8家，风电企业8家。三是资产证券化等融资方式。近年来，我国总结能源领域资产证券化实践经验，鼓励金融机构选择符合条件的能源信贷资产、企业应收款、信托受益权、基础设施收益权等为基础资产，开展形式多样的资产证券化业务，盘活存量能源设施资产。四是发行各种债券。加大创新力度，丰富债券品种，鼓励有条件的能源企业发行企业债券、项目收益债、重点产业专项债，通过债券市场筹措资金。

（七）融资租赁

作为新兴的金融服务，融资租赁能有效解决中小企业融资难的问题。在发达经济体中，融资租赁是仅次于银行业的第二大资金供应渠道。经过多年发展，我国的融资租赁产业也逐渐成为一种重要的企业融资模式。截至2018年底，我国融资租赁企业总数为11 777家，注册资金约合32 763亿元，融资租赁合同余额约为66 500亿元人民币，分别比上年同期增长21.7%、1.33%、9.38%[①]。新能源产业具有不同于一般产业的特点，技术要求高、投资回收期长、经济效益不确定等，因此使得新能源类中小企业面临更为严重的融资约束。对于新能源产业的大型设备，可以借助融资租赁的形式来满足融资需求。例如风电场、生物质电厂等多采取融资租赁的方式，通过专门的租赁公司租入所需设备，资金支付滞后于资产使用。企业利用融资租赁设备，边使用、边创利、边付租，能够以较低的成本展开项目建造，避免资金

---

① 2018年融资租赁行业年度报告发布［EB/OL］. http://www.flleasing.com/onews.asp?id=21025，2019-2-4.

不足对项目开展的制约,使有限资金发挥更大的效用,达到融资和融物的双重目的。

(八)投资信托

信托是一种特殊的财产管理制度和法律行为,同时也是一种金融制度,与银行、保险、证券一起构成了现代金融体系。新能源投资信托是以信托公司作为受托人,借助信托发行计划,将特定委托人的资金集合形成一定规模的信托资产,交由专业投资管理人进行新能源公司或项目股权投资和提供经营管理服务,获取收益后由受益人按照信托合同约定分享的一种投资工具。信托公司在为新能源产业提供服务方面有着独特的优势。首先,信托兼具融资与投资的双重功能,连接着货币、资本、产业三大市场,可以为新能源企业和项目提供多种资产管理和增值服务;其次,信贷资金具有广泛性、多元性、融合性等特点,既可以向新能源企业提供贷款,又可对新能源企业进行股权融资,还可以为企业提供财务顾问的服务;最后,由于信托产品具有独立性,信托财产与委托人未设立信托的其他财产相区别,具有破产隔离功能,可以保证新能源企业的资金安全。正因为如此,近几年来,不少信托公司推出了有关新能源项目的集合资金投资计划,"低碳""绿色"等概念产品成为信托产品中的新兴力量,在为新能源项目提供融资及金融支持方面提供了重要支持。

(九)能源资产证券化

在能源互联网大发展的背景下,新能源行业也可以创新融资方式,采用能源资产证券化等方式获得融资。具体原理是:能源企业与金融机构合作,将能源收费权、新能源发电收益权等具有稳定现金流支撑的权益,作为基础资产发行能源资产证券化产品,同时通过物联网、大数据、人工智能等新技术对能源资产所产生的收益进行实时监控与预测,准确评估收益与风险,提升各类优质资产的流动性。

能源资产证券化的具体操作步骤如下。第一,建设能源资产证券化项目资产池。发起人选择一种或多种能源资产,使其产生独立且可预测的现金流量,并将能源资产的现金收益作为基础资产。第二,设立特殊目的机构

（SPV），其目标是实现能源资产项目的破产隔离。第三，进行信用评级。独立第三方通过公开或内部评估，对受评对象的违约风险的大小、按合同约定如期履行债务或其他义务的能力和意愿进行专业评级。第四，确定融资计划，分析融资效果。根据项目的具体情况，确定专项资产管理方案，优化交易结构，以确保资产证券化融资的成功，通过一系列结构性安排，确保发起人实现其筹资目的，同时评估项目成本和风险①。第五，后续管理，现金流及时转入专项计划的专项账户。按照托管协议，托管人应当管理账户资金，并支付投资者本金和利息，以及机构的服务费用。专项计划期满后，剩余现金结转发起人。

第五节 能源产业融资的制度分析

近年来，我国能源产业融资问题得到一定程度的缓解，但与发达国家相比，仍存在一定差距。本节在分析能源产业融资的制度支持价值与类型基础上，剖析发达国家的能源产业融资支持经验，以为我国能源产业融资的相关制度改善提供借鉴。

一、能源产业融资的制度支持价值与类型

融资制度是在一定经济体制下如何筹集资金并有效使用资金的一系列制度安排，即以何种制度安排将一国的国民储蓄有效转化为社会投资，促进该国的经济发展。特定的融资制度体现了经济主体从何种途径、以怎样的方式筹资与分配资金的选择，它是一国经济体制、金融制度、企业财产制度和公司治理结构、银企关系以及经济发展的综合体现。能源产业的融资制度即一系列有利于能源企业筹集资金、转化资金的制度安排。鉴于能源产业发展具有国家战略意义，能源产业的发展尤其是新能源产业的发展能带来显著的正

---

① 高媛. 光伏电站资产证券化的探讨 [J]. 国际商务财会，2017（4）：29-31，34.

外部性，因此，从制度角度对能源产业融资予以支持非常有必要。虽然能源产业的融资方式多种多样，但是资金来源不外乎政府部门与社会部门。促进能源产业的融资即促进资金从政府部门和社会部门流向能源产业部门。因此，能源产业融资制度支持大致可以分为三类：第一类是政府部门的融资制度支持；第二类是社会部门的融资制度支持；第三类是政府部门和社会部门联合的融资制度支持。在具体实践中，这三类形式的融资制度支持具有不同的表现形式与功能地位。

1. 政府部门的融资制度支持

政府部门的融资制度支持主要表现为一系列扶持性政策，例如信贷优惠、财政补贴、税收优惠等。由前述可知，能源产业的发展尤其是新能源产业的发展具有正外部性特征，因此仅仅依靠市场机制无法实现最有效的投资。因此，政府部门的融资支持就显得非常有必要。然而，受政府财力所限以及政府干预负效应等因素制约，政府的融资制度支持对能源产业的融资只能起到辅助与补充的作用。近年来，我国在能源产业的融资制度支持上做出了诸多努力。例如：《核电中长期发展规划（2005—2020）》指出，要对核电自主化过程提供税收优惠与投资优惠；《国家发改委关于太阳能热发电标杆上网电价政策的通知》鼓励地方政府对太阳能热发电企业提供税收减免和财政补贴等措施；《海洋可再生能源发展"十三五"规划》提出，要通过运用资金补助、贷款贴息等方式，充分发挥财政资金的杠杆作用；《国务院关于促进光伏产业健康发展的若干意见》提出，对具有自主知识产权、技术先进、发展潜力大的光伏企业提供信贷支持等。此外，政府还通过政策性银行为能源企业提供资金支持。作为国家最大的政策性银行，国家开发银行在贯彻国家宏观经济政策和产业发展政策，大力支持我国可再生能源产业发展上做出了很大的贡献。无论是低利率的银行贷款，还是斥资组建的基金公司，例如中非发展基金，都对我国可再生能源企业的发展起到了重要的推动作用。据统计，2019年国家可再生能源电价补贴资金预算总额约866亿元。其中，划拨给国家电网的预算补贴资金约724亿元，包括风电约329亿元、光伏发电约357亿元、生物质发电约38亿元；划拨给南方电网的预算补贴资金约58亿元，包括风电约40亿元、光伏发电约15亿元、生物质发电约3

亿元。政府部门的融资制度支持有力地缓解了能源产业融资难的问题。

2. 社会部门的融资制度支持

社会部门的融资制度支持主要指政府部门通过引导建立多种形式的融资渠道并营造保障投资者利益的投资环境来吸引社会部门的资金流入能源产业部门。能源产业的发展需要大量的资金投入，仅仅依靠政府支持难以缓解能源企业融资难的问题，社会部门的资金才是能源产业发展最重要的资金来源。基于此，我国在创新能源产业融资方式、吸引社会资金流入方面做出了重大努力，也取得了初步成效。绿色信贷、绿色信贷资产证券化、绿色债券、绿色基金、绿色保险、新能源产权交易等绿色金融手段为清洁能源的发展做出了重大贡献，产业投资基金、项目融资等也为新能源产业的发展提供了必要的支持。2012年，中国证监会发布《绿色信贷指引》，要求银行业金融机构以绿色信贷为抓手，积极调整信贷结构，有效防范环境风险和社会风险，推动实现社会经济低碳化发展。2015年9月，《生态文明体制改革总体方案》提出，要建立绿色金融体系，推行用能权和碳排放权交易制度，推广绿色信贷、鼓励对绿色信贷资产实行证券化、支持设立各类绿色发展基金、完善对节能低碳、生态环保项目的各类担保机制等措施。2015年12月，《绿色债券支持项目目录》明确定义了绿色产业项目的定义和范围。2016年12月，《能源生产和消费革命战略（2016—2030）》指出，能源产业发展需要能源政策与财税、金融、价格、环保、产业等相关政策统筹协调，需建立健全支撑能源绿色发展的财税和金融服务体系。2017年，国家能源局发布《关于深化能源行业投融资体制改革的实施意见》，鼓励发展能源项目直接融资，大力发展债权投资计划、产业投资基金、资产支持计划等融资工具，畅通能源投资项目的融资渠道。政府通过创新能源企业的融资方式，拓宽和培育能源产业融资市场的深度和广度，可以为投资者提供适合自身风格的投资渠道，进而吸引社会部门资金的流入。

3. 政府部门和社会部门联合的融资制度支持

政府部门和社会部门联合的融资制度支持主要指政府与社会部门合作为能源产业提供融资的制度安排，主要表现为PPP模式和政府担保融资的形式。与第一种融资制度支持形式不同，虽然政府部门的资金也流入了能源产业,但是其最终目的是引导社会资本进入能源产业。与此同时,该制度支持形式与第二种融资制度形式也存在一定差异,在第二种融资制度支持形式下,政府部门主要扮演的是引导者与监督者的角色,而在第三种模式下,政府部门主要扮演的是参与者的角色。近年来,政府部门通过自身参与能源产业的建设来吸引社会资本进入的模式在能源产业融资中发挥了越来越重要的作用。表 8-7 梳理了近年来我国鼓励社会资本参与能源产业的融资政策。在政府担保融资政策实践上,也出现了分布式光伏项目的"阳光贷"政策。

表 8-7 鼓励社会资本参与能源产业的能源金融政策

发布时间	文 件 名 称	发布部门	能源金融政策
2012 年	《国家能源局关于鼓励和引导民间资本进一步扩大能源领域投资的实施意见》	能源局	鼓励民间资本扩大能源领域投资
2014 年	《国务院关于创新重点领域投融资机制鼓励社会投资的指导意见》	国务院	鼓励社会资本加强能源设施投资
2015 年	《关于在公共服务领域推广政府和社会资本合作模式的指导意见》	财政部、发改委、人民银行	在能源基础设施领域推广政府和社会资本合作模式
2015 年	《推动丝绸之路经济带和 21 世纪海上丝绸之路能源合作愿景与行动》	发改委、外交部、商务部	鼓励企业以直接投资、收购并购、PPP 等方式深入能源投资合作/加强金融机构对能源项目的深度参与,形成能源"产业+金融"的合作模式
2016 年	《国家能源局关于在能源领域积极推广政府和社会资本合作模式的通知》	能源局	简化 PPP 审批/能源价格改革/创新财政补贴/金融合作/第三方评估
2017 年	《国家能源局关于深化能源行业投融资体制改革的实施意见》	能源局	PPP 模式/鼓励能源信贷、能源股票、能源债券、能源基金、能源保险、能源国际清算等能源金融产品和服务

资料来源:徐洪峰.国际油价长期趋势、俄罗斯角色以及中国能源安全[J].俄罗斯中亚东欧市场,2018(3):48-51.

二、国外能源产业融资的制度支持

(一) 德国新能源产业融资制度

德国是欧洲可再生能源行业发展的领头羊和典范,其可再生能源激励政策的核心是以固定上网电价全额收购可再生能源电力。德国对可再生能源投融资的支持模式是通过国家政策性银行和商业银行互补合作，为项目提供长期、稳定的资金来源和渠道，保障项目投资者的收益[①]。

1. 政府金融支持

德国在新能源领域的投入一直处于世界领先水平，截至目前，德国在新能源的研发和推广方面的总投入已经超过了280亿欧元，并且仍在逐年递增。德国政府在对新能源领域的融资方面有投入大、时限长的特点，并且建立了持续资助能源研究的机制。2010—2019年上半年，欧洲可再生能源投资额为6 980亿美元，其中，德国贡献最多，达1 790亿美元。

2. 政府补偿

2000年，德国颁布的《可再生能源法》（EEG）规定了各种可再生能源发电的补偿标准。该法令规定对新能源发电装备进行补偿，补偿期限为20年，由于各安装地点的条件不同，补偿的标准按照"产量"相应划分了不同的等级。同时，为了促进企业的利用效率，补偿额逐年递减。除了补偿之外，德国政府还对新能源发电及发电设备给予补贴。2017年6月，德国推出新能源汽车补贴政策，为期3年，总补贴金额为12亿欧元。为了进一步刺激低迷的新能源汽车市场，2019年，德国政府决定延长新能源汽车购买补贴到2020年底，在此之前购买电动车可获得4 000欧元补贴。根据《可再生能源法》（EEG），2019年，德国所有提供资金的可再生能源激励计划将征税降至0.064 05欧元/每千瓦时（约合人民币0.5元）。这比2018年减少近6%，为连续第二次降税。

3. 金融机构融资

德国新能源产业发展的主要推动力量是政府，但就新能源产业的融资方面，德国的金融体系贡献也十分突出。德国的金融体系不同于其他的国家，银行是整个金融体系的支柱，主要包括全能银行和专业银行，其中以全能银行为德国银行体系的特色和标志。全能银行能够为客户提供全方位的服务，

---

① 胡润青. 分布式光伏发电项目投融资的国际经验及启示［J］. 中国能源，2016，38（12）：23-27.

包括吸收存款，发放贷款和抵押贷款，提供人寿保险，承销证券，以及从事有价证券业务等。德国的股票市场上市的公司不多，所以一向不是企业融资的主要渠道，相应的衍生品市场也不发达，而债券市场则是各级政府和银行的重要融资渠道，对于企业而言意义也不大。所以，新能源产业的融资主要来源于德国的银行，尤其是复兴信贷银行。根据《德国复兴信贷银行促进法》的规定，德国政府通过政策性银行为可再生能源项目提供长期、低息的优惠贷款；同时，确立了德国复兴信贷银行与商业化银行的商业合作模式。通过国家政策性银行（提供长期优惠的贷款）和商业银行（负责项目的风险评估和控制、提供短期商业贷款）互补合作，德国银行可以为新能源项目提供最长 20 年、最高 2 500 万欧元的长期低息优惠贷款和短期流动资金贷款，融资比例可高达 100%。在政策性银行的再融资和贷款优惠政策的支持下，吸引了越来越多的商业性投融资资金介入。

（二）美国能源产业融资制度

美国能源产业的融资制度较为成熟。从融资渠道上看，美国能源产业的融资机制主要包括政府金融支持和金融市场融资。

1. 政府金融支持

（1）政府直接融资。政府直接融资是美国能源产业融资的重要方式之一。美国一直以来重视政府直接融资对能源产业的支持，早在 2009 年的《美国复苏与再投资法案》中就明确了对新能源技术革命相关项目的拨款达 970 亿美元，为能源产业的发展提供了资金支持。2019 年，美国政府能源产业拨款预算为 306 亿美元，能效与可再生能源方面的预算拨款为 7 亿美元。除了为满足国家安全需求和应对环境治理挑战投入大量资金，美国能源部 2019 财年还将对变革型科技创新进行投资，以推进负担得起的可靠能源供应，进而确保美国国家能源供应安全和经济增长。

（2）税收支持体系。税收支持体系是美国能源产业融资的重要制度支撑，既包括联邦税收制度，也涵盖了各州多样化的激励政策。美国联邦政府主要是通过美国税法实施可再生能源的激励措施，其中最重要的激励政策是投资税收抵免政策和成本加速折旧政策。通过这两项政策，投资者可实现相当于超过项目资本金成本50%的税收优惠。(1)投资税收抵免政策，是联邦政府为了鼓励绿色能源投资而出台的税收减免政策，2016年底前的光伏发电项目可按照光伏发电项目投资额的30%抵扣应纳税。(2)成本加速折旧政策，是联邦政府的政策，全国适用。该政策允许投资人将30年使用寿命的光伏发电系统设备在6年内快速折现完，作为税收抵扣（美国所得税税率约35%）快速回款，以减少资金成本。除去联邦税收政策外，美国各州也出台了多样化的税收激励政策，例如新罕布什尔州对太阳能和风能实施退税政策，亚利桑那州对高达资本投资10%的可获退还所得税减免、针对每个高管新工作的高达9 000美元的所得税减免、高达150万美元的员工培训可偿还援款、高达34%的研发税务减免、重大的营业税减免等。

2. 市场融资机制

(1)传统市场融资。美国以其发达的金融市场著称，包括庞大的银行系统、严密的证券市场、共同基金投资银行和各类金融性中介机构。其中，银行体系主要包括8 000多家商业银行、储蓄与贷款银行和1 700多家信用社。传统金融市场为美国能源产业提供了多层次的融资渠道。美国的银行体系在新能源和环保产业的融资方面发挥了重要的作用。摩根大通表示，计划于2020年实现在全球的物业完全依靠可再生能源，并将于2025年之前做出总额2 000亿美元清洁能源融资承诺。自2005年以来，美国富国银行为环境保护和可再生能源的发展融资超过80亿美元，2010年，美国富国银行为8个州的太阳能光伏项目和风力项目融资2.4亿美元，为企业的清洁技术提供贷款3亿美元，成为美国支持可再生能源发展的"先驱"。除了银行体系外，美国证券市场也为能源产业融资提供了便利。美国证券市场层次清晰，结构合理，能够从不同层面上满足各类企业的融资需求，因而证券市场成为新能源产业和环保产业的重要融资渠道。纽约证券交易所和全国证券交易商协会自动报价系统（纳斯达克市场）是新能源企业融资的主要阵地，是可再生能源企业主要的融资场所，约97%的能源企业都选择在该市场上市融资。

(2)新型融资模式。由于新能源和节能环保产业都是国家的战略性产业，其开发和利用具有很强的外部性，因此，产业培育期的资金需求较高，为满足产业的资金需求，除了政府扶持及传统的市场融资之外，还出现了许多新型的融资模式，如吸引风险投资资金（VC）、绿色证书计划、碳交易等。2020年上半年，太阳能行业的全球风险投资（风险资本，私募股权和企业风险投资）为2.1亿美元，占总融资的5%，主要的VC/PE交易包括：Sunseap Group筹集了7 200万美元，Zero Mass Water筹集了5 000万美元，Sunseap Group筹集了3 700万美元（第二笔交易），Today's Power筹集了2 100万美元。2020年上半年，共计23家风险投资企业参与了太阳能融资，风险投资为解决美国战略性新兴产业的融资问题做出了非常重要的贡献。除了VC/PE等新型融资模式外，美国能源产业还发展出了第三方投资模式等融资支持。

第三方投资模式也被称为"太阳能服务"模式。在美国，第三方投资模式主要是为了引入特殊功能实体、高效充分地利用税收政策，将联邦政府的投资税收抵免政策和加速折旧政策的收益最大化。通常适用于没有大额税单的家庭以及免征联邦所得税的学校、非营利组织和联邦机构等单位。目前，第三方持有项目在美国居民市场占有很高的比例，同时也是商业市场的重要组成部分。第三方持有的另外一个优点是，光伏发电系统持有者负责运维，发电系统的运行状态直接影响项目的现金流和效益，能有效激励发电设备处于最佳运行状态。联邦、州和地方政府机构是第三方投资模式的优质客户和市场。很多州的可再生能源配额制强制要求政府部门和公共机构采购可再生能源。很多政府机构会与第三方签订合同，通过电力购买协议采购分布式光伏电力，而不是自己拥有这些资产。相比之下，由于私营企业的违约概率通常较高，特别是较小型企业或商业实体，因此与私营企业签订购电协议，太阳能供应商承担的风险更高。

三、我国能源产业融资的制度支持分析

（一）我国能源产业融资的制度支持现状

由于能源产业的政府扶持政策多集中于新能源产业，因此表8-8主要梳理了近年来新能源产业的政府扶持政策。

表 8-8 新能源产业主要扶持政策

新能源发电行业	发电系统与相关产品制造业	新能源汽车行业
(1) 对可再生能源发电实行全额保障性收购制度； (2) 相比于燃煤发电标杆价在每千瓦时 0.28~0.50 元之间，风力发电为 0.51~0.61 元，光伏发电为 0.90~1.00 元，垃圾发电为 0.65 元，生物质发电为 0.75 元； (3) 对利用风力、太阳能生产的电力实行增值税即征即退 50%，相关企业还可享受所得税三免三减半的优惠	(1) 对制造光伏、风力发电机组的部分关键零部件、原材料，实行进口关税和进口环节增值税的减免，并享受出口退税优惠； (2) 对符合条件的企业生产的首 50 台兆瓦级的风电机组按照 600 元/千瓦的标准予以补助，分摊给整机和关键零部件制造企业； (3) 太阳能光电建筑应用财政补助、金太阳示范工程投资补助； (4) 国有银行提供的优惠信贷配合	(1) 依托城市尤其是特大城市推广应用新能源汽车，对示范城市拟定推广配合标准； (2) 对消费者购买符合要求的纯电动汽车、插电式混合动力汽车和燃料电池汽车等新能源汽车给予补贴，部分地区中央和地方政府的单车补贴最高达 12 万元

资料来源：周亚虹等，2015[①]。

从政策层面看，2012 年 6 月 20 日，国家能源局发布《关于鼓励和引导民间资本进一步扩大能源领域投资的实施意见》，鼓励民间资本参与能源项目建设和运营，参与煤炭加工转化和炼油产业，参与石油和天然气管网建设，以及参与电力建设，使民间资本在新能源领域发挥更大的作用。继续支持民间资本全面进入新能源和可再生能源产业，鼓励民营资本扩大在风能、太阳能、地热能、生物质能领域的投资，开发储能技术、材料和装备，参与新能源汽车供能设施建设，以及参与新能源示范城市、绿色能源示范县和太阳能示范村建设，并在市场环境建设、民间资本的引导和规范管理方面提出了具体意见。2012 年 10 月 24 日，国务院发布的《中国的能源政策（2012）》白皮书指出，要大力发展新能源和可再生能源，凡列入国家能源规划的项目，除法律法规明确禁止的以外，都向民间资本开放，鼓励民间资本参与新能源勘探开发、石油和天然气管网建设、电力建设，继续支持民间资本全面进入新能源和可再生能源产业。2017 年 5 月 21 日，中共中央、国务院印发《深化石油天然气体制改革的若干意见》（以下简称《意见》），对

---

① 周亚虹，蒲余路，陈诗一. 政府扶持与新型产业发展——以新能源为例[J]. 经济研究，2015 (6)：147-161.

油气行业进行改革,鼓励民间资本进入,打破油气行业垄断,保障油气供应安全、提高油气行业生产要素效率、促进产业结构优化。2020年7月,国家发展改革委等13个部委发布了《关于支持新业态新模式健康发展激活消费市场带动扩大就业的意见》,支持民间资本参与水电路网等城市设施智慧化改造。

从民间资本的实践看,2018年8月,北京燃气、中国燃气、新奥能源共同参股并成立黑龙江省天然气管网公司,同年9月,华润燃气、中华煤气作为战略投资者参股山西燃气集团,共同建设山西省天然气管网。2018年10月,新奥能源舟山LNG接收站成为首个由国家能源局核准,民营企业投资、建设和管理的大型液化天然气(LNG)接收站。2018年国家发改委加快推进天然气基础设施互联互通重点工程建设,民间资本的进入对促进天然气管网设施互联互通起到了十分重要的作用,极大地缓解了气荒问题。下游成品油炼制和城市燃气环节民营企业的市场占有率不断提高,如恒力集团、新奥集团、盛虹控股集团有限公司、山东东明石化集团有限公司等民企实力增长强劲。截至2019年,民间投资比上年增长4.7%,虽然民间投资逐年增长,但相对来看,民间投资在能源领域的比重相对较小,油气开采业中,民间投资占比为8.2%。在电力热力生产和供应业,民间投资占比为37%,民间投资仍然具有巨大的发展潜力。

(二)我国能源产业融资的制度支持问题

我国在能源产业融资制度体系建设上已经取得了初步成效,能源产业的融资渠道大为拓宽,初步形成了银行信贷融资、证券市场融资与财政融资相结合的融资制度体系。但与此同时,我国能源产业融资制度也存在不少问题。

1. 政府部门融资制度支持存在的问题

一是优惠力度有待提高。虽然我国政府对能源产业制定了诸多的优惠政策,但是与德国、美国等发达国家相比,我国的政策优惠程度相对较低。以美国为例,美国针对可再生能源企业的投资税收抵免政策和成本加速折旧政策可以使投资者获得超过项目资本金成本50%的税收优惠。而在我国,投资于可再生能源产业的税收优惠额度相对较低。以风力发电企业为例，企业所得税优惠是风电企业主要的税收优惠政策，我国对风力发电企业的所得税优惠政策主要是"三免三减半"政策，三免三减半政策到期后减按15%税率征收。自2021年起，若国家对设在西部地区的鼓励类产业企业没有新的优惠政策，则风电企业按25%征收所得税。相较于美国等国家的优惠政策而言，我国在能源产业融资扶持方面力度还有待提高。

二是政策执行度有待提高。虽然我国政府对能源产业制定了诸多优惠政策，但政策执行效率还有待提高。主要表现在两个方面：一是政策文件多但落地少，政策执行不到位。二是政策执行公平度有所缺乏。新能源补贴政策激励了中国的光伏、风电产业从无到有、从弱到强，并刺激了下游风、光电站的快速发展。但是，当前新能源补贴拖欠已成为影响产业健康发展的重要问题。截至2018年底，可再生能源补贴拖欠已经达到2000亿元人民币。可再生能源补贴资金长期拖欠，导致不少企业资金链断裂、停产、濒临倒闭。政策执行公平度缺乏主要表现在符合国家产业导向且具有国企背景的新能源企业更容易获得政策优惠，而中小民营新能源企业则较难享受政策优惠。以生物质燃料企业为例，近年来，国家出台了一些扶持生物质能源产业发展的政策。中小民营企业在向当地发改委、环保等部门申请优惠政策或补贴资金时，常被卡在"在当地拥有自有厂房和设备"这条地方制定的附加条件上从而难以享受政策优惠[1]。不公平的政策环境给能源产业的长期发展带来了重大约束。

三是政策执行效率有待提高。目前我国对能源产业的融资支持政策主要集中在投资补贴与经营税收优惠上，尚未形成全链条的融资支持体系。目前，新能源产业整个链条是由新能源研发、生产、销售等环节组成，其中涉及的过程有很多。能源企业在不同的项目阶段会有不同的融资需求，同时也需要持续不断的资金投入。因此，有效的激励政策必定是适应整个产业，而并非是某一个环节，只有全面协调的优惠政策才能从根本上促进新能源产业

---

[1] 中小企业为何难以享受地方税收优惠政策？[EB/OL]. https://www.shuiac.com/qysdsfa/421.html, 2019-10-28.

的发展,防止新能源产业的资金断裂。

2. 社会部门融资制度支持存在的问题

在社会部门的融资制度支持方面,目前我国能源企业更多地是依赖股东出资、银行贷款、上市融资以及发行债券等债务融资,尤其是银行信贷融资。国外已广泛应用的风险投资、私募股权投资、融资租赁、风投、碳交易等融资方式,在中国新能源企业中应用还比较少。具体而言,社会部门的融资制度支持存在以下主要问题。

第一,信贷融资中商业银行参与不足。具体表现在两方面:一是由于能源项目的长期性与收益的不确定性导致商业银行参与能源产业融资的动力不足。二是我国商业银行贷款呈现向优势企业、规模企业倾斜的态势。从目前国内商业银行经营情况看,商业银行的资金投放普遍追求安全性和规模效益,其在挑选项目时更是集中于规模较大、市场前景较好、业绩稳定的大型企业,如大型风电项目、太阳能项目等。而对中小新能源企业则普遍采取谨慎乃至限制的信贷政策,在信用评价、信贷规模、担保条件等方面条件严苛,从而对中小能源企业的支持力度不足。

第二,上市融资难度较大。虽然我国提倡提高能源产业直接融资的比重,但能源企业上市融资仍然存在较大难度,尤其是新能源企业上市门槛过高,难度较大。我国在沪市、深市上市的新能源企业多为大型国有企业或具有较强实力的民营企业,如风帆股份、江苏阳光、孚日股份、三安光电、金风科技等。一些发展历史长、经营好的新能源企业也在美国、中国香港、英国上市融资,如江西赛维、无锡尚德、晶澳太阳能、保利协鑫等。但是,大多数新能源企业都会面临上市融资门槛高、上市过程复杂、审批时间长等难题,依靠上市融资来满足企业发展的资金需求具有一定难度。

第三,债券市场发展滞后。我国债券市场发展相对滞后,整体以公司债券为主,债券品种和规模都十分有限。企业发行债券需要经过政府监管部门的严格审批,且在信用评级、财务审计、法律认证、信息披露等方面有严格要求,新兴的新能源企业和中小新能源企业难以通过债券融资来获得资金支持。以绿色债券为例,绿色债券发行人要增加环境信息披露、认证评估等额外成本,发行便利度有待提高,造成发行人热情不高。

第四,配套政策滞后于金融创新。目前,虽然我国在能源产业融资制度方面进行了诸多创新,但对社会资金流向能源产业仍然缺乏一定吸引力。以绿色信贷为例。目前,绿色信贷依然存在配套政策法规不完善、保障设施不健全、服务不到位的问题。地方政府积极推动绿色信贷发展,但尚未建立绿色信贷风险补偿机制、绿色信贷担保、税收减免优惠、贴息等相关配套政策措施。其次,环评信息与信贷投放联动机制不畅。目前银行与环保部门建立了环境信息共享机制,但由于信息共享时滞等问题,且部分企业仅为应付环保检查而购买环保设备,银行难以甄别企业环保信息真实性,增大了银行绿色信贷管理成本和风险,制约了绿色信贷的推行。此外,绿色金融法律法规缺乏。目前我国虽然出台了一些有关绿色金融的制度和条例,但缺乏足够的权威和法律效力,监督制约手段不足,导致绿色金融政策落地效率不高。配套政策的滞后导致社会资本的利益难以保障,降低了社会资本投资于能源产业的热情。

3. 政府和社会部门联合的融资制度支持存在的问题

虽然近年来 PPP 模式在能源产业建设方面发挥了重要的推动作用,但也仍然存在一定的问题。截至 2018 年,能源 PPP 项目共 97 个,占所有行业项目的 1.25%;项目总投资 530.30 亿元,占所有行业项目的 0.46%。无论是个数还是金额,能源 PPP 项目占比都很少,在各行业中处于倒数第四[①]。从上述数据可以看到 PPP 模式在能源产业方面应用相对偏少,社会资本参与热情不高。产生这种现象的原因在于社会资本的利益无法保障。能源产业不同于一般行业,投资规模巨大,而建设周期又很长,导致投资方和政府方利益冲突较大,给项目带来巨大风险,而在实践中,政府又往往占据主动权与控制权,从而导致社会资本的利益受损,降低其参与能源产业融资的可能性。

四、我国能源产业融资的支持制度完善

(一)提高政策激励力度

德国和美国的经验都显示,不论采用何种激励政策体系,稳定、优惠的

---

① 全国各行业 PPP 项目情况分析——能源篇[EB/OL]. http://huanbao.bjx.com.cn/news/20181009/932440.shtml, 2018-10-9.

政策始终是能源产业发展的基础和保障。政府的政策支持在能源产业的发展初期阶段尤其是新能源产业的发展中具有重要的作用。提高政策激励力度尤其是在能源企业的研发阶段将有力促进能源产业的发展。在优惠、稳定的激励政策环境下，新能源项目预期投资收益好、有长期稳定、可预测的收入，这是所有项目开发及其商业模式和投融资模式创新的基础。德国、美国新能源产业的快速发展都是基于政府提供的非常优惠的投资抵扣和加速折旧优惠政策，所有的商业模式和投融资模式的创新都是围绕着如何将优惠政策落到实处。

（二）提高政策执行度

比起政策的制定，政策的执行更为重要。就现状看，由于能源产业投资规模巨大，需要大量资金补助。政策制定者在制定政策时应当更加注重政策弹性与长远发展。在政策实施中更加注重政策刚性执行，避免对能源企业的正常生产经营造成冲击。此外，在优惠政策实施过程中，应当更加注重惠及公平性，避免所有制歧视，简化申请手续，降低申请成本，提高政策实施的效率。

（三）提高政策效率

能源企业的融资贯穿于企业生产经营的各个阶段，资金的需求在各个阶段也呈现出不同的特点。政府在制定扶持政策时应当根据能源企业各个阶段、各个环节、各个生产链条的资金需求特点，制定差异化的扶持政策。例如对于能源企业研发阶段给予更多的资金支持。只有将政策制定与企业实际相结合才能提高政策的效率，从而更好地服务于能源企业的融资。

（四）加大商业银行的支持力度

由于新能源产业在我国起步较晚，整体产值规模有限，商业银行业对这一产业的关注度不高，加上相关的金融工具及产品较少，证券、保险、基金等金融子市场对新能源产业的参与不充分，导致新能源产业发展缺乏动力。

此外，目前我国还没有建立起银行、各社会综合管理部门与环保机构的信息共享机制，导致新能源产业与银行业合作缺乏必要的前提条件。在国际金融危机背景下，发展新能源是当前走出能源领域的困境，推动投资和减缓经济发展中的负面影响的有力措施。商业银行应当把握经济可持续发展的趋势，积极配合贯彻和实施国家的新能源发展战略及产业政策，加大扶持新能源产业发展的力度，科学区分不同新能源行业的发展阶段，根据地区特点，针对本区域具有优势的新能源行业，逐步扩展新能源领域的信贷支持范围。我国商业银行也可以联合政府，效仿德国的能源融资的支持模式，使商业银行发挥更为积极的作用。考虑到新能源产业发展初期，由于技术市场发展走向的不确定，使这一产业具有较高初始投资风险，银行传统的融资模式远不能满足该产业的需要。而政府的适度参与为银行向新能源企业提供贷款起着很大的保障作用。政府可以利用信息优势和政府信用起到中间人的作用，积极促成新能源企业与商业银行的合作，根据信贷对象的不同特点区别对待。首先，在新能源企业向银行提出贷款申请的同时，应向政府提出相应的担保申请，而银行也会向政府提出担保申请，只有在企业和银行同时收到政府同意担保的通知，企业才能获得银行提供的贷款。其次，还可以考虑适当提高对中小型新能源企业融资比例，优化银行为新能源产业的服务等级，充分发挥银行的导向作用，在新能源产业发展集中的地区，当地银行可以适当扩大业务范围，并及时制订相应的管理机制。针对重大项目，可以推出总行直贷和专项贷款。

（五）提高直接融资的比重

完善资本市场，提高直接融资的比重是降低能源企业融资成本，缓解能源企业融资难问题的重要途径之一。具体而言，一是推动符合条件的大型企业到国内主板和海外上市，支持中小企业充分利用中小板、创业板、科创板市场上市融资；二是鼓励企业到天津股权交易所、中关村代办股份转让系统等场外市场挂牌融资；三是支持符合条件的企业申请发行企业债券、短期融资券、中期票据等。

(六) 加强配套体系的建立

金融形式的创新必须要有配套体系的建立才有利于融资功能的发挥。配套体系的建立主要包括配套政策法规的完善、保障设施的健全与服务的加强。只有保障了投资者的利益，才可能吸引社会资本的流入。以绿色信贷为例，构建绿色信贷政策支持体系、建立绿色信贷正向激励机制、加快绿色金融法律法规的出台、提高绿色金融政策落地效率是推动绿色信贷发展的重要措施。其他新形式的融资方式也应当建立起完善的配套体系以支持能源产业的融资。

(七) 加强与规范政府和社会资本合作模式

加强政府与社会的合作模式主要体现在两个方面：一是在直接融资方面，引导风险投资进入新能源企业，为风险投资提供一定的政策优惠；二是在间接融资方面，为新能源企业提供一定的担保，或者为其提供低息贷款。在现实运作中，一般在新能源企业发展初期，运用政府融资担保承担首期工程项目75%的融资额，银行和社会资本承担25%的融资额。如果项目顺利运行，产生盈利，此时在后期工程中政府承担60%的融资额，银行和社会资本承担40%的融资额。新能源企业在初期的风险主要由政府承担，如果新能源项目失败，银行和社会资本承担的损失也比较少。新能源项目一旦顺利运营，政府将退出并交由市场化运作。由于商业银行将控风险和资金安全性放在首位，因此"政府、社会资本与银行共同出资+第三方专业评审服务机构"的模式，适合新能源企业的全生命周期。在合作中要尊重社会资本的利益，防止政府在合作中的独断。

(八) 发展公共融资机制

技术创新是可持续能源市场增长的主要动力之一，自研发、原型演示、预商业化直至商业化，但实践中多因融资链断裂而止步于演示阶段。原因在于该阶段往往需消耗大量资本，开发商须向投资者证明其所研发的产品具备商业可行性，其间需要大量时间和资本投入。但用于技术研发阶段的传统基金无法对其提供资金支持，且规模较小的技术研发者几乎无法从商业投资机构筹得资金，股权和控制权的部分转让在研发初期也不具有吸引力。可持续能源领域风险资本利用的新趋势是利用公共基金撬动其他资金进入市场，各国均将风险资本作为市场增长的催化剂。如美国、澳大利亚和英国均已公开推行风险资本基金，采取政府资本、政府资本和私人风险资本配套、政府资本和私人资本构成资金池等三类模式。英国的碳信用风险资本基金即属政府资本配套私人资本的成功案例，可利用示范效应触发清洁能源的高科技技术潜力，从而放大私人风险投资规模。资金池模式则允许所有的公共和私人投资者均平等共享预先确定的利润并协商分配剩余利润，平摊投资损失，该方法短期内能够成功促进私人资本杠杆化、交易流动性和投资回报，对减排方面的长期影响也将逐步显现。

（九）常规和创新结合，为项目投融资提供多元化路径

全球范围内，能源产业融资较为成功的国家是德国和美国。两国在可再生能源政策体系、政策支持的路径和模式上都有所不同，但都取得了较好的政策激励效果。德国在国家政策性银行的专项、优惠贷款的支撑下，新能源项目的经济性稳定，投融资渠道清晰、易操作。德国政策性银行和商业银行合作为新能源项目提供优惠的长期贷款和短期流动资金支持，使得新能源项目有稳定、充足的融资渠道，国家政策的支持路径清晰明确。美国没有国家政策性银行的强力支持，但是有非常优惠的联邦税收抵扣和加速折旧政策。为了使政策效益最大化、获得成本更低的融资，美国新能源商业模式和投融资模式的创新非常活跃，创新的思路主要是引入税收投资者充分利用税收抵扣政策和利用其创新的融资机制，降低融资成本，盘活新能源项目资产和稳定的未来收益，拓宽新能源项目的长期资金来源；同时，要平衡新能源项目的开发商、投资人和用户多方面的利益，调动各方面的积极性。

我国可以借鉴德国政策性银行为主导的投融资模式，设立专项贷款，以优惠的利率为新能源项目提供长期贷款，建立稳定的新能源项目融资路径。在此基础上，再鼓励新能源开发企业和金融机构通力合作，充分利用自身的专业能力、资金实力和市场经验，鼓励企业在商业模式和投融资模式上的探

索和创新，创造出适合我国市场的能源产业融资模式[①]。

参考文献

[1] 曹凝蓉.后发地区之金融准备［M］.北京：中国金融出版社，2014.

[2] 曹裕，陈晓红，万光羽.基于企业生命周期的上市公司融资结构研究［J］.中国管理科学，2009，17（3）：150-158.

[3] 常中阳.公司债务融资及其相关金融系统［M］.上海：上海财经大学出版社，2016.

[4] 陈春霞.我国信用制度变迁中的企业融资方式选择［M］.北京：经济管理出版社，2004.

[5] 邓俊.基于一般风险管理措施的设计风险控制策略［J］.艺术教育，2014（2）：213.

[6] 高媛.光伏电站资产证券化的探讨［J］.国际商务财会，2017（4）：29-31，34.

[7] 国家能源局.五部门鼓励民间资本进入城市供水、燃气、供热等行业［EB/OL］.http://www.nea.gov.cn/2016-10/21/c_135771836.htm，2016-10-21.

[8] 何凌云.能源金融若干理论与实践问题研究［M］.北京：科学出版社，2014.

[9] 胡润青.分布式光伏发电项目投融资的国际经验及启示［J］.中国能源，2016（12）：26-30.

[10] 胡元木，赵新建.西方股利政策理论的演进与评述［J］.会计研究，2011（10）：84-89.

[11] 黄钢臻.企业如何优化融资决策降低融资成本［J］.时代金融，2014（12）：96-97.

[12] 纪连贵.论企业财务风险的构成与成因［J］.河北经贸大学学报，1998（1）：93-95.

[13] 李东卫.可持续能源发展公共融资机制的国际经验与借鉴［J］.贵州农村金融，2011（6）：11-13.

[14] 李家朴.企业融资风险与防范［J］.合作经济与科技，2010（1）：31-32.

[15] 国家能源局.衡南拟建万个扶贫光伏发电站［EB/OL］.http://www.nea.gov.cn/2017-12/04/c_136799762.htm.

[16] 卢福财.企业融资效率分析［M］.北京：经济管理出版社，2001.

[17] 吕建中.跨越经济周期波动，能源转型大有可为［EB/OL］.https://www.swpu.edu.cn/og/info/1033/3400.htm，2019-10-28.

[18] 宋鹏鹏.我国新能源产业融资效率及影响因素研究［D］.中国矿业大学，2015.

[19] 王德禄.能源产业发展趋势及价值链分析（上）［J］.新材料产业，2004（11）：10-16.

[20] 武永宁.企业融资风险与防范［J］.商情，2012（32）：148-148.

[21] 谢冬冬.我国新能源产业融资问题研究［J］.征信，2014，032（5）：87-89.

---

① 胡润青.分布式光伏发电项目投融资的国际经验及启示［J］.中国能源，2016（12）：26-30.

［22］ 徐涛，万解秋.现代企业融资理论的发展轨迹［J］.经济学动态，2002（3）：57-60.

［23］ 中国融资租赁三十人认证.中国融资租赁行业 2018 年度报告［M］.中信出版集团，2019.

［24］ 周亚虹，蒲余路，陈诗一.政府扶持与新型产业发展——以新能源为例［J］.经济研究，2015（6）：147-161.

第九章

环境金融理论与
市场运行机制

能源的开发和利用导致了全球气候变化、环境污染等环境问题。金融作为一种重要的市场调节机制，在能源领域的应用日益加深。环境金融强调金融业关注生产过程和人类生活中的污染问题，为能源与环境产业发展提供相应的金融服务和产品，促进能源与环境产业的发展。本章试图在系统梳理环境金融理论的基础上，明确环境金融市场的理论基础。然后重点分析节能减排驱动的环境金融市场和能源产业支持驱动的环境金融市场运行机制，为后三章的分析确定理论起点、研究范围和分析范式。

第一节　环境金融概述

一、环境金融的起源

工业革命以来，人类为了获取能源而消耗大量化石能源，致使地层中沉积碳库的碳以较快速度流向大气碳库，从而引发温室效应、环境污染等灾难性问题。目前，全球能源消费结构中，化石能源（主要包括煤炭、石油、天然气）在总能源中所占的比重高达87%。化石能源构成了现代世界经济和社会发展的关键物质基础。深深依赖于化石燃料的工业化社会释放了大量人为温室气体（尤其是二氧化碳）并累积于大气圈，最终引起气候变化。与之伴随的"大量生产、大量消费、大量废弃"的社会经济模式严重恶化了地球环境。基于此，低碳经济开始兴起。低碳经济的兴起是对工业革命以来高碳发展模式的反思和逆动。低碳经济以低能耗、低排放、低污染为基本特征，其核心在于提高能源效率，改善能源结构，推行清洁发展，保护自然环境，维持生态平衡。但是，由当前高碳的工业文明向未来低碳经济的转型需要资本的大量投入。在传统经济下发展起来的金融市场体系和工具并不能适应这种新需要。由此，"环境金融"的研究和实践应运而生[①]。

环境金融的实践肇始于20世纪80年代初美国的"超级基金法案"，该

---

① 邓莹. 低碳经济的兴起与我国环境金融的构建[J]. 经济问题，2010（9）：38-41.

法案要求企业必须为其引起的环境污染负责,从而使得信贷银行高度关注和防范由于潜在环境污染所造成的信贷风险。随后,英国、日本、欧盟等各国政府和国际组织进行了多方面探索,积累了一些经验。如 1991 年美国银行基于避免环境债务风险的贷款程序变革,美国进出口银行的环境评估政策,英国金融创新研究中心的环境风险评级,以及日本促进节能技术发展的信贷支持政策等。1992 年,在联合国环境与发展大会上,联合国环境署正式发布了《银行界关于环境可持续发展的声明》,该声明得到了 100 多个机构和团体的积极响应。这些变革,逐渐酝酿了金融市场与环保产业越来越多的互动,为环保产业与金融业在新形势下的拓展指明了方向。2003 年,7 个国家的 10 家主要银行宣布实行"赤道原则"(The Equator Principles),第一次确立了国际项目融资的环境与社会的最低行业标准,对于环境金融的创新有极大的推动作用。

在国家政策的指导下,我国金融业逐渐改变观念,向"环境友好型"过渡,环境金融理念也逐渐地提升到操作层面。1995 年,中国人民银行和国家环保局先后颁布了《中国人民银行关于贯彻信贷政策与加强环境保护工作有关问题的通知》和《国家环境保护局关于运用信贷政策促进环境保护工作的通知》,商业银行开始涉足环保领域。2007 年以来,我国环保总局会同银监会、保监会、证监会不断推出"环保新政",相继出台"绿色信贷""绿色保险"和"绿色证券"产品,在国内掀起了一场"环境金融"风暴,同时也为环保产业与金融市场的紧密联系指明发展方向。

二、环境金融的概念

环境金融或称可持续金融、绿色金融、低碳金融。Salazar(1998)最早提出了环境金融的概念,认为环境金融是金融业根据环境产业的需求而进行的金融创新[1]。Labatt 和 White(2002)等则认为环境金融是提高环境质

---

[1] Salazar J. Mitigation banking: Theory and practice [J]. Biodiversity & Conservation, 1998, 7 (5): 695-696.

量、转移环境风险的融资行为或过程①。目前,对于环境金融较常用的解释出自《美国传统辞典》:环境金融是环境经济的一部分,它主要研究如何使用多样化的金融工具来保护环境、保护生物多样性。除了以上观点外,我国学者对环境金融的内涵和本质也进行了相应的探讨,例如方灏和马中(2010)认为环境金融的本质是金融在环境保护中的盈利模式、业务创新和制度安排等活动的体现②。李妍辉(2014)认为环境金融是以环境要素或环境产权等基础资产作为金融交易标的,旨在促进人类可持续发展,既有利于环境保护又能带动新的经济增长的经济利益与环境治理相结合的金融创新机制,是环境治理经济手段中的一项重要金融工具③。除此以外,也有学者从学科的角度解释环境金融,例如肖序和张彩平(2009)等认为环境金融是研究所有能提高环境质量和转移环境风险的市场工具的学科④,李宏伟和黄国良(2015)则认为环境金融是依托金融市场的创新工具解决环境保护中遇到的问题、推动生态文明建设、促进可持续发展的一门新兴学科⑤。虽然以上观点在形式上存在差异,但核心大同小异,即都认为环境金融的核心在于以金融为工具实现环境的可持续发展,借助金融市场来促进环境问题的解决,其形式主要表现为金融机构在业务经营的过程中,通过主动识别环境风险和机会,梳理相应的金融创新产品,为协调经济发展与环境保护提供融资平台和相应的金融工具。

进入20世纪90年代后,由于气候问题及温室气体减排成为国际社会当前乃至今后数十年内的第一国际环保课题(庄贵阳,2005)⑥,国际社会制定了《联合国气候变化框架公约》和《京都议定书》。在此背景下,以Labaltt和White为代表的学者开辟了环境金融的研究新方向——碳金融⑦。

---

① Labatt S., White R. Environmental finance — A guide to environmental risk assessment and financial products [J]. Transplantation, 2002, 66 (8): 405-409.
② 方灏, 马中. 论环境金融的内涵及外延 [J]. 生态经济, 2010 (9): 50-53.
③ 李妍辉. "环境金融" 关联概念之辨析 [J]. 中国集体经济, 2014 (13): 69-71.
④ 肖序, 张彩平. 环境金融: 一门新兴的学科 [J]. 统计与决策, 2009 (21): 163-165.
⑤ 李宏伟, 黄国良. 试论我国环境金融制度的构建 [J]. 河南师范大学学报: 哲学社会科学版, 2015 (2): 58-60.
⑥ 庄贵阳.《京都议定书》: 悬念在后 [J]. 世界知识, 2005 (6): 52-54.
⑦ 严琼芳. 碳金融研究述评——兼论环境金融与碳金融的关系 [J]. 理论月刊, 2011 (12): 102-105.

三、环境金融的理论基础

环境资源具有稀缺性、外部性、非竞争性和不公平性的特征，即公共物品的特征。在环境保护运动发展和国际社会对可持续发展观普遍认同的背景下，各国都将环境保护和低碳经济发展作为经济政策制定时必须考虑的关键目标。环境金融就是顺应环境保护需要而产生的金融业创新变革，是金融业履行环境责任的可持续发展模式。作为参与环境治理的金融手段，环境金融的理论基础主要包括可持续发展理论、环境价值理论、环境价值货币化理论、环境产权理论、利益平衡理论、政府规制理论和新公共服务理论等[①]。

1. 可持续发展理论

可持续发展观是对传统工业化道路进行深刻反思的基础之上而形成的。20 世纪 70 年代以来，人们对工业革命以来以追求无限经济增长的发展目标进行了反思，提出了可持续发展的模式。可持续发展理论的核心是努力把握人与自然之间关系的平衡，寻求人与自然和谐发展及其关系的合理性，必须把人的发展同资源消耗、环境退化、生态胁迫等联系在一起，努力实现人与环境之间关系的协调。在主流经济学涉及可持续发展的生态环境问题研究中，西方主流经济学家把生态环境问题等同于外部性，把可持续发展理解为治理外部性，在实践上主张运用治理外部性的经济手段来实施可持续发展，但是效果却并不显著。通过反思，西方学者认为生态环境问题不完全是外部性，可持续发展的实施不完全是治理外部性。在实施可持续发展的过程中要区分环境问题和生态问题。对由于外部性所引起的环境问题可以采取科斯手段和庇古手段来治理，但生态问题是由于经济活动的分散性而引起，必须通过制度安排进行治理。

可持续发展理论支撑起了环境金融的本质目的，金融行业作为社会元素的重要组成部分，同样需要履行社会责任。在环境金融领域则表现为对资源的合理利用、环境保护与污染治理的直接和间接贡献。

---

① 李妍辉.论"环境金融"的几个基础理论［J］.湖北经济学院学报（人文社会科学版），2014（6）：34-36.

2. 环境价值理论

人类的发展过程实际上是对价值的创造与诉求的过程，对于价值的认识，也是随着生产力的发展而改进、随着观念的提升而演化的。因此，人类对环境价值的认识历程同样也是一个烙有时代痕迹的渐进过程。环境价值与其他人工资源价值的不同在于：后者可以直接用一般等价物即货币直接表现，而前者的价值表现是间接的，是从无到有、从不能计量到部分货币化的过程。随着我国可持续发展战略的实施，作为环境金融理论基础的环境价值论也经历了从效用价值论向劳动价值论，再向复合价值论的演化过程。

效用价值论（utility theory of value）是用物品满足人的欲望的能力，或人对物品效用的主观心理评价解释价值及其形成过程的经济理论。按照效用价值论的观点，环境是人类生存与发展必不可少的物质前提，人类与社会的发展都是依赖于环境不断提供的物质和能量。因此，对环境的保护是人类社会继续发展的一项必不可少的投入。效用价值论之后出现了马克思的"劳动价值论"。劳动价值论认为环境资源的再生、保护，以及为了环境不被破坏和损害而进行的科学研究都需要人类付出巨大的劳动。因此，投入了人类劳动力的环境是有价值的。复合价值论是在劳动价值论和效用价值论结合的基础上确立起来的自然资源价值观和环境价值论。按照复合价值论，环境是有绝对价值的，这种绝对存在的价值不因人的意志而有所偏离，即自然环境具有内在价值，这种不依赖于人的评价的属性使环境价值独立于人这一主体。

3. 环境价值货币化理论

在环境金融出现之前，自然与生态环境中相当多的资源和要素是无法用计量的方式对其直接给出货币化价格的。环境价值的体现方式是间接的，环境一方面为人类经济、生产生活提供了物质原料和生态性投入，但同时也要容纳来自人类经济活动的废弃物排放和其他耗损，在投入与排放耗损之间形成了价值补偿，这部分价值表现在环境金融中就是环境价值的货币化。环境金融因为可以使得来源于交易的环境要素成为可以被计量，并且表现为货币化的形式，所以成为低碳时代的重要金融交易手段之一。环境货币价值就是自然环境价值的货币化表现，使其可以客观真实地反映企业或行业的环境利润。环境货币价值通过把应该为环境所支付的费用进行集中，并加以合理化利用，最终实现对自然资源和环境进行有效的使用和保护。环境价值货币化理论直接将生产、流通、消费过程的环境价值纳入成本核算之中，有力地改变了以往对生态环境只讲索取、无限度开采等有着严重弊端的价值观。环境价值货币化理论以货币为工具，对环境价值进行实证定量的分析，为人类提供一种前所未有的方式来衡量和认识环境本身的价值，也为环境金融对当代环境问题、人类生存与可持续发展等问题的积极应对提供了理论基础。

4. 环境产权理论

从外部性角度考察环境污染与损害问题，当环境满足人类需要的程度提高，环境价值就会增大、环境收益也会增加，这是环境的正价值；反之，则是环境成本的提高，环境的负价值扩大。因此，可以看出环境污染这种环境负外部性是源于资源本身的稀缺性，以效益最大化为目标的产权制度，环境产权的确定是解决环境问题的关键所在。产权理论是环境金融理论市场化手段的逻辑所在。按照科斯第二定理，在现实世界中，交易费用大于零，交易是有成本的。但是，不同的产权制度会形成不同的交易成本。因此，污染排放、环境治理、资源利用的产权如何界定，会影响私人的成本和收益。环境产权理论解决环境治理问题的核心思想是把制度形式和资源配置直接联系起来，建立起产权界定与经济运行效率之间的因果关系。环境金融基于产权理论，形成环境金融产品的市场化和资产化，并将其运用于环境损害与环境利益行为的分析及环境可持续发展的经济制度的选择之中，是环境产权理论在金融可持续发展和环境治理中的实践和体现。

在产权理论的基础上形成了排放权理论，环境金融就是在环境产权和排放权理论的基础上，将环境要素的价值以信用货币、证券等方式进行量化并拿到金融市场中进行交易，将环境价值转化为经济价值，这种转化的实质就是从节能减排保护环境的行为中获利，它改变了过去的以污染环境、耗损资源来获利的模式，是一种新的互利性交易[1]。

5. 利益平衡理论

基于资源稀缺的假设，以及当前严重的环境问题，世界各国都制定了环境

---

[1] 朱火云. 环境产权视角下的环境政策工具 [J]. 绥化学院学报，2010，30（4）：57-59.

保护的政策与法律制度，其核心就是不能以牺牲环境为代价换取经济利益。但是，这也加剧了环境利益与经济利益的对立和冲突。如何解决环境问题的利益冲突，成为工业社会进程中亟须解决的重要矛盾。利益平衡论是"当一种利益与另一种利益相互冲突时，应当如何安排它们的秩序与确定它们的重要性？在对先后次序进行安排时，人们必须做出价值判断和提供制度方案"①。可以看出，利益平衡论是对环境利益与经济利益的冲突进行调整，是对环境公益与私益的整合，而环境金融无疑是这种资源配置与利益协调的有力工具。

对环境利益问题的协调主要建立在对财产性利益的分配与协调上，环境金融的利益相融性在于可以同时容纳环境保护与经济利益的双重甚至是多重诉求，这是由金融市场规律决定的，融资的目的就是为了产生经济效益，使各项资源得到最优配置。对个体而言，每个人都要在约束条件下进行利益选择，不仅要对自身各种备选项的成本及收益进行分析，而且还要同时注意他人或是他物的选择及选择的倾向性，据此来决定自身的选择，以促成自身利益的最大化。对社会而言，法律作为利益调整最有效的手段之一，必然要对利益冲突及与之相关的各种问题做出回应。环境金融法律制度的确立与发展就是对利益问题的积极回应，环境金融中的环境要素是利益产生的物质基础，基于利益平衡理论，通过权利、义务的分配将这种环境利益具体化，实现环境利益与经济利益的共容与互换，为环境利益的平衡提供制度供应，充分发挥环境利益的创制、维护及分配功能，实现利益共进与普惠。

6. 政府规制理论

政府规制理论发源于 20 世纪 90 年代初期的欧洲，经过近三十年的发展，现已逐步成为社会发展事务处理中的一个重要理念和价值取向。政府规制理论是环境金融理论下政府干预市场的逻辑所在，是基于政府和市场失灵，在寻求政府、市场、社会有效合作过程中发现的"另一种解决方案"。

不同于环境产权理论的市场化逻辑，政府规制理论建立在政府干预能够弥补市场失灵假设之上。政府规制不是要建立一套有关各种可通过市场交易进行调整的法律制度，而是政府进行指令性或者禁止性的制度设计，明确参

---

① 法丽娜. 法制利益理论及其对构建和谐社会的启示 [J]. 商业时代，2010 (29)：92-95.

与者应该做什么和什么不能做的制度规定。环境治理的发展，促使人们进一步思考及重新界定政府、市场与公民社会在环境领域的相互关系。治理主体的多元化使政府由"一元独占"，向政府、市场、公众的"三元支撑"趋势发展，并逐渐形成一系列新的运作模式和体系。环境金融就是治理理论在环境问题中的运行方式，作为一种全新的治理手段与交易方式，环境金融强调市场化的参与，是典型的产权交易。规制主体的多元化为环境问题的市场化解决提供了理论支持，使各类市场主体可以通过环境金融的交易模式实现环境利益与经济利益的转换与互动。政府规制理论大力提倡和鼓励公民及其他社会主体的环境维权行为，支持环境非政府组织（NGO）的发展，规制的目标就是让损坏生态环境的行为付出代价、让保护生态环境的行为得到收益。环境金融也是围绕这一目标用一系列的金融交易制度和模式将污染环境的外部成本内部化，让生态及环境的价值货币化、资本化，进一步探索排污权交易、碳排放权交易为基础的环境金融制度创新，稳步推进资源要素的市场化配置。

7. 新公共服务理论

新公共服务理论是探讨公共服务和管理模式的理论。该理论强调发挥市场机制在公共服务领域中的作用，积极借鉴私营管理的技术和方法，提升政府的管理能力和公共服务能力。在批判公共管理理论的基础上，学界提出了新公共服务理论，该理论强调通过对公民权的强调和对公民作用的重视，致力于追求最大化的公共利益，是政府行政向公共行政特别是向公共治理转变的重要理论。新公共服务理论的基础是"与公民对话协商"和"追求公共利益"，以此作为未来公共服务的基础，要求公共组织和机构特别是政府要以人为本、倡导公民权利、追求社会公共利益最大化为目标，构建服务型政府以促进政府管理与社会治理[①]。

按照新公共服务理论，环境金融也具有公共物品的属性，因此，也属于公共服务类型，必须由政府来提供。对于提供公益性较强的环境项目以政府融资为主体，银行等金融机构融资为补充；对于提供公益性较弱的环境项

---

① 田辉玉，黄艳.关于新公共服务理论与建构我国服务型政府的思考[J].湖北社会科学，2006（8）：40-41.

目,则以银行融资等为主体,政府融资为引导。在环境金融决策和管理上,政府只起引导作用,建立环境金融项目自主融资、自担风险的市场机制,避免行政的过度干预。传统的计划经济体制和尚未充分开放的金融管制使得环境治理在中国一直被视为社会公益性事业,未能充分、正确地看待环境资源的经济价值与产权属性,导致人们忽视环境资源成本与利益的存在,形成了"环境无价"的思维定式。环境的资本控制机制未能被充分利用,导致解决环境问题成为"财政包揽模式",既增加了国家财政负担,又不利于调动各类社会主体,尤其是资本市场的资金流动引导功能的发挥。因此,环境金融就是要建立政府支持与市场供给相结合的环境治理体制。

四、环境金融体系

环境金融在发展中已经逐步形成了自身的框架体系。按照金融体系的构成要素的分类,环境金融体系主要包括四个部分:环境金融制度、投资机构、环境金融产品和环境金融市场。

1. 环境金融制度

环境金融制度主要指国际上现行的在特定环境规制约束下的金融行为准则,包括行业自律规范、外部政策规章和标准体系。表 9-1 展示了主要的环境金融制度。

表 9-1 主要环境金融制度

主要行业自律规范	1. 银行业关于环境与可持续发展的声明书(UNEP) 2. 金融机构关于环境与可持续发展的声明书(UNEP) 3. 保险业环境举措(UNEP) 4. 赤道原则 5. 伦敦可持续金融原则 6. 世界企业可持续发展委员会金融部门声明 7. 全球报告倡议(GRI)的金融服务领域补充协议(G3)
主要行业间准则和规范	1. 联合国全球协议 2. 可持续发展商业宪章 3. 可持续管理的综合指导方针 4. 企业社会责任 5. 负责任的投票原则 6. 社会责任投资

（续表）

主要标准体系	1. 国际金融公司社会和环境可持续政策和绩效标准 2. ISO14000 系列标准 3. 全球报告倡议（GRI）发布的《可持续发展报告指南》 4. 社会责任 SA8000

2. 投资机构

环境金融的市场参与者基本上是由企业、政府、私人和国内外组织等主体构成，而企业项目下的投资机构在其中为活跃的部分，它们在环境金融中的活动集中在中介服务和直接投资上，是环境金融实务领域的主要参与者和推动者（见表 9-2）。

表 9-2　环境金融中的投资机构及其经营模式

机 构	主 营 业 务	附 属 业 务	管 理 形 式
商业银行	发放信贷	自有账户投资	避免贷款损失 避免贷款后污染责任
保险公司	承保：财产险 公司和私人保险	自有账户投资	一般责任险（污染） 环境损害责任险（有限承保） 全球气候变化（灾害风险管理）
投资银行	咨询：机构客户的投融资方案	自有账户投资	IPO、并购、收购、资产剥离、项目融资、承保
风险投资机构	投资：新产业种子基金的风险投资		各类型投资者
共同基金	基金资产投资		提供环境类创投基金 股权投资 表决权征集
养老基金	投资：职工养老基金管理		表决权征集 环境捐赠及获取环境投资收益

3. 环境金融产品

环境金融产品是环境金融交易的标的物，这些产品的形成是经济学与环境保护、环境利用和环境风险防范互相融合的成果。表 9-3 列示了主要的环境金融产品。

表 9-3 主要环境类金融产品

品　种	交　易　标　的
可交易污染物许可证和信用	二氧化硫、氮氧化物、挥发性有机物、颗粒物、含铅汽油、碳氧化物、盐浓度反应性有机气体、富营养物质或水体质量绿化和植被种植义务
类银行和基金产品	湿地和濒危物种储备银行、排污权储备和抵押银行业务、环境类基金和生物多样性企业基金、环境冲抵国际债务交换、林木资源证券化
绿色贸易	碳排放权、温室气体
天气衍生产品	气温互换和期权、雨雪湿度风度等衍生产品、巨灾风险互换和期权
自然类证券	综合债券化下的巨灾债券和天气债券 或有资本票据
环境投资基金	环境类公司股票或债券 环境类项目

4. 环境金融市场

金融市场是各种金融工具交易的场所，是建立在金融商品买卖基础上由融资场所、融资机制和融资活动等组成的统一体，环境金融市场是环境商品交易依托于金融市场而形成的特定类型的市场。表 9-4 列示了主要的环境金融市场。

表 9-4 环境金融的主要市场

市　场　类　型	功　　能
排放权交易市场	各类污染物排放许可证的交易、登记、结算和过户
股票市场	环境类公司上市、交易和融资 对上市公司的环境绩效评价及指数化 环境类公司的重组和并购
债券市场	环境类债券发行和交易
衍生品市场	环境类期货和期权设计和交易 环境类衍生产品 环境类产品证券化
碳交易市场	碳配额交易 碳项目交易
基金市场	环境类投资基金募集和交易

第二节 节能减排驱动的环境金融

面对全球变暖、生态恶化的环境问题,节能减排成为世界各国紧迫且重大的任务。节能减排的根本推动力来自市场。这就要求政府、金融机构和节能服务公司等组织通过金融创新、制度创新、技术创新推动节能减排,提升针对节能减排的金融服务品种和内涵,探索以商业行为、市场机制支持节能减排发展的道路,从而有效减少资源损耗和温室气体排放。

一、节能减排的机制

气候变化问题出现后,对于如何控制因人类活动所引起的二氧化碳排放,节约能源,理论界和实践界提出了两种不同的机制:一是行政手段,主要是通过碳排放许可证制度、执法监管、行政审批等行政手段约束节能减排。行政手段通常表现为一种强制性的标准或禁令,使市场参与方的行为具有被动性。二是通过碳税、碳排放权交易、提高能源价格和加大节能领域投资等市场手段来控制碳排放,推动能源节约。相对而言,行政手段对碳排放的控制力最强,但会扭曲市场价格,不利于整体经济的运行发展。而运用经济手段推动节能减排可以降低社会总成本,通过赋予市场主体的碳减排自主权,激励其不断创新技术,控制碳排放,实现节能减排成本最小化。

(一)节能减排的行政机制

许可证制度是一种重要的节能减排行政机制。许可证制度是指环境管理中,环境主管部门要求开发建设、生产排污等具有影响环境的活动行为者进行活动申请并批准、监督其从事某种活动而采取的一种行政管理制度。在环境管理中,使用最广泛的许可证制度是排污许可证方式。很多国家都采用排污许可证的方式来管理主要污染物的排放。实践证明,排污许可证方式是一种有效的行政管理方式。相比其他的行政管理手段,许可证制度具有自身的特点：第一，许可证制度是一种预防性的管理方式。凡是会对环境带来负面影响的各种规划、开发、建设项目、排污设施或经营活动，建设者或经营者都需要在行为前向行政管理部门提出申请，且只有在行政管理部门同意颁发许可证后，才能实施相关行为；在未获取许可证之前的建设或经营行为都被认为是违法的。行政管理部门可以在行政审批过程中控制对环境的不良影响范围，对于不符合环境管理要求的各种活动，不予颁发许可证，防止危害的发生。第二，许可证制度是一种全过程的监督管理方式。行政管理部门对于建设者或经营者的行为实现全过程监督：在颁发许可证前，对其规划和方案进行审查和预评估；在开工实施过程中，对其环境影响进行评估；在建设或经营结束后，对其环境影响进行后评估。然而，虽然许可证制度实行全过程监督，但在现实中行政管理部门难以做到全方位的监督，容易形成偷排漏排的现象。

碳排放许可证制度来源于排污许可证制度。碳排放许可证制度是指环境主管部门要求一定碳排放规模以上的企业开始生产活动前提交申请并批准、监督其排放的一种行政管理方式。碳排放许可证制度主要包括以下内容：第一，申请许可证的主体是碳排放量达到一定规模的企业。碳排放量达到法律规定的排放企业在排放前必须向环境主管部门提出申请。未达到法律规定的排放规模企业不需向环境主管部门提出申请，可以直接进行排放。第二，环境主管部门对企业的申请进行审批。环境主管部门认为申请企业符合法定条件的，同意其排放，颁发碳排放许可证，认为不符合法定条件的，驳回申请。第三，环境主管部门颁发碳排放许可证后，对于企业排放过程进行监督，对于排放量超出许可证规定的行为，给予相应处罚。

由于二氧化碳与二氧化硫等传统污染物存在差异，多数国家对于污染物主要采取排污许可证制度，而对于碳排放的管理更多以事后核查管理为主。美国在修订《清洁空气法》时将二氧化碳纳入污染物的名录中，故美国对二氧化碳和主要污染物都采用排放许可制度，排放企业在生产活动前必须向行政管理部门申请许可证，在取得许可证后才能开工。但是，二氧化碳的排放具有普遍性和非直接危害性，故美国环保署仅仅对排放规模以上的企业采取许可证制度，排放规模以下的企业无需申请排放许可证。根据最终的规定，每年温室气体排放量大于 10 万吨二氧化碳当量的新建工业设施必须获得"防止空气显著恶化"（PSD）许可证才可运营。每年排放二氧化碳当量在 10 万吨，且每年增加的排放在 7.5 万吨以上的已有设施也需要申领这一许可证。

（二）节能减排的市场机制

节能减排目标的实现不仅仅依赖于行政机制，还可以运用税收机制、价格机制和投资机制等市场机制。其中，税收机制主要指征收碳税，市场机制则主要指碳排放权交易。

1. 碳税

碳税指对化石燃料依据其含碳量所征收的消费税，主要目的是减少温室气体排放，一般设置单一税率。从本质来看，碳税是一种环境税和能源税，其政策效果将取决于整体能源税负水平。碳税的基本要素主要有六个。（1）税基。税基是指政府征税的客观基础，它描述的是政府征税的广度，即解决对谁的"什么"征税的问题。从理论上来看，碳税应针对温室气体排放征收，但实践中往往依据化石燃料的碳含量，间接针对温室气体排放征收碳税。这在很大程度上降低了温室气体排放的核算难度。（2）纳入范围。纳入范围主要指碳税纳入的温室气体种类、能源种类、政策针对的行业和区域，纳入范围将影响政策的实际效果。（3）税率。碳税理论上是针对温室气体排放征税。由于温室气体排放的同质性，名义税率应相同，但由于碳税往往依托能源产品间接征税，所以实际表现出的税率有所不同。（4）征税环节。理论上碳税可以在能源产品生命周期的任意环节征税，但为了简化核算、降低成本，实践中一般在能源产品的上游征税。（5）减免条款。减免条款是影响碳税政策实际纳入范围的重要因素。出于经济发展或其他政治因素考虑，可以针对特定的能源种类、特定的行业或地区进行税收减免。（6）税收使用。碳税作为额外税种可以为政府带来额外的税收，税收的使用方式将影响碳税政策的设计与效果。一般而言，碳税税收使用包括直接进入政府预算、支持绿色产业或补贴受到碳税政策影响的人。

对碳排放征税依据的是亚瑟·庇古（Arthur Pigou）税理论。庇古在其

《福利经济学》[1]一书中，对外部性问题做了进一步分析，并区分了"外部经济"（正外部性）和"外部不经济"（负外部性）。针对因私人净边际产品与社会净边际产品的背离造成的福利损失，庇古提出了明确的政策方案。他提出："如果国家愿意，它可以通过'特别鼓励'或'特别限制'某一领域的投资，来消除该领域内这种背离。这种鼓励或限制可以采取的最明显形式，当然是给予奖励金和征税"。庇古表明，如果私人净边际产品大于社会净边际产品（即存在外部不经济或负外部性），国家可以采取征税的方式（即所谓的庇古税）。从本质来看，碳税是一种环境税和能源税，其政策效果将取决于整体能源税负水平。

自1990年以来，国际上先后有多个国家实施了碳税或广义的碳税政策。这些国家的碳税政策大致可以分为三大类。第一类是在1990年左右以绿色税制转移为主要目的的北欧国家碳税政策，该类碳税并不以控制温室气体排放为主要目的。第二类是以英国为代表的21世纪初期与欧洲碳排放权交易计划（EU-ETS）同步实施的广义碳税政策（即能源税制度）。一般来说，这些征收碳税的国家中已经开始实施EU-ETS，实施严格意义上的碳税将会使部分碳排放主体为温室气体排放二次付费。第三类是2010年左右在日本、南非、加拿大大不列颠哥伦比亚省等地逐步实施的碳税政策，这些国家的碳税政策并不依靠国家整体性的改革设置而设立，是专门为了应对气候变化才设立的新型税种或补充机制，因此，是最严格意义上的碳税。

2. 碳排放权交易

碳排放权交易《京都议定书》为促进全球减少温室气体排放，采用市场机制，建立的以《联合国气候变化框架公约》作为依据的温室气体排放权（减排量）交易。碳排放权交易的理论基础是产权理论和排污权理论。长期以来，关于外部效应的内部化问题被庇古税理论所支配。与庇古解决外部性的思路不同，科斯从产权与交易费用的角度提出，外部经济产生的根本原因是产权界定不够明确或界定不当，因此，解决外部性要从产权交易的思路入手。科斯批评了庇古关于"外部性"问题的补偿原则（政府干预），并提出如

---

[1] 庇古.《福利经济学》[M].北京：商务印书馆，2006.

果交易费用为零,无论权利如何界定,都可以通过市场交易和自愿协商达到资源的最优配置;如果交易费用不为零,制度安排与选择是重要的。这就是说,解决外部性问题可能可以用市场交易形式即自愿协商替代庇古税手段。因此,科斯将庇古理论纳入自己的理论框架之中:在交易费用为零的情况下,解决外部性问题不需要"庇古税";在交易费用不为零的情况下,解决外部性问题的手段要根据成本和收益的总体比较,也许庇古方法是有效的。

基于产权思想,科斯提出了排污权的概念,并将排污权视作一种生产要素,通过明确排污权的归属,并允许排污权交易,就可以实现外部成本的内部化。1968年,经济学家约翰·戴尔斯(John H. Dales)出版了《污染、财产和价格》一书,进一步提出水污染的管制政策,提出了"排污权交易"的概念,其具体内容是政府通过对排污权进行定价分配,然后卖给排污企业。而排污企业既可以从政府(一级市场)购买排污权,又可从其他排污权拥有者(二级市场)处购买。与税收政策相比,排污权交易的优势更为明显。排污权交易理论的提出进一步为碳排放权交易的合理性奠定了经济学理论基础。

3. 能源价格机制和投资机制

提高能源价格和加大节能领域投资是实现节能目标的主要途径[1]。节能减排所涉及的价格主要包括石油、煤炭、天然气、电力、供水、污水处理、垃圾处理等价格。提高能源价格实现能源替代是实现节能的重要途径,能源替代是指通过对能源消费的内部结构调整或者改变能源与其他非能源的投入比例,以达到节约不可再生能源、降低能源投入成本、提高能源利用效率、保护生态环境,最终实现经济可持续发展的目标。但节能减排的价格机制不仅仅在于提高能源价格,同时也应当兼顾社会各方的利益与承受能力。此外,价格机制不仅仅包括能源价格,也包括排污价格。提高排污价格例如污水处理、垃圾处理等价格也能在一定程度上促进减排目标的实现。

节能减排的投资机制是指通过建立节能减排领域的投融资机制以改善节能减排领域的投融资状况从而促进节能减排目标的实现。目前,我国节能减

---

[1] 廖凌. 浅谈促进节能减排的价格机制 [J]. 四川物价,2009 (6):31-32.

排市场上存在着融资渠道单一、市场化程度不高的问题。据美国能源基金会数据显示，2005—2020年，中国能源总投资达到18万亿人民币，其中，可再生能源和节能、环保的投资达到7万亿，平均每年节能环保的投资规模为3 000～4 000亿元。如此巨大的资金需求，仅靠来自银行的间接融资是远远无法满足需要的。因此，改善节能减排的投融资状况，不仅要不断加强和完善来自银行的间接融资渠道，同时还应根据节能减排项目和环保企业的需求，在市场状态下形成供求关系，达到直接融资的目的，特别是要加强企业与政府相关部门、各金融机构的合作。在落实相关政策的基础上，商业银行和金融机构应创新金融工具，拓展节能减排项目融资服务领域，并且寻求广泛的国际合作。

二、节能减排的措施和成本

（一）节能减排的措施

节能减排是一个系统性工程，需要改变人类现有的经济发展模式，引入低碳经济的发展模式，建立清洁高效的低碳能源系统，开发使用低成本的低碳技术体系，大力发展低碳企业。目前，节能减排的主要措施包括节能与能效管理、替代能源、碳捕获和封存、碳汇等。

1. 节能与能效管理

按照世界能源委员会1979年提出的定义，节能是"采取技术上可行、经济上合理、环境和社会可接受的一切措施，来提高能源资源的利用效率"。这就是说节能是旨在降低能源强度（单位产值能耗），即在能源系统的所有环节，包括开采、加工、转换、输送、分配到终端利用，从经济、技术、法律、行政等方面采取有效措施，来消除能源的浪费。节能的目的在于充分有效地利用能源、降低产品能耗、提高社会经济效益，以经济效益考核节能。节能不仅包括提高技术水平直接降低能耗，还包括采取其他措施，增加经济效益，间接减少能源消费。一般来说，直接节能的手段可分为管理节能和技术节能两大类。管理节能是指通过实行科学的能源管理，降低能耗；技术节能是指采取先进的技术手段，提高能源利用效率。间接节能的主要手段包括：通过调整经济结构、行业结构、产品结构，合理组织生产，降低能耗。

世界能源委员会在 1995 年出版的《应用高技术提高能效》中将"能效"定义为：减少提供同等能源服务的能源投入。能效管理则是通过一系列措施减少现有系统的能源损失或鼓励用户采用先进技术，使用高效用电设备替代低效用电设备，提高终端用电效率，在获得同样用电效果的情况下减少电力需求和电量消耗，取得节约电量和减少污染排放的效益。

2. 替代能源

人类历史上经历过两次能源大替换，即从薪柴到煤炭，从煤炭到石油、天然气，现在正在进行第三次能源大替换，即从依赖于石油、天然气替换到使用新能源和可再生能源上来。每一次能源大替换，都是一次能源替代过程。煤炭替代薪柴，煤炭是作为替代能源；石油替代煤炭，则是石油作为替代能源。随着经济规模的迅速扩大，能源资源缺乏、结构不够合理、环境污染严重等问题日益突出。在这种形势下，提高能源效率和发展可再生能源就成为全球能源可持续发展的必然选择。替代能源也就应运而生，替代能源是指那些在经济上合理、技术上可行，能够通过替代传统能源、不可再生能源、高碳能源而达到能源可持续利用，并实现节能、环保、高效目的的一切能源[①]。

3. 碳捕获与封存

碳捕获与封存技术是将化石燃料中的碳以二氧化碳的形式从工业或相关能源的排放源中分离出来，输送到封存地点，并使之长期与大气隔绝的技术。该技术主要包括：二氧化碳的分离和捕获，二氧化碳的运输，二氧化碳的地质封存或海洋封存等。世界上第一个为了实现温室气体减排目标的二氧化碳封存项目是在挪威实施。该项目自 1996 年开始从天然气中分离二氧化碳，并将其注入 800 米深的海底盐沼池中封存[②]。

4. 碳汇

碳汇是指通过植树造林、森林管理、植被恢复等措施，利用植物光合作用吸收大气中的二氧化碳，并将其固定在植被和土壤中，从而减少温室气体

---

① 谭柏平. 替代能源的法律定义浅析 [C]. 生态文明与环境资源法-全国环境资源法学研讨会，2009.
② 佚名. 碳捕获与封存技术 [J]. 求是，2009（23）：52-52.

在大气中浓度的过程、活动或机制[1]。

(二) 节能减排的成本

节能减排的成本（CCE）是指在其投资生命期内进行平均分摊，而平均每年的节能投资除以平均每年节约的能源量的贴现值，即：

$$\text{CCE} = (I/\Delta E) \times \frac{d}{[1-(1+d)^{-n}]}$$

其中，I 为节能投资，ΔE 为减少的能耗价值，d 为折现率，n 为生命周期。当节能成本低于能源价格则表明该节能措施是可行的。Enkvist 等（2007）曾利用减排成本曲线，根据不同的减排目标情景，对全球减排体系进行评估，具体情形见图 9-1。[2]

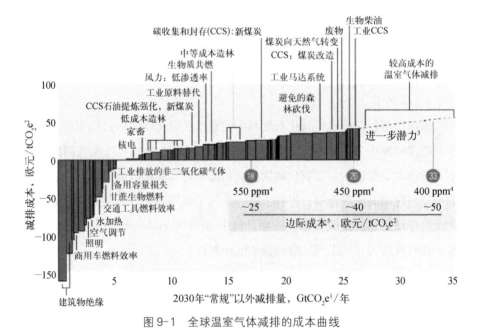

图 9-1 全球温室气体减排的成本曲线

---

[1] 碳汇是什么意思？[EB/OL]. http：//m. tanpaifang. com/article/63093. html，2020-7-23.
[2] Enkvist P，Nauclér T，Rosander J. A cost curve for greenhouse gas reduction [J]. McKinsey Quarterly，2007（1）：34.

三、节能减排的国际合作框架

(一)现有国际合作框架

为了有效应对气候变化问题,国际社会于 20 世纪 70 年代开始试图通过国际协作的形式加以应对。1979 年的第一次世界气候大会上,气候变化首次作为一个引起国际社会关注的问题提上议事日程。联合国环境规划署和世界气象组织于 1988 年建立了政府间气候变化专门委员会(Inter-Governmental Panel on Climate Change,IPCC)。1990 年,IPCC 发表了第一份气候变化评估报告,这份报告提供了气候变化的科学依据。以 IPCC 的这份报告为基础,联合国大会于 1990 年建立了政府间谈判委员会。1992 年在巴西里约热内卢,154 个国家以及欧共体的代表签署的《联合国应对气候变化框架公约》(UNFCCC)得到各自国内立法机构或政府的正式批准,于 1994 年 3 月生效,奠定了世界各国应对气候变化紧密合作的国际制度基础。

1997 年 12 月,149 家国家和地区的代表在日本京都召开了公约的 COP3,会议通过了旨在限制发达国家温室气体排放量抑制全球变暖的《京都议定书》。2005 年 2 月,《京都议定书》在全球生效。《京都议定书》首次确定了 2008—2012 年发达国家排放温室气体的总量,要求平均排放量比 1990 年下降 5.2%,发展中国家没有减排义务。另外,允许爱尔兰、澳大利亚和挪威的排放量分别比 1990 年增加 10%、8%、1%。除了立法管制国家温室气体排放量,为了促进减排承诺的实现,还引入了三个灵活机制,允许采取四种减排方式。《京都议定书》是在应对气候变化的总量控制上具有里程碑式的国际协议,从国际法的角度确定了主权国家具体的排放配额总量。后来的全球温室气体排放工作机制和思路均以此为基础。欧盟碳交易市场和联合国清洁发展机制也是依据《京都议定书》建立和发展起来的。

2007 年 12 月,在印度尼西亚巴厘岛举行的联合国气候变化大会通过了"巴厘路线图",为应对气候变化谈判的关键议题确立了明确议程。按此要求,一方面,签署《京都议定书》的发达国家要履行《京都议定书》的规定;另一方面,发展中国家和未签署《京都议定书》的发达国家(主要指美国）则要在《联合国气候变化框架公约》下采取进一步应对气候变化的措施，此谓"双轨"谈判。

2015年12月12日，第21届联合国气候变化大会通过了《巴黎协议》，《巴黎协议》是一份具有法律约束力的适用于所有缔约方的国际协议，该协议为2020年后全球应对气候变化行动作出安排。《巴黎协议》扩大了温室气体排放义务主体范围，明确了履约的路径。该协议是适用于全球所有缔约国的具有法律约束力的国际法律文本，要求所有缔约国按照国家自主贡献的方式确定自身温室气体排放总量和减排目标。2018年12月15日，联合国气候变化卡托维兹大会完成了《巴黎协议》实施细则谈判，通过了一揽子全面、平衡、有力度的成果，全面落实了《巴黎协议》各项条款要求，体现了公平、"共同但有区别的责任"、各自能力原则，考虑到不同国情，符合"国家自主决定"安排，体现了行动和支持相匹配，为协议实施奠定了制度和规则基础。

（二）国际气候谈判的政治经济格局

气候问题的解决必须而且只能通过有关主权国家签署的国际环境协议来进行，并通过国际合作来得以落实和解决。气候问题表面上是一个环境问题，其实质是国际政治和经济问题，是不同国家和不同区域利益集团之间的博弈。目前，国际气候谈判包括三大主体：欧盟；伞形国家集团（除欧盟以外的其他发达国家，包括美国、日本、加拿大、澳大利亚、新西兰。因为从地图上看，这些国家的分布很像一把"伞"，也象征地球环境"保护伞"）；77国集团加中国。欧盟作为国际气候谈判的发起者，一直是推动国际气候谈判的重要力量，但是欧盟有利用其环保、新能源产业优势，增加其对外出口和产业垄断的意图。伞形国家集团成员对减排存在一定抵触，尤其是美国，不仅没有履行减排承诺和义务，而且一直要求对中国等发展中大国的排放设限，以减少自身的经济损失。"77国集团加中国"内部形成了小岛国联盟、石油输出国组织（OPEC）、非洲和发展中大国利益体，分化趋势日趋明显。

国际合作是一种复杂的谈判和不断博弈的过程，其目的在于形成国际制度使得集体行动取代个体行动,使个体在集体行动下的收益大于单方面行动的利益,并使得国际社会的福利最终实现最大化目标。在减排国际制度的构建中,各国出于自身利益的考虑,都企图使自己的减排成本最小化,同时又能实现减排的目标,控制全球气候变化,这两者之间本身就存在矛盾,而矛盾的处理过程则体现了不同国家集团之间的博弈。国际气候谈判最终能否达成协议来促成有效国际合作的关键在于如何克服博弈过程中的不信任或利益分配上的分歧。

四、节能减排驱动下的金融创新机制

节能减排的金融创新原理就是指研究金融工具在节能减排中的运用,并探讨设计金融与节能减排相结合的制度、运行主体、运行机制和方式,从而有效控制风险,为全面实施节能减排战略打下坚实的理论和实务基础。总的来看,节能减排驱动下的典型金融创新机制有碳排放权交易机制、合同能源管理、节能减排的项目融资、新能源和可再生能源定价等多种。

(一)碳排放权交易机制

1997 年 12 月 11 日,《联合国气候变化框架公约》的第三次缔约方大会在日本京都召开,与会的 149 个国家和地区的代表通过了《京都协议书》,这是一份关于全球气候问题的实质性法律文件,是国际社会第一次在国际范围内制定的具有法律约束力的气候文件,也是将市场交易机制与温室气体减排制度相结合的制度创新。2005 年 2 月 16 日,《京都议定书》作为《联合国气候变化框架公约》的补充协议正式生效。《京都议定书》建立了以碳排放权交易为基础的三种灵活机制:联合履约机制(JI)、排放交易(ET)、清洁发展机制(CDM)[①]。中国于 1998 年 5 月签署并于 2002 年 8 月核准了该议定书。

碳排放权交易指根据各国政府实现《京都议定书》减排承诺的前提下,

---

① 骆华,赵永刚,费方域.国际碳排放权交易机制比较研究与启示[J].经济体制改革,2012(2):155-159.

对本国企业控制 CO_2 排放额度同时允许其进行交易，从而实现国家对 CO_2 排放总量的控制。如果一个公司排放少于预期的 CO_2，那么可以出售剩余额度，得到回报。如果一个公司排放量超出限额，必须购买额外许可额度，以避免政府的罚款和制裁。碳排放权交易主要分成两大类。一类是基于配额的交易，即在"限量与贸易"体制下买家购买由管理者制定、分配（或拍卖）的减排配额，如《京都议定书》下分配数量单位、欧盟排放交易体系下欧盟配额。另一类是基于项目的交易。交易买主基于项目向减低温室气体排放的项目（可证实）购买减排额，最典型的是《京都议定书》中联合履约机制下分别产生的核证减排量和减排单位[1]。

（二）合同能源管理

20 世纪 70 年代中期以来，一种基于市场的、全新的节能新机制——合同能源管理——在市场经济国家中逐步发展起来，而基于这种节能新机制运作的专业化的"节能服务公司"（Energy Service Company，ESCO）的发展十分迅速，尤其是在美国、加拿大和欧洲，ESCO 已发展成为一种新兴的节能产业。节能服务公司是一种基于合同能源管理机制运作的、以盈利为直接目的的专业化公司。ESCO 与愿意进行节能改造的耗能企业签订节能服务合同，为用户的节能项目进行投资或融资，向用户提供能源效率审计（节能潜力分析和诊断）、节能项目方案设计、原材料和设备采购、施工、监测、培训、运行管理等一条龙服务，保证节能效果，并通过与耗能企业分享项目实施后产生的节能效益来赢利和滚动发展。ESCO 与客户就节能项目的具体实施达成的契约关系称之为"节能服务合同"。ESCO 的这种经营方式称之为"合同能源管理"[2]。但是，ESCO 在很多发展中国家尚处于发展初期，面临许多市场、金融及制度上的障碍，例如不完善的能源价格政策和高额交易费用等。因此，应当由政府牵头，在合适的金融机构设置特定的能源效率融资窗口，设计发展能源效率衍生产品进而推进能源效率提高。此外，还应该在

---

[1] 周璐，吴鸿杰. 低碳经济的发展途径之二：碳排放权交易机制 [J]. 消费导刊，2010（3）：36.

[2] 赵连赏. 合同能源管理机制运作模式探讨 [J]. 中国科技投资，2010（8）：18-20.

某些金融机构中设立专门的能源效率融资窗口，发展能源效率评价工具和金融衍生品，以进一步促进能源效率提升①。

（三）节能减排的项目融资

节能减排项目通常都具有很强的环境效益，但项目开发也存在着风险，如技术方面，节能减排技术的有效性和可靠性存在不确定因素，因此进行相应的项目开发也存在着不确定性；融资方面，由于节能减排项目没有相应的抵押物且投资回收期较长，因此项目的投资回报也存在不确定性；法律方面，由于没有一个具有公信力的机构来承担项目的节能减排绩效认定，在项目改造的收益确认等方面也存在不确定性。环境金融创新为节能减排提供了股权融资和债权融资之外新的融资模式，通过和金融机构的合作，依托其在项目风险评估、融资结构设计和金融产品创新上的优势，可以很好地解决节能减排的资金问题。

1. 融资租赁

融资租赁是指出租方根据承租方的要求，出资向供货方购买设备，同时将所购买的设备出租给承租方使用，承租方交付租金以补偿出租方所支付的设备成本、利息等。融资租赁不同于传统的租赁，不仅具有融资、担保和使用功能，而且具有加速折旧和节税等方面的财务优势。融资租赁为节能减排项目的设备投资提供一种灵活的融资方式，不仅可以很好地解决项目资金难题，而且降低了项目实施中各方的风险。

2. BOT

建设—经营—转让。BOT是指政府（或企业）与投资人签订特许权协议，授权投资人来承担该项目的投资、融资、建设和维护，在协议规定的特许期限内，许可其融资建设和经营特定的公用基础设施，并准许其通过向用户收取费用或出售产品以清偿贷款，回收投资并赚取利润。政府对这一基础设施有监督权和调控权，特许期满，签约方的私人企业将该基础设施无偿或

---

① Painuly J P, Park H, Lee M K, et al. Promoting energy efficiency financing and ESCOs in developing countries: mechanisms and barriers [J]. Journal of Cleaner Production, 2003, 11 (6): 659-665.

有偿移交给政府部门。BOT 主要应用于合同能源管理、新能源和可再生能源等投资领域。

3. 结构（性）融资

结构（性）融资是指企业通过利用特定目的实体（special purpose entities or special purpose vehicle，SPEs or SPV），将拥有未来现金流的特定资产剥离开来，并以该特定资产为标的进行融资。结构（性）融资是一种介于债务融资和股权融资之间的融资模式，其范围、载体和方式日益多样化和复杂化，采取的诸如夹层融资、信托、高收益贷款等手段，具有专业性强、程序复杂、运作过程涉及多个参与主体的特点。结构（性）融资金融工具可适用的基础资产包括：（1）实物资产（如土地、房屋）。（2）债权资产（已有债权，如 BT 应收款、融资租赁债权；未来债权，如 BSP 客票收入等）。（3）股权。（4）知识产权以及其他可以产生现金流的资产（证券资产等）。

（四）新能源和可再生能源定价

新能源和可再生能源定价是节能减排系统工程中的重要一环，对节能减排绩效的提高具有重要意义。随着新能源和可再生能源技术不断发展，其发电成本在每年或甚至更短的时间内都会发生明显变化，故其成本核算和计量难度较大。新能源和可再生能源定价与新能源和可再生能源在不同周期的成本特点联系紧密。在可再生能源开发利用初期，成本一般较高，但长期下降空间较大。新能源和可再生能源成本的初始固定投资规模大，长期运营中，资金成本在总成本中的比重大，运行和维护成本较低，而原料/燃料成本比重很小或可不计。此外，新能源和可再生能源发电存在隐性成本，需要电网配备额外的补偿设备进行协调，增加了电网建设投资和运营成本，而且这部分隐性成本在可再生能源电力成本中没有被考虑进去。总之，新能源和可再生能源的特点决定了其定价机制的复杂性，设计良好的定价机制将能推动新能源和可再生能源的发展，进而促进节能减排目标的实现。

从新能源和可再生能源的价格机制来看，国际上对可再生能源上网电价水平的确定大致可以分为两类：一是标准成本法。按照一个标准的成本水平或算法来确定可再生能源发电的上网价格。二是机会成本法。把可再生能源电力对常规能源电力的替代价值作为制定可再生能源上网电价的基础，在国家补贴的基础上参与电力市场竞争，而国家补贴的标准取决于化石能源电力的外部环境成本。在两种定价方法指导下，目前国际上新能源和可再生能源电力价格的具体机制主要有以下几种。

1. 固定电价（fit-in-tariff，FIT）

政府强制电网按规定（标准定价法估算）的可再生能源发电价格购买可再生能源电力。德国是最早实行固定电价的国家，目前已有西班牙、法国、奥地利等超过 40 个国家使用固定电价机制。按照德国最初的可再生能源固定电价补贴机制，电网运营商必须优先并以较高的指定价格收购利用可再生能源所发绿色电力，并将多出的成本转嫁到消费者头上。这一做法在鼓励发展可再生能源的同时，也推高了电价。

在这种激励方案下，激励的效果仅在于促进装机容量的扩大，而没有考虑以需求为导向。此外，电网运营商只负责销售新能源的行为使得市场资源并不能得到最优的配置，很多有价值的信息也没有得到足够的应用。加之政策调控相比于市场具有更大的滞后效应，德国必须要频繁修改可再生能源法来匹配德国新能源的发展。另一个问题在于，终端用户必须支付不断增长的可再生能源附加费，普通民众对于发展可再生能源的支持度也逐年降低。

2. 溢价电价（fit-in-premium，FIP）

参照常规电力销售价格，在一定比例范围内，使可再生能源发电价格随常规电力市场价格变化而浮动；或是以固定奖励电价加上浮动竞争性市场电价，作为可再生能源发电的实际电价。溢价电价的典型是西班牙。溢价电价机制既考虑了可再生能源发电的实际成本情况和价格政策需求，又与电力市场的电力竞价挂钩，是在电力市场价格的基础上给予可再生能源相应的电价补贴，市场溢价补贴水平固定不变。这种补贴方式的特点是政府补贴规模较为稳定，补贴规模可以预测并且便于统筹管理，但如果电力市场总体价格水平在较短时期内波动较大的情况下，需要对固定或溢价补贴水平做及时调整。

3. 招标电价 (tendering)

政府对一个或一组可再生能源发电项目进行公开招标,综合考虑电价及其他指标来确定项目的开发者。根据已有的招标实践显示,招标机制总是可以获得比政策预期更低的电价,从而降低补贴资金需求总量,可再生能源招标有可能成为未来电价政策的主流。

4. 绿色电价

政府根据机会成本法制定可再生能源电力价格,终端消费者按规定价格自愿认购一定量的可再生能源电量,认购后颁发的"绿色证书"一般不用于以营利为目的的交易,而是作为对消费者支持绿色电力的一种表彰。

(五)可交易绿色证书机制

可交易绿色证书就是将基于配额形成的可再生能源发电量证券化,并借此构建基于市场的可再生能源电能供求机制和市场交易体系。可交易绿色证书的产生和交易依托于可再生能源配额制的实施。可再生能源配额制是指政府在电力生产和销售中强制要求可再生能源发电在电力供应中必须达到的一定比例,并对相应的责任主体形成配额。同时,政府对责任主体所完成可再生能源电力生产或电量消费进行核准,并颁发相应的绿色证书,以此凭证来与配额相匹配,未能完成配额的责任主体可以在绿色证书交易市场上购买超额完成配额的责任主体的多余的绿色证书来弥补其应尽的配额责任。

在可交易绿色证书机制引入之前,各国政府普遍对可再生能源实行补贴政策。然而其问题在于:政府缺乏关于可再生能源发电成本的准确信息,难以确定合适的补贴额度。另外,可再生能源发电成本的变化较快,而政府补贴额度无法及时进行调整,无法对可再生能源产业进行有效的补贴,但可交易绿色证书能够在一定程度上弥补补贴政策的缺陷。第一,政府通过配额明确了可再生能源的发电目标,并将该目标分解到相关责任方,同时以市场化绿色证书交易机制和严厉的处罚措施作为保障,能够保证实现既定的发展目标。第二,绿色证书的价格代表了可再生能源高于常规能源发电成本的差额,通过交易可以实现这种成本差额在整个电力行业的均衡,扭转可再生能源发电的成本劣势,提高了可再生能源的市场竞争力。第三,绿色证书的价格也反映了可再生能源的环境效益,绿色证书的购买者对环境的污染方面给社会带来了更多的负外部性,必须为此付出相应的代价,而绿色证书交易实现了这种负外部性的内在化。第四,绿色证书的价格由市场竞争形成,不受政府干预,能够及时反映可再生能源发电成本的变化,更有效地支持可再生能源产业的发展。

五、节能减排驱动下的制度完善

为了更好实现节能减排目标,世界各国相继采取了多种措施推动绿色经济的发展与节能减排目标的实现。

(一) 推动节能减排的国际经验

1. 美国的《超级基金法》

在推动节能减排进程中,美国主要从污染土地入手,尤其是工业危废填埋场和露天化工废物倾倒场地。1980 年,美国通过了《超级基金法》。该法旨在"确定潜在责任方,按照污染者付费原则承担污染场地的修复费用",减少污染场地对公众健康和环境产生的威胁和危害。《超级基金法》最显著的特点是"连带性",即任何潜在的污染责任方都必须支付所有的清理费用,包括贷款人。在 1996 年《超级基金法》修订前,持有抵押贷款、不参与经营的债权人不承担环境污染治理责任。但在 1996 年重新修订《超级基金法》后,首先,重新定义了贷款人,即不仅包括特定的受监管的银行机构,还包括担保人、所有权保险人等。其次,明确了认定贷款人没有参与管理的条件,包括不再认定有行使控制权的能力为参与管理。这种法律约束极大地提升了银行业对项目环境影响评估的重要程度,推动了银行业向绿色化的转型。大型银行通常将环境因素纳入发放贷款的考虑因素,并设置环境风险管理部门,致力于管控环境信用风险。

《超级基金法》的进步在于对环境污染方有了无限的追溯权力,形成了严格的制裁力度。超级基金法针对有可能伤害人群健康和环境的场地建立了"优先国家名录",定期更新且每年至少更新一次,保证了超级基金制度的实施。

2. 英国的《温室气体排放披露指南》

2008年后，为了明确企业披露相关碳排放信息，英国先后制定了《气候变化法案》《温室气体排放披露指南》和《碳减排承诺》。2013年则修订《公司法》，要求英国在主要股票交易市场上市公司须在年报中详细披露温室气体的排放信息，具体包括温室气体排放种类和规模等信息。

3. 法国的《格勒奈尔法案》和《能源转型法》

2001年，法国通过《新经济规范法》对上市公司环境、社会和治理的披露框架进行了规定，但仅对上市公司的信息披露作出了规定，而对非上市公司则没有要求。2012年，根据格勒奈尔环境论坛所讨论的问题和方案，通过了《格勒奈尔法案》，要求拥有超过500位员工的企业必须公布环境和社会影响，并由董事会批准。但该法案也存在瑕疵，如对不进行信息披露的企业没有相应的处罚措施，设立了"不披露就解释"的准则。

2016年生效的《能源转型法》，在环境信息披露上要求比《格勒奈尔法案》更进一步。比如《能源转型法》的第173条规定：银行、借贷方也需要在年报中披露气候变化风险，以及要求机构投资者披露环境、社会和治理中的因素、气候变化的相关风险等。法国也因此成为首个强制要求机构投资者披露气候变化相关信息的国家。在此法案的指导下，多家法国投资者率先披露了气候变化相关信息，如 Axa 集团 2015 年便发布了集团投资项目的碳足迹。《能源转型法》切实推动了投资者投资过程中的环境、社会和治理因素，并在气候报告中进行详细披露。

4. 欧盟的《环境责任指令》和《循环经济行动计划》

2004年，欧盟颁布了《环境责任指令》，在污染者付费基础上建立了一套系统的框架。基于该框架，欧盟成员国将出台资金激励性措施，推动环境责任相关的资金保障工具和市场的发展。但欧盟成员国的环境责任资金保障范围较窄，主要来源于保险公司开发，其次才是银行担保或其他市场化工具，如债券、基金等。比如，法国保险业 1989 年在 GLE Garpol 的基础上组建了环境责任再保险共保体。该共保体由 50 个保险人和 15 个再保险人组成，承保能力高达 3 270 万美元，主要是为了克服污染风险和灾难性风险单家保险公司无力承保的缺陷，因此由多家保险公司和再保险公司成立联合承保体。2014 年，保加利亚、葡萄牙、西班牙、希腊、匈牙利、斯洛伐克、捷克和罗马尼亚等 8 个欧盟成员国先后出台了强制性环境责任资金保障要求。这些强制性保险资金需要根据相关行业和运营商的风险评估进行赔偿上限确定。葡萄牙、西班牙、希腊的强制性资金保障本应该是 2010 年生效，但由于基本条款尚在讨论中，资金保障还未实际到位。

为支持循环经济发展，欧盟通过多种途径发展循环经济，成立了欧盟凝聚基金，对人均国民收入低于欧盟平均水平 90% 的国家给予资金支持，对重复使用、维修、改进生产供给、产品设计等中小企业，提供 630 亿欧元资助。欧盟《循环经济行动计划》（CEAP）则是一项于 2015 年通过的综合性计划，目的是促进欧洲经济从线性向循环经济的转型。为了更好地吸引社会资本加入，欧盟专门成立了欧洲战略投资基金，鼓励金融机构资助与循环经济相关的项目。欧盟还制定了"地平线 2020 计划"，在 2014—2020 年投入共计 770.28 亿欧元资助研发和创新，其中 59.31 亿欧元用于安全、清洁和高效能源领域，30.81 亿欧元用于气候变化、环境资源效率提升和原材料领域。

5. 巴西的《社会和环境责任政策》

2008 年以来，巴西在金融机构的环境保护管理方面采取了一系列有效措施，巴西中央银行将社会和环境因素考虑至监管政策中，主要集中于三方面内容：风险缓解、统一金融体系与公共政策、提高行业效率。2014 年，巴西中央银行正式颁布了《社会和环境责任政策》，所有由巴西中央银行授权运营的金融机构都必须起草和执行《社会和环境责任政策》，对运营中的社会和环境风险进行分类、评估、监测、减缓和控制风险都提供了系统性框架。在该框架下，金融机构必须对新产品和服务的社会和环境风险进行评估。

（二）节能减排驱动的环境金融制度完善

目前，我国的节能管理工作基本上是自上而下来开展，节能相关的法律制度是指令式模式，缺少市场和其他社会组织共同参与的综合规范机制。近年来，虽然我国在推动节能减排方面取得了一定成效，但仍需要在以下方面进行制度完善。

1. 制定和完善节能减排法律法规

完善的法律法规是推动节能减排、实现绿色金融健康发展的制度性保障，如以1995年央行颁布的《关于贯彻信贷政策与加强环境保护工作有关问题的通知》为标志，迄今出台了多部规章和规范性文件。然而现有的规范性法律文件的制定主体是国务院及其部委，并没有全国人大及其常委会制定的效力层级最高的绿色金融法律。缺少法律责任的规定，现阶段绿色金融立法条款多是建议和鼓励性要求，对于如何追究落实责任和处罚手段，即违法纠错的规定落实还不够。在法律建设方面，我国还需要进一步制定或修订以下法规：《可再生能源法》《矿产资源法》《能源节约法》《公共机构节能条例》《民用建筑节能条例》，等等。今后还要制定或修改的法规包括：《合理用能评价条例》《节能监督条例》《高耗能设备（产品）淘汰管理办法》《能源审计和信息披露管理办法》《鼓励节能财税和金融政策的暂行规定》《节能技术进步条例》《产品能耗限额管理办法》和《节能宣传、教育和奖励办法》，等等。制定配套法规，明确权利、义务和责任的配置，对于切实执行节能政策和法律具有重要的作用。

2. 建立多元的能效监督考核体制

我国节能减排市场的监督管理方式和水平不够完善。一方面，节能减排市场的管理和监督行政体制建设还存在缺陷。另一方面，我国节能减排市场的中介机构建设还不完善，不能很好地发挥其在政府部门和企业部门之间的桥梁作用，难以很好发挥辅助政府参与节能减排市场监督和管理的作用。

首先，应该成立独立、专业、信息公开、责任明确的监督管理机构。加强各个监管机构之间的分工协调，避免监管重复和监管缺失。在中国，央企肩负着绝大部分的能源开采、发电和输电等任务，因此，需要加强对这些企业的节能考核和监督，促进地方政府监管与中央监管机关的沟通协调，以保证对其有效考核和管理。要实现外部效应内部化，提高监管效率。其次，可以充分发挥社会环保组织和媒体的监督作用，通过法律法规保障社会监督主体的权力。

3. 创新节能减排金融支持政策

金融机构要在"绿色信贷"的指导思想下，尽快制定与节能减排相关的信贷发放标准，建立长效、统一的信贷机制，并与环保部门建立信息共享机制，增加与环保部门的联动机制，及时了解国家产业发展政策、环境保护政策，减少因产业结构调整带来的坏账风险。除此之外，还应加快金融创新步伐，要根据节能减排项目的特点，提供信贷服务。由于节能减排所需资金量大，因此金融机构之间要加强合作，通过联合贷款等方式，为重点项目提供信贷支持。

4. 建立有效的节能激励机制

基于市场化的节能激励机制在全球各国得到普遍认可。比如美国实行了节能公益基金的财富激励制度，日本采用了能效领跑者制度等。我国在节能方面的激励机制还不够健全，有些机制流于形式。比如：东北老工业生产基地现有的高碳能源结构固化，高能耗、重高污染行业仍然占一定比重，能源消费碳排放量难以降低，导致本地区的单位GDP能耗和主要耗能产品能耗较高，其能源消费结构和锁定路径受到约束和制约，短期内难以改变。而且由于部分地区重增长、轻环保的发展理念，中央和地方出台的政策难以落实，缺乏体制机制的保障与激励，发展方式中关于低碳经济、节能减排方面的统计、监测方法均较为落后，科技促进节能的作用发挥不突出等[1]。

为了激励企业顺利进行低碳经济模式转型，政府应从以下方面入手：第一，建立政府主导下的低碳技术创新体系。一是政府应积极推进节能减排项目的创新，培养一批低碳经济模式成功转型的示范性企业和园区；二是逐渐完善整个产业的能源利用结构和原料生产结构，完成节能减排目标；三是要构建目标责任机制，加快建设节能减排的重点项目，尤其是能源使用量较大且浪费较严重的产业项目；四是集中整合各高校、相关科研机构的科研力量，努力构建企业能源原料利用技术研究机构和地区重点实验室。第二，建立政府主导下的碳基金设立与运作。政府应利用相关机构创建碳基金，设计激励能源创新技术的研发策略。一方面，碳基金可以协助企业解决低碳经济

---

[1] 孙希波，王雨薇. 中国企业构建低碳经济模式的激励机制研究 [J]. 学习与探索，2014（5）：112-115.

模式转型过程中所产生的经济、技术和管理问题,协助企业提升能源利用效率,降低含碳气体和污染环境气体的排放;另一方面,通过碳基金将资金投入前景广阔的低碳技术产业,推动低碳技术创新。第三,建立政府主导下的低碳发展财税保障。政府应对开展低碳科技研究和低碳产品制造的部门实行税收优惠政策,并实施科技转让收益税收优惠、科技转让费扣除税收和科技税收减免等政策。对于企业用来购进环保设施的资金投入,根据一定比例实施增值税税收抵免政策,并在具体微观领域推行加速折旧的方法。

 第三节　能源产业发展驱动的环境金融

不同于一般产业,能源产业的特性使得在发展中难以获得金融的支持。为了促进能源产业的发展,相应的金融创新十分重要。支持能源产业发展的典型金融机制与产品主要包括绿色信贷、绿色保险、绿色债券、绿色投资、绿色基金、绿色并购、绿色PPP、绿色证券等。与第八章"能源产业融资市场"不同的是,这一节从金融的角度,分析能源产业在发展中获得金融支持的天然不足,然后从资金供给方的角度,阐述通过市场化方式来创新机制或产品,在满足能源产业资金需求的同时,也从中获得收益,实现协同发展。

一、绿色信贷

(一) 绿色信贷的起源、概念及其意义

20世纪以来,随着环境污染、资源枯竭等问题日趋严重,人类的环境保护意识逐渐增强。环保、劳工、人权等公众运动的兴起使得银行不得不面对因客户的环境社会问题而导致的风险,包括信贷项目搁浅、声誉受损甚至流失客户等。1980年,美国颁布了《超级基金法》,又称《综合环境反应、赔偿和责任法》。该法案明确规定,银行对其商业行为引起的环境污染负有责任。银行必须对其客户造成的环境污染负责并支付修复成本,且这种贷方

责任可以追溯。这一法案导致很多美国银行对原有的信贷审查程序进行修正，专门增加了对借款人环境和社会影响情况的调查。正是从这一时期开始，金融机构开始关注由信贷引发的潜在环境风险问题，绿色信贷由此起步。

绿色信贷是指金融机构通过有效识别、计量、监测、控制信贷业务活动中的环境和社会风险，建立环境和社会风险管理体系，完善相关信贷政策制度和流程管理，充分发挥资源配置的功能，严格防范信贷资金流入污染行业，重点投向低碳经济、循环经济和生态经济等领域，以促进绿色产业、绿色经济的发展，推动经济和社会的可持续发展的贷款行为。更具体而言，绿色信贷对研发、生产治污设施，从事生态保护与建设，开发、利用新能源，从事循环经济生产、绿色制造和生态农业的企业或机构，提供贷款扶持并实施优惠性的低利率。对污染生产和污染企业的新建项目，进行贷款额度限制并实施惩罚性高利率。总之，银行等金融机构应当充分考虑贷款项目产生的环境和社会问题将给其带来的不良声誉和经营风险，实施所谓的"绿色信贷"。

实施绿色信贷将具有多方面的意义：第一，绿色信贷是金融杠杆在环保领域的具体化，丰富了环保部门的执法手段。第二，绿色信贷将促进银行加强环境风险管理，提高自身的国际竞争力。第三，绿色信贷是环境经济制度建设的"信号弹"。第四，绿色信贷有利于实现产业结构调整[①]。

(二) 赤道原则

赤道原则是国际金融机构的一项企业贷款准则，是指在用于确定、评估和管理项目融资过程中所涉及环境和社会风险的一套自愿性原则。该原则适用于总投资在1 000万美元以上的新项目，或银团贷款总额为1亿美元且本机构参团金额不低于5 000万美元的、可能对环境和社会产生重大影响的旧项目扩容的融资行为。

2002年，世界银行下属的国际金融公司（IFC）首先提出了赤道原则，

---

① 丁立山.商业银行发展绿色信贷业务的意义及对策[J].管理观察，2017（17）：30-31.

随后花旗银行、巴克莱银行、荷兰银行、西德意志州立银行等10家国际领先银行宣布实行赤道原则。截至2019年，全球接受赤道原则的金融机构共计94家，其中，中国国内仅兴业银行、江苏银行等少数几家机构参与。这些银行提供的项目融资额约占全球项目融资总额的80%。赤道原则的内容和结构比较简单，包括序言、适用范围、原则声明和免责声明四部分。前文已对赤道原则出台的动因、目的和采用赤道原则的意义作了简要说明；适用范围部分规定赤道原则适用于全球各行业项目资金总成本超过1 000万美元的所有新项目融资和因扩充、改建对环境或社会造成重大影响的原有项目。原则声明是赤道原则的核心部分，列举了采用赤道原则的金融机构（EPFIs，即赤道银行）做出投资决策时需依据的10条特别条款和原则，赤道银行承诺仅会为符合条件的项目提供贷款。第一条规定了项目分类标准，即基于国际金融公司的环境和社会筛选准则，根据项目潜在影响和风险程度将项目分为A类，B类或C类（即分别具有高、中、低级别的环境或社会风险）。

（三）绿色信贷产品

20世纪70年代，德国成立全球首家政策环保银行，被称为"生态银行"，专门负责向大多数银行不乐意涉及的低碳项目发放低息贷款。随着"赤道准则"和"气候准则"的推行，现今，全球金融业绿色贷款的典型产品主要有七大类（见表9-5）：第一，项目融资。给予绿色减排项目贷款优惠。第二，绿色信用卡。环保非政府组织与银行合作开发"认同卡"（Affinity Cards），发卡行将信用卡的一部分利润用于节能减排项目。第三，汽车贷款。对低排放的车型给予优惠利率。第四，运输贷款。对运输公司投资节油技术给予贷款优惠。第五，商业建筑贷款。对"绿色"商业建筑给予贷款优惠。第六，住房抵押贷款。对购买、改造新能源房屋和安装节能设备的零售客户给予贷款优惠，或将普通房屋改造成适用绿色电力的新型住房花费的费用作为给予客户的贷款优惠。第七，房屋净值贷款。也称"二次抵押贷款"或"住房权益贷款"，贷款利率优惠以鼓励业主为住房安装可再生能源技术。

表9-5 国外典型的绿色信贷产品

贷款种类	产品名称	发行银行	产品内涵
项目融资	可再生能源项目组合融资技术	德克夏银行	将风能项目和风力农场开发的建设风险结合起来进行打包融资
	绿色节能改造项目	花旗银行、荷银集团、德意志银行、瑞银集团和摩根大通联合推出	通过直接投资与融资方式支持清洁技术和可再生能源的发展与市场化,包括克林顿基金会气候行动计划,对全球16个城市的中老建筑开展的绿色节能改造项目
绿色信用卡	气候信用卡	荷兰合作银行	荷兰银行根据客户用该信用卡产生的各项消费支出计算CO_2排放量,然后购买等量的可再生能源项目的减排量
	NABU信用卡	德国大众汽车银行和德国自然保护联合会(NABU)联合推出	客户使用NABU第一年的年费及以后年度消费额度的一定比例将捐给德国自然保护联合会以促进相应的环保项目
汽车贷款	清洁空气汽车贷款	加拿大(Vancity)银行	对全部低排放车型提供优惠利率
运输贷款	小企业管理快速贷款	美洲银行和政府合作联合推出	向小型运输企业提供无抵押、条件灵活的贷款,支持运输企业投资节油技术,帮助其购买节油率达到15%的Smart Way升级套装
商业建筑贷款	第一抵押贷款和再融资	美国富国银行	"能源与环境设计认证"(LEED)对建筑项目进行评价并对认证的节能建筑物提供融资,开发商不需要对"绿色"商业建筑物付初始保险费
住房抵押贷款	绿色抵押贷款计划	荷兰银行	对符合政府环境保护标准的改造住宅或住宅提供1%的利率优惠
	住房抵押贷款保险计划	加拿大帝国商业银行	对购买节能型住房或进行节能改造的贷款申请人,提供最长期限为35年的分期付款,并一次性退还申请人住房抵押贷款保费的10%
房屋净值贷款	"一站式融资"	新能源银行	银行与太阳能技术供应商合作,为住宅安装太阳能设备的顾客定制和太阳能电池板最长保质期期限一样长的25年长期房屋净值贷款
	环保房屋净值计划	美洲银行	银行将房屋净值贷款申请人VISA卡的消费金额,按照一定比例捐献给非政府的环保组织

(四) 我国商业银行绿色信贷实践

自 2007 年起,我国逐渐将绿色信贷作为发展绿色金融的重要手段。2007 年 7 月 30 日,中国人民银行、国家环境保护总局、中国银行业监督管理委员会联合发布了《关于落实环境保护政策法规防范信贷风险的意见》,要求将信贷资金向环保行业倾斜,通过信贷政策实现环保调控,最终达到保护环境的目的。至此,国内绿色信贷业务正式拉开序幕。此后,我国陆续颁布了多种促进绿色信贷发展的文件(如表 9-6 所示)。在这些法律规范性文件的指导下,我国绿色信贷在组织管理、制度管理、流程管理、内控管理、监督管理等方面形成了初步运作体系。

表 9-6 我国绿色信贷相关规范性文件

年份	文件名称	发布部门	主要内容
2007	《关于落实环境保护政策法规防范信贷风险的意见》	中国人民银行、国家环境保护总局、银监会	加强环保部门与金融部门的信息沟通;根据环保部门信息,金融机构严格贷款并建立监督体系
2012	《绿色信贷指引》	银监会	加大对绿色低碳循环经济支持;注意防范环境社会风险;银行注重自身环境和社会表现
2015	《能效信贷指引》	银监会、国家发改委	能效信贷重点服务领域为工业节能、建筑节能、交通运输节能以及其他与节能项目、服务、技术和设备有关的重要领域
2016	《关于构建绿色金融体系的指导意见》	中国人民银行、财政部等七部委	构建支持绿色信贷的政策体系。完善绿色信贷统计制度,加强绿色信贷实施情况监测评价。探索通过再贷款和建立专业化担保机制等措施支持绿色信贷发展
2018	《关于建立绿色贷款专项统计制度的通知》	中国人民银行	从用途、行业、质量维度分别对金融机构发放的节能环保项目及服务贷款和存在环境、安全等重大风险企业贷款进行统计
2019	《绿色产业指导目录(2019 年版)》	国家发改委、工信部等七部委	厘清绿色产业边界

在微观运行层面,以兴业银行为代表的商业银行在绿色信贷方面做出了积极的探索。2006 年 5 月,兴业银行与国际金融公司签订首次合作协议,

国际金融公司向兴业银行提供了 2 500 万美元的本金损失分担，以支持兴业银行最高达 4.6 亿元人民币的贷款组合，兴业银行则以国际金融公司认定的节能环保型企业和项目为基础发放贷款，国际金融公司为整个项目提供技术援助。2008 年 10 月，兴业银行宣布正式采纳赤道原则，响应我国绿色信贷的号召，成为中国第一家"赤道银行"。兴业银行还制定了《环境和社会风险管理政策》《信用业务准入标准》及严格的信用审批制度，2008 年和 2009 年连续两年向碳披露项目（CDP）提交信息需求。通过探索，兴业银行强化了对细分市场的产品开发和专业服务能力，并已经初步形成了一种可持续、可复制、具有强大生命力的节能减排融资模式，能够在能源生产、能源出售、能源使用和新能源替代开发和利用等环节，为生产商、能效设备供应商、节能服务商等各种参与者提供融资服务。

然而，我国绿色信贷仍然存在一些制约发展的因素。第一，实施动力方面，银行参与绿色项目的积极性不高，环境法律责任对于商业银行产生的反向激励作用并不明显。第二，实施流程方面，绿色信贷界定标准的统一仍待完善，在客户分类、环境标准方面还需要更细致的划分，与绿色信贷配套的绩效评价标准和行业环保绩效评价指南等技术性政策也有待完善。第三，跨部门协作方面，金融机构、环保部门及企业等各部门间的信息披露和共享机制不完善。

二、绿色保险

（一）绿色保险概念

绿色保险是为解决因经济社会活动中的环境问题衍生的环境风险而提供的一种保险制度和长期治理机制[①]，包括与农业、其他社会生产领域相关的通过创新保险模式来实现环境的改善的保险，是一种以环境保护为目的，协调各生产领域的险种。绿色保险能有效调动多方力量，构建政府、企业和全社会参与的环境治理机制，有效防范环境责任风险、分担损害赔偿责任、保障受害者合法权益，在保护并改善环境、促进绿色经济发展、支持生态文明

---

① 马骏.中国绿色金融发展与案例研究［M］.北京：中国金融出版社，2016.

建设方面发挥积极作用。

广义上看，绿色保险通常指与环境风险管理有关的各种保险安排，其实质是将保险作为一种可持续发展的工具，以应对与环境有关的一系列问题，包括气候变化、污染和环境破坏等。绿色保险包括环境污染强制责任保险，与气候变化有关的巨灾保险，环保技术装备保险、环保类消费品的产品质量安全责任险、船舶污染损害责任保险、森林保险和农牧业为灾害保险等产品。狭义上看，绿色保险指环境污染强制责任保险。环境污染责任保险是以企业发生的污染事故对第三者造成的损害依法应负的赔偿责任为标的保险。一方面直接保护被保险人（污染企业）利益，避免污染企业由于污染事故而承担过大的损失，另一方面，间接保护受害人的利益，即环境利益。绿色保险主要有两种实施模式，政策性模式和商业性模式。政策性模式采用强制性保险方式，后者采取商业化运作。

（二）国外绿色保险制度和实践

当前，各主要发达国家的环境责任保险业务和保险制度已经进入较为成熟的阶段，并成为各国通过社会化途径解决环境赔偿问题的主要方式之一。目前，国际上环境污染责任保险存在三种较为典型的模式：分别是以美国为代表的强制保险制度，以德国为代表的强制责任保险与财务保证或担保相结合的制度，以英法日为代表的自愿保险为主、强制责任保险为辅的制度。

美国的环境责任险主要采取强制保险方式。绿色保险在美国经历了三个主要发展阶段：1966 年以前，事故型公众责任（CGL）保单承保环境责任险；1966—1973 年，CGL 保单开始承保因为持续或逐渐性的污染所引起的环境责任；1973 年后，CGL 保单将故意造成的环境污染以及逐渐性的污染引起的环境责任排除于保险责任范围之外[1]。

与美国不同，德国环境污染责任保险起初采取的是强制责任保险与财务保证或担保相结合的制度。但德国自 1992 年 12 月 10 日通过和实施《环境责任法》后，开始实施强制环境损害责任保险，要求其国内所有工商企业必

---

[1] 张顺庆，张莺. 绿色保险[M]. 北京：中国环境出版社，2016.

须投保,以使受害人能及时得到损害赔偿。为确保环境污染受害者能得到赔偿,加害人能履行其义务,德国《环境责任法》规定,列入特定名录设施的经营者必须采取责任保证措施,包括与保险公司签订损害赔偿责任保险合同,或由州、联邦政府、金融机构提供的财务保证或担保。同为欧洲国家,英法与德国在绿色保险制度上也存在一定差异。法国以任意责任保险为原则,法律特别规定实行强制责任保险除外。法国在20世纪60年代还未设立专门的环境污染损害保险,对企业可能发生的突发性水污染事故和大气污染事故,以一般的责任保险加以承保。直到1977年,法国保险公司和外国保险公司成立了污染再保险联盟后,制定了污染特别保单。同时,将承保的范围由偶然性的、突发性的污染损害事故扩展到渐进性环境污染所造成的环境损害。英国则于1965年发布的《核装置法》规定安装者必须负责最低限额为500万英镑的核责任保险。英国作为《国际油污损害赔偿民事责任公约》和《设立国际油污损害赔偿基金国际公约》的成员国,在海洋油污损害赔偿领域也实行强制性环境责任保险。英国实行的强制性环境责任保险包括油污损害责任保险、核反应堆事故责任保险。

日本的环境污染责任保险采用自愿为主、强制投保为辅的方式。保险产品分为四大类,分别为环境污染赔偿责任保险、附属地污染清理费用的污染损害赔偿责任保险、附属设施赔偿责任保险的特约型污染损害赔偿责任保险以及承保业者污染损害赔偿责任保险。日本的环境污染责任保险将环境风险分为三大类,即土地污染风险、加油站漏油污染风险和非法废弃物投弃风险。在日本,环境污染赔偿责任保险不属于强制险,企业根据自身经营中发生环境污染事故风险的高低,自行决定是否有参保的必要。

(三)我国绿色保险制度与实践

相比发达国家,我国在绿色保险实践方面起步较晚。长期以来,我国绿色保险主要险种为环境污染责任保险。1991年,我国在大连、沈阳、长春等城市率先开展了环境责任保险尝试,但由于经营主体单一、费率水平高、赔付较少、保险规模小等原因,实践运行一直不景气,甚至处于停滞状态。直到2006年以后,国家相关部门出台了一系列推进环境责任保险发展的政策法规和规范性文件,继续推动基本处于停滞状态的环境污染责任保险向前发展。2006 年,《国务院关于保险业改革发展的若干意见》明确提出,要采取市场化运作、政策引导、政府推动、立法强制等方式,发展环境污染责任保险业务。在此基础上,原国家环保总局与原中国保监会于 2007 年联合下发了《关于环境污染责任保险工作的指导意见》,在湖南等 10 个省市的重点行业和区域开展了环境责任保险试点,标志着环境污染责任保险试点工作正式启动。

2013 年,环境保护部与保监会联合印发《关于开展环境污染责任保险强制试点工作的指导意见》,在涉重金属等高环境风险行业启动环境污染强制责任保险试点工作。2015 年,新修订的《环境保护法》鼓励投保环境污染责任保险。2017 年,原环境保护部拟定了《环境污染强制责任保险管理办法》(征求意见稿),为后续环境污染强制责任保险在全国落地提供规范。总体上看,支持环境污染责任保险发展的法律和政策体系正在逐步形成。目前,我国绝大多数省、市、自治区已经通过地方性法规、规范性文件或实施方案等多种形式,鼓励开展环境污染责任保险试点。保护环境污染责任保险,并在重点区域、重点行业实行强制性环境污染责任保险。

虽然我国一直在大力推动绿色保险的发展,环境监管执法体系、环境综合治理体系、环境污染责任险等均已逐步建立,但绿色保险的市场发展仍然停滞不前,主要原因在于:第一,企业的环保意识薄弱;第二,绿色保险产品类型过于单一,难以适应越来越广泛的投保需求;第三,绿色保险法律规范供给不足,绿色保险的承保、投资、监管、消费者教育等制度尚不完善。

三、绿色债券

(一)绿色债券概述

绿色债券通常指政府部门、金融机构或企业向社会募集资金,专项用于符合规定条件的绿色项目或者为这些项目进行再融资,同时承诺以一定利率支付利息并按照约定条件偿还本金的债权债务凭证。作为绿色金融领域大力发展的融资工具,绿色债券区别于其他债券的核心特征就是其募集资金用于实现绿色环境效益。

绿色债券品种主要包括绿色金融债、绿色公司债、绿色债务融资工具、绿色企业债、绿色熊猫债和绿色资产支持证券等。绿色债券在兼顾债券本身自有特性外，其最大的特点在于"绿色"，即绿色债券要求发行人必须将募集资金投放于具有环保效益的绿色项目。

（二）国际绿色债券发展概况

国际绿色债券认定标准主要有两套标准。一是由国际资本市场协会制定的《绿色债券原则》（GBP），历经多次修订，目前最新版本是2018年6月发布的；二是由气候债券倡议组织发布的《气候债券标准》（CBS），目前适用的是2018年推出的版本。GBP和CBS属于一般性的绿色债券规范，所约定的管理要求主要为通用性质的规定。GBP明确了绿色债券募集资金的用途包括但不限于以下八个领域：开发可再生能源；提高能源利用效率（包括建筑物能效的改进）；实现垃圾管理的可持续性；实现土地（及森林和农业）开发利用的可持续性；保护生物多样化；发展清洁的交通运输方式；实现水资源管理的可持续性；适应气候变化。CBS组织认可的绿色项目类型则包括太阳能、风能、快速公交系统、低碳建筑、低碳运输、生物质能、水资源、农林、地热能、基础设施环境适应力、废弃物管理、工业能效和其他可再生能源等。

为了鼓励国际绿色债券的发展，各国政府积极利用税收减免债券、直接补贴债券、免税债券等多种政策工具促进经济转型，其中许多工具可以使政府通过撬动债券市场，实现其公共的低碳和绿色发展目标。在各种鼓励政策的支持下，国际绿色债券市场发展不断趋于绿色、开放与创新。全球绿色债券的发展主要分为两个阶段。一是初始发展阶段（2007—2012年）。2007年全球绿色债券发行规模为8.07亿美元，受金融危机的影响，2008年全球绿色债券发行规模显著减少，发行量为4.41亿美元。自2007年欧洲投资银行发行全球首只绿色债券至2012年，其发展速度趋于平缓。二是快速发展阶段（2013年至今）。在这一阶段，绿色债券呈现急速增长。2013年全球发行绿色债券规模为110.42亿美元，同比增长474%。2016年就发展到810亿美元。截至2020年底，全球绿色债券发行规模为2 695亿美元。在国际绿色债券市场中，美国、中国、法国、德国、西班牙、瑞典、荷兰、印度、墨西哥和加拿大成为发行规模位居前列的主要国家。

从国际经验来看，已付诸实践的绿色创新债券主要包括：一是地方政府发行的绿色市政债。例如，2013年6月，美国马萨诸塞州发行了1亿美元的绿色市政债券。债券针对清洁用水项目、公共建筑效能、环境整治、土地征用、开放空间保护及栖息地恢复工程等。二是国际多边金融机构和开发银行发行的绿色开发债券和绿色离岸金融债券。最典型的是世界银行和国际金融公司发行的旨在支持发展中国家环护项目的债券。三是商业银行发行的绿色金融债券，募集资金用于向特定绿色项目提供贷款。四是企业发行的绿色债券和绿色高收益债券。

国际绿色债券市场正处于快速发展过程中。一方面，随着越来越多的政府希望为气候适应型基础设施提供资金并实现国家自主贡献（NDC）承诺，发达和新兴经济体主权绿色债券发行量逐渐增加，既有发行国将会增加绿色债券的发行量，同时也会出现首发国加入绿色债券行列。同时以美国市政为主力的准主权绿色债券发行将继续推动整个绿债市场发行量走高。另一方面，绿色债券的通用国际标准和定义将继续完善，以提高其适用性。更多的指导方针、法规和激励机制将会陆续出台，在增加监管的同时也将鼓励其健康发展。

(三) 国内绿色债券发展概况

我国绿色债券市场虽然起步较晚，但发展迅速，尤其是一些绿色债券领域的创新产品，如绿色资产担保债券、绿色资产支持证券不断涌现。2017年3月，证监会发布《关于支持绿色债券发展的指导意见》，对绿色公司债券的发行主体、资金投向、信息披露以及相关管理规定和配套措施做出了原则性规定。同月，中国银行间交易商协会发布《非金融企业绿色债务融资工具业务指引》及配套表格，明确了企业在发行绿色债务融资工具时应披露的项目筛选和资金管理等信息，首次要求发行前披露项目环境效益；鼓励第三方认证机构在绿色债务融资工具发行前及存续期进行持续评估认证；明确了绿色债务融资工具可纳入绿色金融债券募集资金的投资范围；明确开辟绿色通道并鼓励建立绿色投资者联盟。在政策推动下，我国绿色债券市场已经成为环境金融发展进程中的一项重要融资工具。2020年，中国境内外发行绿色债券规模达2 786.62亿元，中国境内外绿色债券累计发行规模达11 313.7亿元。中国人民银行研究局资料显示，2020年，中国绿色债券市场在稳健发展的同时呈现出新特点：一是市场参与主体日益多元化，发行期限进一步丰富，创新型产品不断涌现，募集资金继续聚焦绿色服务、节能环保、基础设施绿色升级等方面，绿色债券对实体经济绿色融资需求的适应性不断提高。二是碳达峰、碳中和目标为绿色债券创新发展注入强劲新动力，绿色债券政策支持力度进一步强化。三是绿色债券债项评级继续维持较高水平，成本优势明显。

为进一步规范国内绿色债券市场，统一国内绿色债券支持项目和领域，2020年6月，中国人民银行会同国家发改委、中国证券监督管理委员会起草了《关于印发〈绿色债券支持项目目录（2020年版）〉的通知（征求意见稿）》。此次由人民银行会同国家发改委、证监会联合制定发布标志着覆盖全市场各类绿色债券品种的国内绿色债券市场迎来了统一标准，对于进一步规范国内绿色债券市场具有重要意义。与2015年版目录相比，新版绿债目录新增了节能环保、清洁能源、资源循环利用等领域装备制造类项目，增加支持部分节能环保装备和绿色产品的贸易活动融资、新能源汽车和绿色建筑等购置消费融资，这将进一步丰富绿色债券支持产业项目范围，有利于更多类型的节能环保企业通过发行绿色债券进行融资，进而扩大国内绿色债券市场规模。而新版目录删除了化石能源清洁利用的相关类别，也充分考虑了与国际主流绿色金融标准的接轨，更加关注应对气候变化，有利于提升国内绿色债券的国际认可度，吸引更多境外资金投资国内绿色债券，推动中国绿色债券市场健康持续快速发展。

总的来看，我国绿色债券市场已经取得了快速发展，但仍存在以下问题：一是目前我国绿色债券投资者局限于交易所债券市场、银行间债券市场的机构，投资者结构受限，影响市场的流动性和活跃性，也不利于吸引社会资本。二是绿色项目的认定标准不统一，各监管部门的政策缺乏协调性。三是缺乏统一的绿色认证标准,绿色认证无法对发行人形成有效约束,绿色认证成本较高等。

四、绿色投资

环境金融视角下的"绿色投资"是一种基于经济、社会、环境三重标准的投资模式,强调在可持续发展战略下,综合考虑经济、社会、环境等因素,促使企业在追求经济利益的同时,积极承担社会责任,从而为投资者和社会带来持续发展的价值,也称为"社会责任投资"(social responsibility investment,SRI)。绿色投资的重点领域包括:新兴环境友好型行业、清洁生产和零排放的生产经营观念(即环境经营)、绿色城市、生态城市等。

(一) 绿色投资体系

绿色投资体系是以保护环境,促进循环经济发展,建立人与自然和谐社会为主要目的而建立起来的投资体系,它是防治污染,保护和改善生态环境方面一系列投资的总称,是建立资源节约型和循环型社会的必要手段[①]。绿色投资对资金的需求巨大,因此需要建立一个包括政府、商业银行、风险投资和机构投资者[②]在内的投资体系。在该体系中,不同参与者分别扮演不同的角色,政府主要提供财政投资;政策性银行提供融资支持。商业银行则主要实施绿色信贷机制,充当环境金融市场中介,设计融资合作模式,为绿色项目引入第三方(包括公用事业公司、能源管理公司、能源设备供应商等),共同为绿色项目提供支持。

不少发达国家都已经建立了绿色投资体系并在实践中不断丰富。在美国,一些进出口银行制定了环境评估政策,对各类项目的银行贷款,先进行环境影响的评估,根据结果作出决策。美国在 2009 年制定的联邦经济刺激方案规定,对可再生能源技术和电力传输技术进行贷款担保。渣打银行、美

---

① 黄海峰,孙涛,曹燕辉.建立绿色投资体系,推进中国循环经济发展 [C]. 中国环境科学学会学术年会,2005.
② 风险资本则主要包括天使投资、风险投资、并购重组投资。机构投资者则主要指养老基金、保险公司、共同基金、私募基金、对冲基金、基金会、宗教团体及各种非营利组织等。

国银行、汇丰银行等商业银行按照政策规定，已经成为碳交易市场的重要参与者。上述银行的业务范围已经渗透到市场的每一个交易环节：提供贷款给各个项目开发企业；在二级市场上扮演做市商的角色，使得碳交易具有一定的流动性；开发全新的金融产品，提供风险管理工具给各类碳排放权的最终使用者。

在欧洲，英国政府规定对节能设备投资和技术开发项目给予贴息贷款或免（低）息贷款。伦敦金融创新研究中心制订了一套环境风险评估方案，对企业的环境风险评级。立陶宛政府在 1998 年开始实施"NEFCO-APINI 授信额度"，成功地促进了清洁生产项目融资。瑞典国家开发署为环保项目提供了信用升级担保和绩效担保。哥斯达黎加国家政府发行碳债券以及贸易抵消证明给外国投资厂商，有效保证期为 20 年，国外投资者可利用此凭证抵免其在本国需要减少的二氧化碳量。

在日本，日本政策投资银行采用各类促进环境友好经营融资的相关业务，充分发挥政策银行的协调作用，给绿色信贷的发展创建一个宽广的平台。为更好地促进企业环保投资，日本政策投资银行于 2004 年 4 月开始实施促进环境友好经营融资业务。2006—2007 年，日本政策投资银行在原来环境评级融资业务基础之上引入了新的业务内容，提出降低二氧化碳排放量从而控制温室效应的相关对策。此外，商业银行还能够充分合理地利用政策银行的环境评级系统，评估和监督各个贷款目标企业，以更实际的方法去规避投资风险，提高投资效率。

（二）绿色共同基金

1. 社会责任投资基金

社会责任投资者包括个人、企业、学校、医院、基金会、养老退休基金、宗教团体及非营利组织机构等。这些机构希望在实现财务目标的同时，又可以创造一个更美好、公平及可持续发展的经济社会。在这些目标的指引下，社会责任投资可分为三类投资策略：筛选（screening）、股东主张（shareholder advocacy）和社区投资（community investing）。

筛选策略分为正面筛选（positive screening）和负面筛选（negative

screening）两种。正面筛选是指社会责任投资者在选择基金产品时，希望该基金是只投资于对社会有正面贡献的公司，例如该基金只购买重视劳工关系、环境保护、产品安全品质及人权的公司股票。负面筛选则是该基金避免投资于对社会造成伤害的公司，如烟草公司、从事赌博事业的公司、生产大规模杀伤性武器的公司等。

股东主张策略是指参与社会责任投资的投资者充分发挥其股东的权利，与公司交涉谈判，必要时采取行动（信任投票、董事会组成、董监事酬劳、遣散费用、股票选择权激励机制、公司重组等），影响并纠正公司的行为，以达成公司治理、社会责任更完善的成果。

社区投资策略是指来自社会责任投资的资金主要投资于传统金融服务难以覆盖的社区。例如提供金融服务给低收入户，提供资金给中小企业、给重要的社区服务如孩童照料、平价住房及医疗照顾等。

目前，美国市场上的社会责任投资基金较多，大部分是大盘平衡型、大盘成长型和蓝筹股稳健配置型。国内还没有出现对社会责任投资的本土机构，只有一些国外驻国内的分支机构如全球环境基金（Global Environment Fund），世界自然基金（World Wide Fund for Nature），世界银行（World Bank）等。但是，中国在社会责任投资方面也进行了一些有益的探索。一是推出社会责任指数。如2006年推出的泰达环保指数；2009年推出的上证社会责任指数，和衡量海内外企业社会责任的巨潮—CBN—兴业全球基金社会责任指数。二是发展社会责任投资基金。比如兴业基金在2008年成立了国内首只社会责任基金——兴业全球社会责任基金，以专业的社会责任投资法将绿色理念、责任理念、价值理念融入投资理念。2011年发行的兴全绿色投资基金，主要投资于清洁能源、对生态环境绿化有帮助的股票。三是推出社会责任ETF。如建信上证社会责任交易型开放式指数证券投资基金（ETF）、建信上证社会责任ETF联结基金等。

2. 绿色投资基金

绿色基金是一个新兴概念，政府、学术界、实务界对其都有不同的表述，尚未形成明确的概念和统一的定义。总体来看，绿色基金是指相应政府绿色发展战略，履行绿色社会责任，能直接或间接产生环境效益，以绿色经济、绿色实业为资金投放或以绿色、可持续发展为价值取向的投资基金或公益基金①。绿色投资基金包括多种类型。

第一，清洁能源基金。清洁能源基金主要投资于风能、太阳能等新能源及可再生能源领域。1982年成立的新替代基金（New Alternatives Fund，NALFX）是全球范围第一个环境共同基金。目前，全球范围内著名的清洁能源基金有吉尔斯阿特金森替代能源基金（Guinnerss Atkinson Alternatives Fund，GAAEX）和卡尔佛特全球替代能源基金（Calvert Global Alternatives Fund，CAEIX）。中国清洁能源基金成立于2018年，是中国首个将供应商与可再生能源项目对接的全新投资基金。目前，能源企业和金融企业也纷纷参与组建清洁能源基金。2020年6月，国家电投与中国人寿在京签署清洁能源基金组建协议，双方合作设立总规模为100亿元、首期80亿元清洁能源股权投资基金，将重点支持大型清洁能源基地项目股权融资。

第二，绿色增长基金。绿色增长基金的投资范围很广，主要的投资理念是企业未来的增长要建立在对环境负责的基础上。1988年，英国推出了全球第一只生态基金——梅林生态基金（Merlin Ecology Fund）。其投资3G产业，即投资具有全球性（global）、增长潜力（growth）的绿色（green）产业。其投资的六大主要领域是：绿色能源、绿色运输、可持续生活、水资源、废弃物处理和环境服务。目前，全球知名的绿色增长基金还有温斯洛绿色增长基金（Winslow Green Growth Fund，WGGFX）等。

第三，碳基金。碳基金既是一种融资工具，同时也指代依托该工具形成的管理机构。自世界银行2000年创设首只碳基金以来，来自世界银行碳金融部门的数据表明：目前全球60%的碳基金在碳交易市场从事碳信用指标的买卖，30%的份额以直接融资的方式为相关项目提供资金支持。当前国际碳基金的投资方式主要有以下3种：碳减排购买协议（ERPAS）、直接融资（Direct Financing）和NA方式。① 碳减排购买协议方式（ERPAS）。即直接购买温室气体减排量。具体操作方式是：国际上发达国家内部，发达国家

---

① 陈诗一，李志青.绿色金融概论［M］.上海：复旦大学出版社，2019.

之间或者发达国家和发展中国家之间通过提供资金和技术的方式，在发展中国家实施具有温室气体减排效果的项目，此项目产生的温室气体减排量由碳基金收购。大部分的基金都采取这种投资方式。② 直接融资方式。即基金直接为相关项目提供融资支持，如股权投资、直接信贷支持等。这种投资方式2004年才出现。通过这种投资方式，碳基金有可能以最低的价格获得碳信用指标，如 ERUs 和 CERS。③ N/A 方式。是指碳基金并不在意投资项目的目标大小，此种投资方式始于2007年。其中，ERPAs 一直都是投资者所采用的主要投资方式。从投资方式看，虽然 ERPAs 的投资方式仍是碳基金投资的主流，但直接融资方式的碳基金在近年来迅猛增长。从股东结构来看，私人基金更偏好于直接融资投资方式，当前半数以上的基金愿意通过直接融资来进行减排项目投资；有政府出资背景的基金则偏向于 ERPAs 投资方式。

第四，碳指数基金。碳指数基金以碳指数为投资对象，指数包括公开上市的低碳经济或环保股票指数，或者其他与气候变化和环保相关的指数。著名的碳指数基金有荷兰银行推出的荷银气候变化与环境指数（ABN AMRO Climate Change and Environmental Index）。这个指数基于荷兰银行建立的生态行业指数，投资者可根据指数直接追踪低碳上市企业在股票市场的表现。另外还有汇丰银行推出的汇丰环球气候变化基准指数（HSBC Globle Climate Change Benchmark Index）。此指数反映和追踪在应对气候变化过程中获益企业的股价。巴克莱银行推出的巴克莱资本全球碳指数（Barclays Capital Global Carbon Index），此指数是第一个追踪全球主要的碳减排计划的指数，并成为投资者进行决策的基准。此外，瑞士信贷集团推出的挂钩瑞士信贷集团全球可替代能源指数的基金，荷兰银行推出的挂钩荷银生物燃料指数的基金以及瑞银世界排放指数，使投资者了解追踪与指数挂钩的相关产业开发利用以及相关交易系统的交易情况。

第五，气候变化基金。气候变化基金主要投资于那些能够适应全球气候变化，并能从中获益的企业发行的证券。气候变化基金主要包括全球环境基金（GEF）及其下托管的气候变化特别基金（SCCF）、最不发达国家基金（LDCF）、适应基金（AF）、绿色气候基金，以及各大洲、各国发起设立的气候基金。中国的气候基金主要是中国清洁发展机制基金、气候变化南南合作基金。"中国气候变化南南合作基金"是我国重要的气候变化基金。2015年，中国建立了200亿元人民币"中国气候变化南南合作基金"，支持其他发展中国家应对气候变化。其主要内容包括：① 在发展中国家开展低碳示范区、减缓和适应项目，为其提供培训；② 通过赠送可再生能源及气候变化监测预警设备，支持编制应对气候变化政策规划，推广气候友好型技术等，为发展中国家应对气候变化提供资金、技术等。③ 为发展中国家培训应对气候变化领域的官员和技术人员，范围覆盖五个大洲的120多个国家。

五、能源产业发展驱动的环境金融制度完善

（一）绿色信贷发展的制度完善

1. 完善绿色信贷法律制度

商业银行作为金融监管的重要对象，"潜在责任人"制度的引入应当在金融立法中予以体现。因此，建议在高层级法律中强调商业银行作为潜在责任人承担环境责任。比如，在《商业银行法》中直接规定商业银行环境污染连带责任，激励银行主动限制对于"两高"行业的贷款行为，承担环境责任。凭借《商业银行法》的法律层级，保障商业银行环境责任的履行，也为绿色信贷相关下位法的制定提供原则指导。此外，将《绿色信贷指引》《节能减排授信工作指导意见》等政策性文件整合强化为金融促进法也是强化商业银行环境责任的有效方式[1]。

2. 建立统一的绿色信贷执行标准

尽快建立统一的绿色信贷执行标准，包括环境风险评估标准与绿色发展评估标准。借鉴"赤道原则"并结合我国相关部委出台的绿色发展规划和重点项目以及技术推广方案，将评估指标体系分为环境危害指标与绿色发展指标。按照各项环保国家标准，判定项目各项环境危害指标是否达标，并赋值评分对项目环境危害进行评估。通过各部委发布的各项清洁生产、污染治理

---

[1] 周杰普.论我国绿色信贷法律制度的完善 [J].东方法学，2017（2）：72-80.

等推广技术标准，判定项目是否符合国家推广的绿色发展技术方向，以此对项目绿色发展情况进行评估并决定是否给予绿色信贷支持[①]。

3. 建立信贷风险分担机制

信用缺失是信贷的主要风险之一，增加第三方信用担保是一种可行的解决方案。由于信息差异，担保机构比银行更了解申请信贷的企业资信。担保机构相对于银行的信息优势可以降低信贷过程里的信息不对称，提高信贷的可获得性，降低融资借贷成本。通过建立风险分担机制能够以市场化的方式提高商业银行参与绿色信贷的积极性，促进绿色信贷的市场发展。

4. 完善信息披露制度与信息共享制度

通过明确信息披露的标准及披露内容，建立信息披露制度，保证商业银行在绿色信贷业务中接受金融监管部门、环境保护部门以及公众的监督。在信息披露标准的设定方面，应当与贷款项目分类管理制度相适应，对于不同的项目分类级别需要有区分的信息披露标准。信息披露的内容应包括以下几个方面：商业银行的绿色信贷实施内容；独立的第三方机构或组织的相关调查报告。然后，在政府环保部门、商业银行、企业、金融监管部门等部门之间构建信息共享平台，进行行业绿色信贷信息数据库试点建设。在企业环境违法信息基础上，将具体排放量、环保认证情况等信息纳入共享范围[②]。

(二) 推动绿色保险发展的制度思考

1. 加强绿色保险法律规范建设

在基本法层面增加对绿色保险的强制性立法规定，包括绿色保险主体的强制投保义务、保险机构的赔付责任、绿色保险投保模式等规定。同时，做好绿色保险法律制度同现有的环境影响评价制度、保险制度的衔接安排。

2. 健全环境风险标准体系

按照所属行业、生产流程划分企业的环境风险等级，对市场产品进行环境风险认证，为保险公司分析数据、实行差异化费率提供基础技术支持。此

---

① 陈虎. 绿色信贷执行标准研究 [J]. 西南金融，2019 (11)：88-96.
② 周杰普. 论我国绿色信贷法律制度的完善 [J]. 东方法学，2017 (2)：72-80.

外,将"绿色指标"纳入对保险公司的监管规范当中。例如,监管机构应明确要求保险公司不得承保高污染高能耗工程、保险公司不得将保险资金投入对环境不利的产业,等等①。

3. 完善降低或转移承保风险的制度

① 完善企业环境信息披露制度,减少双方信息不对称性,以便保险机构能根据不同企业的信息和存有风险进行科学评估,并在此基础上设计专业化和差异性的绿色保险产品。② 保险机构在资本市场发行绿色保险的衍生金融产品,将自身所承保的环境风险以多样化金融衍生品如环境污染损害债券等转移给市场上"风险偏好"的投资者。③ 建立双重风险保费体系。保险人可以将保险区分为投保时缴纳和在保单生效后一定时期缴纳两个部分的收缴体系,降低逆向选择发生的概率。

(三) 推动绿色债券发展的制度完善

1. 统一绿色项目界定标准,防止监管套利

统一的绿色项目界定标准可以有效降低绿色项目识别成本,避免政策套利。中国人民银行发布的《绿色债券支持项目目录》和发改委发布的《绿色债券发行指引》都对绿色债券项目的分类做了相关规定,但两者口径存在差异,且缺少互相的认可。目前国内债券市场相对分割,绿色公司债、绿色金融债、绿色企业债分别由不同的监管部门进行管理,各部门的项目认定口径各不相同,使发行人、投资者无所适从,影响绿色债券市场的进一步发展。因此建议加强不同监管部门之间的协调沟通,逐步建立统一的绿色债券相关标准②。

2. 构建绿色债券第三方评估认证标准

应加快建设标准的第三方认证机构的准入机制,以及第三方机构的规范认证,并鼓励发行人在发行绿色债券前进行绿色认证。在建立第三方认证机构系统时,严格把控第三方机构的准入门槛和资质要求,及时发布更为详

---

① 胡鹏. 论我国绿色保险法律制度的完善 [J]. 税务与经济, 2018 (4): 7-12.
② 方怡向, 詹晓青. 我国绿色债券标准体系建设进展及建议 [J]. 债券, 2018 (9): 23-27.

细、统一的绿色评估认证规范性指引。

3. 明确绿色债券信息披露标准，提升市场透明度

可以参照上市公司环境信息披露制度，建立绿色债券发行人的强制环境信息披露制度，制定更加科学的绿色债券信息披露指引，进一步细化披露要求，规范绿色债券市场信息披露。此外，加快出台项目全生命周期的信息披露指引，解决信息披露问题。

4. 构建绿色债券评级标准体系，为绿色债券提供更为准确的风险定价

定性评估环保及行业政策对于企业信用风险的影响，将环境因素作为债券信用风险的调整因素，或者采用传统信用评级和绿色债券评估并行的"双评级"体系，为绿色债券投资者评估投资风险提供参考信息。此后，随着环境数据库、企业环境征信体系的建立和完善，评级机构可借助大数据、量化模型等工具加强环境因素对偿债能力转化的量化评估，使企业的绿色表现、项目的环境效益成为债券风险定价的依据，对绿色融资成本发挥指导作用。

（四）推动绿色投资基金发展的制度完善

1. 建立绿色发展基金激励机制，提高社会资本参与度

加快研究制定国家绿色发展基金建设方案，做好顶层设计，细化政策要求，出台绿色发展基金的税收减免等优惠政策，并对绿色项目实施财政贴息、财政奖励、提供担保增信等方式，建立健全绿色项目的收益和成本风险共担机制。对于公益性项目，可通过使用者付费、政府付费、可行性缺口补贴等组合，适当提高绿色项目回报率，吸引社会资本投资。

2. 完善绿色基金的制度框架和激励机制

① 完善绿色发展基金制度框架。加快绿色发展基金法制化进程，明确绿色发展基金的概念界定、资金投向、运作模式、发展目标、监管机制等，通过立法确定约束性指标，明确各责任主体的法律责任，规范各参与主体的行为，以此促进绿色发展基金良性发展。② 健全绿色发展基金管理机制。建立健全绿色发展基金的各项内部制度，包括设立合适的风险应急机制、内部管理控制制度、行业发展自律制度、基金筛选机制、风险监控机制、信息

披露机制等方面的制度。③ 依法建立绿色项目投资风险补偿制度，通过担保和保险体系分散金融风险，提高绿色基金的抗风险能力。

3. 完善绩效评估机制

① 构建绿色发展基金绩效评估体系和考核办法，细化社会资本参与绿色项目的财政贴息办法、补贴办法、税收优惠政策、项目优先准入等优惠政策。② 对于政府出资的绿色基金，制定专门的绿色融资审查体系，加大对资金投向和效益的监督，确保基金投向真正的绿色项目[①]。同时，制定投融资风险考核机制，将绿色投资业务开展成效、环境风险管理情况纳入绿色基金的绩效考核体系。

参考文献

[1] Enkvist P, Nauclér T, Rosander J. A cost curve for greenhouse gas reduction [J]. McKinsey Quarterly, 2007 (1): 89-90.

[2] Labatt S. Environmental finance — A guide to environmental risk assessment and financial products [J]. Transplantation, 2002, 66 (8): 405-409.

[3] Salazar J. Mitigation banking: Theory and practice [J]. Biodiversity & Conservation, 1998, 7 (5): 695-696.

[4] 安国俊. 中国绿色基金发展趋势 [J]. 中国金融, 2018 (19): 81-82.

[5] 陈虎. 绿色信贷执行标准研究 [J]. 西南金融, 2019 (11): 88-96.

[6] 陈玲涵. 我国绿色保险制度推行的困境与出路 [J]. 濮阳职业技术学院学报, 2020, 33 (2): 11-15.

[7] 陈诗一, 李志青. 绿色金融概论 [M]. 上海: 复旦大学出版社, 2019.

[8] 邓莹. 低碳经济的兴起与我国环境金融的构建 [J]. 经济问题, 2010 (9): 38-41.

[9] 丁立山. 商业银行发展绿色信贷业务的意义及对策 [J]. 管理观察, 2017 (17): 30-31.

[10] 法丽娜. 法制利益理论及其对构建和谐社会的启示 [J]. 商业时代, 2010 (29): 92-95.

[11] 方灏, 马中. 论环境金融的内涵及外延 [J]. 生态经济, 2010 (9): 50-53.

[12] 方怡向, 詹晓青. 我国绿色债券标准体系建设进展及建议 [J]. 债券, 2018 (9): 23-27.

[13] 韩洪云. 资源与环境经济学 [M]. 杭州: 浙江大学出版社, 2012.

[14] 胡鹏. 论我国绿色保险法律制度的完善 [J]. 税务与经济, 2018 (4): 7-12.

---

① 安国俊. 中国绿色基金发展趋势 [J]. 中国金融, 2018 (19): 81-82.

[15] 黄海峰，孙涛，曹燕辉.建立绿色投资体系，推进中国循环经济发展［C］.中国环境科学学会学术年会，2005.

[16] 蒋松云，曾铮.能源效率和可再生能源的发展及其金融支持的国际经验［J］.经济社会体制比较，2008（1）：84-90.

[17] 李宏伟，黄国良.试论我国环境金融制度的构建［J］.河南师范大学学报：哲学社会科学版，2015（2）：58-60.

[18] 李妍辉."环境金融"关联概念之辨析［J］.中国集体经济，2014（013）：69-71.

[19] 李妍辉.论"环境金融"的几个基础理论［J］.湖北经济学院学报（人文社会科学版），2014（6）：34-36.

[20] 廖凌.浅谈促进节能减排的价格机制［J］.四川物价，2009（6）：31-32.

[21] 林伯强.现代能源经济学［M］.北京：中国财政经济出版社，2007.

[22] 刘骏.我国绿色债券市场发展的现状、问题与风险防范［J］.中国集体经济，2019（15）：104-105.

[23] 刘素坤，高家骥.我国绿色债券监管存在的问题与对策研究［J］.时代金融，2019（19）：83-84.

[24] 骆华，赵永刚，费方域.国际碳排放权交易机制比较研究与启示［J］.经济体制改革，2012（2）：155-159.

[25] 马骏.中国绿色金融发展与案例研究［M］.北京：中国金融出版社，2016.

[26] 潘锡泉.绿色金融在中国：现实困境及应对之策［J］.当代经济管理，2017，39（3）：86-89.

[27] 史刘珂婕.我国绿色保险发展问题思考［J］.现代商贸工业，2019，40（17）：100-101.

[28] 孙希波，王雨薇.中国企业构建低碳经济模式的激励机制研究［J］.学习与探索，2014（5）：112-115.

[29] 谭柏平.替代能源的法律定义浅析［C］.生态文明与环境资源法——全国环境资源法学研讨会，2009：1230-1234.

[30] 田辉玉，黄艳.关于新公共服务理论与建构我国服务型政府的思考［J］.湖北社会科学，2006（8）：40-41.

[31] 王波，董振南.我国绿色金融制度的完善路径——以绿色债券、绿色信贷与绿色基金为例［J］.金融与经济，2020（4）：84-90.

[32] 吴烽.浅析排污权交易对节能减排的推动［J］.能源环境保护，2009，23（5）：56-59.

[33] 肖序，张彩平.环境金融：一门新兴的学科［J］.统计与决策，2009（21）：163-165.

[34] 严琼芳.碳金融研究述评——兼论环境金融与碳金融的关系［J］.理论月刊，2011（12）：

102-105.

[35] 杨勤宇,艾群超.绿色债券如何保证绿色?——有关国外评估认证业务的镜鉴[J].金融市场研究,2016(8):91-98.

[36] 银监会关于印发绿色信贷指引的通知[EB/OL].http：//www.gov.cn/govweb/gongbao/content/2012/content_2163593.htm,2012-1-29.

[37] 张顺庆,张莺.绿色保险[M].北京：中国环境出版社,2016.

[38] 赵连赏.合同能源管理机制运作模式探讨[J].中国科技投资,2010,(8):18-20.

[39] 中国人民银行.关于开展银行业存款类金融机构绿色信贷业绩评价的通知.[EB/OL].http：//finance.sina.com.cn/roll/2018-07-27/doc-ihfvkitx9478284.shtml,2018-7-27.

[40] 周杰普.论我国绿色信贷法律制度的完善[J].东方法学,2017(2):72-80.

[41] 周军.环保税与生态文明建设[J].市场研究,2018(6):1-1.

[42] 周亮,陈小芳.我国商业银行发展绿色信贷的现状和建议[J].西南金融,2017(8):9-16.

[43] 周璐,吴鸿杰.低碳经济的发展途径之二:碳排放权交易机制[J].消费导刊,2010(3):36.

[44] 朱火云.环境产权视角下的环境政策工具[J].绥化学院学报,2010,30(4):57-59.

[45] 庄贵阳.《京都议定书》:悬念在后[J].世界知识,2005(6):52-54.

[46] 左振秀,崔丽,朱庆华.中国实施绿色信贷的障碍因素[J].金融论坛,2017,22(9):48-57.

第十章
碳金融市场[①]

[①] 按照本书的分析框架，碳金融市场包括碳排放权现货市场与碳金融衍生品市场。为了与当前的碳市场称谓保持一致，本文仍将碳排放权现货市场称为碳排放权交易市场（或碳交易市场）。

工业革命建立在煤炭和石油等化石能源应用的基础上，而煤炭、石油等化石能源在燃烧过程中会排放二氧化碳。当二氧化碳的排放累积到一定程度将会导致地球的温室效应，从而改变现有的地球环境状态。根据现有的科学推测，当地球温度再上升2摄氏度，当前的地球环境将发生重大变化，如海岸线的变迁等。为了应对气候变化，控制温室气体排放，国际社会从20世纪70年代开始就采取了一系列措施。本章在阐述碳金融与碳金融市场的概念与构成基础上，对国际碳金融体系的发展、重要品种与制度进行系统阐述，然后研究中国碳金融市场的发展现状、问题，提出推动我国碳金融市场发展的制度建议。

 碳金融与碳金融市场概述

一、碳金融与碳金融产品的概念

碳金融（carbon finance）是指所有服务于减少温室气体排放的各种金融交易和金融制度安排，主要包括碳排放权基础产品及其衍生品的交易和投资、碳减排项目的投融资和与之相关的金融活动。

碳排放权基础产品即所谓的碳排放权交易。在《京都议定书》框架下，碳排放权交易有基于配额的碳排放权交易和基于项目的碳排放权交易两种类型。基于配额的碳排放权交易包括根据国际规则分配给指定国家的AAU、欧盟碳市场内交易的EAU和一些体系外自愿减排市场交易的如VER等产品；基于项目的碳排放权交易主要是在CDM市场和JI市场下经核准产生的CER、ER等相关产品。这些碳排放权基础产品是碳金融市场的基本金融工具。

碳金融衍生产品是碳排放权基础产品衍生出来的金融工具，主要有期权、期货、远期和互换。碳金融衍生产品是对基础产品进行风险管理的重要工具，其主要功能是规避和转移投资者价格风险，满足套利需求等，碳金融衍生产品的开发为市场参与者提供了更多的选择，推动了节能减排项目的全

面迅速开展。在基于配额的碳金融市场体系中，主要的配额类衍生产品有欧洲气候交易所的 ECXCFI（碳金融合约），EUA Futures（排放指标期货）、EUA Options（碳排放指标期权）。在基于项目的碳金融市场体系中，主要项目类衍生金融工具包括欧洲气候交易所推出的 CER Futures（经核证的减排量期货），CER Options（经核证的减排量期权）等产品。

二、碳金融市场的构成

碳金融市场由碳排放权交易现货市场（简称为碳交易市场）和碳金融衍生品市场构成。碳交易是基于商品、配额的交易。在碳交易市场，履约企业是参与主体。而在碳金融衍生品市场，参与主体不仅包括履约企业，还有金融机构、监管机构、交易平台等。金融机构直接参与碳市场的交易，作为流动性提供商，可以掌握市场第一手的信息，也可以帮助企业进行股权、债券融资。

（一）碳排放权现货市场

按照运行机制不同，碳排放权现货市场交易包括基于项目的碳减排量交易和基于配额的碳排放权交易。基于项目的减排量交易又可分为清洁发展机制下的核证减排量交易和基于项目的自愿减排交易。

（1）清洁发展机制下的核证减排量（CER）交易。在《京都议定书》中，清洁发展机制被明确为是一种灵活履约机制，但是，CDM 的原则、实施程序和机构等内容，直到 1997—2002 年的历次联合国气候变化大会（COP）及其附属机构会议上才通过谈判被逐步确定下来。清洁发展机制允许附件 1 国家（即发达国家）在非附件 1 国家（即发展中国家）的领土上，实施能够减少温室气体排放或者通过碳封存或碳汇作用从大气中消除温室气体的项目，并据此获得"经核证的减排量"，即所谓的 CER。附件 1 国家可以利用项目产生的 CER 抵减本国的温室气体减排义务[1]。在启动初期，CDM 项目的交易量并不大。1998—2001 年符合《京都议定书》规则的项

---

[1] 林健. 碳市场发展[M]. 上海交通大学出版社，2013：13-15.

目总量为 511 万吨二氧化碳。2005 年，在俄罗斯签署《京都议定书》后，交易量急剧放大。直到 2012 年，由于国际谈判未达成一致，交易量重新回落。清洁发展机制的运行，有力地推动了发展中国家减排项目的开展，但同样因为机制规定发达国家可以通过购买发展中国家项目级的减排量来实现履约，发达国家自身的排放并没有明显减少，清洁发展机制也由此受到诟病。

（2）基于项目的自愿减排交易。一般将没有强制适用途径，当事人根据自愿原则开展项目减排而产生的减排量称为自愿减排量，所发生的交易称为自愿减排交易。基于项目的自愿减排交易最早可追溯到 1989 年的美国 AES 电力公司项目交易，由美国 AES 电力公司通过在中美洲国家危地马拉投资 200 万美元种植 5 000 万株树来抵消在美国境内新建的一个煤电厂的温室气体排放量，这个交易是自愿性而不是强制性的交易[①]。目前，全球的自愿减排项目主要根据不同的核查标准来进行分类，包括黄金标准、vcs 标准等。自愿减排项目的用途主要有两类：一是实行碳中和。企业或者个人可以用以购买自愿减排量来自愿抵消自身的排放；二是可以进行履约适用。中国的自愿减排交易主要是由国家主管部门所组织的国家核证自愿减排量的交易，其核证减排量在很多试点地区可以用以抵消排放义务主体的排放，类似于清洁发展机制下的 CER。世界航空协议公布的航空业排放规则里，同意黄金标准下的自愿减排量、中国的核证减排量等六种标准的自愿减排量可以用来抵消航空公司的排放。

基于配额的碳排放权交易是指在总量控制下，排放企业可以通过市场交易的方式出售结余的配额获取利益，或者通过购买市场的配额抵消自身排放量的一种市场调节方式。当前世界上主要的碳排放权交易市场体系都采用了《京都议定书》下的灵活履约机制模式，包括基于配额的碳排放权交易和基于项目的碳排放权交易。两类交易既是相互联系，也是相互独立的。基于配额的碳排放权交易是碳市场主要的交易模式，基于项目的碳排放权交易是配额碳排放权交易的有益补充。首先，排放企业可以使用项目减排量来抵消自

---

① 林健.碳市场发展［M］.上海交通大学出版社，2013：20.

身的排放，有利于减低排放企业的履约成本。在市场中项目的减排量价格一般低于配额的价格，排放企业尽可能使用项目的减排量来履行清缴义务。同时，为了防止过多地使用项目减排量，对配额市场造成冲击，各国规定自愿减排量的抵消比例，一般在1%～10%，具体比例根据市场的供需情况进行调整。其次，项目减排量的可履约性能促进项目的开发，推动实际项目的减排。项目减排量可用于履约的用途会提高项目的价值，从而为项目开发带来资金，推动减排。

（二）碳金融衍生品市场

碳金融衍生品市场是碳交易体系应对气候变化，通过市场机制的方式降低碳排放、优化能源结构，促进低碳发展的有效方式。欧盟、美国的发展经验说明，金融机构广泛参与碳金融衍生品市场是市场功能发挥的重要力量。随着中国碳减排指标日益严格，碳金融衍生品市场的规模也有望逐步壮大，发展水平有望日益提升。总的来看，碳金融衍生品市场具有以下功能。

1. 价格发现功能

碳金融衍生品市场的交易机制逐渐优化，碳期货与期权衍生品的不断创新与发展，不仅可以较好地弥补现货市场流动性不足的缺陷，以多样化的金融产品和金融服务，吸引投资机构，提高活跃程度，而且可以及时、准确地反映碳交易信息，促进合理碳排放权价格的形成，为碳金融市场的各类参与主体提供决策支持。

2. 风险规避功能

由于碳交易市场发展时间短，交易机制还有待成熟与完善，价格波动剧烈，为市场参与主体带来了极大的风险。在碳金融衍生品市场，市场交易主体可以通过购买碳期货、期权等金融产品，开展套期保值等方式规避碳交易市场的价格波动风险，从而促进碳交易市场的活跃与发展。

3. 传递信息、降低交易成本功能

碳金融衍生品市场作为一个参与者广泛的金融市场，可以发挥其第三方交易平台的信息优势，为碳排放权的使用者和供应者寻找合适的卖家和买家，一方面解决了买卖双方信息不对称的问题，另一方面也降低了供需双方的搜寻和核实成本、监督成本等交易成本。

4. 融资功能

一般来讲，由于减排项目的资金需求大、投资回收期长，减排企业仅靠自身能力难以筹集到减排项目所需资金，导致减排项目难以正常进行。通过发展碳金融衍生品市场，引入低碳融资、碳质押、绿色债券、碳资产证券化等碳金融衍生品，可以为控排企业打开节能减排或绿色发展的广阔融资渠道，支持企业开发低碳技术，从而加速企业向低碳经济转型发展。

第二节 国际碳金融市场

为了应对气候变化，控制温室气体排放，国际社会从 20 世纪 70 年代开始就采取了一系列措施。1992 年，联合国应对气候变化大会通过了《联合国应对气候变化框架公约》。1997 年，国际社会达成了《京都议定书》。2005 年，欧盟启动全球第一个温室气体排放总量控制下的碳排放权交易市场。碳排放权交易由此成为全球和世界各国解决气候变化问题的一种重要手段。经过多年的实践与探索，在 2015 年签署的《巴黎协议》中，明确鼓励通过碳排放权交易等市场方式解决气候变化问题。截至 2020 年，包括欧盟在内的三十多个国家或地区建立了碳排放权交易市场，主要发达国家都已经建立或着手建立自身国内的碳排放权交易市场。

一、国际碳交易市场的起源与发展历史

碳排放权交易是人类社会为解决全球气候变暖问题所创新的一种市场机制。碳排放权交易是目前国际社会中应用最为广泛的控制碳排放手段，是行政手段和市场手段的结合。碳排放权交易不仅能实现碳排放总量的控制，使本国的经济运行不受排放限制的影响，并且还会带动新的经济增长点，因此，碳排放权交易的模式为各国所采纳。目前，学术界对于碳排放权交易尚

未形成统一的定义。广义上看，碳排放权交易包括基于项目的碳减排量的交易和基于配额的碳排放权交易，而狭义的碳排放权交易仅限于基于配额的碳排放权交易。

（一）起源阶段

20世纪70年代—90年代是碳排放权交易的起源阶段，该阶段的主要成果是美国70年代的联邦环保局排污权交易计划与90年代的"酸雨计划"。酸雨计划第一次提出了总量控制下的二氧化硫交易模式，从而奠定了碳排放权交易市场的基本模式，即"总量-交易"（cap and trade）模式。

（二）初步发展阶段

1992年签署，2005年正式生效的《京都议定书》从国际法的角度为国与国之间碳交易市场的建立提供了法律基础与市场基础，同时推动了各国国内的碳交易市场发展，其主要成果表现在两个方面：一是为发达国家确定了碳排放的总量和减排义务，要求发达国家2012年的碳排放量相比1990年下降一定的比例；二是为发达国家实现减排目标规定了三种灵活机制，即排放贸易（ET）、联合履约机制（JI）、清洁发展机制（CDM）。这三种机制实质上就是不同国家企业主体之间的碳交易机制。根据"共同但有区别的责任"原则，已完成工业革命的发达国家应对全球变暖承担更多的历史责任，因此，《京都议定书》只给工业化国家制定了减排任务，但没有对发展中国家作出减排要求。

（三）快速发展阶段

2005年至今是快速发展阶段，主要表现为各大碳交易所建立和碳成交额的放大。碳交易场所的建立对于碳金融市场的推进至关重要。虽然目前全球尚未形成统一的碳排放权交易市场，但欧洲、美国、澳大利亚、新西兰以及印度等国家纷纷尝试建立碳交易所，探索本区域的碳交易模式。

2005年1月，欧盟排放交易体系（EU-ETS）正式启动。2007年全球最大的碳排放权现货交易平台BlueNext交易所开始运行。随之，其他国家的碳交易市场也陆续发展起来，包括英国排放交易体系市场（UK-ETS）、澳洲新南威尔士体系（NSW）、美国芝加哥气候交易所（CCX）、美国的绿色交易所（Green Exchange，CCX）、欧洲能源交易所（European Energy Exchange，EEX）、亚洲碳交易所（Asia Carbon Exchange，ACX-Change）等 20 多个交易所。随着碳排放权类产品交易平台的建立，碳市场交易活动日益活跃。从碳交易所的区域分布看，欧洲开展排放权类产品的交易所最多，包括欧洲气候交易所（ECX）、Bluenext 碳交易市场、荷兰 Climex 交易所、奥地利能源交易所（EXAA）、欧洲气候交易所（ECX）、欧洲能源交易所（EEX）、意大利电力交易所（IPEX）、北欧电力交易所（Nord Pool），等等。

在这一阶段，全球先后成立了二十多家碳交易所，比较知名的是 2003 年成立的芝加哥气候交易所（全球第一家碳交易所和最大的开展自愿碳减排交易的交易所，2010 年已关闭），2005 年成立的布鲁奈克斯环境交易所（Bluenext）（全球最大的现货碳交易所，现已关闭），以及欧洲气候交易所（ECX）（全球最大的碳期货交易所）。ECX 作为全球碳金融衍生品的交易中心，交易量一直稳居全球第一。其主要的交易品种有 CERs 的远期和期权交易、EUAs 的远期和期权交易、应收碳排放权的货币化、碳衍生产品的保险和担保、碳基金等。

2005 年以来，全球碳交易成交金额持续增长，业界人士预计到 2020 年全球碳交易市场将增长至 3.5 万亿美元，将与石油交易市场并列成为全球最大的交易市场。近几年，随着美国加州、澳大利亚等地区碳交易的启动，特别是 2021 年 7 月中国统一碳交易市场的正式启动上线交易，进一步推动了全球碳交易市场的快速发展，在全球形成了多样化的碳交易市场和碳定价机制。

二、国际碳交易市场的基本类型

（一）自愿碳交易市场与强制性碳交易市场

按照碳交易市场建立的法律基础来看，可以分为自愿的碳交易市场和强制性的碳交易市场（或配额市场）。自愿碳交易市场是指从企业社会责任、品牌建设、社会效益等目标出发，通过参与方自愿签订协议，约束自身碳排放建立起来的碳交易市场。美国芝加哥气候交易所曾是全球知名的自愿性碳交易市场，鼎盛时期有300多家会员企业参与自愿性碳交易。强制性碳交易市场是指通过法律约束企业碳排放建立起来的碳交易市场。配额交易市场为有温室气体排放上限的国家或企业提供碳交易平台以满足减排目标。目前，全球最主要的配额交易市场是欧洲碳排放权交易市场。同时，美国西部，澳大利亚，加拿大，新西兰等国家和地区也在逐步建立配额交易市场（见图10-1）。

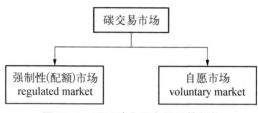

图 10-1 国际碳交易市场总体架构

（二）配额型市场和项目型市场

按照交易的标的，可以将碳排放权交易市场分为碳配额市场和项目型碳交易市场。碳配额市场是指以企业排放的二氧化碳配额为交易标的的市场。碳配额市场是以碳排放的总量为基础，买家在"总量-交易"（cap-and-trade）体制下购买由管理者制定、分配（或拍卖）的减排配额，如《京都议定书》下的分配数量单位（AAUs）和欧盟排放交易体系（EU-ETS）下的欧盟配额（EUAs）。目前国际上大多数市场属于碳配额市场（见图10-2）。

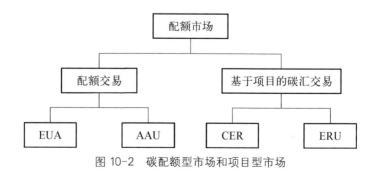

图 10-2 碳配额型市场和项目型市场

项目型碳交易市场是指以经核证的二氧化碳减排量为交易标的的市场。二氧化碳减排量是实施减排项目的后果，包括 CDM 和 JI 项目下的减排量等。买主向可证实减低温室气体排放的项目购买减排额。此类交易最典型的是清洁发展机制 CDM 及联合履行机制（JI）下分别产生的核证减排量（CERs）和减排单位（ERUs）。

三、国际主要的碳交易体系

目前世界上还没有形成统一的国际排放权交易市场。在区域市场中，也存在不同的交易商品和合同结构，各市场对交易的管理规则也有所差异。表 10-1 总结了全球主要碳交易市场的基本情况。

表 10-1　全球主要碳交易市场的基本情况

碳交易市场	启动时间	类别	供需范围
欧洲气候交属所 ECX	2005	强制	EUA 与 CER 交易
欧洲能源交易所 EEX	2002	强制	电力、能源企业交易
北欧电力交易所 Nord Pool	1996	强制	电力企业交易市场
法国未来电力交易所 Powernext	《京都议定书》之前	强制	电力企业交易市场
国际环境衍生品交易所 Bluenext	2008	强制、自愿	排放权现货、期货交易以及其他金融衍生品交易
美国 CVEAA 计划	1999	自愿	碳汇
加拿大 GERT 计划	1998	自愿	北美地区
澳大利亚 SFE 交易所	2000	自愿	可再生能源和能源替代项目 澳大利亚、新西兰和日本的碳储存项目 CCS
BP 石油公司内部碳交易计划	2000	自愿	BP 内部 12 家子公司参与
壳牌 STEPS 计划	2000	自愿	Shell 内部化工、冶炼、开采和生产子公司内部参与
英国排放交易体系	2002	自愿	英国 6 000 家企业内部交流
丹麦电力行业交易市场	2001	强制	美国部分州参与的内部市场，已经建立排放交易立法
挪威排放交易体系	2005	强制封顶、自愿协议	挪威冶炼、水泥和石化企业内部交易，计划与 EU-ETS 互联

(一)国际典型碳交易市场

1. 欧盟碳排放权交易体系(EU-ETS)

欧盟碳排放权交易市场是根据欧盟 2003 年 87 号指令(2003/87/EC)建立起来的,2005 年 1 月 1 日正式开始运行。目前已成为全球规模最大、机制最为完善、市场最为成熟的碳排放权交易市场,共有 20 多个国家参与。EU-ETS 发展至今经历了三个阶段,各阶段的覆盖范围、配额分配方式、交易规则等制度差异较大。

第一阶段:2005 年 1 月 1 日—2007 年 12 月 31 日,主要为《京都议定书》积累经验、奠定基础。该阶段所限制的温室气体减排许可交易仅涉及 CO_2,行业覆盖能源、石化、钢铁、水泥、玻璃、陶瓷、造纸,以及部分其他具有高耗能生产设备的行业,并设置了被纳入体系企业的门槛。第一阶段覆盖的行业占欧盟总排放的 50%。EU-ETS 成立第一年就实现了 3.6 亿吨 CO_2 当量的 EUA 现货交易,金额超过 72 亿欧元,期货、期权交易规模则更为可观。

第二阶段:2008 年 1 月 1 日—2012 年 12 月 31 日,排放限制扩大到其他温室气体(二氧化硫,氟氯烷等)和其他产业(交通),时间跨度与《京都议定书》首次承诺时间保持一致。至 2012 年第二阶段截止时,欧盟排放总量相较 1980 年减少 19%,而经济总量增幅达 45%,单位 GDP 能耗降低近 50%。

第三阶段:2013 年 1 月 1 日—2020 年 12 月 31 日,减排目标设定为总量减排 21%(2020 年相比 2005 年),年均减排 1.74%,所覆盖的产业也进一步扩大。其中最引人注目的是航空业被正式纳入 EU-ETS 的覆盖范围(设立独立的交易标的 EUAA)。

EU-ETS 的三个阶段中,交易覆盖的国家、行业与企业范围逐渐扩大,配额分配过程中拍卖的比例逐渐提高,免费配额的分配方式也从"历史排放法"过渡到"基线法",体现出 EU-ETS 制度的不断完善(具体参见表 10-2 和表 10-3)。

表 10-2　EU-ETS 三个阶段的覆盖范围

阶　段	覆盖国家	覆盖行业	覆盖温室气体
第一阶段 2005—2007	27 个成员国	电力、石化、钢铁、建材	CO_2
第二阶段 2008—2012	27 个成员国	2012 年新增航空业	CO_2
第三阶段 2013—2020	新增冰岛、挪威、列支敦士登；2014 年新增克罗地亚	新增化工和电解铝；各国可以适当调整	CO_2 + PFC（电解铝）+ N_2O（化工）

表 10-3　EU-ETS 三个阶段的制度设计

阶　段	减排目标	总量设定	拍卖比例	分配方法	新进入者配额	跨阶段存储和借贷
第一阶段 2005—2007	《京都议定书》目标	22.36 亿吨/年	最多 5%	历史法	基线法免费分配；先到先得	不允许
第二阶段 2008—2012	在 2005 年基础上减排 6.5%	20.98 亿吨/年	最多 10%	历史法	基线法免费分配；先到先得	可储存、不可借贷
第三阶段 2013—2020	在 1990 年基础上减排 20%	18.46 亿吨/年	最少 30%；2020 年 70%	基线法	基线法免费分配；先到先得	/

2. 美国区域温室气体减排行动（RGGI）

在北美地区，区域温室气体减排行动（regional greenhouse gas initiative，RGGI）是唯一的强制性减排体系。RGGI 源于 2005 年美国东北部地区十个州共同签署的应对气候变化协议。从 2009 年起，美国东北部的康涅狄格州、特拉华州、缅因州、马里兰州、马萨诸塞州、新罕布什尔州、纽约州、罗得岛州和佛蒙特州等 9 个州共同开展了美国首个旨在减少温室气体排放的市场手段监管计划。RGGI 体系旨在限制电力部门的温室气体排放，目标是到 2018 年将温室气体排放在 2000 年至 2004 年的基础上减少 10%。

RGGI 交易体系中，各成员可自行拍卖其 60%～100% 排放权，然后拿出 74% 的平均拍卖收入，投入到能效与清洁能源活动方面的项目。由于 2008 年世界金融危机造成的碳交易市场萎缩，作为自愿交易平台的芝加哥气候交易所（CCX）受到较大的负面影响，2010年已被洲际交易所收购。其失败的主要原因在于：一是经济衰退导致电力需求降低；二是新发现的页岩气使天然气价格降低，发电厂由燃烧煤炭改为燃烧天然气。

3. 新西兰配额交易体系（NZ ETS）

新西兰政府一直致力于制定一个推动长期减排的气候变化政策，并不断提出更高的温室气体减排目标。2001年11月通过了《2002年应对气候变化法》（CCRA），并在2006年12月至2007年3月间，就碳排放交易、碳税、奖励、补贴、直接监管措施等五种应对气候变化的政策广泛征询意见，最后确定建立新西兰配额交易体系（New Zealand emissions trading scheme，NZ ETS）作为低成本实现新西兰碳减排的首选方法。新西兰于2009年11月通过《应对气候变化修正案》，成为第一个采用碳交易机制的非欧洲国家。该法案同时明确符合规定的配额在转型期间（2010—2012年）具有每新西兰排放单位（New Zealand units，NZUs）25新西兰元的固定价格且无限量供给。

新西兰配额交易体系具有以下特点。

（1）将农业纳入配额交易体系。一般ETS参与方是能源、交通高排放行业的重点企业。但新西兰农业是其支柱产业，要实现减排目标，将农业纳入NZ ETS就成为必然之举。在将农业纳入NZ ETS之前，新西兰农业实施了5年的"无碳计划"，凡经认证获得无碳合格证书的天然低碳农业，均取得了经济效益和减排效果双丰收。新西兰通过NZ ETS推动农业节能减排、发展有机农业，为其他国家和地区的绿色农业发展提供了示范。

（2）强制性和灵活性相结合。ETS通常以立法的形式强制实施，NZ ETS可以说是双强制性碳交易体系——强制加入，强制减排。不过，NZ ETS也具有很强的灵活性，主要体现在企业参与NZ ETS的方式上。对于已强制纳入NZ ETS的一些企业，可从政府获得一定的免费NZUs，这些NZUs企业可用于抵消自己的减排义务，多余的可在碳交易市场出售；对于尚未纳入NZ ETS的另一些企业可以选择是否进入NZ ETS，企业可以与政府协商，获得政府给予的优惠政策，通过与政府签订碳排放合同的方式来确定本企业的减排责任，具有很强的灵活性，激励企业加入NZ ETS。

（3）国际性。NZ ETS在设计时，就考虑到与其他碳减排交易体系的协调和衔接，并对未来使用其他国家、区域的排放配额预留条款。目前来看，NZ ETS 主要是通过京都市场与其他国家或区域性的 ETS 进行衔接。该体系建立伊始，就允许本国企业不但可以在国内碳交易进行交易，也可以进行海外交易，使用国际碳信用额度。与国际接轨可以保证 NZ ETS 与全球温室气体减排行动的对接，也能确保国内碳交易市场价格与国际市场的对接。NZ ETS 不仅创建了 NZUs 作为国内的排放单位，用于国内各企业之间减排量的交易，而且规范了《京都议定书》下确定的国际排放单位在新西兰的交易规则，国内企业可以通过京都市场进行海外交易，使用国际碳信用额度。总体来说，该法案为新西兰未来碳交易市场的发展奠定了基础，也是国际碳交易市场发展的一大动力。

4. 日本东京碳交易体系（TCTP）

作为亚洲地区唯一承担强制性减排义务的国家，日本的减排态度一直比较积极。2010 年，世界上第一个城市级的强制排放交易体系在日本东京构建——东京都排放量交易制度（Tokyo cap and trade program，TCTP）。TCTP 被视为日本城市排放交易体系的先行者和试验区。随后，埼玉县在 2011 年建立排放权交易体系，作为《全球变暖战略促进条例》的一部分。埼玉县的排放权交易体系主要是对东京都 ETS 的复制。

东京都施行的排放交易机制是总量体系交易的模式，即设定排放的总限额，依据这一限额确定排放权的分配总量，再以一定的分配方式分配给受管控企业，企业获得配额后可以按需交易。完善的总量控制排放交易机制包括减排目标、覆盖范围、配额分配、履约机制和灵活性机制。在覆盖范围上，TCTP 涉及 1 325 个设施，且多以商业建筑为主。配额分配采用基于历史排放的"祖父法"，也即免费分配为主。在交易初期允许排放配额储蓄，但禁止借入配额。这样的规定在初期有利于交易机制的稳定。同时，还规定了多种减排额度抵消类型，并预设价格管理条款。在履约方面，严格的监控、报告、认证机制是排放配额分配、交易和履约的基本保障，也是交易机制的重要环节。对于未按期履约的实体，高额的罚金将形成强大的威慑，保证履约的顺利执行。以 TCTP 为模板进行推广将大大减少政策成本，为未来日本其他城市碳排放交易体系的建设提供有力的支持和借鉴。

从效果来看，TCTP 参与实体的履约率不断提高，交易体系第一年实现 64% 的履约率，从 2011 年开始履约率大幅提升至 93%。TCTP 第一阶段（2010—2014）要求商业类设施减排 8% 以上，工业类设施减排 6% 以上。经过第一阶段的过渡，第二阶段（2015—2019）的减排要求分别提升至商业设施 17%，工业设施 15%。在第一个履约阶段，满足排放义务的比率已经稳定在 90% 以上，而且 2011—2013 年已经有平均 70% 左右的参与实体达到第二阶段的减排义务。表明 TCTP 下的参与实体已基本消化强制减排带来的压力，并从中看到节能减排的长远收益。然而，由于过去几年中遭受的地震等自然灾害，目前日本碳交易已基本搁置。

5. 中国碳交易体系

2011 年 10 月，中国国家发展和改革委员会下发通知，批准北京、上海、湖北、重庆、广东、天津、深圳等 7 省市开展碳交易试点工作，并明确了 2013—2015 年进行区域试点，2015 年后逐渐建立全国碳排放权交易市场的时间表。2017 年 12 月 19 日，国家发展和改革委员会正式宣布我国碳交易市场启动，并先后公布了登记注册系统、交易系统的落户地点，印发了《全国碳排放权交易市场建设方案（发电行业）》。目前，中国统一碳交易市场已于 2021 年 7 月正式启动上线交易，纳入 2 162 家重点排放企业，覆盖约 45 亿吨二氧化碳排放量，已超过欧盟 EU ETS，成为全球最大的碳交易市场。

（二）国际碳交易市场的特征

1. 市场整体规模增大，但受经济、政策等因素影响较大

根据世界银行的统计，2005—2008 年，全球碳交易额年均增长 126.6%；碳交易量年均增长 59.5%。仅 2008 年一年，全球碳交易量就达到 48.1 亿吨二氧化碳当量，是 2005 年交易量的 3 倍。但受全球金融危机的影响，欧盟温室气体排放大幅下降，2009—2013 年，碳交易市场总体低迷。2013 年，全球碳市场交易总量约为 104.2 亿吨二氧化碳当量，交易总额约为 549.08 亿美元。相比于 2012 年全球碳市场交易总量变化甚微，而交易总额缩水近 36.18%。2014 年，全球碳交易市场出现明显复苏迹象。主要原因在于：一方面，据国际能源署（IEA）估计，全球温室气体排放量与 2013

年持平，估计二氧化碳排放量为 323 亿吨，较年初预期明显减少。但 2016 年，欧美碳交易市场遭遇了众多"黑天鹅"事件，受"英国公投脱欧"的影响，2016 年 6 月 23 日公投后 5 天内，欧盟碳配额（EUA）跌幅达 17%，甚至超过英镑本身的跌幅。

2. 碳价波动较大，供需失衡导致碳价曾一度暴跌

全球金融危机从客观上降低了碳配额的需求，2009—2013 年，碳排放许可（EUA）、碳核证减排量（CER）及减排单位（ERU）三项交易指标的月均价格均有所下跌。2008 年后期，EUA 价格从最高 31 欧元下降到 10 欧元以下。2009 年之后有所复苏，但随着 2012 年欧盟排放权交易体系（EU-ETS）第二阶段的结束，欧盟碳配额发放过量和供需失衡的问题凸显出来，加之 EU-ETS 体系运行规则缺乏灵活性，减排目标缺乏力度，配额严重过剩，EUA 价格降至 5 欧元以下。直到 2014 年，伴随着经济复苏，欧盟出台了多项干预措施，着力解决碳配额过剩的问题，推动了欧洲碳排放价格上涨。但部分地区受不同政策影响，碳价格波动也较大。

3. 参与国家逐渐增多，新兴碳市场或将成为主力军

随着国际碳交易市场发展的日趋完善，越来越多的国家参与到全球碳交易市场的建设中，或者在本国试行碳交易市场建设。中国等新兴经济体的加入为全球碳交易市场注入了新鲜血液。中国统一碳交易市场以发电行业为突破口，按照"坚持先易后难、循序渐进"的原则，未来将逐步推进，分步骤有序将其他行业纳入碳交易市场。

同时，碳交易市场也在拉丁美洲和北美的次国家地区全面开花。作为拉美第二大经济体的墨西哥，计划启动全国碳交易市场的试点阶段，并与智利和哥伦比亚就碳交易市场和碳定价政策积极展开区域对话与合作。在北美，地方政府则继续领跑碳定价政策的发展。2018 年初，加拿大最大的省份安大略省将其碳交易市场与魁北克省和美国加州的联合碳交易市场实现正式链接。作为泛加拿大清洁增长和气候变化框架的一部分，加拿大所有省份和地区已经制定了碳定价政策。

4. 市场参与主体日益多元，碳市场金融化日趋明显

当前，碳排放权交易市场的主要参与者发生着快速演变，碳市场金融化

的趋势日益明显。初期的市场推动者主要是政府和投资机构，建立战略部门的大公司，试图尽早取得商业优势的小型创新企业，金融机构以国际多边组织如世界银行、联合国国际金融公司、亚洲开发银行、欧洲投资银行等，以及碳交易所本身为主，其主要作用是设立和管理各种碳基金，为项目开发提供贷款，开发有关金融衍生品，增强市场流动性，从而活跃碳交易市场、推动其更好发展。如今的市场主要参与者则是大型工业企业、国家金融机构、大型对冲基金、清洁能源科技供应商和专业经纪商、交易商以及专业服务供应商等。大型商业银行、投资银行、资产管理公司等传统国际金融机构也在密切关注碳交易市场，并相继成立了碳交易市场部门。

四、国际碳金融衍生品市场的发展与特点

（一）国际碳金融衍生品市场的发展历史

随着《联合国气候变化框架公约》和《京都议定书》的生效，国际气候减排的制度框架从此正式形成，这就使得温室气体排放权成为一种具有商品价值且可以进行交易的稀缺性资源。《联合国气候变化框架公约》和《京都议定书》为世界各国进行碳排放权交易提供了框架和基础，碳金融衍生品市场由此顺应低碳经济发展路线而产生，它是碳排放权交易市场的各个参与主体进行碳金融衍生产品交易的重要平台。在这里形成了不同类型、不同功能的碳金融市场，也在世界范围内形成了不同的市场运行机制。

从国际经验来看，碳交易体系与碳金融衍生品体系是同时构建形成的，且呈现出现货与期货市场同步发展的态势。全球碳交易市场中，期货交易占全球交易总量的 95% 以上。碳交易场所主要集中于伦敦的洲际交易所（ICE）和德国莱比锡的欧洲能源交易所（EEX），主要交易产品为欧洲、美国等地区碳配额的期货和期权合约（包括以欧洲碳配额、美国东北部协议碳配额、美国加州碳配额和核证减排量为标的的年度与季度期货合约和期权合约等）。例如，欧盟碳交易体系中碳配额总量约为 26 亿吨，以占据市场主导地位的洲际交易所为例，碳期货与期权合约日均交易量达到几千万吨（2014 年为 3 007 万吨，2015 年为 2 711 万吨），其中交易最为活跃的欧洲碳配额

(EUA)期货合约在2015年日均交易量达到2 574万吨。同时，交易所场内也交易各市场间利用价差套利的价差互换工具（如碳配额和减排量的互换）和价差期权（碳配额和减排量的价差）。欧洲市场上，大型能源公司和金融机构将碳期货合约作为资产组合的重要部分，通过不断交易实现套期保值和套利。同时，相关利益机构为降低温室气体排放而进行大量的投融资活动，如商业银行为碳减排活动积极开发绿色信贷、CDM项目抵押贷款、企业技术改造贷款等金融产品，政府组织或其他机构设立的碳基金项目，等等。大量的碳金融活动与碳金融交易方式被开发。

此外，场外市场上针对各类市场需求的定制产品也非常丰富。金融机构开发各类远期交付协议，帮助参与方锁定远期价格；在减排项目开发过程中，金融机构将未来碳减排量收入作为抵押进行贷款或资产证券化，同时为降低减排项目的交付风险，提供履约担保或者保证保险等。投资银行和商业银行也发行了与减排量挂钩的碳债券。另外，由政府或金融机构发起的碳基金积极投资于碳减排项目或是二级市场交易。

(二) 国际碳金融衍生品市场的发展特点

1. 基础建设较为完善，市场机制相对先进

各个发达国家基本建立了较为完善的碳金融制度，并通过立法的方式进行巩固，比如德国的《节省能源法案》，美国的《清洁能源安全法案》。发达国家还积极搭建碳交易平台，建立较为完善的碳交易机制。例如，欧盟在意大利、荷兰等地共设立了八个碳交易中心，确定了主要碳排放成员国的温室气体排放上限，其排放交易体系下的交易机制与《京都协议书》保持一致，而且还设置了相应的惩罚机制。除了欧盟的欧盟排放权交易制EU-ETS以外，美国设立了芝加哥气候交易所CCX，澳洲设立了澳洲国家信托NSW，依靠市场机制来推动碳金融衍生品市场的发展。

2. 参与主体比较广泛，金融交易较为活跃

在碳金融衍生品市场的建立初期，各个国家的政府机构都发挥了指导和监管的角色，通过搭建交易平台，积极引导金融机构和私人企业进入市场。当市场成长到一定程度以后，政府机构不再直接介入市场，而是通过建立起

碳基金等形式间接参与。此时，商业银行、投资银行以及国际各种金融组织是碳金融衍生品市场的主体，私人企业在商业利益的吸引下也参与其中。总之，依托市场经济体制，政府机构、金融机构以及私人企业各方积极推进了国际碳金融衍生品市场的发展。

3. 碳金融衍生产品形式多样，金融创新层出不穷

碳基金是发达国家的政府与国际组织参与碳市场的重要形式。仅世界银行就管理着至少12只碳基金，总额接近三十亿美元。除此之外，德国、日本、意大利等国家也都通过碳基金参与形式多样的金融活动。发达国家的商业银行不但自身参与到碳金融市场的交易之中，还利用自己广泛的客户基础为交易各方提供中间业务，例如法律财务顾问、理财服务等。投资银行以及其他金融机构主要是进行一些金融产品的创新活动，积极开发金融衍生产品。它们不仅局限于基础的碳排放指标交易，还创新出例如环保期货巨灾债券、天气衍生产品、碳交易保险等碳金融衍生产品。

五、国际碳金融衍生品市场的构成

国外尤其是欧盟的碳金融市场机制相对比较成熟，碳金融衍生品市场形成了覆盖项目咨询、开发，配额与减排项目上市交易等领域，由项目开发机构、咨询机构、金融机构、能源企业参与的完整链条；推出了以排放配额交易、减排项目交易为基础的期货、期权、掉期、碳资产证券化等丰富的金融产品，增强了碳金融市场的流动性。而在日益产品多样化的全球碳金融体系中，尤其是欧盟和美国，碳交易市场上约98%的交易量都是来自碳期货和碳期权。

1. 碳期货

碳期货是以碳排放权现货合约为标的资产的期货合约。碳期货合约交易占据了国际碳交易市场近90%的交易额。国际上主要的碳期货产品有以下多种。

一是欧洲气候交易所的碳金融期货合约（ECX CFI）。这是在欧盟排放交易体系下低成本的金融担保工具。二是碳排放配额期货。这是由交易所统一制定、实行集中买卖、规定在将来某一时间和地点交割一定质量和

数量的期货标准合约，其价格是在交易所内以公开竞价方式达成的，包括欧盟碳排放配额期货（EUA futures）、美国的区域温室气体减排配额期货（RGGI futures）、加州碳排放配额期货（California carbon allowance futures）等。三是经核证的减排量期货（CER futures），是欧洲气候交易所为了适应不断增长的市场需要而推出的，以避免 CER 价格大幅波动带来的风险。

2. 碳期权

碳期权是指在将来某个时期或者确定的某个时间，能够以某一确定的价格出售或者购买碳排放权的选择权，该权利的购买方既可以行使在约定期限内买入或卖出标的商品或金融工具的权利，也可以放弃该权利。当买方决定行使该权利时，卖方必须按约定履行义务。如果过了约定的期限，买方未行使权利，则期权作废，交易双方的权利与义务也随之解除。按行使期权的时限不同，碳期权可分为欧式期权和美式期权；按买方行权方向的不同可分为看涨期权和看跌期权；按期权交易的场所不同，可分为场内期权和场外期权。国际上主要的碳期权产品有三类。

一是碳排放配额期货期权，赋予持有方/买方在期权到期日或者之前选择履行该合约的权利，相对方/卖方则具有履行该合约的义务，包括欧盟排放配额期货期权（EUA future options）、美国的区域温室气体减排配额期权（RGGI options）、加州碳排放配额期权（California carbon allowance options）等。二是经核证的减排量期货期权（CER future options），清洁发展机制下衍生的 CER 期货看涨或者看跌期权。三是 JI 机制下衍生的 ERU 期货看涨或看跌期权。

3. 碳基金

碳基金是指由政府、金融机构、企业或个人投资设立的专门基金，致力于在全球范围购买碳信用或投资于温室气体减排项目，经过一段时期后给予投资者碳信用或现金回报，以帮助改善全球气候变暖。2000 年，世界银行发行了首只投资减排项目的碳原型基金（prototype found），共募集资金 1.8 亿美元。世界银行已经与世界各国政府联合推出多只基金，目前，世界银行碳金融单位（CFU）代表参与方管理着 12 个碳基金和机构：碳原型基金、生物碳基金、西班牙碳基金、社会发展碳基金、意大利碳基金、荷兰CDM机构、荷兰欧洲碳机构、丹麦碳基金、联合国伞形碳机构、欧洲碳基金、森林碳汇合作机构和碳合作机构。目前全球60%的碳基金在碳交易市场从事碳信用指标的买卖，30%的份额以直接融资的方式为相关项目提供资金支持。

国际碳金融衍生品市场不仅有碳期货和碳期权等主流的碳金融衍生产品，还有应收碳排放权的货币化、碳保险等碳金融衍生产品。应收碳排放权的货币化是CDM市场交易的一种补充，因为原始的CDM交易属于一种远期交易，交易双方只能在项目完成后才能获得回报，这无疑增加了资金的时间成本，而应收碳排放权货币化的出现，实现了碳排放权的证券化，增加了资金的流动性和风险。碳衍生产品的保险和担保是为了管理碳项目中所面临风险的金融产品。

六、国际碳金融市场发展的制度经验

正如前文提出的，国际碳金融市场的参与主体比较广泛，金融交易较为活跃，这与各国建立了比较完善的碳金融制度密不可分。

1. 通过立法强化碳金融市场的制度约束

各个发达国家都建立了碳金融制度，并通过立法的方式进行了巩固。美国于2009年出台了《清洁能源安全法案》，引入碳排放权配额分配、碳金融产品借贷等方面的制度安排。欧盟于2000年最早启动了《欧洲气候变化方案》；德国于2002年制定了《节省能源法案》；英国于2007年实施了《气候变化法案》，成为首个将法定温室气体减排目标写进法律的国家。在亚太地区，日本于2007年颁布了旨在削减碳排放的《环境税》，澳大利亚于2007年出台了《国家温室气体与能源报告法》和《碳主张与交易实践法》，印度于2008年出台了《气候变化国家行动计划》，强制减排的政府导向十分突出。总体来看，发达国家政府或国际组织引导建立相对完善的碳金融法律制度，从而使碳金融市场各参与方与各环节都有法律保障。一是碳排放权交易制度。碳排放权交易制度是碳金融衍生品市场发展的基础。发达国家建立了较为完善的碳排放权交易制度，对交易主体、交易标的物、碳排放权的初始分配和权利移转、碳排放权交易监管机制及法律责任、碳排放核算标准等做出了明确的制度规定,为碳排放权现货产品设计与碳减排活动提供了可量化的依据,奠定了碳金融衍生品市场发展的基础。二是碳基金的管理制度,包括基金融资方式、分配方式、聘雇制度和监督制度等。三是碳减排项目融资的法律规定,包括引导生态投资、鼓励民间多样化融资的配套法律、法规与政策等。四是商业银行和投资银行的碳金融服务制度。商业银行和投资银行在碳金融市场成立之初主要担当企业参与碳交易的中介机构和为企业提供项目融资等,从中赚取手续费和利息,但随着碳金融市场的不断发展壮大,这些金融机构通过不断创新,推出了碳期货、碳基金、CER 期货和期权等创新产品。例如,欧洲部分商业银行以经纪中介、代理绿色债券交易,或是碳金融风险管理等服务,建立碳交易专柜,为各类商家提供服务。五是碳保险的相关规定,包括保险方式、保险责任的适用范围、责任免除、赔偿范围、保险费率、索赔时效和保险机构设置等。

2. 积极发展碳金融市场,引导投资者进入市场

在碳金融市场建立初期,各个国家都积极发挥指导和监管角色,搭建平台,引导金融机构和私人企业进入市场。国际碳金融衍生品市场的参与主体既包括国际组织以及国家政府部门,如世界银行设立的碳基金以及各国的碳交易所等,同时还包括一些私营部门的参与者,如金融机构、中介机构、企业以及个人等。在碳金融衍生品市场进入平稳发展期后,政府通过碳基金等形式间接参与,并监督市场功能发挥,提高碳金融市场的运行效率。政府监督的主要手段包括主体资格审查、碳排放标准的制度、排放申报受理、排放交易的记录与追踪,等等。例如:欧盟 1999 年就开始依据国家和不同领域的年度温室气体排放清单进行评估,对社区温室气体实施监测计划。英国还专门设有第三方独立认证机构对社区二氧化碳排放情况进行核实。美国于1994 年开始实施"温室气候自愿报告计划",2008 年起美国环保署开始筹建国家强制性温室气体登记报告制度等。

3. 建立系统的碳金融市场调控制度

国际碳金融衍生品市场存在政策风险、操作风险、流动性风险、信用风险在内的诸多风险,碳金融衍生品产品价格经常出现大幅波动,给碳排放企

业带来了风险，导致其推迟低碳投资，影响了碳技术进步与节能减碳目标的实现。对此，全球各主要碳交易体系均建立了较为系统的碳金融衍生品市场调控制度，以维持市场的稳定运行。如 EU-ETS 通过调节供需进行价格管理，2008—2009 年连续回购碳配额，降低市场配额供应总量；2012 年又制定"折量拍卖"、提高减排目标与年度减排系数在内的 6 项结构性改进措施，对碳排放权进行跨期调节。美国的区域温室气体减排行动（RGGI）为防止市场失灵，设计了"成本控制储备触发价格"机制（CCR），在拍卖配额外为控制配额成本另设额外配额，待配额被拍卖完毕以设定价格投入市场，为市场提供一定缓冲期。澳大利亚则制定滚动目标的碳定价机制，根据市场情况动态调节碳排放权的供给。

 第三节　中国碳金融市场

伴随着中国温室气体减排责任的转变和国际地位的提升，中国在全球碳交易市场的角色正在发生深刻转变。改革开放以来，我国以大量的能源资源消耗支撑了经济高速增长。近年来，温室气体排放增速快、总量大，不仅成为我国建设生态文明社会，实现绿色低碳发展的重要挑战，也使我国在国际应对气候变化谈判中面临巨大压力。为应对气候变化，转变我国长期以来的高排放、高污染经济发展方式，中国从七个地区试点碳排放交易开始，逐步构建全国统一碳交易市场。随着中国试点省市碳交易制度的日趋完善，中国的碳金融市场也逐渐形成和发展起来。

一、我国碳排放交易市场的发展历史

2011 年，国民经济和社会发展第十二个五年规划《纲要》中即提出要"逐步建立碳排放交易市场"。党的十八大以来，以习近平同志为核心的党中央及时作出了加快推进生态文明建设的重大战略部署，提出绿色发展理念，把积极应对气候变化、推进绿色低碳发展作为重要内容和基本途径。为此，

中央全面深化改革领导小组分别在 2014 年、2015 年将全国碳交易市场建设有关工作列为年度重要改革任务，要求扎实推进、务求实效。2016 年，国民经济和社会发展第十三个五年规划《纲要》中也再次就"推动建设全国统一的碳排放交易市场"做出明确部署。

在国际上，2015 年 9 月，习近平主席与时任美国总统奥巴马签署《中美元首气候变化联合声明》，向国际社会郑重宣布"2017 年启动全国碳排放交易体系"。同年 11 月，我国在巴黎气候大会上向联合国提交了《强化应对气候变化行动——中国国家自主贡献》，承诺我国将"在碳排放权交易试点基础上，稳步推进全国碳排放权交易体系建设"。2016 年特朗普当选美国总统后宣布将退出《巴黎协定》，使我国在全球气候治理上的立场成为国际社会关注的焦点。针对全球气候变化议题，习近平主席曾在多个场合阐述中方观点和承诺，并积极推动全球应对气候变化的多边进程，为我国在全球应对气候变化领域明确了战略定位，也为全国碳交易市场建设提出了更高要求。

我国碳交易市场的发展历史主要分为以下几个阶段。

第一阶段：地方交易所建立。从 2008 年开始，各地陆续有环境类相关交易所建立，首批有上海、北京等地的环境交易所，其中上海环境能源交易所于 2008 年 5 月成立，为中国首个环境交易所。此后，各地方同类型交易所相继出现，市场逐渐发展。

第二阶段：建立试点碳交易市场。2011 年 11 月，国家发展和改革委发布《关于开展碳排放权交易试点工作的通知》，批准同意上海、北京等 7 个省市开展碳排放权交易试点，12 月国务院发布《控制温室气体和应对气候变化"十二五"规划》，至此，各试点开始启动碳排放权交易体系建设的相关工作。

第三阶段：运行试点碳交易市场。《关于开展碳排放权交易试点工作的通知》中明确了 2013—2015 年进行区域试点，这三年也为 7 个试点省市试运行碳交易市场的第一阶段，随着试点地区日趋完善，碳交易市场的影响力和交易规模也在不断扩大。

第四阶段：启动全国碳交易市场。2016 年 1 月，国家发改委办公厅发布了《关于切实做好全国碳排放权交易市场启动重点工作》的通知,并明确将于 2017 年底启动全国碳交易市场的建立工作。2017 年 12 月 19 日,国家发展和改革委员会组织召开全国碳排放权交易体系启动工作电视电话会议以及新闻发布会,宣布我国碳交易市场正式启动,先后公布了登记注册系统、交易系统的落户地点(分别为湖北省、上海市),并印发了《全国碳排放权交易市场建设方案(发电行业)》(以下简称《方案》)。2021 年 1 月 5 日,生态环境部发布《碳排放权交易管理办法(试行)》。2021 年 7 月 16 日,全国碳排放权交易市场正式启动上线交易,至此,我国统一的碳交易市场正式拉开帷幕,全球覆盖温室气体排放量规模最大的碳交易市场诞生。

二、我国试点碳交易市场的制度体系

随着我国绿色发展理念的逐步确立,以及我国碳交易市场建设条件的逐步完善,2011 年 11 月,国家发展和改革委发布《关于开展碳排放权交易试点工作的通知》,批准同意上海、北京等 7 个省市开展碳排放权交易试点,并明确了 2013—2015 年进行区域试点。2011 年 12 月,国务院发布《控制温室气体和应对气候变化"十二五"规划》,各试点开始筹备建立碳排放权交易体系。国内 7 个试点省市在机制设计方面多数参考了 EU-ETS 的成功经验,并形成了各自较为健全的规范体系,市场机制成功建立并顺利运转,直接推动了节能减排,也为建立全国统一的碳交易市场积累了宝贵经验。此外,通过引入买卖双方竞价机制,7 个试点碳交易市场也已经形成基于市场供求的碳价格发现机制,为建立全国统一碳交易市场的价格形成机制奠定了坚实基础。

(一)配额分配

不同的配额分配方式决定着不同的配额分配方法选择。常见的配额分配方式主要有三种:免费分配、拍卖分配和两者混合分配,中国已启动的 7 个省市试点碳交易市场主要采用的是免费分配方式,除了重庆采取自主申报的分配方法,其余 6 个试点碳交易市场均对主流的配额分配方法进行了尝试和创新。其中,北京、上海、天津、广东和湖北还分别公布了详细的配额计算方法和管理方案。各试点省市的经济发展水平、能源消费结构、重点产业以及未来发展规划存在显著差异。

表 10-4 我国各试点碳交易市场配额分配方式

地区	历史排放法	基准线法
北京	(1) 制造业等工业和服务业为基于历史排放总量，供热企业和火力发电企业基于历史排放强度；(2) 设置控排系数；(3) 参考年为 2009—2012 年	企业新增设施
上海	(1) 工业（除电力行业外），以及商场、宾馆、商务办公等建筑；(2) 考虑先期减排因素；(3) 考虑新增项目因素；(4) 参考年为 2009—2012 年	(1) 电力、航空、机场等行业；(2) 电力行业考虑负荷率修正系数；(3) 非电力行业考虑先期减排因素
广东	(1) 石化行业和电力、水泥、钢铁行业等部分生产流程（机组或产品）；(2) 设置下降系数；(3) 参考年为 2011—2013 年	(1) 电力、水泥和钢铁行业大部分生产流程（机组或产品）；(2) 新建项目企业；(3) 设下降系数
天津	(1) 钢铁、化工、石化、油气开采等行业；(2) 设置绩效系数；(3) 设控排系数；(4) 参考年为 2009—2012 年	(1) 电力、热力和热电联产行业；(2) 新增设施；(3) 设下降系数
湖北	(1) 电力行业之外的工业企业；(2) 设置总量调整系数；(3) 设控排系数；(4) 参考年为 2009—2012 年	(1) 电力行业；(2) 设预发配额比例
深圳	—	管控范围内的所有企业和单位

从表 10-4 中可以看出，各试点碳交易市场也结合地区因素对配额分配方法进行了积极的创新和尝试：① 北京、天津、广东和湖北等 4 个试点碳交易市场依据地区经济增长目标和各行业发展特征，在使用历史排放法时设置了调节系数，用于调节企业既有设施排放配额。② 上海和天津碳交易市场综合考虑企业过去的碳减排努力和成效，上海碳交易市场设置了先期减排配额，天津碳交易市场设置了绩效系数。③ 广州碳交易市场充分考虑工艺流程调整对碳排放的影响，例如油品升级对炼油企业碳排放的影响，设置了工艺流程调整配额。④ 北京和天津碳交易市场在分配方案中增加了配额调整量，以对企业单位增加值或产值碳排放的重大变化及由于兼并、重组等原因导致企业组织边界发生重大变化的情况进行考虑。可

见，虽然中国各试点碳交易市场的配额分配方法具有一定的共同特征，但各试点市场的配额分配方法又各有特点，目前还没有出现统一的配额分配方法。

（二）主体范围

我国各碳交易试点地区处于不同的经济发展阶段，经济发展水平和产业结构差异较大，能源消费总量和能源效率也存在较大差别，因此各个试点省市的减排潜力和减排成本的差异也较大。加之，大部分试点地区的排放总量较低，而且大规模的排放点源数量有限，为保证体系覆盖的排放总量和企业数量达到一定规模，以发挥交易机制的作用和提高市场流动性，部分试点选择相对较低的企业纳入门槛，并选择纳入一些建筑、交通等领域的小型排放源。因此，在纳入主体上，各试点地区存在一定的差异。

（三）交易方式

目前，我国碳交易市场由强制减排市场和自愿减排市场两部分组成。强制减排市场的基本规则是：由监管部门向控排企业发放配额，同时配额逐年减少；当控排企业实际排放量超过配额时，即向有剩余配额的企业购买，这些企业可以将多余配额出售。同时为了保证清洁能源和节能项目能够盈利，我国碳交易市场针对这些项目还构建了自愿减排市场。大部分试点省市均以免费的方式给控排企业发放碳配额，部分试点如广东、深圳、湖北、上海同时也采取拍卖竞价的模式有偿发放一部分碳配额给控排企业。广东属于以免费分配为主的渐进混合模式的探索；湖北拍卖标的的来源为政府预留配额，而不是企业分配配额，同时，作为对机构和个人都开发的市场，湖北拍卖的竞拍者也可以是社会投资者，而不仅限于纳入企业；深圳和上海曾尝试以拍卖手段促进履约，深圳甚至选用低于市场价一半的底价（见图 10-3）。

目前各试点地区均以现货交易为主，陆续出台了多个碳交易相关政策，碳交易市场运行机制在逐步完善并规范化，市场交易活动平稳有序，但各地区竞价方式略有不同，部分地区采用了点对点的竞价方式。同时，各试点地

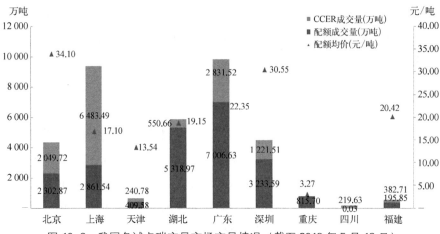

图 10-3 我国各试点碳交易市场交易情况（截至 2018 年 5 月 18 日）

区也在不同程度推动远期交易的发展。以上海为例，上海环境能源交易所与上海清算所合作开发了国内首个符合国际金融市场标准和惯例的碳配额远期产品，采用询价交易方式，交易参与方通过环交所远期交易系统提交订单，通过报价、询价，达成成交意向，产品自推出以来也获得了业界的一致认可（见图 10-4）。

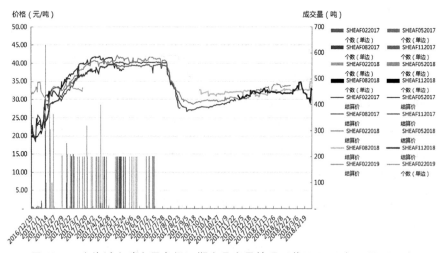

图 10-4 上海试点碳交易市场远期产品交易情况（截至 2018 年 5 月 18 日）

其他要素各试点省市也有一定程度的差异，具体见表 10-5。

第十章 碳金融市场

表 10-5 我国各试点碳交易市场制度设计对比

	上海	北京	湖北	广东	深圳	天津	重庆
控排目标	19%	18%	17%	19.50%	21%	19%	17%
启动时间	2013年11月26日	2013年11月28日	2014年4月2日	2013年12月19日	2013年6月18日	2013年12月26日	2014年6月19日
交易平台	上海环境能源交易所	北京环境交易所	湖北省碳排放权交易中心	广州碳排放权交易所	深圳排放权交易所	天津排放权交易所	重庆碳排放交易中心
纳入范围	年排放量2万吨及以上的工业行业企业和年排放量1万吨及以上的非工业行业	市行政区域内的固定设施和移动设施年二氧化碳直接排放和间接排放量5 000吨（含）以上的单位	综合能耗1万吨及以上的工业企业	年排放量2万吨（或年综合能耗1万吨标准煤）及以上的工业行业企业	碳排放量达到3 000吨以上的工业企业；大型公共建筑和建筑面积达到1万平方米以上的国家机关办公建筑业主	工业行业企业和民用建筑领域年碳排放量2万吨以上	年综合能耗量达到1万吨标准煤以上（含）的有关单位
控排企业数量	191家（2013—2015）396家(2016—)	947家	166家	218家	811家	112家	254家
交易产品	碳排放权配额(SHEA)、CCER	碳排放权配额、经审定的碳减排量（主要包括：CCER、节能项目碳减排量、林业碳汇项目碳减排量、灰项目碳减排量）	碳排放权配额(HBEA)；省行政区域内产生的核证资源减排量（含森林碳汇）	碳排放权配额(GDEA)、经交易管部门批准的其他交易品种	碳排放权配额(SZA)、CCER和相关主管部门批准的其他碳排放交易品种	碳排放权配额、CCER	碳排放权配额、CCER及其他法批准的交易产品
配额总量	约1.55亿吨	约0.47亿吨	约3.24亿吨	约3.7亿吨	约0.3亿吨	约1.6亿吨	约1.06亿吨

(续表)

	上海	北京	湖北	广东	深圳	天津	重庆
配额分配方法	历史排放法和基准线法。一次性分配 2013—2015 年各年试点企业排放配额。适时推行拍卖等有偿分配方式	制造业、其他工业和服务业企业按照配额核定方法的配额核定方法分配;供热和火力发电企业按照历史排放强度方法分配	试点期间配额发放给试点企业,免费分配。碳排放权交易试点情况,适时探索有偿分配方式	基准线法和历史排放法;电力行业免费配额比例为 95%,钢铁、石化和水泥企业的免费配额比例为 97%。有偿配额以竞价形式发放,企业可自主决定是否购买	按照各行业历史排放水平,采取无偿分配和有偿分配两种方式,无偿分配不得低于配额总量的 90%,有偿分配可采用固定价格出售、拍卖方式出售配额数量不得高于当年年度配额总量的 3%)或其他有偿方式	按照各行业历史排放水平确定,配额分配以免费发放为主、有偿分配(固定价格出售或拍卖等有偿发放为辅)	根据企业历史排放水平和产业减排潜力等因素确定,通过配额管理单位向纳入配额发放配额
交易方式	挂牌交易、协议转让	公开交易、协议转让;经市金融局批准的其他交易形式,场外交易	现货交易采取电子竞价、网络撮合等,探索期货交易模式	公开竞价、协议转让等国家法律法规、标准允许的方式	现货交易、电子拍卖、定价点选、大宗交易、协议转让等方式	网络现货交易、协议交易和拍卖交易	公开竞价、协议转让及其他符合国家和本市有关规定的方式
报告日期	每年 3 月 31 日前	每年 4 月 15 日前	每年 2 月最后 1 个工作日前	每年 3 月 15 日前	每年 3 月 31 日前	每年 4 月 30 日前	每年 2 月 20 日前
清缴日期	每年 6 月 1 日至 6 月 30 日	每年 6 月 15 日前	每年 5 月最后一个工作日前	每年 6 月 20 日前	每年 6 月 30 日前	每年 5 月 31 日前	每年 6 月 20 日前
履约情况	履约率 100%	947 家控排企业,22 家未按时履约,履约率为 98%	未披露	履约率 100%	811 家控排企业,8 家未按时履约,履约率 99%	履约率 100%	未披露

三、全国统一碳排放权交易市场建设

随着各试点地区碳交易的有序推进，2014年12月，国家发改委发布《碳排放权交易管理暂行办法》，明确了全国碳交易市场的顶层设计。2016年1月，国家发改委发布了《关于切实做好全国碳排放权交易市场启动重点工作》（发改办气候〔2016〕57号）的通知，对全国碳交易市场启动前的各项重点准备工作进行了具体要求，规定了石化、化工、建材、钢铁、有色、造纸、电力和航空等8个工业行业中2013—2015年任意一年年能耗1万吨标准煤以上的企业以及2013—2015年中任意一年发电装机之和达6 000 kw以上的其他企业自备电厂纳入控排范围，对拟纳入企业的历史数据碳排放进行核算、报告与核查，并已出台了24个重点行业的《企业温室气体排放核算方法与报告指南》。2017年12月19日，国家发展和改革委员会组织召开全国碳排放权交易体系启动工作电视电话会议以及新闻发布会，宣布我国碳交易市场建设工作开始展开。2021年7月16日，全国碳排放权交易市场正式启动上线交易。

（一）体系设计

国家碳交易市场总体方案的核心要素可概括为一个条例、三个办法、八个行业、两种方法、一套制度、一套系统（见图10-5）。

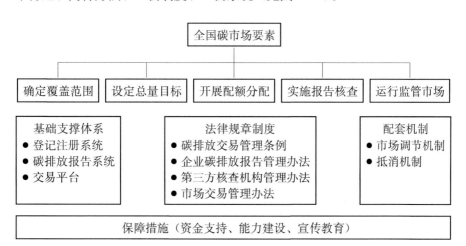

图10-5 全国碳交易市场设计框架

(1) 一个条例、三个办法是指《碳排放权交易管理条例》,以及《企业碳排放报告管理办法》《碳交易第三方核查机构管理办法》《碳市场交易管理办法》,形成一加三的立法体系。

(2) 八个行业、两种方法是指全国碳交易市场的覆盖范围和配额分配方法。第一阶段将在发电行业(含热电联产)率先启动全国碳排放权交易体系,之后再逐步扩大参与碳交易市场的行业范围,将逐步覆盖石化、化工、建材、钢铁、有色、造纸、电力和航空八大行业年能耗一万吨标准煤以上的企业,配额分配主要采用基准法,部分行业采用历史法,初期以免费分配为主,循序渐进逐步增加有偿分配比例。

(3) 一套制度、一套系统是保障碳交易市场运行的支撑体系。一套制度即碳排放监测、报告与核查制度,重点排放单位的配额管理制度,市场交易相关制度;一套系统是指碳排放数据报送系统、碳排放权注册登记系统、碳排放权交易系统和碳排放权交易结算系统。在机制设计上已经涵盖了碳交易涉及的各项基本要素:覆盖范围、总量目标、配额分配、MRV、履约报送、监管及保障措施等各方面。

(二) 进展情况

2017年12月19日,国家发改委宣布我国碳交易市场正式启动,先后公布了登记注册系统、交易系统的落户地点(分别为湖北省、上海市),并印发了《全国碳排放权交易市场建设方案(发电行业)》(以下简称《方案》),并且组织召开全国碳排放权交易体系启动工作电视电话会议以及新闻发布会,介绍《方案》具体内容,这标志着我国碳排放权交易体系正式启动。

《方案》中明确以发电行业为突破口,建立一个"坚持市场导向、政府服务,坚持先易后难、循序渐进,坚持协调协同、广泛参与,坚持统一标准、公平公开"的碳排放权交易市场。在发电行业(含热电联产)率先启动全国碳排放权交易体系,之后再逐步扩大参与碳交易市场的行业范围,增加交易品种。参与主体是发电行业年度排放达到2.6万吨二氧化碳当量及以上的企业或者其他经济组织包括其他行业自备电厂。首批纳入碳交易的企业

1 700 余家，排放总量超过 30 亿吨二氧化碳当量。

我国碳交易市场将由三个主要制度以及四个支撑系统构成运行骨架。三个主要制度为碳排放监测、报告与核查制度，重点排放单位的配额管理制度，市场交易相关制度；四个支撑系统为碳排放数据报送系统、碳排放权注册登记系统、碳排放权交易系统和碳排放权交易结算系统。

《方案》给出了稳步推进碳交易市场建设的时间表，共分三步走：基础建设期：用一年左右时间，完成全国统一的数据报送系统、注册登记系统和交易系统建设，开展碳交易市场管理制度建设；模拟运行期：用一年左右时间，开展发电行业配额模拟交易，全面检验市场各要素环节的有效性和可靠性，强化市场风险预警与防控机制；深化完善期：在发电行业交易主体间开展配额现货交易，在发电行业碳交易市场稳定运行的前提下，逐步扩大市场覆盖范围，丰富交易品种和交易方式。

2021 年 7 月 16 日，全国碳排放权交易市场上线交易正式启动。全国碳市场的碳排放权注册登记系统由湖北省牵头建设、运行和维护，交易系统由上海市牵头建设、运行和维护，数据报送系统依托全国排污许可证管理信息平台建成。全国碳市场第一个履约周期为 2021 年全年，纳入发电行业重点排放单位 2 162 家，覆盖约 45 亿吨二氧化碳排放量，是全球规模最大的碳市场。

四、我国碳金融市场的发展现状

我国碳金融市场正处于蓬勃发展期，迄今七个碳交易试点已顺利完成三个履约周期，碳金融市场发展的制度日益完善，参与主体日趋多元化，碳金融产品日益丰富，市场成交量逐年稳步扩大。

（一）碳金融市场发展制度日益完善

为了推动我国碳金融市场的发展，中央和地方先后出台了多项支持政策。从金融制度的视角看，我国碳金融的发展历史就是碳金融发展制度不断优化的过程。

2014 年 5 月 9 日，国务院发布《关于进一步促进资本市场健康发展的若干意见》，要求发展商品期权、商品指数、碳排放权等交易工具，充分发挥期货市场价格发现和风险管理功能，增强期货市场服务于实体经济的能力。2014年11月，证监会表示会继续创新期货市场的品种，推进碳交易试点工作，研究开展国内碳期货交易的可能性。2016年1月的全国证券期货监管工作会议上，再次提到研究论证碳排放权期货交易，探索运用市场化机制助力绿色发展。2016年8月31日召开的中央全面深化改革领导小组第二十七次会议要求，要利用绿色信贷、绿色债券、碳金融等金融工具和相关政策为绿色发展服务。这是中央决议里首次出现"碳金融"的提法。当天，中国人民银行和国家发改委等七部委联合发布《关于构建绿色金融体系的指导意见》，将碳金融作为绿色金融体系的重要一环进行了部署，涵盖了碳金融产品、环境权益市场及环境权益融资等内容。这也是截至2016年，国家推出的最为明确详尽的碳金融相关政策措施。

各地方政府也不断完善碳金融市场发展的政策。2011年，国家发改委指定七个省市作为碳排放权交易试点，建立现货交易平台。在稳步发展现货市场的前提下，一些试点地区对碳金融创新也持鼓励态度，相继推出各类碳金融创新产品与业务。北京市要求完善碳排放权交易制度，开展碳金融创新，鼓励重点排放单位、投资机构和金融机构之间，开展碳排放配额抵押式融资、回购式融资和配额托管。广东省鼓励金融机构探索开展碳排放权交易产品的融资服务，为纳入配额管理的单位提供与节能减碳项目相关的融资支持，同时积极推进碳期货市场的发展。上海市鼓励探索创新碳排放权交易相关产品；鼓励银行等金融机构优先为纳入配额管理的单位提供与节能减碳项目相关的融资支持，并与清算所一起共同推出上海碳配额远期产品，取得了良好的社会效应。湖北推出碳排放现货远期产品，并公开招标系统开发商。深圳与世行集团国际金融公司（IFC）合作推出碳排放远期产品，等等。各个试点也先后推出碳质押贷款、碳基金、碳债券、碳结构性存款、引入个人与境外机构参与等各项措施，通过金融工具创新促进碳交易市场的活跃。总的来看，国内碳金融市场仍处于发展初期，迫切需要放开碳金融衍生品发展的政策，在现货市场发展壮大的基础上逐步加以完善。

(二) 市场参与主体日趋多元化

在各个试点碳交易市场启动初期,参与主体多以控排履约机构为主。经过多年的试点市场交易,随着市场规模的稳步提升,以及全国统一碳交易市场的发展预期,越来越多的自愿减排企业、金融机构、投资机构、自然人以及境外投资参与交易,央企及其碳资产管理公司,主流金融机构(如中信证券、国泰君安、招银国金、浦发银行、兴业银行等),碳基金等市场主体越来越活跃,广泛参与到各试点地区的产品创新及市场交易过程中,为未来的全国碳金融市场发展积累了丰富经验。

(三) 碳金融产品日益丰富

各试点地区始终将碳金融产品创新作为扩大市场影响、服务参与主体、促进交易活跃的重点工作。试点以来,不同试点地区共推出了数十种碳金融创新产品,以碳配额回购、质押、借碳等融资产品为主,也出现了场外掉期、期权以及现货远期等协议案例和交易产品,期间还成立了数家专注于国内碳交易市场的碳基金公司,为未来碳期货期权等碳金融衍生品的推出和发展提供了市场保障。以碳基金为例,我国推出了多个碳基金。① 中国碳减排证卖方基金。它是国际上设立最早的碳减排证卖方基金。主要作用是为我国 CDM 项目的 CERs 在全球碳交易市场销售提供专业化服务,以搭建我国 CDM 项目业主与欧洲国家的政府、企业和金融机构合作的平台,为其之间开展减排项目和融资合作提供全过程的专业服务。② 中国清洁发展机制基金。中国清洁发展机制基金成立于 2006 年,是由国家批准设立的按照社会性基金模式管理的政策性基金。社会性模式是指此基金要坚持保值、增值原则,自主经营,专项用于推动与应对全球气候变化相关产业的资金支持;而政策性是指此基金的目标是实现应对全球气候变化目标,树立负责任大国形象,加快转变经济发展,此基金只能用于应对全球气候变化方面。2010 年 9 月,财政部、国家发展与改革委员会等七部委联合发布了《中国清洁发展机制基金管理办法》,推动此基金广泛发展。③ 中国绿色碳基金。我国在 2007 年 7 月成立了中国绿色碳基金。该基金由国家林业局、中国石油天然气集团公司、中国绿化基金会、嘉汉林业(中国)投资有限公司、美国大自然保护协会发起设立,是全国专项支持造林减排项目的公募基金。作为中国绿化基金的重要部分,目前已成为社会自愿参与植树造林和经营森林等相关活动的重要平台。

五、我国碳金融市场发展存在的问题

尽管7个试点地区的碳金融市场建设取得了阶段性的成果,但是与国际碳金融市场相比,还存在较大的差距。譬如:全国性碳金融市场尚未建立、市场流动性不足、风险管理工具缺乏、价格信号尚未清晰一致,等等。

(一)碳交易活跃度低制约碳金融市场发展

碳金融进入我国的时间较晚,全社会对碳金融了解甚少,国内试点碳交易市场启动至今,现货市场的活跃度仍不高、流动性仍不足。以碳金融市场发展水平较高的上海为例,上海碳交易市场在2014—2017年这4年中的配额年流通率分别为1.3%、1.9%、7.8%、6.4%,平均值为4.3%。虽然从整体上看流通率在试点阶段基本处于逐年增加的良好阶段,尤其在第一阶段试点结束后流通率有一个较大的提升,但是整体活跃度仍然很低。作为碳交易市场发展领头羊的上海尚且如此,其他地方的碳交易活跃度提升空间就更大了。因此,碳交易活跃度低在很大程度上制约了我国碳金融市场的发展。

(二)碳金融创新缺乏系统性

虽然各个试点地区相继推出了一些碳金融产品,但是还没有形成一个体系,主要原因是缺乏综合配套政策的支持。迄今为止,我国尚没有建立完善的全国性碳排放权交易制度,国家层面暂时只有国家发展改革委针对未来全国碳交易市场出台《碳排放权交易管理暂行办法》,还没有国务院层面的强制性政策。而碳交易市场是政策导向型的市场,碳期货交易需要在中央和地方主管机关的监督和管理下运行,没有相关政策的支持,碳金融创新就缺乏动力。另一方面,没有政策的激励,相关的配套体系如碳资产评级机构、碳资产管理机构、碳资产法律机构等组织的发展必然会受到制约。

（三）碳交易市场制度不稳定影响碳金融发展

作为一个受政策导向影响较大的市场，碳交易市场的发展有其特殊性。碳配额的总量确定、分配方法、交易机制等制度安排会极大地影响市场参与者的市场预期和判断。同时，制度的稳定性会对市场的稳定性带来影响，从而也会一定程度上影响碳金融市场的发展。此外，碳金融的产品创新和服务创新也需要政府相关法律法规制度的支持。当前由于缺乏一定的政策支持，导致碳金融发展面临着很多挑战。

六、推动我国碳金融市场发展的制度思考

为了应对日益严峻的环境挑战以及国际碳金融市场的竞争，满足全国统一碳交易市场的建设需要，结合国际碳金融市场发展的制度经验与我国的现实情况，应从以下方面着手推动我国碳金融市场的发展。

（一）完善全国碳交易制度体系，夯实碳金融衍生品市场发展的现货基础

第一，建立责权清晰的全国碳交易市场。区分"碳排放管理"及"碳交易市场"，确定责权，分类管理。碳排放管理是通过总量控制、配额分配、数据管理、履约管理突出碳排放管理和控制职能；依托全国碳排放注册登记系统、排放数据报送系统等实现；监管模式以碳排放数据及配额管理为主。而碳交易市场是通过交易制度、交易主体参与、交易品种创新、交易市场发展等突出碳交易市场的资源配置及调控职能；依托全国碳排放权交易及结算系统实现；监管模式以市场监管及市场调控为主。

第二，建立平稳安全、发展空间广阔的全国碳交易市场。① 加强风险控制，保证市场平稳安全运行，打好市场发展基础。借鉴证券金融市场发展经验，建立更严格有效的风险控制机制；保障全额交易、实现穿透式监管、防范结算风险；依托碳交易系统等碳市场基础设施，逐步建立碳交易实时监管系统。② 聚集市场功能，强化管理、为未来市场深化发展赢得空间。聚集交易及结算管理功能，加强交易市场的管理。③ 优化碳定价机制，加强碳衍生产品和金融市场的前瞻性研究探索，争取更大的发展空间。④ 吸引

金融机构、辅助交易机构进入碳交易市场，不断提高市场流动性。

第三，建立主体能力胜任、持续发展的全国碳交易市场。具体包括：通过识别碳交易市场关键主体及其能力，揭示其能力构成；然后设计碳交易市场关键主体的能力评估指标体系，揭示能力影响因素；最后建设碳交易市场关键主体的能力提升体系，促进能力持续提升。第四，建立服务转型升级、产业联动的全国碳交易市场。通过集聚交易主体和资金，推动碳交易、碳服务、碳产业和碳技术的发展；服务关联产业的发展和产业升级革新。结合上海全球科创中心的建设，将碳市场资金引入科技和关联产业领域，进一步推动低碳产业的革新。

(二) 健全碳金融制度体系，充分发挥市场调控作用

近年来，虽然我国政府相继制定了《清洁发展机制项目运行管理办法》《中国应对气候变化国家法案》《中国应对气候变化的政策与行动》等政策法规。同时，《节能减排授信工作指导意见》《关于环境污染责任保险的指导意见》《关于加强上市公司环境保护监督管理工作的指导意见》的出台，也标志着我国"绿色信贷""绿色保险""绿色证券"三位一体的碳金融制度具备了基本框架。但是，这些政策法规只是宏观指引，缺少配套政策支持。因此，在碳金融市场运行层面，出台统一的碳排放总量管控及碳排放配额分配制度的法律文件，是推动全国碳金融市场发展的关键。具体包括：第一，建立严格、明晰的总量控制制度。明确管理总量，确定配额总量，并予以公开，以建立市场管理的目标。第二，建立公平、有效的配额分配制度。按照统一要求、统一标准、适度公开、适度调节的原则，体现总量管理及效率管理要求、体现区域效率差异，体现经济发展灵活性，建立配额分配制度。第三，建立科学、可验证的核查及数据管理制度。进一步优化核算技术方法，适度引入监测等设施辅助衍生数据科学性和有效性；严格核查机构及核查人员管理；建立统一、有效的数据管理系统和数据分析制度，提供决策依据。第四，建立公开、公平、有效的交易制度及市场管理制度。碳金融市场应公开透明，允许市场足够主体和灵活度，激发市场活力；市场监管机构应建立尊重市场规律的市场管理制度，谨慎干预市场，充分发挥市场调控作用；建

立适应市场需要的财税政策,服务市场发展。

(三)建设具有国际碳话语权的碳金融市场

目前,我国还处于整个碳交易产业链的最底端,在国际碳金融市场上没有话语权和定价权。全国碳交易市场启动后,中国将成为全球最大的单一碳交易市场。因此,我国应积极争取国际碳定价权,发挥中国在国际应对气候变化领域的引导作用。一是通过建设上海碳金融中心,积极引导气候融资和低碳投资,化解绿色贸易壁垒,争取国际碳定价的核心话语权,争取低碳经济制高点,发挥中国在国际应对气候变化领域的引导作用。二是我国政府、企业、碳金融中介机构积极参与国际碳交易市场的制度制定,以各种方式积极参与国际多边合作型碳基金,改变中国只参与 CDM 初级市场的困境,熟悉国际碳金融市场的规则和程序,努力参与构建全球碳金融市场。三是把握人民币国际化的契机,增加碳储备,建立健全人民币在全球碳交易中的贸易、投融资机制。在 CDM 项目方面,探索利用人民币计价,将人民币与碳排放权绑定,提高我国碳金融市场的国际影响力。

参考文献

[1] 巴黎协定 [EB/OL]. https://www.un.org/zh/documents/treaty/files/FCCC-CP-2015-L.9-Rev.1.shtml,2015.

[2] 蔡博峰.东京市碳排放总量控制和交易体系及对我国的启示 [J].环境经济,2011(12):41-46.

[3] 哥本哈根协议 [EB/OL]. https://baike.baidu.com/item/%E5%93%A5%E6%9C%AC%E5%93%88%E6%A0%B9%E5%8D%8F%E8%AE%AE/5469103?fr=Aladdin,2009.

[4] 焦小平.欧盟排放交易体系规则 [M].北京:中国财政经济出版社,2010.

[5] 京都议定书 [EB/OL]. https://baike.baidu.com/item/%E4%BA%AC%E9%83%BD%E8%AE%AE%E5%AE%9A%E4%B9%A6/761287?fr=Aladdin,1997.

[6] 联合国气候变化框架公约 [EB/OL]. https://www.un.org/zh/documents/treaty/files/A-AC.237-18(PARTII)-ADD.1.shtml,1992.

[7] 林健.碳市场发展 [M].上海:上海交通大学出版社,2013:13-15.

[8] 马中，杜丹德.总量控制与排放权交易［M］.北京：中国环境科学出版社，1999.

[9] 毛子熙.温室气体排放权交易法律制度研究［D］.北京：中国政法大学，2011.

[10] 邱兆祥，刘帅.欧盟排放交易机制效果研究［J］.武汉金融，2013（7）：16-19.

[11] 王伟中，陈滨，鲁传一，等.《京都议定书》和碳排放权分配问题［J］.清华大学学报（哲学社会科学），2002，17（6）：81-85.

[12] 温岩，刘长松，罗勇.美国碳排放权交易体系评析［J］.气候变化研究进展，2013，9（2）：144-149.

[13] 邢佰英.美国碳交易经验及启示——基于加州总量控制与交易体系［J］.宏观经济管理，2012（9）：84-86.

[14] 袁杜涓，朱伟国.碳金融：法律理论与实践［M］.北京：法律出版社，2012.

[15] 郑爽.全国七省市碳交易试点调查与研究［M］.北京：中国经济出版社，2015.

第十一章
能源效率金融市场

能源效率的提高，对经济社会的可持续发展起着重要支撑和促进作用。能源效率分为能源经济效率和能源技术效率两方面。能源经济效率是指单位产出所消耗的能源量，通常用宏观经济领域的单位 GDP 能耗和微观经济领域的单位产品能耗来表示。能源技术效率指使用能源的活动中（不包括开采）所取得的有效能源与实际输入的能源量之比。国际上通常采用物理指标（即热耗率）来比较分析能源技术效率。从产业角度出发，提高能源效率主要有两个途径：一是提高产业间的能源配置效率，即通过产业结构的调整和升级，实现能源由低能耗部门向高能耗部门的转移；二是提高产业内的能源利用效率，即通过能源效率管理，推广节能技术的开发和应用，提高单位能耗的产出①（见图 11-1）。

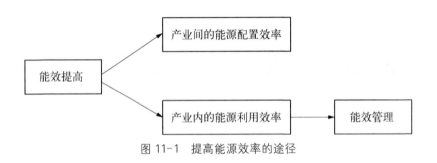

图 11-1　提高能源效率的途径

国外能效管理的经验表明，能源效率的提高是一个复杂的系统工程，能源价格改革仅仅是能效管理体系的基础，还需要建立有效的能效市场，以解决提高能效所需的投资、融资以及交易实现等问题，从而实现节能技术的推广、能源结构的优化。基于此，本章在分析能效管理体系的基础上，重点阐明国内外节能服务市场的发展，揭示影响节能服务市场发展的制度；接着分析了白色证书能效市场的发展；最后详细介绍用能权交易市场的发展，提出推动市场发展的制度建议。

---

① 林伯强，黄光晓. 能源金融［M］. 北京：清华大学出版社，2011.

第一节 能效管理体系

1980—2018 年,我国的能源利用率得到显著提升,单位 GDP 能耗从 843 克/美元一路降到 147 克/美元(以购买力平价计算的 2011 年美元)。然而,我国能源经济效率仍明显低于发达国家。2018 年中国单位 GDP 能耗为 147 克/美元,高于世界平均单位 GDP 能耗 127 克/美元。与发达国家相比,我国能源效率的提升空间更大。中国的整体能源技术效率大致相当于欧洲 20 世纪 90 年代的水平[①],中国工业主要耗能行业的能耗水平明显偏高。因此,中国节能的潜力巨大(见图 11-2)。

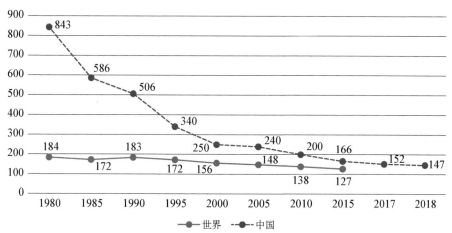

图 11-2　中国及世界 1980 年以来单位 GDP 能耗情况

单位:克(标准油当量)/美元(2011 年 PPP)
数据来源:世界银行 WDI,中国国家统计局
注:其中 1980 年与 1985 年的数据为 2005 年 PPP 换算得来,*世界最终数据为 2014 年。

基于此,我国可以通过调整产业结构、推广节能技术、挖掘区域节能潜

---

① 根据中国民生银行的关于《2019 年中国与世界主要经济体发展对比启示及政策建议》的数据。

力、加强能效管理等方法来推动节能减排。

一、能效管理的概念

能效管理是通过一系列措施减少现有系统的能源损失或鼓励用户采用先进技术，使用高效用电设备替代低效用电设备，提高终端用电效率，在获得同样用电效果的情况下减少电力需求和电量消耗，取得节约电量和减少污染排放的效益。发达国家在能效管理方面进行了长期的探索，基本形成一套提高能效的综合管理体系，包括传统的价格、税收和补贴政策；提供节能信息服务；发布节能标准；推广综合资源规划；建立基于市场的节能投资机制等。从内容来看，能效管理涵盖了财政政策、信息政策、创新政策等。从实施主体和实施机制来看，主要分为政府拉动的能效管理和市场推动的能效管理。下面本书从实施主体和实施机制的角度来对能效管理进行详尽分析。

二、能效管理的机制

（一）政府拉动的能效管理机制

20世纪70年代，在两次石油危机之后，世界各国都先后把节约能源作为重要的能源发展战略。许多国家的能源供应商尤其是电力公司为克服资源短缺、燃料价格上涨、环境挑战等困难，开始推行综合资源规划（integrated resource plan，IRP）方法，并逐渐发展为需求侧管理（demand side management，DSM）。与传统资源规划不同，综合资源规划是以最小投入获得最大产出的一种有效的资源配置方法。综合资源规划是将供应方和需求方各种形式的资源作为一个整体进行考虑的资源规划方法，它的基本思路是：在改善资源效率的目标构想中，将需求方提高资源利用率的相关措施作为一种资源来对待，根据未来资源需求情况，对供应方和需求方的资源配置和利用进行综合考虑，按照总体成本最低的原则，来优化资源解决方案。

需求侧管理又称为电力需求侧管理，其基本思想来源于综合资源规划。它是在政府法规和政策支持下，采取法律强制和经济激励、政策诱导等手段，通过电力公司、能源服务公司、电力用户等多方面共同努力，提高终端用电效率和改善用电方式，在满足同样用电功能的同时减少电力消耗和平抑电力需求，实现社会、经济、环境等多方面效益的能效管理机制。需求侧管理的手段主要有以下三类。

1. 技术手段

一是提高终端用电效率，在涉及照明、家电、电动机、供暖制冷、建筑等多个领域推广包括高效用电设备、作业合理调度、替代能源、余能余热回收、新材料等节能增效措施。二是采用削峰、填谷和移峰填谷技术进行负荷整形，平稳电网负荷。削峰技术主要通过直接负荷控制或可中断负荷控制来实现。填谷主要依靠鼓励措施增加季节性负荷、鼓励使用节能设备来实现。移峰填谷技术则是将高峰负荷的用电需求转移到低谷。

2. 经济手段

一是完善价格体系，也就是通过制定面向用户的可供选择的多种电价体系，推动用户做好终端负荷管理，激发用户节能。常用的做法包括制定容量电价①、分时电价、季节性电价、直接控制负荷电价和可中断负荷电价等。二是优化补贴政策、给予适当的经济补贴和信贷优惠，降低能效投资成本。具体包括针对需求方的现金补贴、购买节能产品的低息贷款等，鼓励用户购买节能产品；以及针对节能研发的补贴、融资支持等。

3. 行政手段

一是着眼于通过税收机制等方式增加需求方使用能源的成本，从而刺激需求方提高能效。如通过实施减免税，鼓励消费者购买节能产品和服务；通过征收环境税（如能源税、碳税等），促进能效投资。二是制定信息政策。包括两个方面：① 节能信息服务。政府实施的节能信息服务举措包括：节能（能效）标志、能源审计、制定指标、监测等。其中，能源审计是审计单位依据国家有关的节能法规和标准，对企业能源利用的物理过程和财务过程所进行的检验检查和分析评价。能源审计的主要目的是发现耗能重点，挖掘节能潜力，提出节能方案。② 制定相关标准。能效标准（标志）是附在耗能产品或其最小包装物上，标志产品能源效率等性能指标的一种信息标签。节

---

① 容量电价亦称固定电价或需用电价。它代表电力企业成本中的容量成本，即固定费用部分。

能标准采用节能认证标志来标定，获得该标志的产品是能效水平相对较高的产品。

（二）市场推动的能效管理机制

市场推动的能效管理机制主要有合同能源管理、白色证书交易、用能权交易等。

1. 节能服务的主要形式——合同能源管理

能源效率市场需要有技术和设备投入，需要一个投资机制进行支撑，需要创造一种盈利模式，需要一个专业化管理团队来落实项目运作。除了传统的借助金融市场，通过银行商业贷款、设备融资租赁等渠道进行大规模的融资外，合同能源管理（energy performance contracting，EPC）作为节能服务项目的一种创新投资机制，在近年得到迅速发展，已成为节能服务的最主要形式。合同能源管理是一种基于市场的、全新的节能项目投资机制，借助专业化的能源服务公司（energy service company，ESCO）来进行项目管理和运作。ESCO 在欧美国家的发展十分迅速，已逐步演变成为一个新兴的节能产业，并带动和促进全社会节能项目的加速实施和推广。

合同能源管理通过能源服务公司与高耗能客户间签订"能源管理合同"，为客户提供节能方案和能源管理，并在项目成功运行后，同客户分享节能产生的经济效益。合同能源管理的实质是以减少的能源费用来支付节能项目全部成本的节能投资模式，即允许用户用未来的节能收益为工厂和设备升级，既实现提高能源效率的目标，又降低用户的资金成本。合同能源管理模式代表了一个社会化服务理念，它可以解决客户开展节能项目所缺的资金、技术、人员及时间等问题，让客户把更多的精力集中在主营业务的发展。节能服务公司提供的一系列服务，有利于形成节能项目的效益保障机制，提高能源效率、降低节能成本，并推动节能服务的产业化。

2. 可交易的节能证书交易——白色证书交易

白色证书交易机制也称为可交易的节能证书（tradable certificates for energy saving），是一种能效管理创新政策，其实质是一个基于市场的政策组合，由为特定的责任主体设定的节能配额加上节能的交易系统组成。节能配额是指为节约能源设定特定的节能目标,以鼓励更有效的能源生产、运输和使用。节能配额具有法律约束力,主要针对能源供应商,对于不履约的行为规定进行处罚或罚款。节能配额目标的实现可以通过能源供应商自身采取的节能措施来实现,也可以通过市场交易机制达到(即在一定市场规则下,通过双边交易或交易市场进行白色证书的买卖,以实现节能配额目标),而节能配额的交易系统也被称为白色证书交易。

所谓的"白色证书"(white certificate)是指责任方在特定期限内按照法定的节能标准,实施节能工程和采用节能技术,在规定的时间内完成额定的节能量,通过管理机构审计和认证后,颁发证明责任方完成节能义务的节能量的证明。因此,白色证书是由主管部门或授权机构颁发的,保证一定数额的节能量已经完成的证明。每个证书都是唯一的、可以追踪的商品,本身带有产权,意味着一定数量的额外节能量。白色证书不仅度量能源供应商在规定时间内提高能效的情况,而且本质上表征着节约能源所带来的环境和社会利益,并且通过市场交易来实现提高能效带来的经济效益。

白色证书交易的经验表明,以市场为基础的节能交易机制在调动节能主体积极性、低成本地实现节能目标方面具有很强的优越性。由于这一政策措施深刻影响了欧洲能效市场对能源供应商的角色定位,欧盟已经开始考虑在整个欧盟的能效行动计划中开展白色证书交易。

3. 能源消费总量控制——用能权交易

用能权和用水权、排污权、碳排放权并称"四权"。用能权交易是指在区域用能总量控制的前提下,纳入用能权交易体系的用能单位从用能权一级市场和二级市场取得、使用和买卖用能权指标的行为。如果某一用能单位的用能权配额不足其实际使用时,可以向其他有剩余用能权配额的单位购买一定数量的用能权,通过该交易机制保证用能权配额总量的平衡,并激励节能的用能单位出售用能权配额,获得回报。

在实践中,用能权总量分配机制可考虑分级管理。一般而言,评为A类的企业应该予以支持,评价为C类、D类企业原则上不得新增用能。如果超过分配的用能额度,超过的部分要向有结余的企业进行购买。每年工业用能总量根据上年度能源控制总量、实际消费量、产业结构、可用于项目的土地等要素资源情况进行分解。非工领域用能预算根据近三年用能增速，采取加权平均法予以核定①。用能权交易的目的是通过经济手段和市场机制，使能源资源在全社会得到有效配置，最终达到区域预期的节能减排目标。

 节能服务市场

节能服务是以承诺节能项目的节能收益或承包整体能源费用的方式为客户提供节能服务，达到"双赢"目的的服务。

一、节能服务的概念、机制与模式

（一）节能服务的概念

节能服务是指由专业的第三方机构（节能服务公司）提供，帮助组织机构解决节能运营改造的技术和执行问题的服务，其服务对象一般是企业。

节能服务市场是指为项目或用能单位在节能减排方面提供节能服务和支持的市场。节能服务市场会根据客户对能源的需求，借助于供给、分配及利用环节，提供尽可能有利于环境的，集前期节能诊断、节能改造设计、中期融资、工程实施运行和后期节能跟踪服务，并从客户进行节能改造后获得的节能效益中收回投资和取得利润。节能服务市场涉及的领域广泛分布于工业、建筑、交通、居民、商业、政府及其他公共机构等。

（二）合同能源管理的概念

合同能源管理产生于20世纪70年代中期，它是一种以减少的能源费用来支付节能项目全部投资的节能投资方式。这种节能投资方式允许客户使用未来的节能收益实施节能项目，客户与节能服务公司之间签订节能服务合

---

① 陈诗一，李志青. 绿色金融概论［M］. 上海：复旦大学出版社，2019.

同。这种机制有助于推动技术上可行、经济上合理的节能项目的实施。节能服务公司（ESCO)[①] 是合同能源管理实施的关键主体。节能服务公司是一种基于 EPC 机制运作的、为客户实施专业化节能管理和服务、并以赢利为直接目的的公司。ESCO 为客户提供能源效率分析、节能项目设计、项目融资和投资、原材料和设备采购、安装施工、节能量检测、人员培训、运行管理等一系列服务。节能服务公司的效益则完全来源于能源使用效率的提高，也就是说用最为合理经济的能源消耗来达到用户所要求的条件，才能为节能服务公司带来最大化的经济收入。

作为一种新型节能投资方式，合同能源管理具有以下明显的优点。一是降低企业的节能成本。节能服务公司丰富的节能项目操作经验和对节能技术、设备的熟悉，使其能够准确找出客户的节能潜力点并设计更合理的技术改造方案，选择高性价比的设备，加之丰富的项目运作经验，可以有效地降低实施节能项目的成本。二是降低企业节能的风险。节能服务公司作为专业的第三方节能机构，为节能项目提供融资。因此，节能服务公司承担节能项目的技术风险、工程风险等主要风险。因此，客户的技术风险、财务风险、运行管理风险、节能效果风险由此得到大幅降低。三是形成项目多赢局面。通过合同能源管理，节能服务公司可以获得节能项目收益，耗能单位可以提高能源效率，降低能源费用，而社会能实现节能降耗，减少污染。

（三）合同能源管理的模式

根据合同能源管理运作中涉及的风险转移和利益分享方面的问题，可以将合同能源管理分为以下三种类型。

第一，节能效益分享型。节能效益分享型是合同能源管理早期采用比较多的合同方式。在该模式下，节能服务公司提供项目资金，提供项目的全过程服务。合同期内节能服务公司与客户按照合同约定的比例分享节能效益，合同期满后节能效益和节能项目所有权归客户所有。

---

① 国外称 ESCO，国内称为 EMCO。

第二，节能量保证型。节能量保证型是目前合同能源管理最为普遍采用的一种合同方式。在该模式下，节能服务公司或客户提供项目资金并承诺能效指标；节能服务公司提供项目的全过程服务并保证节能效果；按合同规定，客户向节能服务公司支付服务费用；如果在合同期项目没有达到承诺的节能量或节能效益，节能服务公司按合同约定向客户补偿未达到的节能效益。

第三，能源费用托管型。能源费用托管型较为少见。在该模式下，客户委托节能服务公司进行能源系统的运行管理和节能改造，并按照合同约定支付能源托管费用；节能服务公司通过提高能源效率降低能源费用，并按照合同约定拥有全部或者部分节省的能源费用。节能服务公司的经济效益来自能源费用的节约，客户的经济效益来自能源费用（承包额）的减少。

二、合同能源项目管理的流程及环节

总的来看，合同能源项目管理的流程与环节包括：能源审计，节能改造方案设计，能源管理合同的谈判和签署，项目投资，施工、设备采购、安装及调试，节能效益产生及监测以及节能效益的分析（见图11-3）。

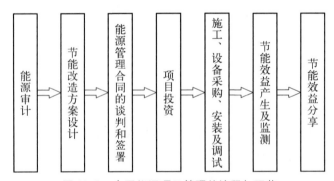

图11-3 合同能源项目管理的流程与环节

1. 能源审计

能源审计阶段是节能服务公司为客户提供服务的起点，能源审计阶段包括能效诊断、节能潜力评估和节能措施的可行性研究，是合同能源管理的重要基础。在该阶段需要完成以下内容：查清能源使用情况；分析能源使用中存在的问题；找出节能潜力点，提出对策；对拟采用的节能措施进行可行性分析[①]。通过能源审计可以掌握工程能源管理状况及用能水平，测定客户当前用能量，提出节能潜力方案，对各种可供选择的节能措施的节能量进行预测，并确定节能方式的可行性。

2. 节能改造方案设计

节能改造方案设计阶段由节能服务公司按照与客户商定的拟改造对象进行技术、经济方案设计，编制能源质量分析报告、节能率预测报告、节能投资分析报告。同时，具体确定改造的规模、实施地点、设备的选型、工艺改造技术、工期进度等，并预测能达到的节能量和由该节能改造项目带来的经济效益。

3. 能源管理合同的谈判和签署

节能服务公司与客户双方在完成的节能改造方案基础上谈判，并可对技术和经济方案进行反复修改，达成一致时即可签订节能服务合同。在合同中将规定双方的责任和义务、改造工程的验收方式、效益分享的方式、节能量监测的方式等双方共同关心的问题。

4. 项目投资

项目投资按合同能源管理的不同模式有所不同。对于节能效益分享型，由节能服务公司先期提供全部项目投资，当节能项目投入使用并满足合同约定的节能效益时，客户便按合同约定分期向节能服务公司支付效益款；对于节能量保证型，由节能服务公司先期提供全部项目投资，当节能项目投入使用并满足合同约定的节能率时，客户按合同约定一次性向节能服务公司支付效益款；对于能源费用托管型，由客户按照合同约定按期支付能源系统托管费用，节能服务公司自负盈亏负责能源系统的运营。

5. 施工、设备采购、安装及调试

这一阶段，节能改造项目的设备和材料采购、施工、设备安装调试均由节能服务公司负责组织完成，客户仅需配合和提供必要的条件。

---

① 合同能源管理（EMC）[EB/OL]. http：//www.auto-union.net/products.asp?column=3.

6. 节能效益产生及监测

节能改造项目完成后进行验收，可通过实际测量结果以检验项目是否达到合同约定的技术要求，节能量是否达到合同约定。双方签署验收报告后，改造后的设备即交由客户使用，ESCO 按合同约定向客户提供人员培训。在效益分享期内客户按合同约定向 ESCO 支付效益款。客户按合同支付完全部效益款后，设备所有权归属客户，项目结束。

三、国外节能服务市场的发展历史及典型市场

（一）发展背景

合同能源管理兴起于 20 世纪 70 年代中期，其产生主要与 20 世纪 70 年代的"能源危机"有关，"能源危机"导致发达国家的能源费用大幅提高，能源成本成倍增长，企业利润大幅压缩，迫使企业寻找节能的解决方案，合同能源管理机制应运而生。随着节能意识的逐渐增强，发展迅速并开始推广普及，尤其是在欧美发达国家，随着合同能源管理的兴起，能源管理和能效服务成为一个新兴的产业，加速和促进了全社会的节能活动。经过几十年的发展与完善，这一机制在北美、欧洲以及一些发展中国家逐步得到推广和应用。近年来，推动合同能源管理的发展的背景有了新的变化：一是补贴取消。近年来，许多国家开始减少或取消能源补贴。这使得真实的能源成本"浮出水面"，提高了终端用户节能的积极性。二是私有化。许多国家的能源工业和其他主要工业的原国有企业开始私有化，企业面临提高运行（包括能源使用）效率的压力。三是国际竞争。日益加剧的全球贸易和竞争迫使企业成本投入最小化。随着经济的发展，企业的投入相应增加，能源成本也成为企业考虑的重点之一，进一步提高企业节能的动力。四是能源供应。电力需求的增长远远超过电力供应，这不仅推动了节能，还产生了对节能设备和工艺的需求。五是对环境的关注。各国都面临排除工业和电力行业污染，减缓温室气体排放、为全球环境变化做贡献的压力。

（二）国外典型节能服务市场

从 20 世纪 70 年代中期起，节能服务公司就在国外逐步发展起来，并形

成了多样化的运行模式，最具代表性的市场是美国市场和欧盟市场。

1. 美国市场

在美国的 EPC 市场中，包括公共客户群体（MUSH）、联邦机构、公共建筑、居民、工业和商业节能市场。其中，MUSH 市场占据的产值份额最大，联邦机构的节能服务市场次之，尽管美国联邦政府绩效合同法案（ESPC）在 2003—2004 年出现间断，但是这一市场的规模在过去的十年间依然呈现快速扩大的趋势。私人部门，包括工业、商业和居民的节能服务对于美国 ESCO 而言，颇具挑战性，因为该领域的投资门槛较高，相对于对销售收入直接产生影响的其他投资而言，节能服务投资的优先度较低，有些 ESCO 在核心工业工序的节能设计和技术方面能力有限，而且客户也不愿意为作为外来者的 ESCO 改变其生产工序，并且工业节能项目设计的可重复性有限。

美国节能服务的主要技术和项目主要包括发电设备的安装、大型中央厂房设备以及可再生能源技术等。对美国节能服务市场的调查发现，节能技术和能效提高方面的服务产值最高，几乎是整个产业产值的 3/4。美国的能源服务公司一般分为三类：① 传统的系统集成和自控公司，比如 Honeywell、Siemens、Johnson 等公司，都有专门的能效服务部门或 ESCO 子公司来承接 EPC 项目；② 电力、燃气公司或其他能源公司，通过收购小型 ESCO 而进入 EPC 市场；③ 独立的 ESCO，往往是从中小型的系统集成或工程建设公司演变而来，不从属于任何大型设备或能源公司。在美国能源管理的市场发展初期，独立的 ESCO 以及依附于大型设备公司的 ESCO 占据的市场份额较大。但是随着市场竞争的加剧以及美国能源政策的变化，依附于电力、燃气等能源公司的 ESCO 逐渐显现出较强的竞争优势，使其占据的市场份额逐年提升。

美国的节能服务市场的快速发展壮大在很大程度上归功于一套完善的法律、技术、资金所提供的保障。法律层面上，美国 50 个州内的 46 个州通过了对 EPC 的立法，包括要求公共工程必须利用 EPC 的方式进行节能改造、EPC 的最长合同年限（一般定为 10 年，最长年限可达 15 年）等，为 EPC 市场的运行和发展提供了法律保障。技术层面上，除了国际通行的验证和测试（M&V）标准和协议［如《国际性能验证和测试协议》（IPMVP-2002）］外，美国采暖、制冷与空调工程师协会（ASHRAE）在其基础上还编制了更为详尽的《节能效果测试方法指导》（ASHRAE Guideline 14-2002），而美国能源部也编制了《联邦政府节能项目验证和测试指南》等技术指导手册，这些都为ESCO及客户提供了标准的技术平台，有效地减少了在基准和节能效果等方面的技术争议。资金层面上，EPC项目融资的渠道多样性也是美国EPC市场成功发展的重要因素。除了常规的银行贷款外，EPC项目往往还能得到来自系统效益费基金（SBC）、纳税人能效项目基金（ratepayer funded energy efficiency program，REEP）等专项节能基金的资金帮助，而且EPC项目融资方对其投资条件也相对宽松，因为法律允许长达10年甚至以上的长期贷款回收。只要是有一定市场影响力的ESCO拿出合理的节能审计报告和项目方案计划，都能成为放款的依据。

2. 欧盟市场

欧盟各国的合同能源管理市场也是在20世纪80年代末逐步发展起来的。但是，欧盟各国的EPC项目有别于美国，主要是帮助客户进行技术升级以及热电联产一类的项目，项目投资规模较大，节能效益分享的时间较长，项目融资及项目实施的合同也比较复杂。欧盟各国EPC市场的发展同美国相比，项目类型不是很多，其产生和发展，除了市场因素外，更多的是依靠政府的有关能源开发、环境保护等政策的扶持。欧盟各国的ESCO产业发展也有不同的侧重面和模式，比如法国的ESCO多为行业性的，如在煤气、电力、供水等行业较发达，这些ESCO不仅提供节能方面的服务，还承担相应的类似物业管理方面的工作，他们的收益不仅来自节能，还来自节能、能源供应有关的一系列服务。西班牙的ESCO主要实施热电联产和风力发电项目，工业节能改造项目和商厦照明项目较少，而且为了避免来自用户方面的市场风险，所选定热电联产的客户绝大多数为效益回报相对稳定的商业、医院、政府办公大楼等公益事业部门。欧盟各国的ESCO在项目融资上也与美国存在较大差异。比如西班牙的能源服务公司多采用称为"第三方融资"的融资模式，也就是ESCO和客户企业针对拟投资的项目成立专门的合资公司，由合资公司具体落实项目的投资、运营、管理和维护。

欧盟各国对 ESCO 的直接支持首先表现在通过推动公共领域的节能改造来促进 ESCO 产业的发展。欧盟各国在政府机构或学校、医院等公共建筑节能改造中优先选择专业 ESCO 公司，或者以能源费用托管等形式将政府建筑的能源服务承包给 ESCO 公司。比如德国实施的"节能合作伙伴"行动，ESCO 公司通过签订节能服务合同，确定政府或公共建筑的最低节能量；同时，详细明确了节能改造资金来源、节能量效益分享、节能措施的实施、管理和设备维护等双方的责任和义务。迄今为止，共有 1 300 多座政府建筑与 ESCO 企业签订了类似的合同，节能投资总额达到 5 600 万欧元，每年节约能源花费约 1 600 万欧元。其次，对 ESCO 公司实施税收优惠也是欧盟各国政府直接支持 ESCO 发展的主要手段。税收优惠政策包括直接和间接两种。直接税收优惠是针对 ESCO 公司的，包括投资税抵免、所得税优惠等。间接税收优惠主要体现在政府对各类节能项目的支持，包括对建筑节能改造、工业节能技改的税收减免等。比如，在直接税收优惠方面，英国对 ESCO 公司的项目实施投资税抵免，对列入节能设备技术目录的产品实施加速折旧，节能产品的额外费用可以在一年内计提折旧。法国对企业购买节能设备技术或节能技改的投资可以在一年内计提折旧。并减免营业税，企业节能投资或租赁节能设备获得的盈利可以免交所得税。此外，英国和法国还向欧盟提议，将节能型产品和服务的增值税税率从目前的 20%左右降至 7%。在间接税收优惠方面，欧盟各国对建筑领域节能项目都出台了税收优惠政策，其中，英国对高于国家标准的节能建筑实施 40%的印花税优惠，对"零排放"建筑免征印花税。法国对高于国家标准的建筑免征 50%的地产税，并对进行节能类修缮工程的房主提供各类税收资助，如对家庭保温和供暖设备以及高效锅炉的安装减免所得税等。

欧盟各国对 ESCO 的间接支持主要以补贴形式体现。首先，由于 ESCO 公司涉及的业务领域比较广泛，因此欧盟国家中仅有比利时等国家对 EPC 项目给予直接资金补贴，其他国家大多采取与鼓励建筑节能、可再生能源发展等政策框架结合起来进行支持。例如，德国、法国、西班牙等对各地方公共建筑实施节能改造的投资都给予 5%~15%的财政补贴，英国、希腊等国对小型热电联产、RES 等项目实施投资补贴、税收减免、固定收购价格等政策，这也是间接支持 ESCO 公司的措施。同时，德国在可再生能源发展方面出台了一系列鼓励技术研发、项目融资等财政激励政策，很多也直接支持了 ESCO 公司的发展。此外，以财政资金支持节能信息传播、企业能源审计以及提供能源咨询服务是欧盟国家的共同特点。例如，西班牙对 276 个重点节能项目实施强制能源审计，并由中央财政支付 75% 的审计成本。其次，除了税收优惠，提高能源使用成本是欧盟间接支持 ESCO 公司发展的主要方式。欧盟国家出台的碳税、能源税政策使得实施节能项目不仅有直接的减排效益，在财务上也非常有吸引力。在德国，虽然能源市场化改革以来能源供应呈下降趋势，但同期政府能源税却不断提高，从 2002 年到 2006 年，终端用户的能源费用支出几乎翻了一倍，这被众多 ESO 公司认为是政府支持节能和 ESCO 发展的最有效的政策手段[①]。

(三) 国外节能服务市场发展的经济规律

梳理国外节能服务市场的发展历程，发现国外节能服务市场的快速发展得益于政府、行业协会的积极推动，以及完善的政策支持与法律保障体系。

第一，政府积极开展和推动节能服务发展。从能源消费角度来看，政府本身就是用能单位，政府机构众多，节能潜力巨大，而且项目风险较小，节能技术较为简单。政府带头开展节能服务不仅可以减少能源消费、节约开支、拉动对节能产品的需求，还能起到示范作用，推动企业和社会节能。从国外的发展来看，公共机构带头示范推动节能服务的发展是一个较为普遍的规律。1992 年，加拿大政府开始实施"联邦政府建筑物节能促进计划"，帮助节能服务公司与联邦政府合作，推动办公楼的节能工作。除此以外，加拿大政府还在学校、医院等领域大力发展节能服务。美国政府也在节能方面起着带头示范作用，联邦政府积极支持政府机构节能项目，推动政府机构与节能服务公司的合作。欧盟各国也积极推动公共领域节能，以此促进节能服务公司的发展。例如：奥地利政府从 1997 年开始在维也纳 45 所学

---

① 林伯强，黄光晓. 能源金融 [M]. 北京：清华大学出版社，2011.

校中实施"公立学校 EPC 行动",德国也实施了类似的"节能合作伙伴"行动,节能服务公司通过签订节能服务合同,确定政府或公共建筑的最低节能量。

第二,完善的政策支持体系与法律保障体系。市场经济能否健康发展很大程度上依赖于完善的法律保障,节能服务市场也不例外。美国 50 个州中的 46 个州通过了对 EPC 的立法,这些法律对合同能源管理项目的期限、招投标流程以及融资等内容都做了规定。明确的法律规定为节能服务的开展提供了法律保障,有效降低了节能服务的交易成本。德国则侧重于建立完善的政策体系。首先,德国政府非常重视节能咨询机构的建设。2002 年成立的德国能源局,其主要工作之一就是为企业和公众提供节能咨询。德国还有完善的统计体系,联邦政府设有联邦统计局,其 16 个州也都设有统计分局,统计程序科学严谨,统计结果公开透明,这些都为节能服务企业的发展提供了良好的外部环境。其次,政府对节能服务市场的扶持力度很大。德国政府非常重视发挥行业协会的作用,他们将目标任务下达至各行业,由各行业协会负责执行,行业协会在资金投入以及监督等方面发挥着重要作用,政府不仅给予政策倾斜,而且给予资金扶持。此外,德国还通过立法确立节能标准,强化宣传力度,提高节能意识。日本能源短缺,因此在节能和应对气候变化方面更是不遗余力。日本政府从政策和法律等不同的层面支持节能服务的发展。例如,通过节能服务协会将政府部门和节能服务公司纳为会员,内设监管、审批等机构,承担咨询、培训、交流、展览等工作;日本节能中心每年还组织进行国家"能源管理士"资格考试。

第三,充分发挥行业协会的作用。行业协会在整个节能服务产业中发挥着重要的作用。从世界范围来看,节能服务市场发展较为完善的国家,大多建立了节能服务行业协会。协会是沟通企业与政府的重要桥梁,协会间接地行使政府的部分职能,对于推动节能服务市场的发展起着至关重要的作用。如韩国的 KA 节能服务公司协会在提供标准合同标本、确立标准方面发挥着重要的作用[1](见表 11-1)。

---

① 魏东.中国合同能源管理发展现状与对策[M].北京:社会科学文献出版社,2016.

表 11-1　各国节能服务产业协会

国家	协会名称	成立年份
英国	英国能源系统商贸协会（ESTA）	1982
美国	国家节能服务公司协会（NAESCO）	1987
加拿大	加拿大节能服务公司协会（CAESCO，2001年注销）	1991
澳大利亚	澳大利亚合同能源管理有限协会（AEPCA）	1997
巴西	巴西节能服务公司协会（ABESCO）	1997
乌克兰	乌克兰节能服务公司协会（UAESCO）	1997
瑞士	瑞士节能服务公司协会（SAESCO）	1998
埃及	埃及能源服务商业协会（Egyptian Energy Services Business Association）	1999
日本	日本节能服务公司协会（JAESCO）	1999
韩国	韩国节能服务公司协会（KAESCO）	1999
意大利	集成系统协会与意大利节能服务公司协会（AGESI，AIESCO）	1999/2003
科特迪瓦	科特迪瓦能效服务公司协会（Association of Enterprise of Energy Efficiency Services of Cote D'ivoire）	2001
南非	南非节能服务公司协会（SAAES）	2004

四、中国节能服务市场的发展历史与现状

（一）中国节能服务市场的发展历史

自1998年我国引入合同能源管理机制以来，我国节能服务产业从无到有、由小到大、从弱变强，已经发展成为全球范围内服务领域最广、商业模式最多、成长速度最快、产业规模最大的节能服务产业。

20世纪末，我国政府与世界银行以及全球环境基金开展合作，开启世界银行/全球环境基金中国节能促进项目。项目的核心内容是利用GEF的赠款和世界银行的贷款支持，将合同能源管理这种市场化的节能机制引入我国，并在全国逐步推广。项目从1998年开始实施，成立了北京、辽宁、山东三个示范性的节能服务公司，分别是北京源深节能技术有限公司、辽宁辽宁省节能技术发展公司和山东省节能工程有限公司，其任务是按照合同能源

管理机制为客户实施节能项目。自此拉开了我国节能服务产业发展的序幕。

"合同能源管理"正式的提出是在 2001 年的《能源节约与资源综合利用"十五"规划》中，而后在建设"节能技术服务体系市场化示范工程"和"探索建立市场经济条件下推动能源节约与资源综合利用的新机制"中，均有出现。2010 年，随着全球气候变化问题的不断升温，加之我国面临转方式调结构的重大任务，节能减排被置为一项重要的工作。从 2010 年开始，国家陆续出台了一系列优惠政策，推动合同能源管理的发展。目前，在国务院规范性文件中现行有效的关于鼓励使用合同能源管理项目的综合性文件有 40 余部，而部门规章中涉及合同能源管理使用的更是有 200 余部之多。现行制度在合同能源管理的运行、激励和监督机制上均有不同程度的涉及。例如，国务院办公厅转发发改委等部门《关于加快推行合同能源管理促进节能服务产业发展的意见》，对合同能源管理的定义做出了明确规定，确立了节能服务公司在合同能源管理中的重要地位，并在完善促进节能服务产业发展的政策措施方面对合同能源管理的保障机制做出了初步规定。再如，《合同能源管理技术通则》则对该项目及其相关术语做出了规定，为项目的运行提供了基础性规范，并通过技术要求为监督机制的运行提供了指引性标准。

（二）中国节能服务市场的发展现状

在各种扶持政策的推动下，我国节能服务产业出现了井喷式发展。根据中国节能协会发布的《2019 节能服务产业发展报告》显示，截至 2019 年年底，我国节能服务产业总产值达到 5 222 亿元，同比增长 9.4%；我国节能服务企业数量已经达到 6 547 家，超过"十三五"规划目标；我国节能服务产业节能能力已从 2012 年的 1 774.46 万吨标准煤增长到 3 801 万吨标准煤。具体发展现状如下。

1. 产值稳步上升

节能服务产业总产值从 2018 年底的 4 774 亿元增长到 2019 年底的 5 222 亿元，增速为 9.38%。进入"十二五"以来，节能服务产业增速放缓，逐步进入平稳发展阶段，但依然是国民经济中拉动经济增长的重要因素，发挥了战略性新兴产业的拉动作用。合同能源管理项目总投资额达到 1 171 亿元，相比于 2017 年提高了 5.2%。投资额增加的原因主要有三方面：一是钢铁、水泥等重点用能行业回暖；二是清洁供热、综合能源服务等新业务领域投资增长迅速；三是受资金面影响，业主单位对节能服务公司方的节能投资需求和邀约增加。2018 年，节能服务项目形成年节能能力 3 930 万吨标准煤当量，比 2017 年增加 3.1%，形成年减排二氧化碳能力 10 651 万吨，2012—2018 年节能服务产业节能能力和减排能力见图 11-4。

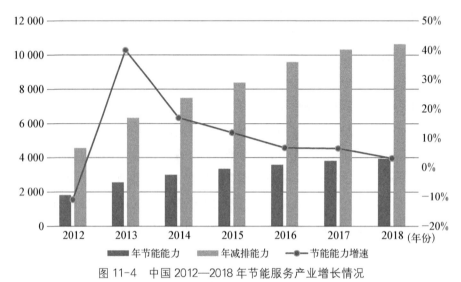

图 11-4　中国 2012—2018 年节能服务产业增长情况

单位：节能能力——万吨标准煤当量；减排能力——万吨
数据来源：中国节能协会节能服务产业委员会

2. 工业领域投资占主导，建筑节能项目数量快速上升

2018 年，从投资领域来看，工业领域投资占主导，投资额 785 亿元，占比 67%；建筑领域投资额 281 亿元，占比 24%；公共设施领域投资额 105 亿元，占比 9%。从项目数量看，建筑领域项目数量最多，占比 44%；工业领域项目数量紧随其后，占比 43%；公共设施领域项目个数占比 13%。值得一提的是，公共机构领域项目数量较前几年有了较大幅度的提高。具体到项目线类型来看，投资额占比最高的前 5 条项目线依次为：余热余压利用项目，占比 34.1%；能源站（供冷、供热）建设运维项目，占比 16.9%；发电机组节能改造（通流、供热）项目，占比 15.2%；集中供热项目，占比

10.3%；锅炉窑炉节能项目，占比5%。此外，余热发电、清洁供热等项目线的总投资额较往年有所增加（见图11-5）。

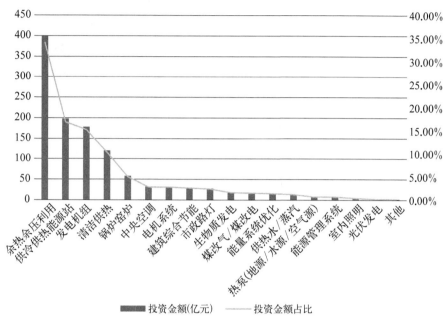

图11-5 2018年中国节能服务产业投资项目类型分布图

数据来源：中国节能协会节能服务产业委员会。

3. 单体项目规模提升，合同期限有所延长

2018年，在调查的节能服务项目中，工业项目平均投资额约3 400万元，较"十二五"期间2 000万元左右的投资额提高了70%；商业建筑项目平均投资额约2 000万元，是"十二五"期间400万元投资额的5倍，公共机构项目平均投资额400万元，约是"十二五"期间的2倍。节能服务合同平均合同期较"十二五"期间延长了20%～40%。其中，节能效益分享型平均合同期7年，较"十二五"期间延长了约40%；能源费用托管型平均11年，较"十二五"期间延长了约20%。节能服务合同年限明显增长，体现了节能服务公司业务的稳定性，既有项目逐渐成为稳定资产。

然而，客观地审视我国合同能源管理的发展，可以发现，我国的合同能源管理是依托政策推动而发展的，其基本的发展动力来源于政府而不是市

场，是自上而下的推动发展，因此在发展中存在着一些问题。目前，我国合同能源管理在实践中还面临着主体能力弱、运行效率低和保障制度不完善等运行机制方面的缺陷；在激励机制的运行方面，也存在着财政激励方式运用不平衡、融资激励方式运用较少以及示范性激励实践不足的弊端；在监管机制方面，事前监管缺少准入条件且信用监管的有效性不足，事中监管和事后监管缺乏自我监管，以及监管机构的发展缓慢，这成为了当前我国合同能源管理发展的阻碍[①]。我国目前的能源利用效率比国际先进水平低 10 个百分点。从单位产品能耗看，有 8 个高能耗行业的主要产品单位能耗平均比国际先进水平高 40%，这表明，我国在节能服务市场方面拥有较大的市场空间。

五、推动中国节能服务市场发展的制度分析

（一）中国节能服务市场发展的制度支持

总结近年来我国出台的节能服务市场发展的政策法规，主要集中在节能服务市场发展的运行制度、激励制度与监管制度三个方面。

1. 运行制度方面

出台的相关政策法规涉及参与节能服务市场主体的能力、市场运行效率等。节能服务运行往往与主体开展项目的能力直接相关，特别是与节能服务公司的资质、规模有密切联系。目前，我国的节能服务公司发展迅速，规模不断壮大，为合同能源管理的实施奠定了坚实基础，但与此同时，也存在着如下问题：一是企业技术水平较低。我国节能行业总体技术装备水平仍然不高，企业技术创新水平不强，提供综合型能效解决方案的服务能力较为缺乏。二是企业的资金能力不足。节能服务业属于资金密集型行业，节能项目前期投资大、投资回收周期长，对节能服务公司的资金实力要求较高。而在以节能效益分享型合同能源管理为主导的运行模式下，中小型节能服务公司的资金能力难以支持项目的顺利运行，加之其融资能力有限，在一定程度上阻碍了合同能源管理的顺畅运行。三是综合能源服务能力缺乏，真正具备综

[①] 于文轩，宋丽容. 面向能效促进的合同能源管理制度之完善［J］. 地方立法研究，2019，4（2）：60-69.

合能源服务商实力的公司非常少。多数服务公司仅涉足某一领域的节能服务，缺乏延伸配套体系，不能提供综合的节能服务，特别是对一些投资大、跨专业的综合性项目难以独立完成。

在运行效率保障方面，我国已经通过立法手段来保障合同能源管理制度的运行效率。2016年国家认证认可监督管理委员会发布的《合同能源管理服务认证要求（RB/T302-2016）》，对于合同能源管理过程中企业的"服务能力""服务过程控制"和"服务绩效"做出了规定，为项目的运行提供指导，但由于采用的确定性标准不多，例如，用能状况诊断的最高要求为"能够采取有效措施确保项目基准能耗的客观性、合理性、准确性及节能措施的科学性、合理性，用能状况诊断能够达到良好的预期效果"，次之要求为"项目基准能耗基本能够得到保障，用能状况诊断能够达到预期效果"。但是，"确保"和"基本保障""达到良好的预期效果"和"达到预期效果"这样的规定具有明显的主观性，导致无法清晰界定其边界，限制了制度的运行效率的进一步提高。

2. 激励制度方面

由于受社会认知程度、融资、推广等种种因素的制约，节能服务在发展初期必然受到种种限制。从一般层面来讲，任何新事物在发展初期都会面临诸多难题，因此，需要政府在财政、税收、金融等方面予以必要的支持和帮助。从我国来看，政府自2010年开始频频出台扶持政策，除予以税收优惠外，给予财政奖励系列扶持政策的相继出台，有力地推动了合同能源管理的发展。但是，从另一层面来看，政府的大力扶持在推动产业发展的同时，也弱化了企业的市场竞争力，而且也在一定程度上扰乱了市场秩序。政府的扶持是必要的，但是真正推动产业发展的原动力是激烈的市场竞争。

3. 监管制度环境

主要包括事前监管、事中监管和事后监管，其中事前监管主要是通过信用管理的方式实施；事中监管是项目进行中的监管，需要多主体的配合和参与；事后监管最主要的是对于合同能源管理项目实施完成后节能量的验收与认定，同时对该节能量的认定还涉及与用能量诊断的协调。① 在事前监管建设方面。目前，我国对合同能源管理法律主体采用了"企业黑名单制度"

进行信用监管,并对于节能服务公司在技术方面进行了单独的要求,起到了一定的事前监管作用,但同时也存在一些问题。首先,"企业黑名单制度"有效性不足。根据《"十三五"节能减排工作方案》的要求,要将失信行为企业纳入"失信黑名单",并通过全国信用信息共享平台公示。从内容上看,"信用中国"网站主要从企业是否存在经营异常情况、重大税收违法情况等方面进行信息公开。事实上,这些因素只是失信行为的充分不必要条件,特别是对于合同能源管理项目的当事方来说,因为其进行项目的特殊性,而更侧重于对资金、技术等方面的要求。因此,对于企业信用的一般性监管并不能满足对于合同能源管理参与方监管的需要。其次,目前对节能服务公司的事前规制也存在不足。我国《合同能源管理服务认证要求》虽然对于节能服务公司的技术能力从基本要求、技术提供能力、人力资源配置、组织管理水平、资金保障能力和风险防控能力等六个方面进行了要求,但这些规定更多的是对节能服务企业进行技术认定与评价,难以为节能服务公司的市场准入提供可操作性的依据。② 在事中监管方面。目前关于对合同能源管理项目事中监管的规定,多集中于确保财政支持资金的有效利用。例如:《节能减排补助资金管理暂行办法》规定,"项目实施过程中,因实施环境和条件发生重大变化需要调整时,应按规定程序上报财政部和有关部门,经批准后执行"。该规定虽然涉及项目进行过程的监管,但主要目的是对节能减排补助资金运用的监督。这样的规定具有明显的指向性,其对象都是受到国家财政支持的合同能源管理项目。③ 在事后监管方面。主要通过能源审计对合同能源管理所完成的节能目标进行审核,即上述过程中的绩效认证。同时,考虑到用能单位与节能服务公司之间存在信息不对称的情况以及专业知识等方面的差异,《合同能源管理技术通则》要求引入第三方监管机构,该机构的一个重要职责就是对合同能源管理项目的节能量进行公正的审核认证。目前我国经财政部、发改委批准的节能量审核机构已经达到26家,在事后监管方面发挥了一定作用,但总体来看节能量审核机构的数量仍难以满足市场需求①。

---

① 于文轩,宋丽容. 面向能效促进的合同能源管理制度之完善[J]. 地方立法研究,2019,4(2):60-69.

(二) 推动中国节能服务市场发展的制度建议

不可否认，近年来我国节能服务市场发展速度较快，市场规模不断扩大。但是，节能服务市场仍存在诸多制约持续发展的深层次制度因素，如低水平竞争、融资难问题、发展方向模糊问题等。其中，融资难融资贵仍是困扰节能服务行业发展的首要因素。随着节能服务公司承担的项目单体量逐年增大，分享期逐年增长，资产负债率居高，加之抵押物较少，节能服务公司融资成本居高不下。据统计，中国 21 家主要银行贷款总额仅有 10% 用于绿色项目，其中还主要是用于绿色交通、可再生能源等政府主导型大型项目。目前公共财政投入仅占融资需求的 7.3%，未来 5 年融资缺口达到 1.53 万亿元。数据显示，有 52% 的节能服务公司尚未获得过外部融资，节能服务企业融资渠道见图 11-6。平均融资成本接近 10%，90% 以上的节能服务公司存在不同程度的融资难融资贵问题。

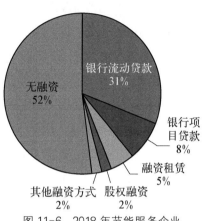

图 11-6　2018 年节能服务企业融资渠道情况

数据来源：王珏旻，孙小亮. 新形势下节能服务产业发展特点与趋势展望 [J]. 电力需求侧管理，2019 (5).

节能服务产业链涉及众多的行业，包括节能材料、节能设备以及先进的能源管理软件系统。支持我国节能服务市场的发展，可以有效带动关联产业的发展。本书认为，应从下几方面构建推动我国节能服务市场发展的制度。

1. 健全节能服务产业相关法律法规，完善政策指引

为了更好地推进合同能源管理机制的发展，需要在法律层面进一步完善相应制度。健全的法制是保障有效的政府和市场的基本条件。虽然《中华人民共和国能源法》在第五章"激励措施"第六十六条中规定，"国家运用财税、价格等政策，支持推广电力需求侧管理、合同能源管理、节能自愿协议等节能办法"，明确将合同能源管理纳入节能服务市场机制中来，但是目前与其相关的法律条文依然过于笼统、宽泛。因此，我国迫切需要建立合同能源管理专项法律规范,从制度目标、制度内容、程序性规定以及法律责任等方面,明确合同能源管理市场准入规则以及市场培育与发展模式,设立基本的合同能源管理模式,确立行业标准以及相应的法律责任,从而真正实现合同能源管理的规范化和产业化,在有法可依的前提下,政策法规需要进一步调整和细化。具体主要包括:(1)细化并完善《合同能源管理技术通则》及相关标准;(2)完善税收政策及流程;(3)设计并实施"负面清单+能耗指南"双管制度。

2. 加强节能服务的软制度约束和硬监管约束

一是加强节能服务产业的诚信文化和黑名单等软制度建设,以降低交易成本,推进节能服务市场有序发展。二是提高政府和第三方机构的节能监管能力。新《环境保护法》赋予了环境监察部门的节能监管执法权,即可以直接对"企业进行查封、扣押,也可以对污染企业采取行政代执行"。被查的超标企业也会因此在融资、税收优惠等方面遇阻。因此,应加强监察部门的监管能力建设,通过严格监管,有效提升高耗能企业的节能减排动力,控制其盲目扩大产能,推动其转型升级。

3. 明确节能服务的发展方向

认清节能服务的实质,打通节能服务市场与碳交易市场之间流动的渠道,明确节能服务的发展方向。无论是合同能源管理,还是碳交易、节能量交易,最终在市场上购买或进行交易的均是可以量化的能耗量或温室气体排放量,而能耗与温室气体排放量之间有标准的转化算法,因此,节能能带来温室气体减排,有利于我国碳排放的总量控制。未来要进一步打破边界,设计相关机制,让合同能源管理带来的碳排放减少,可以抵消企业应缴纳的碳排放配额,并通过一定机制进入碳交易市场交易。

4. 多维度、多层面开展融资创新

可以从丰富融资渠道、金融机构参与方式的多样化、担保机构的建设以及与PPP融合发展等四方面开展融资创新。(1)以市场机制为抓手,丰富融资渠道。推动中小型节能服务公司在新三板上市;鼓励银行量身定制适合节能服务项目特点的信贷产品,降低融资成本;通过贴息及专项保证金来推动银行为节能服务企业提供低息贷款;鼓励设立节能服务产业融资担保风险补偿金，形成政府、银行、担保机构三方风险分担机制。（2）金融机构参与方式的多样化。首先，金融机构不仅能以贷款方的角色出现，也可以成为参与方。通过持股方式参与节能服务项目，对其收益享有决策权和收益权，从而降低收益风险。允许用能单位以股权作担保进行抵押的方式来解决非实物抵押物的问题。其次，金融机构不仅可以以利差收益为主，还可以向中间服务收益转型。也就是说通过提供中间服务保证收益，并开拓新的金融模式。（3）设立多种形式的担保机构。可以考虑通过政府引导基金操作，形成节能量担保机构。拟融资或有融资需要的节能服务公司可以通过缴纳一定的担保金加入该机构，从而形成一笔风险担保基金。当会员单位需要融资时，节能量担保机构对其进行风险评估，并作为担保方帮助会员单位向银行融资。（4）融合节能服务与PPP模式，解决融资难问题。合同能源管理与PPP模式是互为补充的关系。国务院取消合同能源管理补贴，不是为了让PPP模式取代，而是让合同能源管理真正释放市场活力。节能服务公司面临的资金困难，地方支持不够，PPP恰好能够弥补。首先，PPP激发企业参与，能够最大限度吸收社会资本，激发市场活力，从根本上解决资金难的问题；其次，让政府成为项目参与方，无形中提高了节能公司的可信度，不仅有助于用能公司的选择，还有助于商业银行贷款。

5. 鼓励节能服务行业的兼并重组，形成大型节能服务公司

目前，节能服务市场呈现公司"多而弱""小而散"的格局，低水平竞争激烈。第一，建议政府积极鼓励节能服务行业加大兼并重组力度，扶持行业龙头将节能业务从生产领域逐渐扩展到消费领域，从工业节能扩展到其他产业节能，积极参与建筑节能、城市道路节能、交通节能以及整个智慧城市的实现，将节能服务贯穿整个生产消费链条，从而促进社会整体能耗的降低。第二，积极扶持行业龙头企业的跨区域发展、跨国发展。政府、行业协会或第三方服务机构积极推进并联系从国家层面、行业协会层面、第三方中间机构层面进行项目推介。一方面进一步引入国外资金、技术与国内节能服务公司合作在国内开展相关项目；另一方面鼓励部分优秀节能服务公司走出去，在国际市场上寻找发展契机，扩容节能服务市场。第三，积极扶持行业龙头企业转型升级为综合节能方案的提供商，从单一的技术节能向能源管理

综合解决方案靠拢，全面提高用能单位节能的系统效益和综合效益①。

第三节　能效市场

国外的能效市场主要是白色证书交易市场，中国在前期以节能量交易为主在能效市场领域进行了一定的探索。下面本节将对白色证书交易机制的运行机制、国外白色证书交易市场以及中国在节能量交易方面的探索进行阐述。

一、白色证书交易及其运行机制

（一）白色证书交易的概念

白色证书是由主管部门或授权机构颁发，代表实施节能项目所获得的、经过测量和认证的一定数量节能量的证明。每个白色证书都是唯一的、可以追踪的商品，本身具有产权，意味着一定数量的额外节能量，并且保证与这些节能量相关的利益没有在其他地方被占用。在白色证书交易机制中，白色证书不仅可以用于完成规定的节能任务，而且作为一种可交易的商品获得额外的经济效益（如减免税收、获得补贴或者碳抵消计划），以平衡在履行节能义务上的成本。开展白色证书交易的目的是通过限定能源供应商在一定时期内的目标能效提高量来提升全社会的能源使用效率。因此，白色证书交易机制既是一种节能政策，也是一种创新交易体系。一方面，白色证书交易可以度量能源供应商在规定的时间内获得目标能效提高量的情况；另一方面，白色证书交易完全实现了市场化运作的能效管理，不仅能源供应商可以在一定市场规则下，通过白色证书交易实现完全最小化成本的节能活动，而且能源服务公司也能通过交易市场兑现其能效服务收益。

---

① 魏东. 中国合同能源管理发展现状与对策［M］. 北京：社会科学文献出版社，2016.

(二) 白色证书交易的运行机制

白色证书机制是政府部门为特定的责任主体制定节能目标，责任主体需要在规定期限内完成，否则将受到相应惩罚。责任主体完成节能目标的方式主要有：① 自己实施节能项目；② 与其他责任主体或非责任主体共同实施节能项目，并从中获取相应的节能量；③ 从节能市场购买白色证书。白色证书交易机制不但能更有效地实现全社会的节能目标，而且能大力促进各种能源服务中介机构（如能源服务公司、能源审计公司、能源咨询公司等）的发展。

总的来看，白色证书交易机制可以分为两部分：一是节能义务（energy-saving obligations）的确定；二是白色证书市场交易体系。前者是指由政府或监管机构确定节能目标，并将其分配给责任主体。后者包括节能量核算、颁发白色证书、市场交易、成本回收和惩罚机制等一系列环节[1]。

1. 节能义务确定

节能义务确定是白色证书交易机制的基础，管理者通过确定节能目标、责任主体、分配原则、合格项目等基本要素，实现对社会总节能任务的初次分配。节能目标的设定需要明确以下两方面的内容：（1）节能目标的单位是一次能源、二次能源（主要是电力）还是能源中二氧化碳的含量等。从能源、环境、社会政策差异性角度考虑，如果政策的目的是侧重于改善能源供应安全，则节能目标以减少一次能源消耗为主；如果政策目的是侧重于稳定电力供应，则节能目标以减少终端用户的二次能源消耗为主。（2）节能的目标是累积的周期性目标，还是全寿命周期折算的目标。从节能目标细节设计角度考虑，如果侧重于目标实现的确定性，则可以设置累积的周期性目标；如果目标侧重于鼓励回收期长的项目，则可以设置全寿命周期折算的单期目标，选择什么样的节能目标，取决于政府不同的政策组合及其相对优先的方向。

在确定节能目标后，就需要界定责任主体，分配节能任务。责任主体是

---

[1] 史娇蓉，廖振良.欧盟可交易白色证书机制的发展及启示 [J]. 环境科学与管理，2011 (9)：11-16.

白色证书制度中履行节能义务的承担者，虽然界定责任主体的并不局限于链上的特定位置（如生产、传输、分配、零售、消费），但不同环节的主体节能行为存在较大差异。在已经实施白色证书机制的国家中，主要选择能源供应商（如英国和法国）或分销商（如意大利）作为责任主体。总的节能目标在责任主体之间的分配有多种原则，如根据责任主体消耗能源的历史情况、所服务的顾客数量、销售额所占的市场份额等；而每个责任主体具体的节能目标一般可以设定为其销售额的百分比或者节能量的绝对值。相比之下，前者伴随着市场份额的变化而演变，更公平且更容易被接受。

除了确定节能目标、责任主体和分配原则外，政府部门还要规定白色证书机制下的合格项目，具体包括项目的技术类型、能源载体、实施方以及终端使用领域等。节能机制可以是完全开放，没有任何限制，也可以对某些方面进行限定，如制定合格项目清单、规定能源载体类型、终端使用领域等。意大利和法国对项目的终端使用领域没有特殊规定，但英国要求项目实施对象必须是住宅用户。

2. 白色证书市场交易体系的确定与运行

政府部门在确定节能目标之后，将其具体分配给各个责任主体，规定相应的目标期限。在期限结束时，责任主体需提交相应的白色证书以证实其节能行为，否则监管当局将进行相应的惩处。责任主体在对终端用户实施能效项目后，向监管当局提交所实施项目的节能情况，其节能量经测量证实之后，由监管当局颁发相应数量的白色证书。其后，责任主体间、责任主体与非责任主体之间可以进行白色证书的交易。在白色证书交易机制中，非责任主体主要是指能源效率市场上的中介机构（包括能效服务商、金融机构投资者等），它们或者直接通过对终端用户实施能效项目并向监管当局提交报告，从而获得相应的认证及颁发的白色证书，或者通过融资等手段收购白色证书。

对于没有完成节能目标的责任主体，政府部门设定相应的惩罚措施。罚款可以是固定的，也可以随证书价格的变化而调整。在白色证书交易机制中，也可以建立成本回收制度，即允许责任主体通过收费回收实施节能项目所花费的成本。成本回收的方式要考虑市场开放程度。目前已经实施的白色证书机制中，意大利的成本回收机制相对比较成熟，英国由于责任主体为电力/燃气供应商且市场化程度较高，因此没有固定的成本回收机制。

二、欧盟的白色证书交易机制

白色证书机制在欧洲多个国家得到了广泛应用。深入分析白色证书交易机制的产生与发展历史，可以发现，白色证书交易是欧盟一系列能源、环境政策的直接产物。首先，欧盟电力和天然气市场化改革直接推动了对能效市场的需求。2003年6月，欧盟通过了电力市场自由化指令（2003/54/EC），制定了市场开放的时间表，规定最晚到2007年7月1日，所有的客户（包括家庭用户）都应能自由地选择其电力和燃气供应商，市场竞争的压力迫使能源供应商去积极提高能效，从而直接催生了白色证书交易这一提高终端能效的市场化激励机制。其次，欧盟碳排放权交易体系（EU-ETS）的实施对白色证书交易起到了良好的示范效应。EU-ETS的实施不仅促进了碳减排目标的实现，而且为运用市场化手段解决环境问题提供了一种良好的示范效应，推动了白色证书交易制度的出现。

（一）英国的白色证书交易

英国的能源、环境政策更倾向于减缓全球气候变暖，因此其节能目标考虑了不同化石燃料的碳含量问题，即采取所谓的标准燃料节能量，以每三年一期的按照6%比率折现的全寿命周期进行计量。目前英国白色证书已运行了多个阶段，各个阶段的标准燃料节能量中不同化石燃料的权数略有不同，体现了英国政府的政策更加侧重减少温室气体排放，而不仅仅是节约能源提高能效。如白色证书运行第一阶段（2002年4月—2005年3月）的节能目标为每年节能62太瓦时用电量。第二阶段（2005年4月—2008年3月）的节能目标则上升为每年130太瓦时。

此外，英国政府还规定至少有50%的节能量必须来自低收入和中等收入的优先群体，反映了其政策组合目标的多样性及对社会问题的关注，体现政府改善人民生活水平的意图。节能计划的责任方为天然气和电力供应商，英国天然气和电力监管办公室（Ofgem）根据其所服务国内客户的数量来分配节能目标。白色证书运行第一阶段的节能目标分配给国内客户数超过1.5万的天然气和电力供应商，第二阶段将门槛上升为国内客户数超过5万的天然气和电力供应商，即仅局限于6家大型天然气和电力供应商。由于只有6个主要的供应商承担义务，因此白色证书市场的灵活性不足。另外，这些供应商通常将大部分节能项目承包给第三方实施，不同的供应商还经常使用相同的第三方，从而进一步降低了交易的可能性。不过，英国规定不同目标期间的节能量可以结转，并成为供应商的一种普遍选择。

(二) 意大利的白色证书交易

与英国相比，意大利的政策组合更加侧重于减少能源消耗总量，其节能目标设定为逐年提高的一次能源的年累积节能量，单位为吨油当量，并要求至少有50%的节能目标由能源分销商所供应的电力及燃气实现。意大利的白色证书交易始于2005年，2005年的节能目标是290万吨油当量节能量，到2009年是320万吨油当量，到2012年则是节能600万吨油当量。意大利根据终端电力和燃气的销售量，将总的节能目标分配给客户超过10万的电力和燃气分销商。

从目前白色证书交易市场运行情况看，意大利的交易最为规范。在意大利的白色证书交易市场，证书交易可以在场内进行，也可以在场外进行。市场交易由电力市场经营者（GME）根据监管机构——意大利电力和煤气管理局（AEEG）批准的规则和标准来管理，在一年中市场交易通常至少每月一次。在每次履行检查前的四个月里，再增加到至少每周一次。场外交易更加活跃，并且有不少节能义务的承担者更倾向于购买证书而不是发展自己的节能项目，同时，意大利的白色证书既可以颁发给电力和燃气分销商，也可以颁发给能源服务公司（ESCO），大大活跃了市场。

(三) 法国的白色证书交易

法国的政策目标集中于能效提高，其节能目标是在三年内，即2006—2009年，按4%的比率折现的每年54太瓦时的全寿命周期节能量，2009年之后目标将提高到每年100太瓦时。法国政府还对未能完成节能任务的能源供应商制定了 0.02 欧元/千瓦时的惩罚标准。在法国的白色证书交易市场，节能目标的责任主体是电力、天然气、液化石油气、石油、家用燃料、供暖及制冷的供应商，但不包括运输燃料的供应商。同时还为不同类型的节能责任主体设定了不同的门槛和节能目标，总节能目标先在不同的能源类型之间分配，再按市场份额在责任主体之间进行分配。目前，法国尚没有正规的证书现货交易场所，但参与者可以在场外市场进行双边交易。为了促成交易，监管当局会定期公布潜在证书供应者的名单和证书的平均交易价格。

三、国内白色证书交易

我国目前尚未开展白色证书交易，但一直在探索节能量交易。2008年年底，随着上海环境能源交易所、北京环境交易所和天津排放权交易所的相继成立，中国的能效管理开始向市场化运作机制转变，并探索性地开发节能量交易市场。

节能量交易最早是在2011年国务院发布的《"十二五"节能减排综合性工作方案》中提出的。随后，国家发改委等部门制定的《万家企业节能低碳行动实施方案》，也明确提出了在"十二五"期间万家企业实现节能2.5亿吨标准煤，并再一次提出建立节能量交易制度。然后，《节能减排"十二五"规划》、2012年党的十八大报告、《国务院关于加快发展节能环保产业和意见》《中共中央关于全面深化改革若干重大问题的决定》《2014—2015年节能减排低碳发展行动方案》等相关文件，都明确提出了建立节能量交易制度，加快制定节能量交易工作实施方案，依托现有交易平台启动项目节能量交易[①]。其中，包括强制性的目标节能量交易和自愿性的项目节能量交易。目前，北京、深圳、上海、武汉、山东、福建、江苏、成都、河北、青海、云南等省市均开展了节能量交易，福建和山东采取的是目标节能量交易模式，其他省市采取的是项目节能量交易模式。

在节能量交易的实践探索过程中，2010年2月9日，中国国内首个能效

---

① 张海滨，张龙.国内外用能权有偿使用和交易最新进展及政策建议研究[J].石油石化节能，2018，88（6）：49-54.

市场在天津启动,并顺利签约首批三笔交易。交易的出售方是天津泰达津联热电公司、天津市津鸿热力建设公司、天津津墙建筑节能产业发展公司三家供热企业,均为天津较早实施居住建筑供热计量收费的单位,本次交易涉及三家出售方供热区域200多万平方米本采暖季共计4 500吨标准煤的节能量,折合11 500吨碳当量,成交价格50元人民币/吨。交易的购买方是俄罗斯天然气工业股份有限公司以及花旗集团环球金融有限公司,天津津科建筑节能和环境检测有限公司为交易提供了相关的核证服务。天津能效市场由天津市政府组织天津市建设交通委员会、天津市供热办公室、天津排放权交易所、瑞碳新能源公司等共同发起,是中国首个自主开发的基于强制目标的节能量交易体系,也是全球建筑领域首个能效市场,将通过"强度控制与交易"模式,提高能效,降低碳排放强度,天津排放权交易所作为市场运营机构,为能效市场提供服务平台。目前中国正在进行供热计量改革,即引入供热计量制度,通过影响用户用能习惯来实现节能。但供热计量往往会影响供热单位收益。而通过节能交易则可以提高供热单位收益,补偿供热单位实施供热计量的成本费用。天津市作为住建部确定的供热计量试点地区,此次交易就是按照国务院居住建筑节能标准,以单位面积供热能源消耗作为居住建筑用能指标,计算采暖季节能量/碳当量,通过排放权交易提高供热单位收益,以补偿供热单位实施供热计量的成本费用。

2009年7月1日开始施行的《上海市节约能源条例(修订草案)》中新增了"建立节能交易平台,积极探索重点用能单位节能量指标交易"条款,这为上海环境能源交易所开展节能量(白色证书)交易提供了契机。此外,北京环境交易所也在积极探索节能量交易,并就产品设计、交易流程和制度安排等问题进行广泛研究,提出以美国芝加哥气候交易所的会员制为蓝本,以节能量的跨省分配为基础,以企业为交易主体,构建节能量交易机制,在局域试点后再向全国推广。

总体来说,节能量交易在中国尚未形成规模,各地开展交易的领域较窄,各地区的配套的制度体系不完善,交易行为主要是政府主导,行政色彩浓厚,交易不活跃。有的地区只发展了基于项目的节能量交易,有的只针对特定行业开展交易,交易频率也较低,难以实现以市场化的手段促进节能工作的目的。近年来节能量交易也缺乏国家政策支持，在 2016 年国家《"十三五"节能减排综合性工作方案》中并没有提到节能量交易，取而代之的是发展用能权交易。节能量现货交易极不活跃，交易信息透明度差，市场发展不成熟，也几乎没有任何融资工具推出。我国在节能量交易基础上提出用能权交易，主要是为了在达到控制能源消耗这一目标的前提下，尽可能改进原节能量交易机制中的不足。下一节我们将对用能权交易进行详细的分析。

第四节　用能权交易市场

用能权交易是在节能量交易基础上提出的，主要是为了在达到控制能源消耗这一目标的前提下，尽可能改进原节能量交易机制中的不足。相比于节能量交易，用能权交易具有程序相对简单、总量控制效果更佳、交易范围更广的优点。建立用能权有偿使用和交易制度，是推进生态文明建设和绿色发展的制度创新，有利于发挥市场在资源配置中的决定性作用，充分运用市场化手段，倒逼企业转型升级，可促进能源消费结构优化，提高能源利用效率，促进企业完成能耗总量和强度"双控"指标。

一、用能权与用能权交易的概念

能源消费总量控制是"用能权"概念提出的基本背景。用能权是指企业年度直接或间接使用各类能源（包括电力、煤炭、焦炭、蒸汽、天然气等能源）总量限额的权利，也就是一年内按规定可以消费的能源总量。用能权的本质是对稀缺环境容量的有偿使用，其目的是提高能源使用效率，调整能源消费结构，控制大气温室气体浓度，减缓气候变化速率，保证人类健康和改善生存环境，实现可持续发展。

用能权交易是指在区域用能总量控制的前提下，纳入用能权交易体系的用能单位从用能权一级市场和二级市场取得、使用和买卖用能权指标的行为。如果某一用能单位的用能权配额不足其实际使用时，可以向其他有剩余用能权配额的单位购买一定数量的用能权，通过该交易机制保证用能权配额总量的平衡，并激励节能的用能单位出售用能权配额，获得回报。

从当前用能权交易的制度设计来看，节能量交易与用能权交易有以下相似之处。首先，在节能量交易中，通过购买节能量完成政府节能量目标，与用能权交易的超限额差别收费制度相似，都是未完成政府指标的情况下要缴费。不同之处是节能量交易针对政府节能量目标，用能权交易针对政府能耗总量目标。其次，在节能量交易中，购买节能量用于固定资产投资项目的新增能耗平衡替代，与用能权交易的新增用能量有偿申购制度相似，都是要为固定资产投资项目的新增能耗付费。

用能权交易与碳排放权交易存在类似之处，但也有区别。在相同点方面，两者的本质都是对稀缺环境容量的有偿使用，都是基于市场机制的节能减排激励机制，开展交易的原理都是基于总量控制下的交易（即 cap and trade 原理），并且在基础数据、交易对象和政策手段上存在着重叠和交叉的地方。

两者在交易标的和交易规则方面存在一些不同：第一，用能权交易的基础是能源消费总量控制，属于前端治理，而碳排放权交易的基础是碳排放总量控制，属于末端治理。第二，交易的标的不同。碳排放权交易的交易标的为碳排放权，初期交易产品为配额现货，条件成熟后增加符合交易规则的国家核证自愿减排量及其他交易产品。用能权交易的交易标的是用能权交易主管部门核定的用能权指标，吨标准煤为单位。第三，碳排放权交易下，固定资产投资项目新增排放配额基本是免费分配，而用能权交易制度下固定资产投资项目新增用能要有偿购买。

二、用能权交易的发展历史

梳理我国用能权交易的短暂发展历史，大致可以分为两个阶段。

1. 用能权交易的提出阶段（2015 年 9 月—2016 年 8 月）

2015 年 9 月，我国在《生态文明体制改革总体方案》中首次提出了用能权交易，"开展项目节能量交易，并逐步改为基于能源消费总量管理下的用能权交易。建立用能权交易系统、测量与核准体系。" 2015 年 10 月，党的十八届五中全会公报提出，建立健全用能权、用水权、排污权、碳排放权初始分配制度。2016年，"十三五"规划纲要提出，建立健全用能权、用水权、碳排放权初始分配制度，创新有偿使用、预算管理、投融资机制，培育和发展交易市场，再次明确提出："建立健全用能权、用水权、排污权交易、碳排放权初始分配制度。"2016年4月，工信部发布的《工业节能管理办法》提出，"科学确立用能权、碳排放权初始分配，开展用能权、碳排放权交易相关工作。"

2. 用能权交易的试点阶段（2016年9月至今）

2016年9月，国家发改委发布《用能权有偿使用和交易制度试点方案》，确定在浙江省、福建省、河南省和四川省开展用能权有偿使用和交易试点。同年12月，国家发改委和国家能源局联合发布《能源生产和消费革命战略（2016—2030）》，也提出构建用能权制度。2016年9月以来，四个用能权试点地区响应国家号召，均对用能权交易做了相应尝试。

三、用能权交易市场的发展现状与问题

（一）用能权交易市场的总体发展现状

在2016年7月国家发改委印发《用能权有偿使用和交易制度试点方案》后，四试点进行了多种形式的用能权交易探索，但由于各试点起步时间、社会基础等不同，各省工作进展不同，其中浙江省的推进力度最大。表11-2概括了四个试点省份用能权交易的发展现状。

表11-2　四个用能权交易试点省份的发展现状

省份	发 展 现 状
浙江	2017年3月委托中国质量认证中心开展"浙江省用能有偿使用和交易制度设计"项目。2018年8月，浙江省政府办公厅下发《浙江省用能权有偿使用和交易试点工作实施方案》。2018年12月26日，浙江省用能权有偿使用和交易市场正式启动
福建	2017年5月委托北京中创碳投科技有限公司开展"福建省用能权交易市场配套制度研究及配额分配设计服务"项目；于2017年8月委托5家单位开展电力和水泥行业用能权交易第三方核查及抽查项目，并于2018年开展了第二次核查。2018年1月，出台《福建省用能权有偿使用和交易试点实施方案》，并于2018年正式启动

(续表)

省份	发展现状
四川	2018年11月，四川省发改委发布《四川省用能权有偿使用和交易管理暂行办法》。2019年9月26日，四川省用能权有偿使用和交易市场正式启动
河南	2018年7月，河南省政府办公厅印发《河南省用能权有偿使用和交易试点实施方案》。2019年12月22日，河南省用能权有偿使用和交易市场正式启动

总的来看，试点地区的用能权交易表现出如下特点。

1. 以开展基础建设为主

从用能权交易在多地的试点情况看，都以开展基础建设为主。用能权交易市场在2019年没有显著进展，也没有融资工具推出。用能权四试点地区在这期间大都在进行制度建设和软硬件基础设施建设，发布了用能权交易相关管理条例和市场规则。

2. 各地进行多种形式用能权交易探索，但未形成规模交易

用能权交易市场可分为一级市场和二级市场。一级市场指政府发放初始配额给最初购买者的市场；二级市场指企业间进行用能权指标交易的市场（流通市场）。目前，在试点省份真正实行用能权交易的区域很少，交易的数量、形式、规范程度、持续性等都不容乐观。虽然一级市场成交总量呈现逐年上升趋势，但二级市场交易萎靡。自2013年11月份以来，一级市场成交总量逐年上升，充分反映了用能市场化改革以来，用能指标有偿申购、新增用能有偿使用、超额用能有偿收费的理念已被广大企业所认同。然而试点的5个县市中目前仅平湖市公共资源交易中心在2015年二级市场进行了一笔交易。可见用能权交易的二级市场发展萎靡，而二级市场是用能权交易制度活力的体现，培育二级市场已经成为用能权交易制度的核心任务[①]。除此以外，当前，用能权交易主体均在公共资源交易中心的平台进行交易，不可以进行交易中心之外的双边交易，场外交易还未推开导致尚未形成交易规模。

---

① 马行知，何雪垒.用能权交易制度的构建与完善[N].上海法治报，2017-8-16.

（二）用能权交易市场的制度设计

用能权交易的机制包括用能总量目标确定机制、配额分配机制、用能量的监测与核查、用能权交易机制和指标清缴与惩罚机制。

1. 用能总量目标确定

用能总量目标是能源消费目标上限。在用能权交易的运作过程中，首先需要确定用能总量。政府首先确定国家层面的用能总目标，然后进行目标分解，将全国能源消费总量目标分解到各地区。地方政府的节能管理部门根据上一级政府下达的用能总量指标和节能减排指标来编制本区域内企业的年度用能预算，通过控制用能总量来实现节能目标。每个企业分配的预算额度则根据综合绩效的评价来确定。

2. 配额分配

地方政府的节能管理部门根据上一级政府下达的用能总量指标和节能减排指标来进行配额分配。配额分配是用能权交易的基础和核心。各地政府在能源消费总量限制下，根据不同行业、单位耗能情况分配用能量的限额。《用能权有偿使用[①]和交易制度试点方案》对于配额分配提出了指导意见，即产能严重过剩行业、高耗能行业可采用基准法，即结合近几年产量、行业能效"领跑者"水平以及化解过剩产能目标任务，确定初始用能权；其他用能单位可采取历史法，即近几年综合能源消费量平均值确定初始用能权；结合节能评估审查制度，从严确定新增产能的初始用能权。鼓励可再生能源生产和使用，用能单位自产自用可再生能源不计入其综合能源消费量。以上分配思路与碳排放配额分配类似。

试点地区都明确规定，根据各省能源消费总量控制目标，合理确定用能权指标总量。浙江省规定，用能权配额一年一分配。对于企业层面的配额分配，都规定以历史法和基准法为主。如福建规定，对于既有产能，依据用能单位历史能源消费量数据，采用基准法或历史法核定用能权指标；对于新增产能（项目），综合考虑固定资产投资项目节能审查意见核定用能权指标。

---

① 用能权有偿使用，是指企业在能源消费总量预算化管理的前提下，依法取得用能权指标，并按规定一次性缴纳用能权指标有偿使用费的行为。

此外，试点地区都明确规定，用能权指标实行免费分配和有偿分配相结合的方式，试点初期以免费分配方式为主。

3. 用能量的监测与核查

用能量的监测与核查是用能权交易的前提。各试点省中，四川等省详细规定了用能单位能耗监测、核查制度和流程。具体制度是：建设重点用能单位能耗在线监测系统，逐步实现对重点用能单位用能状况的实时、在线监测。用能权交易主管部门建立用能量核查制度，组织第三方机构对重点用能单位能源利用状况进行核查，确认其用能数据真实、准确、完整。用能量核查制度及标准由用能权交易主管部门另行制定。对于监测机构，浙江省规定，县级以上能源监察（监测）机构负责实施用能单位用能情况的实时监测。

4. 交易机制

交易标的方面。四个试点省份都提出，用能权交易标的是用能权交易主管部门核定的用能权指标，以吨标准煤（等价值）为单位。交易后的用能权指标都有有效期，浙江规定是到2020年底，四川规定为自核发之日起两年。

交易主体方面。四个试点省份都提出交易主体为符合一定用能条件的企事业单位，机构和个人投资者暂时都不是交易主体。如浙江规定，用能权交易主体为各市、县（市、区）政府和有关企业。初期以增量交易为主，以企业与政府交易为主，市场成熟后交易主体为企业与企业、企业与政府。申购方为单位工业增加值能耗高于"十三五"时期浙江省控制目标（0.6吨标准煤/万元）的新增用能量（包括新建、改建、扩建），出让方为一定比例（不超过50%）区域年新增用能指标、规模以上企业通过淘汰落后产能和压减过剩产能腾出的用能空间、企业通过节能技术改造等方式产生的节能量。四川省规定，交易主体暂定为重点用能单位以及符合用能权交易规则相关规定的其他用能单位、社会机构、组织。重点用能单位暂定为全省范围内年综合能源消费达到10 000吨标准煤以上（等价值、含）的企事业单位。

交易场所方面。各地明确用能权交易的交易场所主要有两类：一是产权或股权中心，如福建规定在海峡股权交易中心交易，河南规定在中原股权交易中心交易。二是环境能源交易所，如四川省明确，四川联合环境交易所作为用能权交易机构，负责制定场内交易规则及信息披露、交易过户、资金结算、风险控制等相关交易制度，按照相关操作规程组织场内交易，为用能权交易提供场所、设施、信息和资金结算等服务。

交易方式方面。试点地区都规定交易主体需在交易所平台进行场内交易，不可以进行交易中心之外的双边交易。

价格形成机制方面。各省规定有所差异，如四川省规定，用能权指标价格采用政府指导与市场调节相结合的方式；浙江省规定，用能权初始交易采取定额出让、差别化定价方式。交易价格由省节能主管部门会同省价格行政部门结合全省能源"双控"形势、用能权指标市场供求关系等情况确定，并实行动态调整。新增用能量按一定价格进行交易，其中单位工业增加值能耗超过 2.0 吨标准煤/万元的新增量，按一定比例提高交易价格。随着交易市场日益成熟，交易价格逐步由交易方通过竞价、招拍挂等方式确定。

5. 指标清缴与惩罚

用能权指标的清缴是指用能单位在规定期限内向主管部门足额提交用能权指标，完成清缴义务。用能权交易的惩罚是指对用能权申请、交易等过程中出现的违法违规行为，以及企业超过用能配额的惩罚。各试点省都明确了用能权指标的清缴和惩罚机制。如福建规定，用能单位根据经审核确认的上年度能源消费量，在规定期限内向主管部门足额提交用能权指标，完成清缴义务。未按时完成清缴义务的，主管部门责令其限期履行；逾期仍不履行清缴义务的，根据有关规定进行处理。明确用能权交易市场参与主体的信用信息评价标准和监管办法，严格履约办法，维护用能权交易体系的权威性和公信力。浙江规定一年一清缴。建立用能权交易奖惩机制，强化交易台账管理，严格用能权交易履约，确保责任主体及时履行合同。及时公布用能单位履约情况，树立履约单位履行社会责任的良好形象，将重点用能单位履约情况纳入省信用信息共享平台。对不能按期履约的单位，责令限期履约，并按相关规定严肃处理。

四、完善我国用能权交易市场的制度思考

目前各试点用能权交易地区初步建立了用能权交易管理机制，发布了相

应的标准制度①。但是，用能权交易在制度设计上，还存在着总量分配不合理、监管效率不高、交易机制不完善等问题，亟须进行制度完善。

第一，完善顶层设计，加快研究制定《用能权交易管理条例》，明确相关市场的关系。相对于节能量交易，用能权交易在事前控制、节能效益稳定性和节能市场的资源配置等方面具有明显的优势。《生态文明体制改革总体方案》提出："开展项目节能量交易，并逐步改为基于能源消费总量管理下的用能权交易。建立用能权交易系统、测量与核准体系。"因此，建议取消节能量交易制度，并结合地方试点经验，统一各地区的标准，加快研究制定《用能权交易管理条例》，促使各地区的用能权可以自由流通交易，将用能权上升为法定的权利，为用能权交易提供法律基础。

此外，做好用能权交易与碳排放权交易的制度衔接。作为两种本质相同的基于市场机制的节能减排激励机制，如何协调和衔接是影响用能权交易与碳排放权交易发展的根本性问题。在现有管理体制下，碳排放权交易的主管部门是生态环境部，而用能权交易的主管部门是国家发改委，两个交易制度并行，容易形成多头管理，重复管控，增加企业交易、管理和减排成本。因此，建议在《用能权交易管理条例》和《碳排放权交易管理条例》中明确用能指标与碳排放配额在履约方面可以按比例相互抵用。同时，要建立健全用能权交易的配套管理办法，主要包括用能权交易信息报告管理办法、用能权交易监督管理办法等，加强《用能权交易管理条例》的可实施性。

第二，完善配额分配制度。用能权交易制度目前存在着初始配额分配不合理的问题。以浙江省为例，嘉善、平湖、海宁三地，现行初始配额确认方式为亩产效益评价制度，即根据企业单位面积产值来确定企业的用能配额。一方面，企业类型的多元化无法通过单一的"亩产"来衡量，海宁的纺织业、皮革制造业、印染业显然不能适用同样的评价标准；另一方面，差异化的产业结构也不应该通过"亩产"的方式进行评价，重工业与轻工业的用能显然与亩产效益不成正比。亩产制不能完全反映企业用能的个性化需求，导

---

① 孔跃，李宗录.用能权交易的内涵、理论基础与机制构建[J].山东青年政治学院学报，2016，(6)：116-120.

致初始指标配置不合理。因此,应完善配额分配机制,建立科学、统一、执行性强的配额核算和分配方法。

第三,完善交易制度,促进用能权价格合理形成。目前,各试点地区的交易主体均在公共资源交易中心的平台进行交易,不可以开展双边交易;部分省的交易中心机构建设工作推进缓慢;符合制度规定的交易主体数量太少,市场流动性不足,难以形成有效的用能权价格。未来应制定统一的交易制度,包括交易实施细则、交易管理办法、交易程序、交易平台建设标准、交易监管等,并积极推动交易主体参与市场交易,提高市场的有效性。

第四,完善激励约束机制,提升监管效率。用能权交易的试点发现,用能权交易制度作为一种能耗控制机制,缺乏相应的激励机制,应当建立相应的奖惩制度,对实现节能减排的企业给予一定的政策和价格优惠,对未实现目标的企业予以罚款等处罚措施。此外,用能权交易的试点发现,用能权交易监管中往往出现多头监管、三龙治水的情形。因此,应完善《用能权有偿使用和交易制度试点方案》《节能法》等法律法规,明确规定监管权力归属,防止地方政府主管部门、协管部门、事业单位职能冲突,提高用能权交易实施效果,增强监管政策的连续性和稳定性。

第五,加强用能权市场主体的能力建设。积极加强企业和第三方能力建设。政府应该加大对硬件设施的投入,加强对用能企业、第三方的培训和教育,培养专业人才,确保监测用能总量数据的准确性。

参考文献

[1] 崔莹,张诗雨. 我国节能量和用能权交易市场的发展情况、问题和政策建议[EB/OL]. https://www.huanbao-world.com/a/zixun/2018/1114/58277.html,2018-11-14.

[2] 于文轩,宋丽容. 面向能效促进的合同能源管理制度之完善[J]. 地方立法研究,2019,4(2):60-69.

[3] 张海滨,张龙. 国内外用能权有偿使用和交易最新进展及政策建议研究[J]. 石油石化节能,2018,88(6):49-54.

[4] 陈诗一,李志青. 绿色金融概论[M]. 上海:复旦大学出版社,2019.

[5] 公丕芹,辛升. 用能权有偿使用和交易试点进展分析[J]. 中国能源,2019,41(8):4-8.

[6] 洪睿晨. 我国节能量(用能权)市场的进展情况和政策建议[EB/OL]. http://finance.

sina. com. cn/esg/ep/2020-04-29/doc-iircuyvi0443150. shtml，2020-4-29.

［7］ 孔跃，李宗录. 用能权交易的内涵、理论基础与机制构建［J］. 山东青年政治学院学报，2016，(6)：116-120.

［8］ 林伯强，黄光晓. 能源金融［M］. 北京：清华大学出版社，2011.

［9］ 马行知，何雪垒. 用能权交易制度的构建与完善［EB/OL］. https：//news. ecupl. edu. cn/2017/0817/c675a66678/page. htm，2018-11-14.

［10］ 魏东. 中国合同能源管理发展现状与对策［M］. 北京：社会科学文献出版社，2016.

第十二章
可再生能源配额交易市场

随着经济的快速发展，传统能源带来的环境问题愈发严峻，可再生能源的发展日益受到世界各国重视。早在20世纪70年代，一些欧美国家就开始运用政策手段支持可再生能源的发展。经过几十年的演进，可再生能源激励政策在世界范围内逐渐形成了两种代表性的政策：一是固定电价政策（feed in tariff，FIT），即政府明确规定可再生能源电力的上网电价，通过补贴使电力公司从符合资质的可再生能源生产商处购买可再生能源电力，购买价格根据每种可再生能源发电技术的生产成本而定，且上网补贴价格一般呈逐年递减趋势，以鼓励可再生能源发电企业提高技术水平、降低生产成本。二是可再生能源配额制（renewable portfolio standard，RPS），即一个国家或地区通过法律形式对可再生能源发电在电力供应中所占份额进行强制规定。企业完成可再生能源配额的方式有两种：一是通过自身生产直接提供可再生能源电力；二是通过在市场上购买代表同等电量的可再生能源证书（即绿色证书）来代替直接生产可再生能源电力，未完成政府强制要求的可再生能源发电比例的发电商必须向政府支付高昂的罚款。FIT主要在德国、西班牙、丹麦等欧洲国家实行，其中德国是实行FIT的典范；RPS主要在美国、加拿大、澳大利亚等国实行，其中美国是实行RPS最成功的国家，并在长期实践中积累了丰富的经验。本章在概述可再生能源配额交易市场的概念、构成基础上，分析了美国等典型国家可再生能源配额制的市场运行与制度，然后阐述了中国可再生能源配额制市场的发展，提出了推动中国可再生能源配额制市场发展的制度建议。

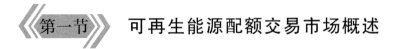

第一节　可再生能源配额交易市场概述

可再生能源电力具有无碳、清洁、环保、可再生等特点，发展可再生能源是全球能源革命和绿色低碳发展的必然要求。我国已向世界承诺，2020年和2030年，我国非化石能源占一次能源消费比重分别达到15%和20%，2030年碳排放达到峰值。建立可再生能源配额制和绿色电力证书交易制度，正是我国促进可再生能源发展、推动能源体制变革、实现非化石能源消费目标的重要途径。

一、可再生能源配额制与绿色证书

可再生能源配额制是可再生能源配额制政策的简称。一般来说，可再生能源配额制政策是一个国家或者一个地区的政府用法律形式对可再生能源发电的市场份额做出的强制性规定，是通过立法手段为缺乏市场竞争力的可再生能源强制设定一定的市场需求空间，目的是顺利实现国家（或地区）的可再生能源发展目标。广义的可再生能源配额制包括可再生能源发电配额生物液体燃料使用量配额、可再生能源热利用配额等多种形式。狭义的可再生能源配额制指可再生能源发电配额。在多数情况下指的是狭义的配额制，即指一个国家或地区强制性规定电力系统所供电力中须有一定比例（即配额标准）为可再生能源供应，亦即强制能源供给方（义务主体）在所供应的能源结构中必须提供一定比例的可再生能源，这个强制的比例也就是强制性的义务（obligation）或配额（quota）。这里的可再生能源发电价值包含两部分：一是基本部分。它是指可再生能源产生的电能在当前电力市场条件下所具有的价值，这部分价值与常规能源电力价值相同，体现为实际电能的一般交易价格，受益者既包括电力的生产者，也包括电力的消费者，前者获得投资回报，后者获得电能供应。二是增值部分。它是指因可再生能源发电所体现出来的环境效益、社会效益等而获得的额外价值。

可再生能源配额制与绿色证书息息相关。绿色证书就是将基于配额形成的可再生能源发电量证券化，并借此构建基于市场的可再生能源电能供求机制和市场交易体系。绿色证书作为可交易的有价证券，其价格由可再生能源电价高于常规电价的"价差"决定，并随着市场供求状况的变化而波动。可再生能源发电企业通过销售绿色证书获取价外收益，实现可再生能源电能的绿色价值，并使得可再生能源配额借由绿色证书实现可交易，巧妙地解决了配额制度的市场化问题。

可再生能源配额制的主要优势在于其提高了经济效率，在市场中低成本的企业将会更具优势，它们可以通过在绿色证书市场上出售证书，从而促进更多的企业追求高效的生产方式，降低可再生能源生产成本，提高企业利润。但是可再生能源配额制也存在以下缺陷。首先，在政策设计上。由于不同类型可再生能源的成本不同，为了防止不能全面促进可再生能源产业发展的问题，通常政策设计的解决方式是分割可再生能源市场，将其按照一定标准进行细化，这就导致难以在全国建立一个统一、覆盖面广的可再生能源政策；另一方面，配额制很难制定准确的配额目标，容易出现目标过高的情况，可能导致企业历经努力却无法达成配额任务，从而挫伤企业投资的积极性。其次，在可再生能源配额制下，成本比较低的企业会占据优势，从而使高成本的企业退出市场。有些未成熟的可再生能源技术虽然前景较好，但因为发展初期成本较高而被淘汰。最后，虽然可再生能源配额制下政府不需要再对企业进行补贴，但是对于企业进行有效的监督和有力的处罚都意味着政府需要投入大量资源，带来较高的政府管理成本。

二、可再生能源配额交易制度

20世纪80年代以来，许多国家和地区对传统的固定价格补贴政策进行改革，建立配额制度及配额交易市场，推动可再生能源产业发展。

在可再生能源配额制中，配额既可以是可再生能源增长的绝对量，也可以是一个增长比例，但不论是绝对量还是增长比例，通常都是一个明确的数字。可再生能源的范围非常广泛，对其认识并不一致，因而凡是实行可再生能源配额制的国家或地区均明确界定适用的可再生能源技术。同时，为了保证配额指标的如期完成，政府通常都会设立高效权威的监督机构，监督配额义务主体切实完成配额指标，若发现违反规定或者到期不能完成配额指标，则要进行处罚。

配额交易市场在制度设计上有三个关键点：一是配额比例，由政府根据节能减排目标确定。例如，欧盟对其成员国提出到2020年可再生能源消费占能源消费总量的17%的要求。政府通过强制规定可再生能源发电的市场份额，即配额比例，会增加代表着一定数量可再生能源电量的绿色证书的需求。绿色证书需求的增加会导致绿色证书均衡价格的上涨，使得可再生能源企业的收入和利润增加。配额比例一般每年都要调整。二是绿色证书交易的价格，由绿色证书交易市场的供求关系决定。与一般商品市场相同，随着利润的增加，在位的可再生能源企业会扩张生产规模，并同时诱导潜在企业进入。这样，可再生能源发电量和绿色证书供给逐渐增加，绿色证书的供求趋于均衡，绿色证书交易价格相应下降并稳定在均衡价格水平上。一般情况下，绿色证书交易价格在经过背离成本的变化之后，会接近并稳定在平均成本的均衡价格水平上。三是对产业发展的影响。绿色证书交易价格会动态影响企业生产和投资行为，从而影响甚至决定可再生能源产业的发展状况。理论上，配额比例与交易价格必须有利于可再生能源企业和产业的可持续发展。而实际上，许多国家包括我国可再生能源发展都经历了波浪式的发展过程。美国、德国近期也都在对过去风电快速发展中存在的问题进行反思。

三、可再生能源配额交易市场

可再生能源配额交易市场是交易主体按照交易规则，交易标的产品的市场。在这个市场中，电价则由竞争性的市场决定，可再生能源可以互相竞争，寻求最低成本。配额交易市场的核心是以市场竞争的方式对可再生能源的高发电、输电和配电成本进行补贴，从而鼓励可再生能源的发展。配额交易市场制度由两个相互联系的部分组成，包括可再生能源配额制和与配额制配套使用的绿色证书交易制度（tradable green certificates，TGC）。其中，可再生能源配额制是一个国家或者地区政府用法律形式对可再生能源发电的市场份额做出强制性规定，在总电量中必须有规定比例的电量来自可再生能源。在认证时，机构会颁发可再生能源证书（renewable energy certificate，REC），又称绿色证书，是基于可再生能源配额制度的一项政策工具。绿色证书是一种可以兑现为货币的凭证，可以进行自由交易，交易过程实际上也就代表了一定数量的可再生能源电量的流转。为增加可再生能源配额制义务主体完成配额指标的弹性，多会配合可再生能源证书制度，提供更具弹性的市场机制。配额义务的承担者，在无法自己开发可再生能源电力或者认为自己开发可再生能源电力不经济的情况下，可以选择购买与配额义务量相当的绿色证书来完成各自承担的配额义务。可见，绿色证书交易系统的建立，为配额义务的履行提供了一种非常灵活的机制。购买可再生能源证书是实现可再生能源配额制的手段和证明。

第二节 全球典型可再生能源配额交易市场

近些年来，各国致力于推动可再生能源（renewable energy source，RES）产业的发展以应对能源短缺和环境污染问题。随着中国可再生能源市场的不断扩大，现有的固定电价制度（FIT）造成可再生能源补贴压力逐渐增大，可再生能源配额制（RPS）成为中国当前可再生能源制度转型的目标机制。为更好理解中国可再生能源配额交易市场，本节总结了世界主要国家可再生能源配额市场的发展背景和现状，以及配额制的制度体系。

一、美国可再生能源配额交易市场

（一）发展历史

美国是第一个推行 RPS 的国家，配额制实施较为成功。能源安全是美国制定可再生能源相关法律和政策的主要动因。1973 年的中东石油危机对美国能源以石油为主、并严重依赖进口的供应结构带来巨大的冲击，石油和燃气价格全面上涨，能源价格平均增长了四倍。中东石油危机以后，实现能源供应多元化成为美国政府的努力方向，特别是在遭受"9·11"恐怖袭击以后，能源安全问题、能源基础设施的脆弱性和替代能源的需求问题等再一次成为美国社会各界关注的焦点。另外，2001 年的加利福尼亚电力危机，2003 年的天然气价格上涨和纽约大停电，更迫使人们不得不把目光投向可再生能源，希望可再生能源在改善电力供应、替代化石能源和减轻电力输配线路压力等方面发挥更大作用。

实际上，美国政府通过发展清洁能源摆脱石油危机的努力早在 20 世纪 70 年代就已开始。一是通过制定强制性政策，要求相关方严格履行既定的清洁能源发展路线；二是通过税收优惠生产补贴、信托基金和低息贷款等多种经济激励政策，积极培育清洁能源市场，降低可再生能源产品及服务的成本和价格，扩大清洁能源产业的发展。多年以来，美国政府通过出台一系列法律和法规，极大地推动了本国可再生能源产业的发展。其中最典型的法案是联邦政府 1978 年颁布的《公用事业管制政策法》（Public Utility Regulatory Policies Act，PURPA）。以 PURPA 为基础制定的可再生能源政策，曾对美国可再生能源发电的发展起到了重要作用。但是，从 1994 年开始，由于各州纷纷启动了以电力工业资产重组和放松管制改革为特征的电力改革，严重影响了该法律的实施效果。为适应电力改革所带来的影响和变化，美国各州和地方政府纷纷制定适合地方可再生能源发展的政策，其中就包括可再生能源配额制政策。

1995 年，美国风能协会提出了正式的可再生能源配额制概念，随后各州相继制定和实施各自的配额制政策。从 20 世纪 90 年代末以来，RPS 在美国各州迅速推广。美国的 RPS 政策目标是：在采取补贴政策的框架下最大限度提高市场竞争以降低补贴所需成本。RPS 政策加上美国联邦政府出台的税收方面的激励政策，已经成为美国可再生能源发展的最重要的驱动力。

美国的 RPS 政策都集中在各州内部，迄今为止，美国还没有通过全国性的 RPS，也没有制定与可再生能源配额制相关的法律。然而一些包含强制性的可再生能源配额制的议案却多次被提交到国会讨论，例如，克林顿政府提议的综合电力竞争法中就曾包括在内。2007 年 8 月，美国众议院曾以 220 票对 190 票第一次通过了联邦可再生能源发电配额制，但美国议会最终还是没有突破阻力将可再生能源发电配额制列入最终出台的能源法案。本次提议的可再生能源发电配额制要求特定的零售电力供应商要在 2020 年前在其电力组合中包括 15% 的可再生能源，其中 4% 的配额要求可以通过能源效率投资来实现。

（二）发展现状

美国的可再生能源配额制是在各个州的实践中发展起来的。截至目前，可再生能源配额制已在全美约 30 个州、哥伦比亚特区正式实施，与联邦层面的投资税减免（ITC）、生产税减免（PTC）等可再生能源政策相辅相成。

由于各州制度和政策设计差异较大,美国可再生能源配额制的实施也较为复杂,但美国的配额市场仍是全世界最发达的可再生能源配额市场之一。

美国各州制定的可再生能源配额目标不尽相同,主要包括指定配额完成期限及比例、指定装机容量等。其中绝大多数可再生能源配额目标都是要求负有购买义务的负荷服务商向消费者交付一定数量的可再生电力。负荷服务商可能需要每年向客户交付一定兆瓦时的可再生电力,或者一定比例的可再生电力。例如,俄勒冈州要求负有购买义务的负荷服务商在2025年之前,为每个客户提供25%的可再生电力(见表12-1)。

表12-1 美国典型地区实施可再生能源配额制效果

地区及实施时间	配额制最新目标	实施效果	特点
得克萨斯州(1999年)	2025年达到10 000 MW	2002年建立可再生能源证书交易市场,2009年达到该目标	政策实施较成功,配额制的实施使得克萨斯州成为美国最大的风电市场,充分发挥了市场的调配作用,监管到位,政策稳定,处罚明确
加利福尼亚州(2002年)	2020年达到33%	未完成2010年的目标,但经政府政策推进,2013年实现20%	加州实施RPS的特点在于以市场机制为基础,政策介入和行政管理在制度运用中担当重要角色
新墨西哥州(2004年)	2020年达到20%	提前完成目标	政策实施较成功,通过"合理成本"设计,控制了可再生能源的生产成本,机制灵活,保障了义务主体的积极性

从设计目标上看,尽管美国的配额目标由各州单独制定,但多数实施配额制的州均建立了可再生证书交易市场。在考核和监管方面,配额监管由当地能源监管部门执行,配额义务主体通常选取负荷服务商或零售电力供应商。按照发电容量设置可再生能源配额目标的得克萨斯和爱荷华两州(美国只有这两州没有采用面向零售客户的电力销售量作为配额目标),义务主体也是零售电力供应商和公用事业企业。

从政策设计上看,美国各州最初采用技术中性原则,带动成本相对低廉的风电快速发展。为保证可再生能源技术多样化,美国各州通过技术分级或技术留存的方式，刺激除风能外的可再生能源发展，采取的政策包括对光伏、分布式等指定能源给予较高的 REC 乘数，为光伏等设置单独的可再生能源配额要求。在此推动下，再加上可再生能源自身装机成本的快速下降，美国的光伏等非风可再生能源后来居上，累计装机占比已经超过 30%。

从政策效果上看，根据劳伦斯伯克利国家实验室发布的报告《美国可再生能源配额制 2016 年度形势报告》显示，可再生能源配额制的容量占全美电力零售市场的 55%。自 2000 年以来有超过一半的可再生能源发电量（60%）是源于各州可再生能源配额制政策的出台。预计美国可再生能源配额制总需求将从 2015 年的 215 TWh 增长到 2030 年的 431 TWh；若保持此增长率，新增非水可再生能源发电量需要占电力零售市场的 12.1%。至 2030 年，可再生能源配额制需求将增加 60 GW 的可再生能源装机[①]。

从发展趋势看，近几年配额制对于美国可再生能源发展的驱动作用呈现逐步减弱的趋势。美国劳伦斯国家实验室数据显示，2008—2014 年配额制规定的最低新增可再生能源装机容量在实际新增装机容量中的占比高达 60%，而 2015—2017 年该占比降至 34%。近几年，美国配额要求外的可再生能源增长主要是由以下因素引起的：自愿绿证市场发展，得州和中西部地区风电的强劲增长，无配额制要求地区的公用事业规模光伏增长，以及加州采用净计量方式的光伏增长（净计量允许用户将未使用的光伏发电回售给电网）。

由于绿证供给增长超过配额要求，近几年美国主要绿证市场价格整体呈显著下行趋势，但区域间价格存在分化。2017 年，美国新英格兰地区的绿证价格由 2014 年 60 \$/MW·h 以上的峰值跌至约 15 \$/MW·h；美国 PJM 地区部分州的绿证价格也由 2014 约 18 \$/MW·h 的峰值跌至 5 \$/MW·h；而美国得州的绿证价格长期低于 1 \$/MW·h。不过由于部分地区存在较为严格的可再生能源资格规则，这些地区的绿证价格稍高。例如，PJM 的部分州（宾州、马里兰州、新泽西州及特拉华州）的绿证价格高于其他州，且

---

① 国际可再生能源配额制发展实践分析 [EB/OL]. https：//www.sohu.com/a/316977260_131990.

在 2017 年略有反弹，但仍不及 7 $/MW·h。美国部分地区受光伏特定配额目标驱动，当前其光伏绿证价格偏高，远高于常规绿证价格。由于限定配额资源来自光伏且产自本地区，当前美国华盛顿特区的光伏绿证供应严重短缺，光伏绿证价格高达 400 $/MW·h 左右。此外，受光伏绿证供应及配额惩罚价格影响，马萨诸塞州和新泽西州的光伏绿证价格也都高于 200 $/MW·h。不过，美国其他地区的光伏绿证供应严重过剩，光伏绿证价格都已降至低于 30 $/MW·h 的水平。

上述内容从配额制驱动作用和绿证价格两个维度表明，近年来美国配额制及配套绿证机制的驱动效应呈现逐步减弱的趋势。从驱动源看，美国配额要求外的可再生能源增长主要源于得州和中西部地区风电的快速增长，以及西南部的光伏快速增长。这些地区分别是风电和光伏资源较为富集的区域，在风电、光伏成本快速下降和政府税收抵免政策的共同作用下，这些地区的风电和光伏已逐步具有成本竞争力。尽管美国财税优惠政策也逐步退坡，但是风电和光伏自身成本仍在不断下降。据 IRENA 最新发布的可再生能源成本数据，到 2020 年，即使不依靠补贴，风电、光伏发电仍将具有成本竞争力。由当前趋势可以看出，当风电、光伏开始具有成本竞争力时，可再生能源发展将逐步由政策强制驱动（配额制）转变为市场自发驱动。在市场自发驱动的局势下，在不提升配额目标的前提下，绿证供给过剩将常态化，绿证价格将不断下跌。即使部分地区未来提升配额目标，但由于风电、光伏已具有成本竞争力，绿证机制也已偏离增加可再生能源发电商合理收益的初衷。

（三）制度体系

美国可再生能源配额制制度在各州既存在一定的共性，也存在一定的差异，不同的政策设计方案其实体现了各州特有的可再生能源资源特点。从共性特点来看，各州 RPS 政策设计基本都包括以下内容：都确定了一个电力或发电容量的特定比例或者绝对数量，要求本州的电力供应商在一个特定的日期之前要达到规定的比例或者数量；每个州的可再生能源配额制计划都规定了合格的可再生能源发电的来源，并且规定随着时间推移，需相应增加可再生能源的电力或发电容量所占比例或者发电数量；绝大多数的州都允许受监管的企业自己生产可再生能源电力供应或者从其他供应商处购买信用证书（credits）。确立可再生能源证书制度的目的是借鉴其他以市场为基础的相关做法，为电力企业履行配额义务提供多种选择，使电力企业能以最经济可行的方式满足电力监管要求；同时每个州的可再生能源配额制都指定了一个主管部门，通常是州公用事业委员会来监管配额制政策的实施过程。

与此同时，各州 RPS 在设计内容上也存在许多明显的差异，主要表现在以下方面：可再生能源采购目标与期限，对某些电力零售商的免除，不同可再生能源技术资格，现有的可再生能源项目是否合格，对外州发电商的处理，是否采用技术留存制或其他分级制度，可再生能源证书交易规则，政策执行的灵活性规则，强制执行的方法，成本上限的设定，合同要求与法规监督的程度，政策遵守备案与批准要求，州内资金供给机制和强制上网电价等其他政策机制，等等。

在设计方式上，美国各州也存在明显不同。首先，在引入配额政策的目的方面，各州存在一定的区别。例如特拉华州引入 RPS 的目的在于为特拉华州内生产的电力确立市场、为电力消费者减少花费、改善地区和本地的空气质量、增进公众健康等；而缅因州主要注重环境效益、能源多元化、能源安全性和社区经济发展等。其次，在初始配额指标制定方面，各州也存在显著的差异。例如亚利桑那州为 0.2%。加州为 13%，缅因州则高达 30%。最后，在合格的可再生能源技术规定方面，各州也有很大不同。风电、太阳能发电和地热发电按照大多数 RPS 政策规定属于合格能源，而对生物质发电和水电制定的合格标准在实施 RPS 的各州却存在显著差异。有部分州例如加州、特拉华州、新泽西州等笼统地将非传统能源列作合格能源，其中包括能效、燃气和燃料电池在内。在实践中，为实现发展清洁能源的目的，一些州的政策采取了多样化的设计理念，例如宾夕法尼亚州于 2004 年出台了替代能源配额制，技术范围包括该州议会认为的"有利于环境"的所有不可再生能源。

二、澳大利亚可再生能源配额交易市场

（一）发展历史

澳大利亚是世界上最早在全国范围内实行可再生能源配额制的国家。澳

大利亚发展可再生能源的推动力与大多数国家不同,并非单纯为了能源安全,而更多考虑的是降低二氧化碳排放量,保护本国生态环境。从澳大利亚电源结构来看,煤炭占56.5%,天然气占17.4%,水电占12.8%,石油占3%,其他非可再生能源占8.9%,可再生能源占1.4%。由于化石能源比重高达85.8%,使得澳大利亚的人均温室气体排放水平高于世界大部分国家,改善环境的压力很大。从政治经济角度来看,澳大利亚需要不断减少对煤炭等化石能源的依赖,而发展可再生能源是正确的途径,因此提高可再生能源在整个能源构成中的比重成为国家的重要目标,目的是使澳大利亚逐渐转变为低碳经济。在上述大背景下,澳大利亚政府采取了一系列行动,包括制定可再生能源配额制政策。

2001年4月1日,澳大利亚通过了《可再生能源(电力)法》,在该法中明确提出了要确立强制性可再生能源目标政策(mandatory renewable energy target, MRET),要求在国内所有州和地区,凡装机容量在100兆瓦以上的全部电力供应商都要为完成全国的目标承担一定比例的可再生能源开发义务。该标准适用于电力零售商和任何趸售购买者,而无论其是从电网购买还是直接从电力生产商购买。自产自用者不包括在内,除非其进行批量购买。澳大利亚配额制政策包括的可再生能源技术非常广泛,除了太阳能、风能、海洋能、水能、地热能、生物质燃料(沼气等)等能源外,农作物的副产品、林业生产的副产品、食品加工和加工工业的副产品、污水、城市垃圾、太阳能热水系统、可再生能源独立电力供应(RAFS)系统、使用可再生燃料的燃料电池等也包含在内。MRET的监管工作由澳大利亚政府可再生能源监管办公室(office of the renewable energy regulator, ORER)负责。

与此同时,澳大利亚地方各州也采取了相应的行动。例如昆士兰州主要采取了固定电价制度,并将逐步转向配额制来促进可再生能源发展;在新南威尔士,2002年颁布了《电力供应(降低温室气体排放)修正法案》,要求新南威尔士州的电力零售商2007年的温室气体排放量必须比1990年减少5%,同时采取了包括投资补贴、经济支持、低息贷款、拨款等在内的混合支持措施;维多利亚则颁布了《四星或五星房屋能源评级标准法令》。为贯彻联邦政府的强制性可再生能源目标政策,各州采取了包括绿色证书交易等在内的新机制。

2009 年，澳大利亚再次通过立法，规定自 2010 年执行新的可再生能源目标计划（renewable energy tarp，RET），提出到 2020 年，澳大利亚 20% 的电力供应来自可再生资源。RET 计划可使以前制定的强制性可再生能源目标提高 4 倍以上，即可再生能源电力从 9 500 吉瓦时增加到 2020 年的 4 500 吉瓦时，推动巨额投资并大力加快部署各种可再生能源技术。新的 RET 法律包括采取新的激励措施来鼓励澳大利亚家庭和企业安装小型太阳能、风能和微型水力发电站。现在，通过为每兆瓦时发电量提供多个 REC 的方式，安装合格的小型发电机组的家庭、企业和社区可享受到"太阳能减免税"优惠。

2010 年 6 月，澳大利亚颁布了《可再生能源法修正案》，对可再生能源目标进行了修正，修正后的目标分为大规模可再生能源目标和小规模可再生能源计划两部分。从 2011 年 1 月 1 日起，证书被分为大规模发电证书（LGC）和小规模技术证书（STC）两种。义务承担主体每年要承担购买和提交一定数量这些证书（包括 STC 和 LGC）的法定义务。这些证书的发放和交易通过 REC 注册系统（REC registry）进行，基于互联网的 REC 注册系统仍由可再生能源监管办公室负责。多样化的证书交易保证了澳大利亚可再生能源技术的多元化发展，为光伏发电、太阳能热水器、热泵等的安装提供了更大的支持。

在政策措施实施期间，凡不能满足配额目标要求的将受到处罚，处罚标准为 40 澳元/兆瓦时，由此对绿色证书的价格确立了间接限价。如果电力公司在以后的三个年度内弥补了赤字，则罚金可以退回。表 12-2 总结归纳了澳大利亚可再生能源配额制发展历程。

表 12-2 澳大利亚可再生能源配额制发展历史

时间	内容
2000 年	发布强制性可再生能源目标
2001 年	可再生能源证书系统在全国范围内正式运行
2009 年	发布新的可再生能源目标，将 2020 年可再生能源电力占比目标提高到 20%

(续表)

时间	内容
2010 年	修正可再生能源目标
2011 年初	将可再生能源证书分为大规模证书和小规模证书
2011 年底	可再生能源证书期货在澳大利亚证券交易所上市

(二) 发展现状

目前，澳大利亚仍然延续了 2011 年的可再生能源配额制政策，为了降低可再生能源证书价格波动，使得投资者投资收益更加稳定，澳大利亚政府于 2011 年底在澳大利亚证券交易所（ASX）上市了可再生能源证书期货（RECs Futures），为可再生能源发电企业提供风险管控，降低可再生能源发电项目的价值风险。目前，可再生能源配额制在澳大利亚取得了一定的成效，对可再生能源的发展起到了一定的推动作用。

从政策设计上看，澳大利亚最初的可再生能源证书较为单一，带动风电、生物质发电等低成本可再生能源行业迅速发展。2010 年后，澳大利亚政府明确了技术与资源均合格的可再生能源的种类，包括太阳能、风能、海洋能、水力、地热能、生物质（沼气等）能，采取多种政策以实现证书的多样化。如将可再生能源证书分为 LGCs 和 SGCs 两种类型，其中前者主要面向可再生能源发电站，后者主要面向太阳能热水器、空气源热泵热水器和小型发电机组。多样化的证书交易保证了澳大利亚可再生能源技术多元化发展，为光伏发电、太阳能热水器、热泵等安装提供了更大支持。

从政策效果上看，可再生能源配额制为澳大利亚可再生能源发展提供了资金支持保障，配额制政策取得了显著效果，激励了澳大利亚可再生能源的大力发展，可再生能源发电量占总发电量的比例逐年提高，平均每年以 1% 的速度增长。2019 年澳大利亚可再生能源新增装机量达 4.4 GW，可再生能源目前占据了澳大利亚电力供应的四分之一[1]。

---

[1] 2019 年澳大利亚可再生能源新增装机量达 4.4 GW [EB/OL]. http：//www.cec.org.cn/guojidianli/2020-04-14/200969.html，2020-4-14.

(三) 制度体系

澳大利亚是世界上最早在全国范围内实行可再生能源配额制的国家。在澳大利亚可再生能源配额制体系中，主要包括以下几个方面。一是立法手段，可再生能源配额制政策得以实施的前提之一在于法律手段的落实和保障。2001年4月澳大利亚通过的《可再生能源（电力）法》是可再生能源配额制得以顺利实施的坚实基础。二是市场化机制，市场化机制为澳大利亚可再生能源配额制的实施创造了条件。可再生能源配额制的顺利实施不仅仅离不开强制性的手段，例如立法手段，同时也离不开市场手段。通过市场化手段对项目获得、价格形成、利益分配等进行市场调节是降低企业经营成本和政府管理成本的重要手段。在澳大利亚，经过多年的电力体制改革，已经基本确立了相对成熟的电力市场，可以通过商业化手段，使发电、输电与售电实现相对独立运营，上游发电企业和下游售电公司各自成为市场竞争主体，电力调度中心作为非营利性机构独立承担公共管理责任，从而为配额制确立和实施奠定市场基础。三是多样化的政策支持，2010年澳大利亚通过提供多样化的证书交易，即将证书分为大规模发电证书和小规模技术证书，为澳大利亚可再生能源技术的多元化发展奠定了基础，为光伏发电、太阳能热水器、热泵等的安装提供了更大的支持。此外，澳大利亚还曾通过自愿的绿色电力计划、中心化管理、向电力生产商提供补助及可再生能源证书交易等方式来支持可再生能源配额制的实施。四是可交易的证书系统，绿色证书的交易为配额指标义务承担者提供了灵活履约方式，在澳大利亚，由于义务承担者每年分别购买和提交一定数量的可再生能源证书，这些证书以多种形式被生产和交易，多样化的证书交易保证了澳大利亚可再生能源配额目标的实现。

三、英国可再生能源配额交易市场

（一）发展历史

在脱欧前，英国是欧盟成员国中实施配额制政策较早的国家之一。英国于2002年就开始实施可再生能源义务制（renewable obligation，RO），这是世界范围内可再生能源配额制的主要代表之一。与其他欧洲国家一样，英国制定可再生能源法律法规和政策的根本出发点是：(1) 应对全球气候变化带来的挑战，完成欧盟指令给各国规定的提高可再生能源电力消费的比例；(2) 减少对能源进口的依赖性，调整国内的能源结构，提高国家能源安全；(3) 推进相关产业和技术的发展，实现国内技术升级和传统产业的转型。为保证上述目标的实现，1989年，英国颁布了《电力法》，该法授予能源大臣一项特殊的权力，即他可以通过发布命令的法律形式要求英格兰和威尔士范围内的每一个地区电力公司必须使用一定数量的、以非化石燃料作为发电原料所生产的电力。这种对各地区电力公司所承担发展非化石能源的义务，具体体现在后来为人们所广泛认识的《非化石燃料公约》（NFFO）之中。2002年，英国开始实施《可再生能源义务法令》（RO）和《可再生能源（苏格兰）法令》，即 Renewables（Scotland）Order 2002。上述规定奠定了英国配额制政策的法律基础。

2002年起，英国开始实施可再生能源义务政策。该政策主要针对大规模可再生能源发电项目，最早在英格兰、威尔士和苏格兰实施，2005年起在北爱尔兰实施。根据可再生能源义务政策，电力供应商是英国可再生能源义务的责任主体，大型可再生能源电量在供应商总电量中的具体比例到2003年要求达到3%，随后逐年递增，到2004年要求达到4.3%，到2010年要求达到10.4%，到2015年要求达到15.4%。2009年4月，英国开始实施可再生能源责任的分级机制，采取多样化或分层次的手段对不同技术提供有差别的支持，又要保持对更加经济的技术提供适当水平的支持。对海上风电等成本较高的可再生能源技术提供更多的支持；对垃圾填埋气等比较经济的项目，减少支持。

政策实施初期，为了提效降本，英国政府建立了相应的可再生能源义务证书（renewables obligation certificates，ROCs）交易市场。2011年，英国政府又推出电力市场改革方案，重点之一是可再生能源义务逐步向差价合同（contracts for difference，CfDs）机制过渡。

(二) 发展现状

自2002年设立可再生能源义务证书制度以来，英国的可再生能源装机提高了数倍。但是，可再生能源义务证书制度也产生了很多的问题，例如由于缺乏市场竞争机制，造成这些可再生能源发电项目的成本居高不下。此外，可再生能源义务证书的价格波动，无疑也给可再生能源发电企业投资者的融资带来的较高的成本。而这些成本，最终都需要广大电力消费者来买单。因此，英国政府希望通过新一轮的电力市场改革（EMR），将原有的可再生能源义务证书制度，向融合了市场竞争的差价合同（CfDs）机制过渡。英国可再生能源差价合同从 2015 年开始实施，并在 2017 年 4 月份开始全面取代可再生能源义务证书制度。不过，之前已经获得可再生能源义务认证的项目仍然可获得最多 20 年的支持。在差价合同制度下，政府会设立并拥有一个私人公司，即差价合同订约方（CfD counterparty），负责签署和管理差价合同以及管理差价合同支付。发电企业像往常一样通过电力市场出售电力产出，然后获得电力售价与执行价（strike price）之间的价差支付（difference payment）。当电力市场价格高于执行价时，发电企业需要返还电力售价与执行价之间的价差，避免发电企业获得过高的收益[①]。可以看出，英国差价合同设计的初衷，是为了给予所有的低碳电力（包括核电、可再生能源以及碳捕捉与储存）最有效的长期支持。通过这种方式，给予投资者在收益方面更大的确定性，从而降低项目的融资成本以及政策成本。

虽然英国可再生能源配额制已经向可再生能源差价合同转轨，但 RO 政策取得的成效仍然不可忽视。从设计上看，最初英国政府秉承技术中性的原则，即不同可再生能源单位发电获得的证书数量一样，这使得成本低廉的可再生能源更具优势，不能有效地引导不同成本发电技术的发展。因此英国于 2009 年推出可再生能源分层制度，对当前处于成本劣势但技术前景广阔的可再生能源给予高比例 ROCs 政策支持，从而推动其占比提升。

从政策效果上看，自 2002 年实施可再生能源义务政策以来，英国的可再生能源电力装机提高了数倍。2002—2017 年，英国可再生能源发电量比例从 2% 提升到了 25%。可再生能源义务作为英国可再生能源的主要政策之

[①] 可再生能源补贴难 看看英国是怎么做的！[EB/OL]. https://www.sohu.com/a/212441358_418320，2017-12-24.

一，提高了市场分配效率，降低了可再生能源生产成本，使可再生能源更具竞争力和成本有效性，对可再生能源发展起到了一定的促进作用。

但是，英国的可再生能源义务政策也存在很多问题，如由于缺乏市场竞争机制，可再生能源发电项目成本居高不下。再如在可再生能源义务特殊的罚金机制下（即所有收到的罚金组成特定基金，按各供电商上交 ROCs 比例在各供电商中进行重新分配，使得完成配额义务的售电商可以获得未完成配额义务的售电商上缴罚款的资金返还），企业会衡量履行义务和被罚款的机会成本，而选择是否购买 ROCs，进而导致证书价格的波动和炒作。这些无疑会给可再生能源发电企业融资带来较高成本，影响英国可再生能源发电投资和产业发展。又如配额义务人可以通过向消费者转嫁成本的方式弥补购买 ROCs 的损失，导致下游用电方面临较大成本压力等。为此，英国政府决定，从 2017 年 4 月起，可再生能源义务政策不再适用于新的可再生能源发电项目。

(三) 制度体系

英国作为实施可再生能源配额制较早的国家，在设计可再生能源配额制度上也积累了丰富经验。在立法方面，英国早在 1989 年就颁布实施了《电力法》，实施可再生能源义务（RO）则是基于 2002 年开始实施的《可再生能源义务法令》和《可再生能源（苏格兰）法令》，为可再生能源配额制的实施奠定坚实的基础。在推动市场机制方面，考虑到传统可再生能源配额制缺乏市场竞争机制，导致可再生能源发电项目成本居高不下，英国决定引入市场竞争的差价合同机制以促进可再生能源市场的发展。在建立可交易的证书系统方面，英国可再生能源义务证书系统的确立实际上是创造一个市场，证书交易以市场价格进行。如果可再生能源发电量超出了供应商应承担的义务，则证书的市场价格将低于平均价格；相反，如果可再生能源发电供应量小于供应商应承担的义务，则证书的市场价格将高于平均价格；如果可再生能源和非可再生能源发电成本接近，则证书的价格接近于零，对可再生能源发电的补贴也将取消，从而充分体现了市场引导可再生能源发展的原则。

四、日本可再生能源配额交易市场

(一) 发展历史

2003年4月,日本开始实施RPS制度。当初制定实施RPS的目标量2010年度为122×10^8 kW·h(相当于销售电力量的1.35%)。其后修订为2014年度的134.3×10^8 kW·h。但实际往往超过政府制定的目标水平。这就出现如何制定合适目标,发挥政策作用,扩大可再生能源电力的效果问题。2009年11月,日本启动"光伏发电购买计划"。根据这一计划,电力公司应以固定价格购买太阳能光伏系统产生的剩余电力。2012年,该计划被可再生能源的"上网电价计划"所取代。依据"上网电价计划",电力公司有义务按照合同规定采购可再生能源电力。采购成本由电力用户以可再生能源附加费的形式支付,附加费与电力使用量成比例。日本经济产业省每年需要重新审查并公布上网电价的费率。自上网电价政策推出以来,吸引了太阳能光伏领域的大量投资。

(二) 发展现状

目前,RPS的交易价格与日本批发电力交易所当时的平均交易价格、近年的发电成本等比较,向低水平推移。可再生能源电力装机目标增长缓慢,需求不能大幅增加,RPS电力合同价格难以激发进一步投资。同时,供应RPS电力的费用如何由社会负担,如何向电力用户转嫁,都没有解决。最主要的原因是RPS电力价格被抑制。从扩大可再生能源,同时避免电力业者负担急剧增长考虑,日本的RPS达到了制度目的,但从扩大可再生能源投资考虑,若采取限制提高目标等收紧供需的政策,结果会成为合算性风险由可再生能源电力业者负担的制度。

(三) 制度体系

为保障上网电价计划的顺利实施,日本政府出台《电力公司购买可再生能源电力法案》,法案中对上网电价政策的实施细则做出明确规定,并赋予经济产业省在上网电价政策实施过程中行使各项监管职能的权力。经济产业省的监管行为不得超出法律规定的范围,但在法律规定的范围内又有充分的权力。监管有法可依,为日本的可再生能源发展营造出积极健康的环境。

五、全球典型国家新能源配额市场的比较

从上述几国的实践来看,相比于单独执行配额制的政策,配额制与补贴政策配合实施的情况下,可再生能源发电企业通过补贴政策获得基本投资收益的同时,可以出售可再生能源证书获得额外收益,从而更好地实现利益保障。严格的配额指标与惩罚机制是保证配额制+绿证政策执行效果的基础。交易机制的设计与政策制定的完善程度直接影响配额制的执行效果。若没有合理的、完善的定价、交易、结转等政策,绿证政策导致的可再生能源投资不确定性将极大影响可再生能源的发展。相比于单独执行配额制+绿证的政策,配额制与补贴政策配合使用的效果更好。一方面,通过补贴政策给予可再生能源企业基本的投资收益;另一方面,通过绿证政策,以市场定价的方式赋予可再生能源企业额外的收益水平,从而推动行业发展。若对于不同清洁能源给予相同的绿证水平,将会导致市场向低成本的发电方式倾斜,从而影响其他可再生能源的发展。因此,合理的分层机制是保证可再生能源发展多样化的关键。

 中国可再生能源配额交易市场

实施可再生能源配额制是我国提高可再生能源发电利用率,增加非化石能源消费占比,推动能源转型战略实施的重要举措。本节主要梳理了我国可再生能源配额交易市场与制度的发展历程和现状。

一、中国可再生能源配额制发展历史

为促进可再生能源的发展,我国在 2006 年确立了固定电价制度(feed

in tariff，FIT）。此后，我国可再生能源快速发展，目前风电、光伏装机容量位居世界第一。然而，随着国内可再生能源装机容量的快速发展，可再生能源的补贴缺口也日益增大。为此，能源主管部门连续下调风电、光伏补贴标杆电价，力图弥补日益增大的补贴缺口。

2009 年，第十一届全国人民代表大会常务委员会通过《中华人民共和国可再生能源法（修正案）》，进一步明确了可再生能源配额的概念：国务院能源主管部门会同国家电力监管机构和国务院财政部门，按照全国可再生能源开发利用规划，确定在规划期内应当达到的可再生能源发电量占全部发电量的比重[1]。2010 年，国务院《关于加快培育和发展战略性新兴产业的决定》提出实施新能源配额制，落实新能源发电全额保障性收购制度[2]。2016 年，国家能源局发布《关于建立可再生能源开发利用目标引导制度的指导意见》，提出了各行政区非水可再生能源电力消纳比重指标[3]。2017 年，国家发改委、财政部、国家能源局联合下发《关于试行可再生能源绿色电力证书核发及自愿认购交易制度的通知》，提出在全国范围内试行可再生能源绿色电力证书核发和自愿认购，并提出 2018 年适时启动可再生能源电力配额考核[4]，由此我国开始尝试建立可再生能源绿色电力证书认购体系，明确了"绿证"的核发认购规则，同时也完善了风电发电的补贴机制。"绿证"的实施分两个阶段：先期自愿交易，再根据自愿交易积累的经验，适时启动强制交易。

2018 年 3 月，国家能源局综合司下发关于征求《可再生能源电力配额及考核办法（征求意见稿）》意见的函，提出实施可再生能源电力配额，包括"可再生能源总量配额"和"非水电可再生能源电力配额"[5]。2018 年 5

---

[1] 中华人民共和国可再生能源法（修正案）[EB/OL]. http：//www.npc.gov.cn/zgrdw/huiyi/cwh/1112/2009-12/26/content_1533216.htm，2019-12-26.
[2] 国务院关于加快培育和发展战略性新兴产业的决定[EB/OL]. http：//www.gov.cn/zwgk/2010-10/18/content_1724848.htm，2010-10-18.
[3] 国家能源局关于建立可再生能源开发利用目标引导制度的指导意见[EB/OL]. http：//zfxxgk.nea.gov.cn/auto87/201603/t20160303_2205.htm，2016-3-3.
[4] 国家发展改革委 财政部 国家能源局关于试行可再生能源绿色电力证书核发及自愿认购交易制度的通知[EB/OL]. http：//www.nea.gov.cn/2017-02/06/c_136035626.htm，2017-2-6.
[5] 国家能源局综合司关于征求《可再生能源电力配额及考核办法（征求意见稿）》意见的函[EB/OL]. http：//zfxxgk.nea.gov.cn/auto87/201803/t20180323_3131.htm，2018-3-23.

月,国家发改委、财政部、能源局发布了《关于 2018 年光伏发电有关事项的通知》,暂停安排 2018 年普通光伏电站指标、严控分布式光伏规模,直接导致国内新增光伏装机容量的大幅下滑。此外,由于可再生能源发电分布的地域性,电网外送能力不足等原因,可再生能源的送出和消纳问题依然严峻,因而迫切需要建立促进可再生能源电力发展和消纳的长效机制[①]。

中国多次针对风电、光伏的政策调整,以及 2018 年出台的《可再生能源电力配额及考核办法(征求意见稿)》,意味中国的可再生能源支持政策将从 FIT 转向强制性可再生能源配额制与可再生能源证书相结合的制度体系。在 RPS 下,政府通过法律、法规形式对可再生能源电量的市场份额做出强制性规定,并以 REC 辅助考核 RPS 指标的完成情况[②]。2019 年 5 月,国家发展改革委和国家能源局下发的《关于建立健全可再生能源电力消纳保障机制的通知》(以下简称《通知》)提出,按省级行政区域对电力消费规定应达到的可再生能源消纳责任权重(包括可再生能源电力总量消纳责任权重和非水电可再生能源电力消纳责任权重),以及各省级行政区域必须达到的最低消纳责任权重和超过即奖励的激励性消纳责任权重。《通知》要求,各省级人民政府能源主管部门牵头负责本省级行政区域的消纳责任权重落实,制定消纳实施方案并报省级人民政府批准后实施。省级能源主管部门负责对各类承担消纳责任的市场主体进行考核。电网企业承担经营区消纳责任权重实施的组织责任。同时,国务院能源主管部门对各省级行政区域消纳责任权重完成情况进行监测评价。对超额完成消纳责任权重(超过激励性消纳责任权重)的省级行政区域予以奖励,对未履行消纳责任权重的市场主体要求限期整改,将可再生能源消纳量与全国能源消耗总量和强度"双控"考核挂钩[③]。2020 年 5 月,国家发改委、国家能源局下达《关于印发各省级行政区 2020 年可再生能源电力消纳责任权重的通知》,正式提出各省 2020 年可再生能源电力消纳责任权重。

---

① 国家发展改革委 财政部 国家能源局关于 2018 年光伏发电有关事项的通知[EB/OL]. http://www.nea.gov.cn/2018-06/01/c_137223460.htm,2018-6-1.
② 蒋铁澄,曹红霞,杨莉,等.可再生能源配额制的机制设计与影响分析[J].电力系统自动化,2020,44(7):187-199.
③ 可再生能源配额制政策正式落地[J].国家电网,2019(6):10.

至此，在我国可再生能源电力配额制度方面，基本形成了可再生能源电力消纳责任权重（简称"消纳责任权重"）和绿色电力证书（简称"绿证"）相结合的实施办法体系。

二、中国可再生能源配额交易市场现状

可再生能源电力消纳保障机制（RPS）于2020年年初正式生效。可再生能源电力消纳责任权重在2020年6月1日也正式宣布。因此，我国可再生能源配额制还处在初步运行与试验阶段，消纳权重的落地还需要各方的磨合，绿色证书等交易制度也仍需要完善。

（一）中国可再生能源配额交易的机制

从可再生能源配额制的实施动机来看。与美国、英国等国家实施配额制的动机不一样，我国的可再生能源配额制设计的初衷并非要解决可再生能源建设成本和经济性问题，而是为了保障可再生能源的消纳，既为可再生能源发电提供长期持续的增量市场空间，也促进并网消纳、保障已建成项目利用率、控制弃电率。

从我国可再生能源配额交易市场的参与主体来看，包括立法及监管主体、配额义务主体和可再生能源发电企业。（1）政府是我国可再生能源配额交易市场的立法主体。政府部门作为立法主体，制定可再生能源消费占比的具体标准，并计算和分配责任主体对应的配额指标。在RPS下，政府干预主要体现在对"配额"的分配上和对不能完成配额的处罚上，国家不需要筹集太多的资金和进行过多的直接财政投入，避免了分配资金的过程，最大限度地减少了官僚主义。此外，在RPS下，政府干预主要体现在对"配额"的分配上和对不能完成配额的处罚上。（2）监管部门对可再生能源发电企业进行资格认证，并依据其发电量核发相应数量的绿证。目前，国务院能源主管部门派出监管机构负责对各承担消纳责任的市场主体的消纳量完成情况、可再生能源相关交易过程等情况进行监管，并向国务院能源主管部门报送各省级行政区域以及各电网企业经营区的消纳责任权重总体完成情况专项监管报告。（3）根据《关于印发各省级行政区2020年可再生能源电力消纳责任

权重的通知》，两类市场主体需承担消纳责任：直接向电力用户供/售电的电网企业、独立售电公司、拥有配电网运营权的售电公司；以及为通过电力批发市场购电的电力用户和拥有自备电厂的企业电力大用户（通常是工业企业）。（4）可再生能源发电企业指利用风力、水力、太阳能、生物质能、地热能、海洋能等可再生能源进行发电的企业。在可再生能源配额制下，可再生能源企业的发电收入得到一定程度的保障，另外也可以利用绿证市场获得部分收入。但是，RPS对风电、光伏新增装机规模增长的激励作用如何还有待观察。

从消纳责任主体的履约渠道来看，无法实现目标的消纳责任主体有两种履约渠道：自愿认购可再生能源绿色电力证书（"绿证"）；或向超额完成年度消纳量的市场主体购买其超额完成的可再生能源电力消纳量（"超额消纳量"）。其中，超额消纳量交易是两个市场主体之间的交易，产生的收入不会传递到发电企业。

（二）绿色证书制度的运用机制

绿色证书本是替代原有财政补贴的理想政策工具。绿证交易采取的是自愿认购的形式。任何有交易意愿的政府机关、企事业单位和自然人等均可在绿证认购平台进行绿证认购。每张绿证对应陆上风电项目或光伏电站项目产生的1 000千瓦时绿色电力。但是，我国绿证政策自2017年实施以来，效果并不好。根据绿证认购平台统计数据，截至2020年2月，仅有2 170名认购者，共认购36 439个绿证。目前风电累计核发量23 315 779个，占总核发量的44.05%。目前光伏累计核发量3 845 828个，占总核发量的46.44%。

分析原因发现，一是自愿认购对认购方刺激作用不强。基于用户自愿的购买方式，难以在绿证市场形成稳定需求。绿证刚启动认购时，得到许多国内企业的积极响应。但由于绿证购买为自愿行为，购买绿证只能证明企业消费了绿色电力，企业购买绿证大多是为了增强影响力，提升品牌社会形象。另外，绿证可以且仅可以出售一次，弱化了其交易属性，不像是金融商品。这种依靠公众绿色环保意识的认购手段对购买方的刺激作用有限。二是交易品种冗杂，与国际绿证差价较高。相比交易市场的冷淡，绿证核发端输出的合格绿证数量却远超认购量。目前我国绿证产品种类繁多，仅在绿证认购平台上公开交易的产品就有 670 种之多，其中风电类产品占大多数，有 524 种，光伏类产品有 146 种。光伏类产品的最低价依旧高于风电类产品的最高价。相比国际绿证价格平均水平，国内绿证价格在国际价格的 10 倍以上，成本较高。如此高的国内外差价，再加上绿证购买本身是非强制行为，降低了跨国公司在国内购买绿证的意愿。

针对这些问题，国家能源主管部门于 2019 年 5 月即出台可再生能源电力消纳保障机制，对各省区电力消费设定可再生能源电力消纳责任权重，并要求各省区须完成这一责任权重。对于不能完成责任权重的省区，明确可以通过认购可再生能源绿色电力证书的方式完成消纳责任量。通过强制可再生能源电力消纳量的引入以及明确绿证对可再生能源电力消纳量的可替代性，使得绿证市场有了稳定的市场需求，而新能源发电企业可以通过绿证交易获得增量收益，从而可激发绿证市场的市场稳定性及交易量。

（三）中国可再生能源配额制配套机制

为鼓励和支持可再生能源产业的发展，政府出台了一系列相关制度，主要分为三类：一是与之相关的配套激励政策，包括经济激励政策、税收优惠政策和成本分摊政策等，如税收优惠、贴息、价格优惠、金融支持（包括提供多样的投资渠道等）。这些激励政策体系是促进和推动可再生能源产业发展的重要支撑。二是保障配额制政策运行的配套制度，主要包括信息公告制度、考核监督制度和奖惩制度等。三是与经济、能源、环境协调发展的其他可再生能源政策等，如绿色证书、碳交易机制等。

实现政策目标的一致和相关能源政策间的协同是实施配额制的必要基础，当前，可再生能源政策与其他可再生能源政策之间存在政策上的重合与目标的不完全一致，政策措施间存在竞争等，政策的协同度低、协同效果差，如配额制与碳交易机制之间的协同发展问题。再比如，在可再生能源的补贴方式上，可再生能源配额制与绿色证书存在重复计算的问题，需要进一步明确操作的协调问题，规避反复计算补贴的情况。这些问题都有待在实践中逐步总结完善。

三、中国可再生能源配额制的制度完善建议

结合国外可再生能源配额制的实施经验及我国的具体实践，可再生能源配额制的制度完善可以从以下几个方面入手。

第一，完善可再生能源配额制相关法律法规。几乎所有可再生能源政策得以顺利实施的国家，都颁布了一系列的相关法律法规。例如英国实施可再生能源义务（RO）是基于2002年开始实施的《可再生能源义务法令》和《可再生能源（苏格兰）法令》；澳大利亚的强制性可再生能源目标（MRET）的实施是以2001年4月1日通过的《可再生能源（电力）法》这一联邦法规为基础；尽管美国目前还没有通过统一的联邦级的配额制法律，但实施配额制的各州都通过了相关的法规。

第二，进一步推动电力市场化改革。电力市场化改革可以为配额制政策实施创造条件。可再生能源配额制政策是强制性手段和市场手段有机结合的产物。一方面，政府应对可再生能源配额制目标执行情况进行认证，对没有履行义务的企业进行处罚。另一方面，也要利用市场化手段对项目获得、价格形成、利益分配等进行市场调节，以降低企业的经营成本和政府的管理成本。在美国、英国和澳大利亚等发达国家，经过多年的电力体制改革，已基本确立了相对成熟的电力市场，可以通过商业化手段，使发电、输电与售电实现相对独立运营，上游发电企业和下游售电公司各自成为市场竞争主体，电力调度中心作为非营利性机构独立承担公共管理责任。在自由的电力市场机制下，可再生能源电力生产商可以同时出售电力和证书两种产品，充分体现了可再生能源的环境外部效益，在为发电企业完成配额义务提供灵活方式的同时也创造了额外收入。我国可再生能源配额制，应按照保证可再生能源长期可持续发展和解决当前矛盾相结合的原则，先易后难、分步实施。当前，应当更多地体现在对电网企业规定强制性的上网配额，确定各省消纳方案及发电企业的可再生能源发电指标，并制定相应的考核监管机制。

第三，完善配额分配制度，注重RPS配额的合理性。RPS机制应综合考虑各地可再生能源资源条件、原有能源结构、输电能力、用户电价承受能力、用电需求增长等差异性，分区设定各省（区、市）的消纳责任权重指

标。RPS 机制配额指标的设置可借鉴加利福尼亚州的差异化分配方法，以各责任主体基准年份购买的可再生能源电量占比为基准值，此后逐年将该比重提高以适应可再生能源的发展需求；也可考虑借鉴德国的浮动限额机制，将配额指标与可再生能源建设计划的完成情况挂钩，根据每季度区域装机容量的过剩与不足，按照一定浮动的比例调整相应区域内责任主体的配额指标；还可借鉴日本的模式，考虑电网网架坚强程度的差异，通过在统一配额指标的基础上乘以电网坚强系数来确定各责任主体的配额指标[1]。

第四，完善可交易的绿色证书系统，解决与可再生能源电力消纳保障机制的衔接问题。可交易的证书系统是提高配额制政策可操作性的必要选择。绿色证书的交易为配额指标义务承担者提供一种灵活履约方式，因此是配额制政策的重要组成部分。当前，"消纳量考核年之外的存量绿证的有效性""绿证有效期"等均未有具体规定，而"消纳量"按照考核年划分，两者政策时间不匹配。以"消纳量考核年之外的存量绿证的有效性"为例，若存量绿证可作为消纳量的补充完成方式，则可能因为存量绿证过多形成供大于求，导致消纳量转让（或交易）价格过低，影响可再生能源电力消纳责任权重政策效果。因此，需要加强绿证交易机制与可再生能源电力消纳保障机制的协调问题，优化政策，如设置绿证抵消消纳量的权重，鼓励企业进行绿证认购，以实现与可再生能源电力消纳责任权重政策的有效协调[2]。

第五，保证配额制政策与其他政策的协调统一。保证配额制与其他政策的协调统一是配额制政策制定的重要内容。任何一个国家为实现其可再生能源发展目标都不会只依靠某一种政策手段，因此，引入配额制的同时，还会同时考虑引入并协同其他政策。例如，在澳大利亚除配额制外，在一些地区如首都直辖区、维多利亚、新南威尔士、西澳州等还存在专门针对扶持小型发电业而出台的固定电价政策。此外，联邦政府还推出了碳价格机制，要求约 50 家企业为各自的碳排放支付资金，并专门提供资金关停高排放电站。再如美国，除了配额制之外，还采用制定税收优惠政策（包括生产税抵扣、

---

[1] 蒋铁澄，曹红霞，杨莉，等. 可再生能源配额制的机制设计与影响分析 [J]. 电力系统自动化，2020，44（7）：187-199.
[2] 唐程辉. 消纳责任权重考核在即 绿证路在何方 [J]. 中国电力企业管理，2020（7）：55-57.

投资税抵扣、所得税抵扣、消费税抵扣)、直接补贴、加速折旧、债券和贷款担保等一系列政策。多种政策都需要进行相互协调。我国《可再生能源法》颁布以后,已经出台了包括上网电价、财税优惠、费用分摊、专项基金等多种政策措施。此外,除绿证市场之外,碳排放权交易市场、用能权和节能量市场均是从能源管控的角度,进行能耗控制,需处理好各机制之间的衔接问题(洪睿晨,2019)[①]。因此,在实施配额制政策过程中,就需要在政策制定过程中对上述各类政策进行梳理,系统界定各类政策的范围和条件,加强配额制与其他政策间的衔接,实现多种政策协调统一,发挥协同效应。此外,各机制主管部门应加强部门间沟通交流,合理设计制度,避免重复补贴、重复征收,充分发挥优化资源配置的作用,达到节能减排的目的。

参考文献

[1] 2019年澳大利亚可再生能源新增装机量达4.4GW[EB/OL]. http://www.cec.org.cn/guojidianli/2020-04-14/200969.html,2020-4-14.

[2] 国家发展改革委 财政部 国家能源局关于2018年光伏发电有关事项的通知[EB/OL]. http://www.nea.gov.cn/2018-06/01/c_137223460.htm,2018-6-1.

[3] 国家发展改革委 财政部 国家能源局关于试行可再生能源绿色电力证书核发及自愿认购交易制度的通知[EB/OL]. http://www.nea.gov.cn/2017-02/06/c_136035626.htm,2017-2-6.

[4] 国家发展改革委 国家能源局关于印发各省级行政区域2020年可再生能源电力消纳责任权重的通知[EB/OL]. http://www.nea.gov.cn/2020-06/01/c_139105253.htm,2020-6-1.

[5] 国家发展改革委 能源局印发《省级可再生能源电力消纳保障实施方案编制大纲》的通知[EB/OL]. http://www.cspplaza.com/article-17440-1.html,2020-3-4.

[6] 国家能源局关于建立可再生能源开发利用目标引导制度的指导意见[EB/OL]. http://zfxxgk.nea.gov.cn/auto87/201603/t20160303_2205.htm,2016-3-3.

[7] 国家能源局综合司关于征求《可再生能源电力配额及考核办法(征求意见稿)》意见的函[EB/OL]. http://zfxxgk.nea.gov.cn/auto87/201803/t20180323_3131.htm,2018-

---

① 洪睿晨.绿色电力证书制度在我国的发展情况、问题及建议[R].中央财经大学绿色金融国际研究院,2019-8.

3-23.

[8] 国务院关于加快培育和发展战略性新兴产业的决定［EB/OL］.http：//www.gov.cn/zwgk/2010-10/18/content_1724848.htm,2010-10-18.

[9] 洪睿晨.绿色电力证书制度在我国的发展情况、问题及建议［R］.中央财经大学绿色金融国际研究院,2019.

[10] 蒋轶澄,曹红霞,杨莉,等.可再生能源配额制的机制设计与影响分析［J］.电力系统自动化,2020,44（7）：187-199.

[11] 可再生能源配额制终于落地［EB/OL］.https：//www.sohu.com/a/314744528_99962115,2019-5-17.

[12] 可再生能源配额制政策正式落地［J］.国家电网,2019（6）：10.

[13] 梁吉,左艺,张玉琢,等.基于可再生能源配额制的风电并网节能经济调度［J］.电网技术,2019,43（7）：323-329.

[14] 唐程辉.消纳责任权重考核在即,绿证路在何方［J］.中国电力企业管理,2020（7）：55-57.

[15] 杨永明.国际可再生能源配额制发展实践分析［EB/OL］.https：//www.sohu.com/a/316977260_131990,2019-5-28.

[16] 叶泽.建立全国统一的可再生能源配额交易市场［J］.中国电力企业管理,2014（9）：44-47.

[17] 张洪,张粒子.可再生能源补贴难 看看英国是怎么做的！［EB/OL］.https：//www.sohu.com/a/212441358_418320,2017-12-24.

[18] 中华人民共和国可再生能源法（修正案）［EB/OL］.http：//www.npc.gov.cn/zgrdw/huiyi/cwh/1112/2009-12/26/content_1533216.htm,2019-12-26.

[19] 中华人民共和国主席令第三十三号［EB/OL］.http：//www.gov.cn/ziliao/flfg/2005-06/21/content_8275.htm,2005-6-21.

[20] 周少鹏,谢旭轩,任东明,等.澳大利亚可再生能源配额制及对我国的启示［J］.中国能源,2012（2）：33-37.

图书在版编目(CIP)数据

能源与环境金融市场:历史、机制与制度/黄明著. —上海:复旦大学出版社,2021.9(2024.8重印)
ISBN 978-7-309-15665-2

I.①能… II.①黄… III.①能源工业-金融市场-研究-中国 ②环保投资-金融市场-研究-中国 IV.①F426.2 ②X196 ③F832.5

中国版本图书馆 CIP 数据核字(2021)第 085169 号

能源与环境金融市场:历史、机制与制度
NENGYUAN YU HUANJING JINRONG SHICHANG:LISHI JIZHI YU ZHIDU
黄 明 著
责任编辑/姜作达

复旦大学出版社有限公司出版发行
上海市国权路 579 号　邮编:200433
网址:fupnet@fudanpress.com　http://www.fudanpress.com
门市零售:86-21-65102580　　团体订购:86-21-65104505
出版部电话:86-21-65642845
江苏凤凰数码印务有限公司

开本 787 毫米×960 毫米　1/16　印张 32　字数 490 千字
2024 年 8 月第 1 版第 2 次印刷

ISBN 978-7-309-15665-2/F·2798
定价:96.00 元

如有印装质量问题,请向复旦大学出版社有限公司出版部调换。
版权所有　侵权必究